TROIS RÉPUBLIQUES POUR UNE FRANCE

DU MÊME AUTEUR
aux Éditions Albin Michel

Français choisissons l'espoir

Lettre ouverte aux français
sur la reconquête de la France

Michel Debré

TROIS RÉPUBLIQUES POUR UNE FRANCE

MÉMOIRES

*

Combattre

Avec la collaboration d'Odile Rudelle

Albin Michel

22, rue Huyghens, 75014 Paris
ISBN 2-226-02066-7

A ma femme

Avertissement

Pour la rédaction de ce livre, j'ai bénéficié de la collaboration de Mme Odile Rudelle, ingénieur de recherche au C.N.R.S., qui a souhaité que sa part de droits soit versée à une association d'aide à la recherche médicale.

Des amis de la Résistance, de ma vie politique ultérieure, et l'historien J.-P. Azéma ont accepté de relire certains chapitres ; qu'ils soient ici remerciés de leurs observations qui m'ont toutes été précieuses.

M. D.

Sommaire

« Comme le zèle que j'ai toujours eu pour l'avantage de la France a fait mes plus solides contentements... »

RICHELIEU.

PREMIÈRE PARTIE

1.
Une terre et une âme

Ecrire ses mémoires est une aventure. La contemplation du passé ne me plaît guère. Je préfère regarder le présent pour tenter de deviner et si possible orienter l'avenir. Je me souviens aussi de Claude Bernard dont le génie a renouvelé la science et qui, en son vieil âge, s'est demandé « s'il avait fait quelque chose de sa vie ». Que peut dire alors de lui-même un homme politique emporté par le flot des affaires contingentes de l'Etat ? Le rappel des choses faites et des choses vues impose la prudence devant la page blanche. Au lendemain des événements, la passion fausse le jugement. De longues années plus tard, le mythe transforme la réalité des jours oubliés. Entre l'expression des sentiments d'une génération qui connut de grandes épreuves et les traits particuliers d'un homme qui les vécut avec intensité, l'espace d'incertitude est grand. A l'inverse, entre la contribution à l'histoire et la justification personnelle, la marge est étroite.

J'ai sauté le pas. Sans romantisme, mais avec fidélité à la foi politique de ma jeunesse, j'ai commencé à rédiger ces souvenirs d'un homme qui, par amour de la France, s'est voué au service de la République.

***

Novembre 1918. J'ai six ans et j'habite chez ma grand-mère à Nazelles, près d'Amboise. La guerre est tellement le fond de mes jours enfantins que peu auparavant j'ai interrogé ma mère : « Y aura-t-il encore des journaux quand la guerre sera finie ? » Cependant une merveilleuse nouvelle commence à se répandre : l'Allemand reconnaîtrait sa défaite. Et un matin, les cloches du village sonnent longuement, à toute volée. On entend au loin les cloches des villages voisins et celles de Notre-Dame du Bout-des-Ponts, à l'entrée d'Amboise. Leur son, tantôt proche, tantôt lointain, imprègne l'air de la vallée, et l'espoir qu'il apporte est tel que chacun, en son cœur profond, souhaite que les cloches ne s'arrêtent jamais. Avec un bâton et de la mauvaise étoffe, ma sœur et moi confectionnons une sorte de drapeau bleu, blanc, rouge, que je possède encore, et en le brandissant, nous allons porter la nouvelle de l'Armistice à une amie de ma grand-mère qui habite à l'autre entrée du bourg. Revenu de l'hôpital militaire de Tours où il a été affecté depuis son retour de Verdun, mon père partage notre joie puis la tempère : « Pensez aux enfants qui ont perdu leur père. » Peu après, au bas du chemin qui mène à la maison, je rencontre une femme qui pleure son mari, un Vincendeau de la vallée de Vaugadeland, mort quelques heures avant l'heure de gloire.

Nos parents décident d'aller à Paris le dimanche suivant afin d'assister à la manifestation que la Ligue de l'enseignement organise devant la statue de la ville de Strasbourg qui porte un voile noir depuis 1871. Ma sœur et moi irons aussi afin que nos jeunes mémoires gardent le souvenir de la fête qui honore cet acte de la « justice immanente » si longtemps attendu. Pour une famille alsacienne et lorraine comme celle de mon père, le retour des « provinces perdues » provoque une émotion qu'il est difficile d'imaginer à qui ne l'a pas ressentie. Pour une famille d'ardeur républicaine comme celle de ma mère, la victoire de la France consacre la République.

Mon père connaît Georges Leygues, le ministre de la Marine, dont il a soigné un proche. Nous sommes ses invités et c'est d'un des balcons du ministère que j'aperçois, place de la Concorde, les silhouettes de Poincaré et de Clemenceau. Pour aller fleurir la statue de Strasbourg déjà couverte de drapeaux tricolores, ils se frayent difficilement un chemin au milieu d'une immense et joyeuse foule. La France redevient la France. Arrivant avec sa batterie sur les rives du Rhin, notre oncle Jacques, le frère de mon père, a récité la phrase d'Henri Heine : « *Le Rhin s'ennuie de ne plus refléter les uniformes français !* » Il s'est penché sur l'eau du fleuve et a regardé son image de capitaine d'artillerie...

Dix-huit mois plus tard, un jeudi, qui est alors le jour de congé des écoliers, ma mère me conduit à Reims en compagnie d'une amie et voisine, Mme Mornard, dont le mari a été comme mon père médecin militaire quatre ans durant. Son fils Roger est mon camarade. Nos parents ont jugé nécessaire de montrer aux enfants de huit ans que nous sommes le désastre d'une ville ruinée par les bombardements, la désolation d'un paysage ravagé par les cratères des obus et la tragique vision des croix de bois dans les premiers cimetières. Tel est le prix que la France a payé pour que règne le Droit. Désormais il ne doit plus y avoir de guerre...

Vingt-quatre ans plus tard, Roger Mornard, engagé volontaire, sera tué au cours de la campagne d'Italie. Et moi-même...

Juillet 1940. Nous sommes dans la cour de l'école militaire d'Autun transformée en camp. La vue s'étend sur un paysage de Bourgogne illuminé par le soleil d'été. Les couleurs des collines et des bois changent selon les heures du jour. L'insolence de cette beauté souligne l'humiliation de notre état : nous sommes prisonniers, en France. Une vingtaine d'officiers, dont je suis, encadrent les deux à trois mille soldats qui s'entassent dans les locaux de l'école. Sollicités par les autorités qui commandent le camp, nous avons accepté cette mission pour quelques jours : le spectacle de ces hommes abandonnés nous en a fait un devoir. C'est ainsi qu'en compagnie de Jacques de Bresson qui deviendra un ami, j'assiste à une scène à jamais gravée dans mon cœur.

C'est la fin de l'après-midi, alors que le soleil va vers son couchant, dans un ciel admirable et sans nuages. L'Allemand appelle au rassemblement général dans la cour d'honneur. Phrase après phrase, un traducteur explique que l'Allemagne entend « rendre leur liberté » à l'Alsace et à la Bretagne, afin d'en faire deux Etats de la « nouvelle Europe ». Bretons et Alsaciens seront donc aussitôt renvoyés dans leurs foyers à condition qu'ils se déclarent sur-le-champ. Un silence total tombe sur cette foule d'hommes serrés les uns contre les autres, où, je le sais, se comptent nombre de Bretons et d'Alsaciens. Nul ne bouge. Pas un mot. Pas un bras ne se lève. Il me semble entendre battre mon cœur. A la demande de l'Allemand, le traducteur reprend la parole et répète ces propos infâmes. Un soldat, unique, sort des rangs. Le lendemain nous apprendrons qu'il est le fils d'une Allemande devenue française par son mariage avec un Alsacien. Encore quelques minutes. La cour se vide sans qu'un autre ait bougé. Mais quelle souffrance ! Hitler vainqueur entend réussir ce que Moltke et Guillaume II n'ont pu réaliser : dépecer la nation vaincue. J'ai alors senti la vérité de Michelet : « La douleur de perdre la France ne peut se comparer qu'à la douleur de perdre une personne, un être. »

25 août 1944. Je suis depuis deux semaines Commissaire de la République pour la région d'Angers. La veille, à Chartres, j'ai quitté le général de Gaulle après l'avoir reçu à Laval et accompagné pendant deux jours au cours de sa montée vers Paris. Puis j'ai repris mon poste de commandement. Dans un petit salon, je suis à l'écoute du seul poste de radio de la préfecture. A mes côtés le préfet de Maine-et-Loire, mon ami Fourré-Cormeray, qui, comme moi, a pris ses fonctions au nom de la Résistance. Par la fenêtre ouverte, j'aperçois les grands arbres du jardin de la préfecture : je ne m'y suis pas encore promené car le temps et les artificiers ont manqué pour enlever les mines posées quelques mois auparavant par les autorités de Vichy qui vivaient dans la crainte d'une attaque par un groupe clandestin.

Sur la longueur d'onde qui, pendant quatre années, fut celle de la honte, l'honneur se fait entendre. Certes, la guerre n'est pas terminée, mais un irrésistible mouvement accule l'ennemi à la défaite. Le son grave des cloches de Notre-Dame carillonne la libération de Paris et annonce celle de la France entière. Au-delà de l'émotion que j'éprouve à entendre le journaliste décrire la descente des Champs-Elysées en désignant par leur vrai nom, autour du général de Gaulle, les compagnons de la France libre, hier inconnus, et les dirigeants de la Résistance, hier clandestins, une joie profonde m'envahit.

La France est de nouveau la France. Elle sera bientôt tout entière rassemblée autour de sa seule capitale, Paris. Bientôt, le drapeau aux trois couleurs flottera au sommet de la cathédrale de Strasbourg. Je pense à mes amis morts qui ne connaîtront pas ce bonheur indicible. Je pense aussi à l'avenir : il ne faudra pas recommencer les erreurs d'hier, c'est-à-dire croire à la paix universelle et au règne éternel de la liberté. Nous avons appris que la barbarie est proche et qu'à tout moment, l'essentiel peut être remis en cause. Mais une chance nous est donnée. Après quatre années de souillures et de sacrifices, la terre de la patrie retrouve son intégrité et son âme respire un espoir de pureté.

La transmission du triomphe prend fin. Je ferme le bouton du poste de radio. Je reviens à mon bureau, comme un homme ivre.

***

J'ai grandi dans la vallée de la Loire entre Amboise et Saumur. Plus tard, au sein de ma belle-famille, j'ai vécu près du confluent du Lot et de la Garonne, entre Tonneins et Clairac et y ai connu des jours heureux. Ici et là un détour de route, la vue d'une maison, la courbe d'un fossé, la perspective d'une allée ou l'horizon inchangé effacent les années. Ici et là il me semble que pierres et arbres me reconnaissent tant ces paysages sont chaleureux à mon cœur. Ils me rappellent un mode de vie que le temps a emporté et des êtres chers trop vite disparus. Loin de ces lieux familiers, tout me paraît exil. Pourtant j'hésite à y retourner, car j'appréhende des rappels qui sont déchirements et des nouveautés qui sont blessures. Après ma première élection en Indre-et-Loire, je m'installerai à Montlouis, dont le plateau rocheux domine la vallée de la Loire. Ainsi me suis-je retrouvé proche des lieux de mon enfance et, ma vie politique aidant, mes fils ont bénéficié des mêmes racines tourangelles que moi.

La France est mon pays et je m'y suis promené partout ou presque. J'ai parcouru à pied le Jura, les gorges du Verdon, les Alpes de Provence ; je me suis promené à cheval dans le Chinonais et à bicyclette autour de la Bretagne ; et un peu partout j'ai voyagé en voiture ou par le train. En hélicoptère, en avion, j'ai survolé ses plaines à basse altitude et approché les flancs de ses montagnes. De ces excursions, de ces visions, il me reste les enchantements de nos paysages, l'amour de nos fleuves et de nos belles vallées, l'émotion de nos villages avec leurs toits d'ardoise ou de vieilles tuiles. Comme ils sont plaisants, les noms de nos communes, évocateurs de notre histoire ou simplement lieux des peines et des joies des générations qui ont fait la France ! Des Vosges au Cotentin, des Flandres aux bords de la Méditerranée, des Alpes à l'Atlantique, je ne me lasse pas de nos provinces. A douze mille kilomètres de là, les circonstances de ma vie politique m'ont fait découvrir et aimer les lointains paysages français de la Réunion. Est-ce illusion ? Au plus profond de moi-même, il me semble que je sens un appel particulier quand je retrouve les lieux de mon enfance, tel ce plateau de Candes où, au carrefour de l'Anjou, du Poitou et de la Touraine, on domine le confluent de la Loire et de la Vienne, ou bien quand les hasards de mes voyages me conduisent vers les terres d'où sont parties les familles de mon père et de ma mère au cours du siècle dernier : la plaine d'Alsace avec ses vignes et ses houblons, ses maisons de vignerons décorées de fleurs et de colombages, la plaine de la Garonne avec ses prairies et ses champs de blé ou de maïs, ses longues métairies au vieux crépi sur brique et aux toits de tuiles romaines.

Hélas ! Ce plaisir de France est trop souvent altéré par la laideur des bâtiments du début de l'ère industrielle dont la médiocrité n'égale que l'inconfort, ou par le désordre des constructions neuves implantées sans le moindre souci d'harmonie. Comment ne pas s'indigner devant les châteaux d'eau, les lignes à haute tension, ou les toits trop rouges qui brisent la douceur d'un paysage ? Comment ne pas se désoler devant les tristes faubourgs et les sinistres casernes que nous devons à l'insensibilité ou au mauvais goût ! Comment ne pas souffrir des erreurs commises en détruisant vieux remparts ou beffrois, monastères ou châteaux ? Quand je serai aux affaires, je n'oublierai jamais d'apporter ma contribution à la beauté de notre terre. Je rédigerai une loi portant création de parcs nationaux, une autre instituant des secteurs sauvegardés et deux lois-programmes pour les monuments historiques. J'étendrai la législation des sites protégés aux départements d'outre-mer et éprouverai une immense satisfaction à prendre des mesures particulières en faveur de l'abbaye de Fontevrault, du quartier de la Balance en Avignon, des Invalides de Paris, de Port-Louis, de Neuf-Brisach, et de tant d'autres lieux exceptionnels. Ministre, j'ai éclairé « l'aménagement du territoire » et la « décentralisation industrielle » par une volonté de respecter l'image de la patrie, et je n'ai pas cru déroger en donnant des instructions de détail architectural aux administrations que je commandais. Maire d'Amboise, j'ai préservé les témoins du passé, pierres ou nature, et j'ai gardé à ma signature les autorisations de permis de construire. Quand j'étais rue de Rivoli, j'avais préparé un plan de reconstruction de tous nos postes frontières et sur de simples mais belles maisons douanières j'imaginais déjà le panneau d'accueil : « Ici commence la France. » Cinq ans avant, c'est avec joie que j'avais orienté le bond vers l'avenir que Paris attendait depuis un demi-siècle !

« C'est Paris qui m'éveille », a écrit Paul Valéry. Ce fut mon cas. C'est toujours mon cas. Adolescent, j'ai parcouru ses vieilles rues grâce au Rochegude-Dumoulin, le guide classique qu'à l'occasion de mes treize ans, ma grand-mère m'avait donné. Cette connaissance me sera précieuse pendant l'Occupation où, constant usager du métro, je pourrai fixer des rendez-vous sans jamais revenir devant la même maison ni dans la même rue.

Paris est ma ville : qu'il soit celui des étudiants ou des artisans, le Paris joyeux ou le Paris croyant, le Paris des affaires ou celui des savants, celui des salons ou des quartiers populaires, Paris m'éblouit toujours. C'est la ville capitale, celle qui a fait la France et qui demeure son symbole. D'autres villes existent dans le monde : comment ne pas être ensorcelé par New York et sa formidable puissance ou par Florence dont la beauté évoque un passé bouleversant ? Comment ne pas être amoureux de Rome ? J'ai rêvé d'une vie à San Francisco, Hong-Kong, Rio de Janeiro, toutes villes qui vont de l'avant ! Il n'est pas de voyage dont je ne rapporte une méditation, d'angoisse ou d'espoir. Mais toujours, le retour en France et à Paris est marqué d'une émotion que ni l'âge ni l'expérience n'ont pu atténuer. Je me répète la phrase de Chateaubriand : « Encore quelques heures, et ma terre natale va de nouveau tressaillir sous mes pas. » J'envie ceux qui savent rester indifférents. Je me suis souvent interrogé sur ce sentiment sans y trouver de réponse raisonnable sinon que ce retour dans la maison dont je suis un des nombreux fils, est le retour dans un pays où le plaisir de la nature s'allie à la joie de l'âme.

***

Simple et riche, l'âme de la France est faite de foi enracinée mais aussi de tolérance, d'autorité mais aussi de respect d'autrui, d'abnégation patriotique mais aussi de fronde à l'égard du pouvoir. Elle marque l'esprit d'un pays qui associe la volonté de conquérir l'avenir à l'amoureuse connaissance du passé. Unissant et transcendant les Croisades et la Déclaration des Droits de l'homme, l'œuvre de Richelieu et le combat de Zola pour Dreyfus, Voltaire et Bernanos, l'âme de la France s'exprime dans la fraternité de l'appel révolutionnaire et l'inflexibilité de la Résistance, dans l'admiration pour les cathédrales comme dans la fierté de nos laboratoires. Au-delà de l'évocation des générations qui ont aimé et façonné notre pays, qui y ont travaillé et souffert, il me semble que sur notre terre souffle un esprit particulier qui élève et apaise, un esprit qui fait aimer la vie ordinaire en même temps qu'il encourage aux engagements les plus hardis pour la recherche de la vérité et du bien public. Dira-t-on qu'il y a des contradictions entre ces éléments ? Certes. Mais le génie de la France n'est-il pas de les dominer ? La France n'est elle-même qu'en associant l'honneur et l'esprit critique, la puissance et la liberté, la tradition et l'espérance du futur.

Pour les Français des temps calmes, l'incarnation de l'âme dans la terre de France est chose naturelle. Cependant l'histoire est là pour nous rappeler que la France eut ses jours sombres : bornés, jouisseurs ou sectaires, des Français nous imposèrent de tristes époques. Alors, quand tout croule autour de soi, le spirituel comme le moral, la France n'est plus la France. La splendeur des paysages ou le rappel d'un passé prestigieux sont odieux à l'esprit dès lors qu'ils servent à dissimuler l'abaissement du peuple et la méconnaissance de l'esprit. La beauté de la nature devient même entrave si elle affaiblit le caractère des citoyens au point de leur faire perdre jusqu'à l'ardeur de demeurer une nation. Le prestige des temps écoulés devient mensonge s'il n'anime pas la volonté de s'assurer de l'avenir par le courage, la science et la générosité. A n'être qu'un musée, la France n'est plus rien.

Sous l'Occupation, le pire de la collaboration ne fut pas dans la négociation d'intérêts matériels, mais dans l'abdication qui nous fit accepter la servitude et aligner nos lois sur le criminel dogme nazi. Ce fut l'honneur des chercheurs du Musée de l'Homme que d'élever une des premières protestations françaises contre l'arbitraire qui s'était abattu sur le pays. Pendant tout le cours d'un procès honteux, ils incarnèrent son âme souillée. Rencontrant le plus haut de l'inspiration gaulliste, le Père Fessard choisit pour exergue du premier numéro des *Témoignages chrétiens* clandestins qu'avec d'autres je distribuerai : « France, prends garde de perdre ton âme ! » Et c'est encore à l'âme de la patrie que Mgr Saliège fera appel, lorsque du haut de sa chaire de la cathédrale de Toulouse, il condamnera les déshonorantes actions menées contre les Juifs.

La lutte peut conduire à l'exil. Les Français de France ne comprendront que progressivement le geste du général de Gaulle. Un petit nombre même ne l'acceptera jamais tout à fait. Et pourtant, la poursuite du combat à l'extérieur de la terre de France était nécessaire pour la sauver de ce « dégoût » d'elle-même qui risquait « d'empoisonner son âme et sa vie pour de longues générations ». Un jour de novembre 1944, René Pleven, l'un des premiers compagnons de Londres, vint à Nantes. Après que je lui eus présenté les résistants locaux, tous hommes de grand courage, il me dit : « Il ne faudrait pas nous oublier, nous les Français de Londres, car nous avons eu aussi notre part de périls. » Ainsi répondait-il à un sentiment alors assez répandu parmi les Français de Londres. Revenus en France, ils découvraient une Résistance intérieure où les arrestations, les tortures et les fusillades avaient représenté un tel sommet d'abnégation qu'il leur semblait que le courage des « gaullistes de l'extérieur » en était diminué. Quarante ans plus tard, si j'éprouve du contentement en évoquant mon « gaullisme intérieur », j'ai cependant la claire certitude que les Français libres qui choisirent l'exil pour mieux combattre et exprimer leur refus de toute compromission, furent les premiers artisans du retour de l'âme de la France dans sa terre, de sa vraie « libération ».

Toute ma vie, je me suis senti attaché à l'âme et à l'esprit de la France autant qu'à sa terre. Il n'y a pas deux combats, mais un seul. J'ai modernisé son vieil Etat selon les exigences de la démocratie en notre temps. J'ai lutté contre la supranationalité. J'ai voulu rénover sa justice, la rétablir dans l'Algérie ensanglantée et affirmer sa prééminence constitutionnelle dès lors que la liberté de l'homme est en cause. J'ai voulu instaurer la paix scolaire, développer la promotion sociale sous les formes multiples que l'on peut et doit imaginer. J'ai encouragé les progrès de la science et défendu la vie de l'enfant. Et si, dominant l'épreuve de la décolonisation, j'ai orienté la France vers de nobles et grandes perspectives, donné à ses paysans, à ses ouvriers et à ses ingénieurs le goût de la grandeur économique et ouvert à la jeunesse les chemins de l'Espace, c'est qu'autant que de justice, l'âme de la France est faite du refus de la médiocrité, d'un effort de dépassement qui est sa grandeur. Conquêtes de l'esprit, conquêtes de l'action : la France épouse la cause de la liberté pour nourrir les plus hautes ambitions et entreprendre les plus grandes choses. La vigueur de son âme est à ce prix.

***

Il y a deux façons d'imaginer l'avenir de la France. La première, qui se veut moderne, décrète que les Français d'aujourd'hui aspirent tant à vivre bien qu'un doux déclin n'est pas pour leur déplaire. On les aide même à s'y habituer en détachant l'une de l'autre les notions de progrès et de travail et en évitant de faire référence à la querelle permanente et croissante qui sévit entre les nations et les civilisations. Ne parlons plus de la Patrie ! Vivons au jour le jour, au mieux des intérêts, des idéologies, des circonstances et laissons faire la fortune ! Ne nous insurgeons pas contre la chute des naissances et le vieillissement de la population ! Pour se justifier, certains abandonnent la France, la diluent dans des ensembles illusoires et indéterminés et déclarent que c'est le courant de l'histoire qui le veut ainsi. D'autres se donnent bonne conscience en affirmant qu'à son habitude, le moment venu, la France se redressera.

La seconde vision attachée à l'idée de Patrie est plus exigeante. Il est une loi éternelle : le monde est impitoyable au peuple qui renonce à sa force et à sa jeunesse. Aujourd'hui comme hier, le bien-être matériel, la liberté et la fierté des Français sont liés et resteront liés demain, à la capacité de la France, c'est-à-dire à son unité, à son indépendance, à sa puissance. Pour figurer parmi les vainqueurs de la compétition qui sévit entre les nations, les Français, et d'abord leurs dirigeants, doivent dépasser leurs démons intérieurs, récompenser l'effort individuel, encourager les familles, la discipline et la solidarité nationales, affirmer une volonté de promotion des personnes et de gloire collective. Un destin se conquiert. L'histoire, le droit et la liberté sont affaire de clairvoyance et de persévérance.

De ces deux conceptions de l'avenir de la France, la première est illusion et renoncement, la seconde réalisme et espoir. Elle est la seule noble, la seule conforme à la juste place de la France parmi les nations et des Français parmi les hommes, la seule aussi qui corresponde aux exigences de notre temps et aux impératifs de la société que nous devons préparer pour nos enfants.

« Ô France, je voudrais te parler sans témoins. » C'est dans la nuit et le silence de l'Occupation qu'a retenti ce vers de Supervielle. Le privilège des poètes est d'exprimer l'ineffable. Aux Français de se porter à la hauteur d'une France qui a « les promesses de la vie éternelle », comme disait le Général à Londres. C'est la vraie vocation de la République. Je lui ai consacré mon activité et quasiment mon existence.

2.
Mon père ou l'honneur de vivre

* *
*

Mon premier souvenir est la vision d'un instant : la porte de l'appartement s'ouvre, et entre un homme casqué avec une barbe blonde, un sac sur le dos, un manteau bleu délavé, un ceinturon. Sa figure est éclairée par la lumière du plafond qui semble toute proche de sa tête tant l'homme me paraît grand. Ma mère a ouvert la porte vitrée qui donne dans l'antichambre. Ma sœur et moi suivons. « Je savais bien que tu allais venir », dit ma mère. En ce Paris de 1916, après vingt mois sur les champs de bataille, c'était le premier retour du permissionnaire, ce père oublié de l'enfant de quatre ans que j'étais.

Les dictionnaires le disent d'un mot : Robert Debré fut le fondateur de la pédiatrie française et l'un des fondateurs de la pédiatrie mondiale. Sa vocation de médecin ne s'était imposée à lui qu'après un an de philosophie à la Sorbonne. Péguy, dont il se voulait le disciple, le lui reprocha. Mais déçu par l'abstraction, mon père laissa les livres pour les hommes, la pensée pour l'action. Il choisit de soigner l'être humain, et bien vite le petit être. Interne des hôpitaux de Paris, puis chef de clinique, il exerce avant la Première Guerre mondiale comme praticien sans fortune. On disait alors, simplement, médecin d'enfants. Répondant aux moindres appels, il attend tramways ou autobus pour aller au chevet de ses petits malades. Après la victoire, reçu jeune encore aux deux concours de l'agrégation et du médicat des hôpitaux de Paris, il poursuit une triple carrière de praticien, d'enseignant, de chercheur. Aux approches des années trente, il devient un des médecins d'enfants les plus recherchés de Paris. De la France entière, et bientôt de pays étrangers, proches ou lointains, on commence à le consulter pour des cas graves. Alors qu'il est mobilisé pour la seconde fois de sa vie, sa renommée est établie. Après le malheureux armistice, il revient à Paris. Son courage y fait l'admiration de tous. Au cours des années qui suivent la Libération, il est une des figures de proue de la médecine française, bientôt considéré et d'abord à l'étranger, comme le premier. Vingt ans après la fin de la Deuxième Guerre mondiale, atteint par la limite d'âge, il quitte sa chaire et son hôpital des Enfants malades. Sa vigueur conservée lui ouvre une nouvelle étape de sa vie. Animateur de la recherche médicale, organisateur d'enseignements pour les pédiatres et hygiénistes du monde entier, grand patron de la prévention sociale, son rayonnement personnel ne cesse qu'au jour de sa mort le 29 avril 1978, à l'âge de 95 ans.

***

« On ne doit estimer heureux aucun mortel avant qu'il ne connaisse son dernier jour. » Ainsi parle le coryphée de la tragédie grecque.

Le bonheur d'une longue vie, c'est d'abord le bilan des joies et des peines de la vie familiale. Pour une vie presque séculaire, le bilan est difficile à établir. Deux guerres ! La première qui le voit à Verdun et qui couche dans la terre sanglante des cousins, des amis d'enfance, des camarades d'études, des compagnons de combat ; la seconde où il fait face à l'antisémitisme et où il se place au premier rang de la Résistance intellectuelle et médicale. Les deuils personnels : parents, frères, sœur et surtout un foyer deux fois détruit. Que de morts autour de lui : des anciens, des amis ou collègues de sa génération, de plus jeunes aussi ! A ce sombre tableau s'oppose celui des joies : par deux fois, celles de la France victorieuse et renaissante et de façon plus intime le cortège des fêtes familiales, mariages et naissance. Il suit avec passion mes combats politiques, l'ascension de mon frère Olivier qui choisit la peinture pour affirmer son génie, la carrière des « siens, par le sang ou par l'affection », comme il aimait à le dire, et notamment celle de son gendre, l'impeccable chirurgien Philippe Monod-Broca, celle encore de ses neveux et nièces, ou de ses beaux-fils et belles-filles ; il s'intéresse aux études, travaux et mariages de ses petits-enfants et plus particulièrement de ceux et celles qui s'engagèrent dans la médecine. Il se réjouit des succès de ses nombreux élèves dont il suit les travaux et la carrière, où qu'ils fussent, avec un intérêt constant et passionné. Jusqu'aux derniers jours, il reste attentionné à l'égard de ses arrière-petits-enfants dont il sait pourtant qu'il ne verra pas l'adolescence. Avec l'âge, dit-on, vient la sérénité. C'est vrai pour partie. L'expérience et le temps désormais compté apportent une mesure à chaque événement. Cependant la vieillesse, aux êtres sensibles, n'enlève rien à la profondeur des réactions naturelles. Jusqu'en son dernier âge mon père souffrit de peines et apprécia des joies.

Le bilan de la vie familiale n'est pas la seule mesure du bonheur. Au terme d'une longue existence, l'homme connaît la réponse donnée aux espoirs de ses jeunes années. C'est en ce sens qu'à Sedan, lors de la cérémonie qui fut organisée devant sa maison natale cinq ans après sa mort, c'est-à-dire cent ans après sa naissance, je pus dire en citant Sophocle : « Le jour où mon père ferma les yeux, il savait qu'il avait été un homme heureux. »

*
* *

Mon père avait été heureux dans son métier.

« Depuis qu'il y a une médecine et des médecins, je suis sans doute le médecin du monde qui aura examiné, soigné et si possible guéri le plus grand nombre d'enfants et venus des horizons les plus variés. » Ainsi, au soir de son existence, exprima-t-il devant moi ce qui avait été la satisfaction de sa vie. Que de parents, que de mères éplorées lui durent de conserver leurs affections les plus chères et lui en conservèrent une reconnaissance dont bien des années plus tard, ses enfants ou petits-enfants bénéficieront encore ! Il avait le souci de chaque petit malade et n'avait de cesse que le diagnostic fût clair et la thérapeutique adaptée. Au sommet de sa carrière, comme en ses jeunes années, mon père ne pouvait dormir s'il n'était pas arrivé à déceler la cause d'une maladie ou si un remède restait sans effet. Je l'ai toujours vu souffrir de la mort d'un enfant ou d'une infirmité sans espoir. Au contraire, quelles joies furent les siennes quand, aux côtés de son illustre ami Ramon, il put traiter et bientôt prévenir la rougeole et la diphtérie ; quand, l'un des premiers, sinon le premier, il put guérir des enfants atteints de septicémie grâce à la pénicilline de Fleming ; quand après la découverte de Waksman, il vainquit la méningite tuberculeuse jusqu'alors maladie fatale ; quand il prit la tête de la lutte contre la poliomyélite qu'il contribua à vaincre. Ainsi eut-il plusieurs fois la chance de réaliser le rêve de tout grand médecin qui est de transformer, grâce à la prévention, un fléau mortel en maladie bénigne. Et tel il restera jusqu'à son dernier souffle, toujours à la recherche ou dans l'attente d'une nouvelle chance donnée à la Vie.

A cette joie, exceptionnelle, il convient d'en ajouter une autre qui en est inséparable : transmettre, c'est-à-dire enseigner aux autres comment examiner, soigner et guérir un enfant. Loué par les uns, critiqué par les autres, mon père créa une « école », bientôt illustre par les disciples qui vinrent s'y former ou s'y perfectionner et dont un grand nombre devinrent à leur tour des maîtres créateurs ou inspirateurs d'écoles à travers le monde. A ce titre, il fut à l'origine d'un mouvement qui, parti de France, gagna l'Europe, les Etats-Unis et bientôt le monde entier. Portant une attention nouvelle au nourrisson et au jeune enfant, il voulut le protéger au moins autant que le guérir, et pour cela comprit et fit comprendre ce qui alors était tout nouveau, sa spécificité.

Mon père fut un bâtisseur, heureux de ses réformes et de leurs suites. Au début de sa carrière, comme tous ses confrères, il avait été tiraillé entre l'hôpital où le service était alors bénévole et la clientèle qui assurait l'existence familiale. Mon père souhaita un autre régime, meilleur pour les médecins et les malades, meilleur aussi pour la médecine. L'exemple des hôpitaux de Strasbourg, soumis à une réglementation issue des lois allemandes, fut le point de départ d'une réflexion qui ne s'arrêta plus. Il commença par moderniser son service des Enfants malades en y installant pour les enseignants et chercheurs, laboratoires, bibliothèque spécialisée et bureaux, et pour les malades, des salles de consultation et de soins. Ultime transformation, mais non la moindre, il fit aménager des lits mieux appropriés aux enfants, tant pour leur confort que pour les soins. Pendant l'Occupation, pensant à la rénovation française qu'attendaient et espéraient tous les résistants, il mit au point les idées de sa réforme dont la ligne générale était l'association étroite des facultés et des hôpitaux afin de grouper, dans les mêmes bâtiments, les hommes chargés des soins, de l'enseignement et de la recherche. Le projet ne put voir le jour à la Libération. Il fut remis sur le chantier et y serait sans doute resté si le général de Gaulle et la Ve République n'avaient changé le cours des choses. Une ordonnance de 1958 fixa les principes des centres hospitaliers universitaires, où grâce au fameux « temps plein à l'hôpital », point de départ d'un nouveau régime, étudiants, assistants, agrégés et professeurs purent vivre et travailler pour le meilleur service des malades et des étudiants. Je dirai plus tard la ténacité de mon père, et la mienne pendant mon temps de premier ministre, pour traduire dans la réalité cette réforme qui, en quelques années, couvrit la France de belles constructions hospitalières et permit à la médecine française d'accomplir un immense bond en avant en lui assurant un exceptionnel renom d'efficacité et de sérieux.

Mon père fut un pionnier de la prévention, heureux de son œuvre nationale, bientôt relayée par une œuvre mondiale de même nature. Il avait commencé par une institution privée dont son maître, Léon Bernard, était le fondateur : le Placement familial des tout-petits. Des enfants de parents atteints de tuberculose étaient installés à la campagne, parfois dès leur naissance. On ne savait pas alors guérir cette maladie et ainsi, de cette façon empirique, cherchait-on à éviter une contamination souvent mortelle. Ce premier succès, outre qu'il confirma que la tuberculose n'était pas héréditaire, révéla à mon père son talent d'organisateur et fut le point de départ d'une grande activité médico-sociale. Tantôt il suscita des initiatives privées, — et la dernière fut la Société d'études et de soins aux enfants poliomyélitiques — tantôt il renouvela des institutions publiques, telle l'Ecole de la santé publique, dont j'assurerai l'installation à Rennes. Il anima un Comité d'études et d'information sur l'alcoolisme et un Haut Comité de la population, deux comités qui sous sa direction surent se montrer efficaces. Son renom de médecin et d'organisateur le mit au premier rang d'institutions internationales comme le Fonds de secours à l'enfance. A ce titre, il fut choisi pour recevoir le prix Nobel décerné à cet organisme. Sa dernière création fut le Centre de l'enfance, installé au château de Longchamp dans le bois de Boulogne : l'activité pédagogique de ce centre à l'intention des médecins, hygiénistes et administrateurs de santé du monde entier, en a fait l'une des institutions les plus fécondes de l'Organisation des Nations unies. Au vu de ces résultats, comment s'étonner qu'un professeur américain ait pu dire de mon père qu'il avait été « le seul homme d'Etat que la médecine ait connu » ?

Mon père a été heureux dans son œuvre scientifique. Lorsque l'Académie des sciences et l'Académie de médecine célébrèrent le centenaire de sa naissance, en écoutant notamment les professeurs Julien Marie et Stéphane Thieffry, les auditeurs furent surpris du nombre de symptômes découverts, de maladies analysées ou de thérapeutiques mises au point. Des articles originaux, des communications qui firent date témoignent de l'importance de son apport personnel. Et pourtant, c'est le seul domaine où mon père a pu connaître des regrets : il n'avait pas consacré un temps suffisant à la recherche. Dès le début de sa carrière, il avait été sollicité par l'Institut Pasteur. Plus tard, il occupera la chaire de bactériologie, avant de postuler pour la chaire de pédiatrie. Mais porté par son ardeur à soigner et à enseigner, il ne pouvait envisager cette autre vie qu'aurait été celle d'un chercheur à temps plein. Médecin avant tout, son génie propre fut d'associer la science à la guérison, c'est-à-dire le progrès de la connaissance au droit de l'humanité souffrante à être soulagée. Cette volonté marqua sa vie. Elle le conduisit à élargir sa réflexion aux problèmes de la famille, de la population et de la société où il apporta une vision neuve faite d'un mélange très personnel de pragmatisme et de générosité.

Mon père a été heureux des hautes amitiés qui éclairèrent son existence. Des grands maîtres de la médecine : Marfan, Letulle, Landouzy, Auguste Broca, Arnold Netter, son cher Léon Bernard, Gustave Roussy ; d'illustres savants tels Roux, Nicolle, Calmette, honneur de leur temps ; des fidèles appartenant à sa génération, et qui parcoururent le même chemin que lui dans les hôpitaux de Paris, à la Faculté ou à l'Institut Pasteur, de Charles Foix à Gaston Ramon, d'Henri Mondor à Pasteur Vallery-Radot ; collègues des facultés ou hôpitaux de province, d'Europe, des Etats-Unis ou d'Amérique latine, avec qui il avait partagé de communs soucis médicaux et scientifiques. Pircquet de Vienne, Emerson de New York, Zinsser de Boston, plus tard, l'Américain Waksman, l'Anglais Fleming, Madsen de Stockholm, Fanconi de Zurich, à qui la médecine, c'est-à-dire l'humanité doivent tant, sans compter son ami de quarante ans, Ludwig Rajchmann qui, venu de Varsovie, sera le chef du service d'hygième de la Société des Nations. Combien d'autres pourrais-je citer, fils du Vieux Monde ou du Nouveau Monde, praticiens, enseignants, chefs de services hospitaliers, savants, administrateurs, dont, jusqu'en ses derniers jours, il garda l'émouvant souvenir ! J'ai moi-même connu nombre de ces personnalités dont les noms furent célèbres. Tout au long de ma vie je ferai la comparaison entre ces hommes de science et les hommes politiques que je fréquentais. La comparaison penchera rarement en faveur de mes collègues, cependant plus souvent cités par les journalistes et même les historiens.

Mon père connut les honneurs et il y fut sensible. Des universités de tous les continents l'accueillirent comme docteur et professeur émérite. Avant la Deuxième Guerre, il fut élu à l'Académie de médecine. En 1941, sous l'Occupation et alors que la campagne antisémite faisait rage, il fut porté à la nouvelle chaire de pédiatrie à l'unanimité de ses pairs. Après la guerre, ce fut à l'Académie des sciences puis à bien d'autres sociétés savantes. La Royal Academic Society de Londres fut l'une des premières à l'accueillir. Il eut en particulier la joie d'être élu à cette illustre Société médicale des

Etats-Unis où, pour être accepté, aucune voix ne doit manquer de la centaine de membres qui la composent. Son nom a été donné à des hôpitaux ou à des collèges en Europe, en Amérique et en Afrique. Et à la fin de sa vie, grâce à plusieurs émissions de radio et de télévision, son renom s'étendit encore. La France entière le découvrit et fut séduite par la simplicité et la qualité du propos de ce vieillard au regard lumineux et à la démarche assurée. Il atteignit la consécration avec ses Mémoires dont le beau titre, *L'Honneur de vivre*, est tout un symbole.

***

Dans ma vie d'homme, mon père a beaucoup compté.

Je garde le précieux souvenir de quelques rencontres exceptionnelles : son accueil, en décembre 1934, lorsque je fus reçu au concours de l'auditorat au Conseil d'Etat ; mon émotion, en août 1940, quand il me rendit visite à la porte du camp d'Autun, où j'étais retenu prisonnier par les Allemands ; notre commune surprise en décembre 1943 : nous nous croisons boulevard Saint-Germain, alors que l'un et l'autre nous sommes recherchés par la Gestapo. Il y a des sentiments difficiles à décrire tant ils sont forts, en particulier ceux que j'éprouve en ce printemps 1944 où je vais le retrouver à la Vallée aux Loups, dans cette illustre et chère maison, dont les admirables cèdres évoquent le voyage de Chateaubriand au Liban : il vit là avec ma belle-mère, Elisabeth de Lapanouse, tous deux réfugiés chez nos amis Le Savoureux, alors qu'elle vient d'être libérée d'une seconde arrestation et que lui-même y a échappé de justesse. En 1952, un honneur nous réunit : à quelques heures d'intervalle, nous parlons, lui à la faculté de médecine de Boston, moi devant un séminaire de sciences politiques à Harvard, et chacun alla écouter l'autre. Enfin, il y eut ce soir de septembre 1958, où, sur la terrasse de sa maison des Madères, je vins lui annoncer que je serais sans doute à la tête du premier gouvernement de la Ve République.

Par la suite, père et fils se rencontreront sous les lambris officiels. En 1959, pour fêter l'aboutissement de sa réforme hospitalo-universitaire, j'offre à Matignon un dîner en son honneur où sont conviés ses plus anciens et fidèles élèves, devenus à leur tour illustres médecins, enseignants ou chercheurs. Un jour de 1965, le général de Gaulle lui remet la grand-croix de la Légion d'honneur dans son bureau de l'Elysée ; je suis présent, ainsi que sa proche famille. En janvier 1967, tous les deux, nous recevons les premiers diplômes « honoris causa » de la toute neuve université de Sherbrooke, au Québec. En 1971, à la demande des responsables du Service de santé des armées et alors que je suis ministre d'Etat chargé de la Défense nationale, je lui décerne la Médaille d'Or de la médecine militaire devant une foule émue. En juillet 1973, le soleil de Touraine accueille un parterre d'amis, de médecins, d'élus, d'habitants, d'enfants, de petits-enfants (et même de son premier arrière-petit-enfant), pour applaudir le maire du village de Vernou-sur-Brenne qui dévoile la plaque « rue du Professeur-Robert-Debré ». C'est la rue qui mène à sa maison. En son nom, je réponds à cette chaleureuse assistance. Un soir de 1976, à la télévision, avec mon fils François, nous sommes devant Bernard Pivot à « Apostrophes », trois générations côte à côte à confronter nos idées sur la vie, la jeunesse et la société. Enfin, il y a ce soir de 1977, un an avant sa mort, où grippé, étendu sur le lit de sa petite chambre de la rue de l'Université, je le vois s'adressant à son ancien élève Cournand (lui-même homme illustre, installé aux Etats-Unis et prix Nobel de médecine), pour lui donner instruction de tout faire pour que Jean Dausset soit le prochain prix Nobel ; ultime souci d'un homme qui avait régenté la pédiatrie, la médecine, la recherche, et dominé la pensée médicale mondiale en encourageant partout et toujours les meilleurs.

Plus que ces heures d'exception, me revient au cœur l'atmosphère de nos relations faites de mille souvenirs de la vie ordinaire : le fond du tableau est fait de nos vacances d'enfants partagées entre Nazelles, près d'Amboise, et Parnay, près de Saumur, dans la propriété d'Abel Ferry dont mes parents louaient la maison de Targé pour un mois. C'est dans ce village que chaque année à la fin de juillet, Clemenceau en route pour la Vendée rendait visite à son vieil ami Cristal, connu dans le pays pour imposer à son personnel une vendange grain par grain en repassant trois fois dans les mêmes rangs à trois jours de distance. Mon père me disait d'aller le saluer ce que je n'osai faire qu'une fois. Pressé, Clemenceau se contenta de répondre de la main. Mon père aimait les marches à pied dans les vignes, ou les promenades à cheval le long de la Loire. Souvent au début de la promenade il choisissait un thème de conversation, racontait et attendait nos questions. J'entends encore sa voix décrivant à l'enfant que j'étais la dégradation de Dreyfus, la rencontre du commandant Picquart et de Scheurer-Kestner, le suicide du colonel Henry, ou un autre jour l'enfer de Verdun.

Puis vient le temps des études, des choix et le fils aîné quitte la maison...

Les âges changent et les circonstances varient. Les joies rajeunissent. Les peines vieillissent. Les étapes de la vie se succèdent. Que de fois sommes-nous côte à côte ou face à face pour de longues conversations dans son bureau du 5 de la rue de l'Université entre cour et jardin, en Touraine dans sa bibliothèque des Madères, à mi-coteau sur sa terrasse au-dessus de la vallée de la Loire, ou sur l'autre rive à Montlouis dans mon bureau de « L'Epine fleurie » où la vue domine le fleuve, ses sables et sa varenne. Elle est longue la liste de sujets personnels ou publics, familiaux ou philosophiques, immédiats ou lointains, lorsque deux hommes, père et fils, l'un et l'autre saisis par une carrière qui les prend tout entiers, l'un et l'autre soucieux de se dire l'essentiel d'eux-mêmes, se sont suivis pendant plus d'un demi-siècle, chaque année rapprochant les générations. Ainsi le temps faisant son œuvre, je suis devenu le plus ancien ami de mon père ; et de tous ceux à qui il écrivait le soir, je fus sans doute le correspondant privilégié. Jusqu'au jour où, ne pouvant plus que dicter, c'est moi qui lui téléphonais le soir, habitude dont j'ai senti le manque longtemps après sa mort.

***

Mon père m'a appris l'esprit de tolérance, le respect de la vie, le sens du réel, le goût de la science et des belles-lettres, l'ardeur à bien remplir son existence.

L'esprit de tolérance venait de son éducation comme de sa réflexion. Sa mère était lorraine d'une famille de grands rabbins illustres au siècle dernier. Son père était alsacien d'une famille de commerçants et de paysans d'un village de vignerons. Rabbin lui-même, il exerça son ministère à Sedan d'abord, à Neuilly ensuite où mon père passa son enfance. Après le traité de Francfort, les deux familles avaient opté pour la France et tout naturellement communié dans la religion de la Patrie et d'une République chargée de réparer les fautes du Second Empire. Pour mon père, cette foi devait très vite remplacer la foi religieuse : il a raconté lui-même dans ses livres comment la libre pensée était pour lui une morale civique. Cette morale lui faisait considérer tout être avec respect. Dans son cabinet médical, l'artisan ou l'ouvrier suivait ou précédait l'épouse d'un armateur, la femme du paysan suivait ou précédait la femme d'un ambassadeur ou une châtelaine venue de sa province, toutes égales dans l'inquiétude et la sollicitude qui y répondait. Chacun était traité de la même façon, le jeune aussi bien que l'homme chenu et décoré. Mon père ne tutoyait jamais un enfant malade. Epinglée dans son service, une caricature le dessinait devant un nouveau-né : « Veuillez tirer la langue s'il vous plaît. » Il revenait le soir aussi tard d'un des beaux appartements du XVIe que d'une des sordides banlieues que nous devons à l'indifférence de la classe politique d'avant la Grande Guerre. Pour lui, où était la maladie, voire le risque de maladie, il y avait un être humain. Et tout être humain a droit à la déférence. Les esprits forts s'étonneront de voir cet agnostique refuser l'avortement à la convenance et défendre, sauf cas graves dûment établis, le fœtus, être humain dès sa conception. Pour lui, il n'y avait aucune solution de continuité : le respect de la vie dès son origine est la première et nécessaire étape du respect de la personne.

Mon père m'enseigna le sens du réel, c'est-à-dire l'exigence du diagnostic. Les études, notamment l'enseignement supérieur, accentuent fréquemment chez les jeunes la disposition à tout « intellectualiser », ce qui revient à effacer du raisonnement la réalité des faits et des hommes. L'ignorance des choses de la vie accompagne et bientôt accentue la tendance à se complaire aux utopies. C'est à observer le comportement de mon père devant la maladie que j'appris dès mon jeune âge la valeur du concret. Mon esprit y était sans doute porté de lui-même. Encore faut-il aller au bout de l'exigence : avant d'agir, chercher à savoir, et faire l'effort de réunir tous les éléments qui permettent d'approcher, puis de déceler les causes du mal. Telle est la démarche première, le fondement de toute action raisonnée et raisonnable. Parmi les révolutions du XIXe siècle, on cite rarement la révolution médicale qui fut pourtant l'une des plus importantes, non seulement par ses conséquences démographiques et sociales, mais également par ses suites psychologiques et philosophiques. Le moteur de ce progrès est la recherche de la connaissance sans esprit d'*a priori,* telle qu'elle fut exposée par Claude Bernard dans son *Introduction à la médecine expérimentale.* A quatre-vingt-dix ans passés, dicter, apprendre par cœur et, une heure durant, prononcer devant l'Académie des sciences l'éloge de ce maître incomparable, fut la dernière preuve de courage physique et de lucidité intellectuelle donnée par mon père à ses amis et au monde savant. Comparant l'art médical à l'art de la politique, j'ai souvent pensé qu'il serait utile d'écrire une « Introduction à la politique expérimentale ». Si la politique n'avait pas mangé mon temps, peut-être m'y serais-je essayé, encore qu'il faille admettre que les différences sont grandes car l'homme politique doit non seulement « savoir », mais aussi séduire s'il veut convaincre.

Mon père m'a inculqué sa dévotion pour la science : la vraie et irremplaçable science, celle qui arrache à la nature ou à l'histoire ses secrets, celle qui élargit l'horizon intellectuel de l'humanité et permet une nouvelle étape dans l'allégement de la misère ou simplement de la peine des hommes. C'est là que brûlait la foi de mon père, celle qui explique, dans la seconde part de sa vie, son ardeur à vouloir que la France aménage de beaux laboratoires dotés de riches bibliothèques, qu'elle protège ses chercheurs et que ceux-ci travaillent sans relâche ! Grande fut sa fierté quand il me vit premier ministre faire de la recherche fondamentale et appliquée un des buts de mon action.

Homme de science, mon père aimait les lettres. J'ai parfois été surpris de cette admiration d'un scientifique pour la littérature, de ce respect d'un chercheur pour l'art oratoire. C'est ce goût de la pensée bien maîtrisée et du sentiment poétiquement exprimé qui le porta vers Paul Valéry. Je n'étais encore qu'un enfant, et pourtant je me souviens aussi bien de son indignation quand il fallut trois tours à l'Académie française pour en faire un des siens, que de sa joie quand il me montra, sur son carnet de rendez-vous, entre deux inconnus, le nom de Paul Valéry. Avec quelle joie, sous l'occupation allemande il lut le beau texte de Vercors *Le Silence de la mer,* dont à la demande de Jean Paulhan, il finança l'impression. Mon illustre ami, le professeur Jean Bernard, lui-même authentique résistant, a eu raison de rappeler que sans mon père, les Editions de Minuit n'auraient pu commencer à paraître. Plus tard, il ne cessera de soutenir les efforts des enseignants ou des fonctionnaires qui essaient de maintenir l'usage de notre langue dans les colloques internationaux.

A l'exemple de mon père, j'ai voulu me vouer à une œuvre, ce qui oblige à ne pas mesurer son effort pour atteindre l'essentiel. Cette règle exigeante comporte un effet pratique : se fixer un emploi du temps précis et le suivre avec rigueur. Ainsi fit mon père. Toute sa vie. Hôpital le matin, consultations l'après-midi, visites en fin de journée, lectures et rédactions le soir. Que de labeur accompli par ce rythme régulier !

* * *

La République était pour lui, et pour nous, sa famille, comme un tout : elle réunissait Péguy et Jaurès, la lutte pour les lois sociales et l'expansion française dans le monde, l'éducation populaire et le retour de l'Alsace et de la Lorraine. Notre famille la célébrait comme l'expression de la Patrie. Et nous répondions à cette gloire par une conduite de citoyens respectueux de la loi. La personne de Jules Ferry était une de celles qu'il m'apprit à comprendre et à estimer. Il avait été le camarade et l'ami de son neveu, Abel, avec qui il avait parcouru le Maroc, alors que la pacification n'était pas terminée. Un autre ami, Roger Cambon, fils et neveu des célèbres frères ambassadeurs, lui avait fait apprécier le parlementarisme anglo-saxon si différent du nôtre.

A l'issue de la Première Guerre, marquée par les deuils au moins autant que par la fierté joyeuse de la victoire, il partagea, ou plutôt voulut partager l'illusion que le drame dont la France sortait si anémiée serait le dernier ; la « dernière des guerres », disait-on. Il fit confiance aux hommes qui aspiraient à une « Société des Nations ». Il fut heureux d'y être associé pour certaines activités médicales internationales. Je me souviens de la conviction avec laquelle, en 1930, il s'imposa de collaborer avec un Allemand qui lui était adjoint en vue d'une mission de prévention et d'hygiène en Amérique du Sud. Mais en même temps que son audience augmentait, il prenait aussi la mesure des hommes politiques de sa génération. C'est ainsi qu'il souffrit dans ses sentiments républicains des scandales qui suivirent les années 30. S'il évitait de prendre parti entre la « gauche » et la « droite », l'idéologie de Briand avait répondu à ses espérances. Patriote et pacifiste, il pensait que la force française, et notamment sa force militaire, pouvait garantir une généreuse politique de coopération internationale.

Pour un homme de cette génération et de cette espérance, le nazisme fut un réveil terrible alors même que, comme tout bon Alsacien, il était persuadé qu'il faut toujours craindre les réactions collectives des Allemands. Homme au cœur idéaliste, il eut du mal à prendre l'exacte dimension de la folie hitlérienne. Il fallut le cortège de professeurs et d'étudiants juifs allemands venant frapper à sa porte et, depuis le premier jour, les clairvoyantes appréhensions de son frère Jacques, pour avoir raison de l'optimisme qu'il avait voulu garder. Optimisme qui, pour une bonne part, n'était que les reflets de l'angoisse que lui inspirait la simple idée d'une nouvelle guerre.

Accablé par la défaite, mais aidé par ma courageuse et ardente belle-mère Elisabeth de La Panouse, il fut pendant l'Occupation un modèle d'audace. Il soutint des résistants, en réunit souvent chez lui, fut l'un des premiers participants du Front national, et par l'intermédiaire de *Rémy,* fut en liaison avec l'état-major gaulliste de Londres. Lorsqu'il échappa à une arrestation de la Gestapo grâce à l'existence d'une seconde sortie à son appartement, je fus soulagé de sa décision de se mettre enfin à l'abri. Au cours des deux années précédentes, je n'avais cessé de craindre des horreurs dont j'avais une conscience plus précise que lui. Née à la lumière des illusions socialistes du début du siècle, sa culture politique mesurait mal la différence entre l'arbitraire des vieilles monarchies soumises, encore et malgré tout, au respect de quelques valeurs chrétiennes, et le cynisme sadique et bestial des dictatures totalitaires dont notre siècle devait fournir les sinistres modèles.

C'est de l'après-Seconde Guerre que datent nos conversations politiques, je veux dire nos conversations d'hommes s'exprimant à égalité. Malraux a écrit qu'il devait à cet immense conflit d'avoir appris que la force de la nation était la condition de toute justice. C'est de cette certitude qui commandait mon engagement politique que je m'efforçai de convaincre mon père, en particulier lorsqu'il observa avec appréhension la création du Rassemblement du peuple français. Son premier mouvement le portait à faire confiance aux hommes politiques désignés par le suffrage universel. S'y ajoutaient les relations nouées dans l'exercice de sa profession, dans les jours sombres de la Résistance, ou dès les lendemains de la Libération. Il penchait donc vers une indulgence que je ne partageais guère. Mais il appliqua à la politique la rigueur de la discipline qu'il s'était forgée au service de la médecine, la discipline du diagnostic préalable, éclairée, je peux le dire, par la confiance qu'il me portait et par son affection. C'est avec une chaleur dont mon cœur lui demeure reconnaissant, qu'il suivit mon action bien souvent solitaire. S'il m'avait transmis son refus des *a priori,* il me semble que je lui ai alors donné l'exemple d'une volonté de ne juger la politique qu'en fonction de l'apport de chacun à la capacité et à la force de la République, donc de la France. C'était une attitude qu'il comprenait. Sans approcher d'aucun parti, s'en défiant plutôt, soucieux de l'Etat, ulcéré de ses faiblesses dès qu'elles se révélaient à lui, il a toujours partagé ma fierté qui était celle d'un général de Gaulle capable de restituer à la France honneur, autorité et prestige.

*
* *

C'est en son dernier âge que chacun, y compris dans son proche entourage, saisit la vertu de base qui expliquait le rythme de sa vie quotidienne aussi bien que son aptitude à surmonter les épreuves.

Cette vertu porte un beau nom : l'énergie. Droit, actif, d'une mémoire infaillible, la réflexion toujours en mouvement, dominant les infirmités de l'âge, notamment la diminution croissante de la vue, se faisant lire les journaux médicaux ou de bons livres modernes, apte jusqu'à l'extrême de son existence à donner sans une note de longues leçons dans des amphithéâtres toujours combles, appelé à conseiller un médecin préoccupé par un diagnostic ou une thérapeutique difficiles, présidant une réunion ardue sur les orientations de la recherche scientifique ou l'aménagement des études médicales, il rayonna alors d'une lumière glorieuse. S'il traçait les perspectives pour la médecine de demain, les étudiants étaient surpris par cet ancêtre qui pressentait l'avenir avec autant de pertinence qu'il jugeait le passé. Les nouveaux chefs d'Etat d'Afrique, et d'autres de par le monde, lui demandaient de recevoir leurs ministres de l'Education ou de la Santé. Et de tous les continents, savants et professeurs tenaient à honneur un après-midi ou une soirée de conversation avec lui.

A la fin de sa vie, une ombre descendit en son cœur. Les flambées nouvelles de violence et d'intolérance, la médiocrité politique et morale où nous étions retombés altérèrent la philosophie d'un homme dont l'action avait toujours été inspirée par la volonté d'espérance. Il était hanté par la déchéance des valeurs qui avaient éclairé la marche de l'homme vers plus de justice et de générosité. Au cours de ses derniers mois, il me disait parfois : « Nous sommes entrés dans une basse époque. » Il me le redit à la veille de sa mort, tandis que penché sur son lit, je lui résumais une décevante conversation que je venais d'avoir avec un haut prince de nos affaires. Alors que nous parlions politique pour la dernière fois, et en dépit de mes intimes et angoissantes appréhensions, j'essayais de le convaincre que la France et la civilisation avaient connu d'autres basses époques, et qu'une nouvelle fois le redressement un jour jaillirait. Ainsi essayai-je de réchauffer cette confiance en la Patrie et l'Humanité qui avait été la foi de ce cœur courageux et généreux jusqu'à cette dernière minute où, en pleine conscience, dans un dernier message d'amour, il dit aux siens un stoïque adieu.

3.

Le général de Gaulle ou la grandeur de la France

Mars 1939. Le gouvernement britannique, présidé par Chamberlain, décide la conscription. En France, c'est une explosion de joie. Les Anglais cette fois ont compris ! Ils se décident à temps. Et devant cette résolution, Hitler reculera ! Peu après l'annonce de cette nouvelle, j'entre dans le bureau de Paul Reynaud, ce grand bureau du ministère des Finances qui devait être le mien un quart de siècle plus tard. Il termine une conversation avec Gaston Palewski qui dirige son cabinet. Avant d'aborder le sujet pour lequel je suis venu, je l'entends dire : « Montrez donc cette lettre à Debré, elle l'intéressera. »

Gaston Palewski me tend la lettre. L'en-tête est celle d'un régiment de chars à Metz. En quelques lignes, l'auteur explique pourquoi il n'y a pas tellement lieu de se réjouir de la décision britannique. Du fait de la conscription, nos alliés vont désormais consacrer leurs efforts à une armée de masse qui sera avant tout une armée défensive. Ils sacrifieront donc le plus utile : les divisions mobiles et blindées qui, formées de soldats d'élite prêts à débarquer sur le continent, seraient aptes à prendre l'offensive contre les chars allemands. Cette lettre surprenante est signée « *Ch. de Gaulle* ». Le nom ne m'est pas tout à fait inconnu. J'ai entendu parler de son livre *Vers l'armée de métier,* mais je ne l'ai pas lu. Ni aucun des autres qu'il a publiés. « Nous déjeunerons un jour avec le colonel de Gaulle », me dit Gaston Palewski, une fois revenu dans son bureau, à côté de celui de Paul Reynaud.

Le déjeuner eut lieu cinq ans plus tard — et quelles années que ces cinq années-là !

C'est le 22 août 1944, à la préfecture de Laval, en Mayenne. Je suis assis en face de lui. Gaston Palewski, à ses côtés depuis le début de l'épopée, est présent. Moi-même, Commissaire de la République de la région d'Angers depuis douze jours, je viens d'accueillir officiellement le chef légitime du gouvernement de la France. Le Général arrive d'Angleterre et se dirige vers Paris dont on attend la libération, symbole de la France retrouvée.

Comme tous les Français, les résistants de l'intérieur ne connaissent du général de Gaulle que la voix entendue aux jours d'orage et d'espoir. Certains, plus heureux, sur un tract ou un journal clandestin ont aperçu un visage figé, reproduit d'après une médiocre photographie. Et voilà que devant la préfecture, alors que la clameur d'une foule grave et joyeuse bat encore les grilles, descend d'une voiture découverte un homme très grand, un homme qui regarde droit dans les yeux, parle brièvement et attend votre réponse. « Bonjour, monsieur *Jacquier* », dit-il en me tendant la main. C'est mon nom clandestin qu'il connaît bien et que j'ai décidé de conserver quelques jours afin de protéger les miens qui vivent dans la vallée de la Garonne, encore occupée par les troupes allemandes.

Les événements des années précédentes m'ont aguerri. Je ne manifeste aucune émotion apparente. Et pourtant mon cœur est touché jusqu'en son tréfonds. Je me trouve en face de l'homme qui a sauvé l'honneur de la France et incarné la résistance à l'Allemand, à Vichy et à sa honte. Les Françaises et les Français lui doivent de retrouver leur dignité et leurs droits. Il est la revanche. Il est la liberté et l'unité de la Patrie. Ce rêve qui, si longtemps m'était apparu inaccessible, est maintenant la réalité. Une réalité plus belle que l'espérance. Derrière mon visage impassible les sentiments d'une immense joie et d'une grave fierté bouillonnent au fond de moi.

Mon allégeance ne date pas de ce jour. Elle remonte à 1941 et j'aurai l'occasion d'en évoquer les circonstances. D'abord modeste militant, j'ai depuis dix-huit mois gravi les échelons et maintenant dans les premiers rangs de l'organisation de la France clandestine, j'ai la double qualité de représentant des mouvements de résistance et de membre de la Délégation à Paris du gouvernement provisoire d'Alger. A ce titre, j'ai envoyé des courriers et reçu par des voies très particulières des documents signés « *de Gaulle* ».

Mon destin s'est donc scellé là, au point de rencontre de la Résistance intérieure et de la Résistance extérieure. Au-delà de la Libération tant attendue, toute mon âme aspire à ce que de Gaulle prenne la charge de « refaire la France ». Ma brève et modeste expérience de la politique d'avant-guerre m'a révélé les tragiques faiblesses de la République. Je suis de ceux pour qui la Résistance doit poursuivre son action au-delà de la Libération. Elle est l'avant-garde d'un mouvement qui, après la défaite de l'Allemand et la chute de Vichy, doit réapprendre aux Français les valeurs conjuguées de la liberté et de la grandeur. Comme l'écrira plus tard Emmanuel d'Astier de la Vigerie, de Gaulle est pour moi le « Symbole » de la République nouvelle. Avec la grande majorité des Français, je suis convaincu que c'est à lui que revient la responsabilité suprême : le destin l'a investi de la mission de gouverner la France. Puisqu'il a été son honneur dans la guerre, et qu'il sera sa chance dans la victoire, le devoir est de l'aider afin qu'il soit sa renaissance dans la paix. Ainsi avec lui, grâce à lui, réapparaîtra cette République pure et dure que, dans les malheurs de la Patrie, nous avons tant souhaitée.

Depuis ces deux jours d'août 1944 à la préfecture de Laval, puis dans la voiture qui nous conduit au Mans et du Mans à Chartres, jusqu'à ce dernier jeudi d'avril 1969 qui précéda le référendum fatal, que de réunions privées ou officielles ; que de rencontres au ministère de la Guerre, rue Saint-Dominique ou à Colombey ; que de promenades dans le jardin ou les bois alentour de sa maison, que de conversations à l'hôtel La Pérouse ou rue de Solférino au siège du Rassemblement et plus tard, à Matignon, à l'Elysée ou lors de voyages officiels, sans oublier les lettres échangées. Il m'est parfois arrivé à la suite d'un entretien d'écrire ou de dicter une note afin d'en garder le souvenir. Quelques-unes de ces notes me serviront. Comme me serviront celles que je lui ai adressées. Certaines seront même publiées. Eu égard au nombre des entretiens, elles seront l'exception. Comme l'a dit Gaston Palewski un soir à la télévision, les quelques hommes qui ont vécu avec le général de Gaulle l'intimité des affaires de l'Etat, ceux qui, dans certaines circonstances, ont connu ses pensées et participé à ses décisions, gardent la pudeur de ces échanges voire — en ce qui me concerne — la pudeur des désaccords qui nous ont opposés. Sans doute est-il bon et parfois nécessaire d'éclairer notre passé politique, mais pour une part, l'Etat a son secret et doit le garder. Pour une autre part, il est des discussions écrites ou orales qui ne sont que des étapes sur la voie d'une décision : elles traduisent des tâtonnements, des hésitations face aux événements et à moins qu'elles ne touchent à l'histoire de la France, il n'y a pas lieu de les figer dans l'écriture. En outre, le Général avait volontiers pour méthode de « tester » son partenaire en réfutant les propositions qu'il lui faisait. Surtout il aimait énoncer tout haut des arguments contraires et exprimer par des affirmations et des prévisions improvisées les interrogations de sa pensée. Enfin, à certains dont il connaissait la fidélité, il lui arrivait en des moments difficiles, de se confier, mais toutes les confidences n'appartiennent pas à celui qui les a reçues.

« Tout le monde a été, est, *ou* sera gaulliste », disait-il parfois. Un jour, je lui fis observer que sa formule justifiait l'inverse : « Tout le monde a été, est, ou sera antigaulliste », mais qu'il ne fallait pas oublier non plus que : « Certains furent, sont *et* seront toujours gaullistes ». « Vous parlez pour vous », rétorqua-t-il. « Il y en a quelques autres », fut ma conclusion.

Les gaullistes furent nombreux et divers. Il y eut les gaullistes de 1940 et ceux de 1944, les gaullistes de sentiment qui acclamaient l'honneur racheté, le libérateur, la dernière incarnation de la lignée des grands hommes en qui se reconnaissait la patrie. Il y eut les gaullistes de raison, ceux qui espérèrent en de Gaulle parce qu'il représentait une volonté de redressement tandis que nous vivions la décevante époque de la IVe République. Enfin, il y eut les gaullistes d'opportunité qui le soutinrent quand les circonstances ou l'enchaînement des faits le plaçaient dans ce qu'ils croyaient être le fil de l'histoire. Tous ces courants ont eu leur valeur et chacun à sa façon a contribué à la puissance du gaullisme. Seul le gaullisme d'opportunité ne fut jamais le mien.

A travers les hauts et les bas d'une période qui s'étend sur près de trente années, j'ai été loyal à sa personne, mais surtout, comme je le lui dis un jour de mai 1968, alors que tout le monde doutait de lui, et peut-être lui-même, mon ambition a été d'être fidèle à la France éternelle, telle qu'il en était l'expression en notre temps. Si se définir par rapport à lui, c'était se définir par rapport à une certaine idée de la France, j'ai toujours su que de Gaulle devait être à la tête de notre pays et je l'ai toujours voulu. Là fut ma force mais aussi ma faiblesse, car la politique est le domaine des habiles, de ceux qui, soucieux de leur carrière, savent se détacher à temps. Il faut de graves événements pour que les convaincus soient compris, et quand ils sont enfin suivis, il est souvent tard, parfois trop tard. Etre en même temps gaulliste d'Etat et gaulliste de cœur ne fut pas toujours la voie facile. Mais à travers honneurs et déboires, cette ambition me valut d'accomplir une œuvre durable, j'en suis convaincu, quoique inachevée.

*
* *

Je n'ai pas connu le de Gaulle d'avant 1940. Ce n'est que plus tard que je lirai ses ouvrages. Plus tard encore que je comprendrai l'impatience qui avait été la sienne à partir des années trente, alors que face aux insuffisances du pouvoir et à l'indifférence des hommes politiques avec lesquels il correspondait, il sentait tressaillir son génie sans pouvoir imaginer les circonstances où il pourrait l'affirmer.

Je n'ai pas connu le de Gaulle de Londres. C'est par ouï-dire que j'ai appris l'extrême rigueur du personnage, la fidélité qu'il exigeait, les éclats à l'égard de ceux qui flanchaient. Tout lui était difficile. Tout lui était adversité. Dans la France occupée, on était gaulliste comme on était patriote et les observations ou reproches que colportèrent certains voyageurs de Londres n'eurent aucune incidence sur mes sentiments.

En 1944, quand je me présente à lui, de Gaulle est encore le chef d'un gouvernement de guerre. Parti de rien, exilé volontaire sur une terre étrangère, il a pendant quatre difficiles années recueilli et porté son pays à bout de bras. Longtemps soutenu par une poignée de fidèles décidés mais dispersés à travers les champs de bataille les plus divers, il se retrouve à la tête des Français. Conscient d'avoir seul maintenu la France au premier rang de l'alliance victorieuse, d'avoir rassemblé l'Empire face aux ambitions ou arrière-pensées anglaises et américaines, d'avoir effacé la honte de Vichy, rétabli la République et contenu les prétentions communistes, il ressent de l'amertume devant les réserves des milieux politiques grâce à lui ressuscités. Il attend d'eux qu'ils comprennent que c'est à son caractère intraitable que la France doit le miracle d'être redevenue ce que jamais elle n'aurait dû cessé d'être. En raison de ce qui a été fait durant la guerre et au vu des initiatives d'avenir qui marquent son action depuis que le pays a été libéré, il estime que tout patriote sincère se doit de le soutenir.

En ce temps-là, nos relations n'ont point la chaleur des années suivantes. J'essaye pourtant de le rendre attentif à la différence entre les milieux politiques mus par des préoccupations limitées, voire dans le cas de certains, par des ambitions personnelles, et le peuple prêt à le suivre dès lors qu'il indique le chemin. En vain. Sa pensée s'enferme dans une solitude rigide. En d'autres circonstances, il a su céder ce qu'il fallait pour assurer ou maintenir l'essentiel. Il a fait preuve d'habileté pour s'imposer après le débarquement américain en Afrique du Nord. Mais alors, il fallait gagner la guerre et rendre la France à elle-même. En janvier 1946, la France est libérée. Il démissionne en espérant un rappel qui ne vint pas. Il se referme alors sur lui-même, dans une retraite qui, pour lui, sera tristesse et tourment, et pour ses fidèles dont j'étais, peine profonde, presque désespoir.

Après l'échec de la première Assemblée constituante d'abord, et l'installation de la IVe République ensuite, il veut ressaisir la France. Avec le discours de Bayeux en 1946, il précise sa pensée constitutionnelle. Avec la fondation du Rassemblement du peuple français en 1947, il prépare son retour au pouvoir. Multipliant les voyages à travers la France, les rapports avec le public ou la presse, il dialogue non seulement avec les proches des années précédentes, mais aussi avec une espèce d'hommes nouvelle pour lui, les militants du Rassemblement. Tout en parlant de la France, il s'applique à se faire mieux comprendre des Français. Sévère et impitoyable pour les institutions qui paralysent la France, les hommes qui après l'avoir servi font obstacle à son retour, il s'essaye dans ce rôle nouveau de chef politique. Il manifeste une vive impatience devant l'évolution des faits et le comportement des hommes. Une loi électorale indigne est votée afin de le priver du succès populaire. Malgré les avis d'un très petit nombre, dont je suis, il ne veut pas retourner les fameux « apparentements » contre leurs auteurs, et le succès lui échappe.

Ce qu'on appelle la « traversée du désert », est une réflexion sur ses deux échecs, le départ de 1946, la dispersion du R.P.F. officialisée en 1954. Il situe son épopée personnelle dans la perspective de l'histoire de la France. Il réfléchit sur son destin qui paraît alors marginal par rapport à la marche du monde. Il s'efforce à la sérénité et, aux yeux de ses visiteurs, réussit à l'atteindre. Il affine sa vision politique par la lecture, par des conversations, et surtout par une méditation cent fois recommencée. Il entreprend un immense travail, la rédaction de ses Mémoires. Dès la sortie du premier tome en 1954, la publication est plus qu'un succès : une révélation, en France et hors de France. Viennent les mois de la fin de l'année 1957 et du début de 1958, où il pressent et perçoit un frémissement populaire. La République s'affaisse. Guerre d'Algérie, difficultés financières, agitations sociales, impuissance politique : l'histoire paraît sur le bord de lui donner un second rendez-vous. Il l'attend depuis 1946 car il a conscience que son destin est inachevé : l'homme du 18 juin se doit de donner une autre preuve de son génie politique.

Personne n'a oublié le « Je me tiens prêt à assumer les pouvoirs de la République » du 15 mai 1958. Après trois ans de silence, le Général reprend la parole. Avec émerveillement les Français d'abord, le monde ensuite, découvrent un de Gaulle qui, une nouvelle fois, s'affirme comme supérieur aux événements. Sachant maintenant parler aux hommes comme ils aiment qu'on leur parle, il s'adresse à l'opinion, aux journalistes, aux parlementaires, aux chefs de groupes et de partis selon le langage que chacun attend. Le général de l'épopée et de la reconquête est devenu un conducteur d'hommes pour les temps nouveaux. Il l'est dans ses pensées comme dans ses boutades, dans son commandement comme dans son savoir-faire pour attirer les âmes. Tantôt ferme, tantôt diplomate, il révèle une extraordinaire aptitude à associer, pour le plus grand bien de la France, l'appel à la gloire avec la tactique des circonstances.

Ce nouveau temps de responsabilités commence par l'œuvre manquée à la Libération : la reconstruction de la République.

Muni de sa confiance, je me mets à la tâche en juin 1958. Rédigée dans le courant de juillet et d'août, la nouvelle Constitution est présentée au peuple de Paris le 4 septembre. Ni lui ni moi ne voulons une Constitution à sa seule mesure. Ce fut une erreur des commentateurs que de répandre cette idée dont le temps devait faire justice. Il voulait et je voulais avec lui, une République neuve. Le peuple le comprit et le remercia par un vote massif. Le Général prend alors sa place naturelle qui est celle de chef de l'Etat. La légitimité de la République est restaurée.

Quatre ans plus tard, compte tenu de l'évolution de la Communauté et de l'indépendance de l'Algérie, les préoccupations constitutionnelles reviennent au premier rang de son esprit. Au-delà du dialogue direct entre le chef de l'Etat et le peuple qu'assure la procédure du référendum qu'il a dès 1945 réintroduit dans nos lois et dans nos mœurs, il veut, par l'élection au suffrage universel direct, consacrer la valeur de la fonction présidentielle. L'attentat manqué du Petit-Clamart lui fournit l'occasion d'agir. En dépit de l'hostilité de tous les partis, il propose cette réforme qui reçoit une belle et forte approbation nationale. Ainsi confirme-t-il sa légitimité personnelle, désormais confondue par la volonté de notre peuple, avec celle de la République. Au-delà de sa personne, il donne à ceux qui lui succéderont une chance neuve d'exercer utilement le pouvoir républicain.

La refonte des institutions, garantie de l'unité, est accompagnée du renouveau de notre défense, garantie de l'indépendance. Dès son retour aux affaires, il ordonne l'achèvement et l'expérimentation de l'arme nucléaire. Après le succès du tir de Reggane en 1960, et dans le droit fil de sa pensée, je bâtis et fais voter la première loi-programme militaire, dont l'application déterminera désormais notre comportement en Europe et au sein de l'Alliance atlantique.

Institutions et défense sont assorties du redressement des finances publiques. Le souci de la République exige cette étape, qui est l'étape de départ. Le Général veut aller plus loin. Il y a toujours en France un très vif problème de société. Nous sommes des contestataires et la qualité de notre société est l'objet privilégié de nos querelles, tantôt admirables, tantôt absurdes. Le Général entend transcender ce caractère national. Respectueux des hiérarchies traditionnelles, il sait pourtant donner une adhésion profonde aux réformes de structure, dès lors que celles-ci se révèlent utiles au renforcement de la capacité française. On l'avait vu à la Libération lorsque son gouvernement créa la Sécurité sociale et généralisa les allocations familiales. A la tête du Rassemblement, à côté de la réforme de l'Etat et de l'indépendance de la nation, il affirme son souci de la solidarité des Français. Chef d'Etat, il entend traduire ses idées dans les faits. L'association capital-travail qui deviendra l'intéressement des travailleurs, puis la participation dont il cherchera longtemps la bonne voie, sont les différentes expressions de sa volonté d'affirmer la dignité du travailleur ou du citoyen dans les lieux mêmes où, selon ses propres termes, il « prodigue sa peine ». De la même façon, il apporte son entière adhésion et son total appui à toutes les initiatives que je prends en vue de développer la promotion des jeunes, des modestes et des humbles. Il ne cesse de chercher une conception nouvelle des rapports sociaux. Ni « libérale », si ce mot signifie le triomphe du plus fort, ni « socialiste » quand ce terme signifie l'accaparement de la vérité par une « avant-garde » qui se croit scientifique, la pensée du Général est nationale. Il veut assurer la cohésion de notre société en respectant la liberté des personnes. Il sait que là réside la plus sûre garantie de l'unité française et de la légitimité du pouvoir.

« *Heureux le soldat mort au soir d'une victoire* », me dit-il un jour de juillet 1960. Nous venions de parler Algérie et Communauté. Quelques années auparavant, solitaire, il avait tenu à accomplir en deux fois un tour du monde où chaque étape ou quasiment, était un territoire français. Il y pressent la fin d'une époque. S'il est partout accueilli avec chaleur, il comprend aussi que la fidélité au passé s'accompagne désormais d'un espoir dans un avenir différent. Un monde se meurt. Après lui, personne ne pourra plus faire ce tour du monde national. Sait-il déjà que lui, de Gaulle, qui jadis avait combattu pour une grandeur faite de l'immensité des terres commandées, aura la douloureuse charge d'affirmer et d'expliquer aux Français qu'il faut désormais donner un autre fondement à la grandeur de la France de la fin du XXe siècle ? Nous en avons plusieurs fois parlé, je peux même dire débattu, pendant ces années 1959-1962, éprouvantes entre toutes, alors que mon esprit tourné vers l'exigence fondamentale de « refaire la France », adhérait à une démarche qui ravivait pourtant cruellement la douleur du temps perdu et des occasions gâchées. Son retour en 1951 eût abrégé la guerre d'Indochine et évité celle d'Algérie. C'est non seulement l'histoire de France, mais celle du monde qui eût été différente. J'en ai toujours eu la certitude et la ressens toujours comme un remords que devraient éprouver hommes politiques et informateurs de l'époque, acharnés à éviter son retour. Pamphlet politique publié en 1957, *Ces princes qui nous gouvernent* a traduit la profondeur et la gravité de mon indignation. En 1958, quand le Général revient, il est trop tard. Le drame est consommé. Il lui faudra l'assumer et moi-même avec lui. C'est ainsi qu'au fil de ce qui allait devenir la tragédie algérienne, je le verrai à nouveau s'élever au-dessus du commun, prenant en charge des décisions qu'il est seul à pouvoir faire accepter et, une fois sa volonté déclarée, s'y tenir avec fermeté et résolution quels que puissent être la douleur de ses sentiments et les dangers encourus.

S'il a été aussi assuré dans l'épreuve, c'est que toute sa pensée, toutes ses actions, sont issues d'une double méditation, l'une sur l'histoire de France, l'autre sur la place que le destin lui a réservée dans cette histoire. Il admire l'œuvre de notre ancienne monarchie qui, autour du domaine royal, a rassemblé les provinces de France. Il s'en veut le continuateur, lui qui naguère a rassemblé l'Empire. Mais les temps sont différents. La France a cessé d'être le « mastodonte » de l'Europe. L'Europe elle-même n'est plus le centre de l'univers. Il faut à la fois enterrer la nostalgie et ouvrir des voies nouvelles. Les choses ayant été ce qu'elles furent, désormais la France ne retrouvera d'équilibre intérieur et d'audience internationale qu'à la condition de refaire autrement sa capacité de puissance. Pour être écoutée dans le monde, la France doit devenir exemplaire. C'est à quoi je m'emploie durant mon temps à la tête du gouvernement.

***

Grâce à cette discipline, la voix de la France redevient effectivement celle de la liberté. La liberté est d'abord affirmée pour elle-même : alliance sans intégration avec les Etats-Unis ; détente sans alignement avec la Russie ; à sa seule initiative, reconnaissance de la nouvelle Chine. Sûre d'elle-même, la France demeure l'alliée de la Grande-Bretagne, tout en bâtissant avec l'Allemagne les fondations d'un libre continent. Dans le même temps, ayant accordé l'indépendance à tous les peuples de l'ancienne Communauté, la France du général de Gaulle s'affirme à la fois le champion de la lutte contre les hégémonies qui veulent régenter le monde et celui de la coopération entre les vieilles nations et les jeunes peuples qui ont choisi un nouveau destin.

Chef d'une France libre et forte, le Général élève l'éclat de sa parole et la puissance de son prestige au niveau des grandes affaires du monde. En 1965, il dénonce le mal d'un système monétaire international qui fait d'une monnaie, donc d'un Etat, le maître de l'économie des autres. L'année suivante, il est à Pnom Penh : à la frontière d'un Viêt-nam en guerre contre les Américains, il plaide pour une rapide solution politique dont le commencement doit être le retrait progressif des « forces armées étrangères ». Un an encore et c'est en Pologne, à l'université de Cracovie, non loin de la frontière russe, qu'il dit les bienfaits d'une coopération bilatérale dégagée des « énormes appareils étrangers ». Un an encore, à Montréal, au centre de l'Amérique anglo-saxonne, il affirme les droits des Français du Canada. Enfin à l'Elysée, dans une fameuse conférence de presse de 1967, il dit le droit des Palestiniens à avoir eux aussi une patrie.

C'est au moment où le choix de Paris pour la négociation entre les Etats-Unis, le Nord et le Sud-Viêt-nam consacre sa persévérance et son autorité morale qu'éclate la tempête de mai 1968. Il en est troublé jusqu'au fond de lui-même. Il se fait le reproche d'avoir délaissé au cours des dernières années certaines affaires, notamment l'éducation et la participation. Après quelques heures de trouble intime, il reprend le commandement de lui-même et de la France. Il veut alors se prouver et prouver aux autres que le peuple acceptera de le suivre pour une nouvelle étape de notre reconstruction intérieure. Il propose un référendum. C'est une fausse manœuvre. Je suis de ceux qui tentent d'abord de l'en dissuader, puis jusqu'à l'avant-dernière semaine de lui dire que l'annulation est possible. Depuis qu'il en a été question, je sais qu'à moins d'un miracle, il sera perdu. Aux élections de l'année précédente, le peuple lui a accordé sa confiance, une immense confiance. Le redressement attendu n'est pas venu. Le peuple commence à douter et la « régionalisation » n'est pas un sujet populaire.

Comme il n'est que trop facile à prévoir, la coalition des adversaires de tous bords recevra le soutien de quelques trahisons. Mon opposition est telle que mes relations avec le Général en souffrent.

Arrive ce jeudi 26 avril 1969, trois jours avant le dimanche du référendum. Nous sommes en fin de matinée. Je m'assieds face à lui dans son bureau de l'Elysée. Ni lui ni moi ne sommes intéressés par les affaires en cours dont cependant l'examen est la raison de ce rendez-vous. Nous parlons longuement. De son côté, c'est la certitude de l'échec : il me dépeint le tableau qui se veut serein de ce que sera la suite. De mon côté, malgré une certitude égale, c'est l'affirmation que son appel du lendemain peut encore rallier le fort pourcentage d'électeurs qui hésitent encore. Je pressens si bien que c'est la dernière fois que je le vois qu'après l'avoir quitté, je m'arrête à la porte du couloir pour le regarder s'éloigner. La silhouette n'est plus celle de 1944, mais elle en impose tout autant. Il boutonne sa veste croisée. Sans se retourner, il se dirige vers son appartement...

Dimanche 29 avril 1969 : le peuple français lui refuse sa confiance. A minuit de ce jour triste entre tous, je l'appelle au téléphone. Que dire sinon ma fidélité ? Sa réponse est restée dans ma mémoire : « Merci, cher ami. Nous avons chassé l'Allemand. Nous avons résisté aux Anglo-Saxons. Nous avons réduit les communistes. Nous avons redressé la France. Nous n'avons jamais pu venir à bout de l'esprit de Vichy. C'est lui qui nous a battus aujourd'hui. » Le Général se retire. Cette fois sans espoir ni désir de retour.

Ministre des Affaires étrangères, j'observe le lendemain la stupeur des nations et de leurs gouvernants, une stupeur où l'émotion ne le cède qu'à l'admiration. Quant aux Français, ils s'aperçoivent avec une égale stupeur qu'ils ont chassé un géant. Une fois de plus dans leur histoire, en rejetant une grandeur qui subsiste malgré l'âge, ils ont préféré la médiocrité et se retrouvent blessés et humiliés. Alors que, longtemps incertain ou sceptique, l'étranger a fini par retrouver la France éternelle dans la France de De Gaulle, ce vote est interprété comme la volonté des Français de ne plus croire en la France. Au conseil des ministres du mercredi suivant, j'expose que partout dans le monde, ce départ a été l'événement, un événement qui fera date. Le général de Gaulle était devenu plus grand que la France.

« *Deviens qui tu es* », a écrit Goethe. Le génie du Général a été de comprendre et de promouvoir ce de Gaulle que sa vie et son courage avaient engendré. Nationaliste, réaliste et autoritaire, donnant priorité à la France, mais sachant à la fois suivre et pressentir les mouvements du monde, de Gaulle a éclairé la politique française de la lumière universelle de la liberté. Le 18 juin 1940 est né un chef dont, en trente ans, le destin a élargi la dimension jusqu'aux limites de la terre.

Au-delà du récit de ses dernières années, son ultime méditation solitaire est consacrée à fixer son personnage dans la continuité historique des hommes qui ont fait la France. Il n'a pas le temps d'achever. Mais grâce à l'initiative de quelques fidèles, soutenue par le large concours des Français, l'idée maîtresse du soir de sa pensée est gravée au bas de la croix de Lorraine qui domine la colline et les bois de Colombey. De la grandeur française qui lui tenait à cœur, il s'inscrit comme l'un des plus illustres artisans. En même temps, il l'a dépassée et la « querelle de l'homme » a sublimé son action en l'élevant à la hauteur de la morale universelle. Quand le 12 novembre 1970, les chefs d'Etat du monde entier se retrouvent à Notre-Dame de Paris, au-delà du Français indomptable dans les épreuves, c'est bien à un maître dans cette éternelle « querelle » qu'est rendu un hommage unanime.

Moi-même ici, j'écris pour la dernière fois ce que j'ai si souvent affirmé dans les moments difficiles d'une longue épopée. Que les vieux compagnons, ceux qui ont suivi un chef qui rendait à la France son honneur et aux Français la victoire, que ceux qui plus tard sans hésiter ont soutenu le restaurateur de la République, gardent fierté et gloire de leur loyal dévouement au milieu des tragédies ! Que soient à jamais salués et exaltés, les hommes et femmes, les soldats, marins et aviateurs, les torturés, fusillés et déportés, qui sont morts pour la France de De Gaulle ! Car sa France était notre France, une patrie aux grandes ambitions, à la fois servante de l'homme et soldat de son constant effort vers la liberté.

***

« Je ne suis pas Louis XIII », me dit-il un soir après avoir lu l'article que Jacques Fauvet avait consacré en première page du *Monde*, à un discours sur le grand cardinal que j'avais prononcé la veille dans la ville de Richelieu. Il n'était pas Louis XIII, c'est-à-dire qu'il ne se contentait pas d'incarner la France et son Etat : il voulait aussi être le pouvoir. Mais il n'était pas non plus Richelieu car sa passion de la France n'était pas celle de tout régenter. J'aurai à revenir sur ce point car s'il y eut des temps où il retint à lui toute l'autorité, il y en eut au contraire d'autres où il laissa libre champ à ceux qui avaient sa confiance, et je fus de ceux à qui elle bénéficia.

Homme de pensée toujours soucieux d'agir et de commander, homme d'action toujours tenté par la méditation, il pesait le néant des choses, tout en mesurant l'importance du moindre geste. Dans le silence de sa réflexion, il regrettait de demeurer inactif. Dans le feu de l'action, il se prenait et se surprenait à en juger la vanité. Il connaissait ainsi des alternances et il tranchait l'hésitation par le sens de son devoir envers la France et envers lui-même. Il voulait apparaître un roc et il savait être un roc, mais comme tout homme, il avait des hauts et des bas et connaissait le doute. Il admettait qu'il n'était pas infaillible, qu'il avait commis des erreurs. Chez lui, le goût de l'action et le sens du devoir étaient fréquemment en lutte contre un pessimisme qui parfois l'envahissait. Je lui ai connu des moments de découragement qu'il m'adviendra d'évoquer, parce que j'eus à y faire face et qu'ils m'ont profondément ému. Mais ces moments furent passagers et en définitive, la volonté d'être ce qu'il devait être l'emportait toujours, et au fur et à mesure de l'âge, devint un ressort suprême.

Le lien entre la pensée et l'action se traduisait chez lui par une aspiration à précéder l'événement et si possible à le créer. Il avait naguère apprécié Bergson, et était porté au plus haut degré par l'élan intérieur que décrit le philosophe : élan qui paraît relever de l'instinct alors qu'il procède d'une longue réflexion menée d'une manière intime et contradictoire, jusqu'à ce que la résolution surgisse du plus profond de la conscience. Il justifiait alors son comportement par la raison : il se prouvait à lui-même et prouvait aux autres la logique d'un geste justifié par l'enchaînement des faits qui avaient suivi. L'appel du 18 juin est le sommet de ce génie, qui s'affirma tout au long de sa vie, dans de célèbres discours comme celui sur la « République algérienne », ou le fameux « Vive le Québec libre ». Erreurs tactiques ? Parfois, peut-être. Les éclats qui parsemèrent sa vie politique furent l'expression d'une volonté jamais démentie de ne pas se laisser distancer par les événements afin de les commander. Cet état d'esprit explique la répugnance du Général à l'égard des longues négociations et son goût de traiter des affaires, même diplomatiques, par voie de conférences de presse, quitte à les dramatiser et à prendre de court les négociateurs. Mieux que quiconque, le Général était conscient de la tragédie de l'histoire : il y insérait sa personne, afin de la dominer, ou au moins de tenter de le faire.

Sans doute ne possédait-il pas ce caractère de l'homme politique qui se dirige vers le pouvoir à travers les embûches et les compromis. C'est à des circonstances exceptionnelles qu'il dut, par deux fois, le commandement des affaires de la France. Mais ce qu'il avait au degré suprême, c'est l'aptitude à exercer le pouvoir, qui veut la lucidité dans la détermination des grands choix et la volonté de les imposer, fût-ce au prix d'une certaine ruse. Toujours guidé par l'idée qu'il se faisait de la Patrie, de la République, et de l'Etat, il sut régner et vraiment régner pour la France.

Descendant un jour l'escalier de l'Elysée, à la fin d'un Conseil des ministres, Robert Buron me raconta cette réflexion dont le Général venait de lui faire part : « Il y a un phénomène de Gaulle, je ne me l'explique pas toujours et pourtant, j'en suis le prisonnier. » Quand un homme entre vivant dans l'histoire, il en est toujours ainsi. Or de Gaulle a fait davantage : il est entré vivant dans la légende, de sorte qu'hommes et femmes de son peuple et de pays au-delà de nos frontières avaient conçu une si forte idée du personnage qu'il ne pouvait plus la démentir. Etre à la fois la nation dans sa continuité et le peuple dans ses aspirations, le pouvoir de l'Etat et l'espérance de la liberté, voilà ce qu'à la fin d'une longue vie, de Gaulle était devenu et il se devait de maintenir cette vérité.

Tantôt seul sur le devant de la scène, tantôt prenant du champ, il savait choisir parmi les affaires à traiter, et selon les événements, les nécessités ou son inspiration, il appelait à lui celles qui lui paraissaient relever de sa décision. A la première évocation d'une affaire, il répondait parfois évasivement. Mais trois ou six mois plus tard, on le voyait en décider de manière magistrale. De ce qu'il estimait important, il souhaitait être le seul instigateur, le seul responsable même si par la suite, en privé et au détour d'une conversation, il reconnaissait le rôle que son interlocuteur avait pu jouer dans le cheminement de sa pensée et de sa décision.

Dans la conversation ou la correspondance, il avait toujours le souci d'éclairer son argumentation par des remarques qui élevaient le sujet en le rattachant à une idée dont il affirmait la primauté. Ainsi prenait-il ou conservait-il l'initiative du débat, pour toutes les affaires importantes, qu'elles fussent d'ordre intérieur ou d'ordre extérieur. Lors des audiences, dès les premiers mots, le visiteur était invité à dire l'essentiel. Au Conseil des ministres, qu'il ouvrît la séance ou engageât un « tour de table », sa manière était souveraine. Réservant l'avis du premier ministre, le dernier à opiner, il attendait de chacun qu'il s'exprimât librement, avant de donner sa conclusion en quelques phrases décisives. En privé, il acceptait la discussion. Il la souhaitait même parfois. A condition que son interlocuteur fût clair, têtu et qu'il s'expliquât, le Général écoutait et entrait dans le jeu. Il y utilisait les arguments les plus divers et jugeait son interlocuteur à la rigueur de sa réponse. S'il savait évidemment se rallier à des vues différentes des siennes, la divergence devait rester discrète. Après un Conseil des ministres où à propos du projet sur l'Université présenté par Edgar Faure, j'avais vivement défendu une opinion opposée à la sienne, il me dit : « Vous savez bien que je n'aime pas être contredit en public. » Cette réserve obligée était la contrepartie du droit que l'on avait de tout lui dire en tête à tête ou lui écrire, et dont j'ai souvent usé.

« Mettons-nous d'accord avec nos arrière-pensées » : je ne fus pas le seul à entendre cette formule. Pour un poste important dans un pays arabe, j'avais désigné un fonctionnaire apparenté à une famille israélite, nommément celle du capitaine Dreyfus. A la réflexion, j'estimais nécessaire d'en parler au Général avant de rendre publique la nomination. Après m'avoir écouté, il me répondit : « Vous avez eu raison. Dreyfus, cet officier français, était innocent. »

« C'est un homme courageux. Nul ne peut dire le contraire. » Je me souviens de ce propos de Couve de Murville, le 4 juin 1958, alors que dans le ciel d'Orly, s'élève l'avion qui le mène à Alger. Le Général était effectivement un homme de courage. Quand il avait entrepris une affaire, il la conduisait jusqu'à sa fin, quels qu'en soient les risques. Au temps de la France libre, les voyages étaient difficiles et hasardeux : de Gaulle voyagea beaucoup. Il était servi par une résistance physique qui était un don de la nature aussi bien qu'un effet de sa volonté. Son ardeur ne diminua pas avec l'âge, et tout au long de sa vie, on le verra dominer fatigue et appréhension, que ce soit pendant les années où il voulut le succès du R.P.F., ou lors de l'été 1958 où il s'obligera à faire en quelques jours le tour de l'Afrique et de Madagascar. Attentats et complots de l'O.A.S. n'entamèrent jamais une fermeté d'âme qu'il partageait avec Mme de Gaulle, toujours à ses côtés, vraie première dame de France.

Son don d'observation et sa mémoire servaient une pensée sans cesse en éveil, quasiment à l'affût. Tout en ayant une grande capacité de synthèse, il savait enregistrer en silence des détails insolites, dont plus tard, il se souviendrait au grand étonnement de son interlocuteur. Il aimait l'exactitude et les chiffres précis. Son honnêteté intellectuelle s'appliquait aux grandes comme aux petites choses. Mais lorsqu'il fallait reconstruire l'histoire, notamment la sienne, il n'hésitait pas à imposer à la réalité une logique *a posteriori* qui, effaçant toute hésitation et excluant toute influence extérieure, s'ordonnait en une impeccable évolution. Il aimait éblouir par des fresques historiques ou futuristes dont le caractère global et transcendant emportait les hommes aussi bien que les événements, le présent aussi bien que le passé ou l'avenir. Il savait aussi s'exprimer avec simplicité. A force de dire, d'écrire, de méditer, la clarté et la précision du propos lui étaient devenues naturelles. Sans compter dans les moments de détente, de brèves phrases d'un humour toujours surprenant et parfois redoutable.

Les affaires importantes, conseils des ministres ou rencontres avec des dirigeants étrangers, étaient préparées avec un soin dont ses proches collaborateurs gardent l'émouvant souvenir. Il y avait de la noblesse dans la minutie qu'il mettait à chaque chose tenue à cœur. Dans le vaste domaine des affaires publiques, il m'a appris à ne rien laisser au hasard et à ne jamais improviser dès lors que l'Etat ou le peuple sont en cause. Un dossier est un dossier. C'est-à-dire qu'il doit être bien composé par celui qui le prépare et ouvert, étudié, annoté, avant d'être refermé par celui qui le reçoit. J'y étais certes prédisposé. Mais son exemple m'a confirmé dans l'obligation, dès lors que l'on participe au gouvernement de l'Etat ou que l'on veut exercer une influence, de ne jamais s'identifier à rien d'autre qu'aux exigences de la France. Il n'aimait pas se disperser. Quand il était nécessaire de se concentrer sur une affaire, il écartait toute autre préoccupation car la hiérarchie des urgences lui paraissait une exigence de l'action.

Il était d'un abord facile. Certes, il jouait du respect qu'imposaient sa taille et sa légende, d'où cette réputation de hauteur qui ne fut pas toujours injustifiée. Mais avec l'âge, il sut si bien l'atténuer et même s'en affranchir qu'elle cessa d'être vérité. De tout temps sa politesse, et à l'occasion une gentillesse pour laquelle il n'avait pas à forcer sa nature, avaient contribué à atténuer les distances. Ce qui ne veut pas dire qu'il oubliait ce qu'il devait à ses fonctions et à son destin. Tel qu'il se sentait, tel qu'il se voulait, il était la France. Nul ne devait l'oublier, notamment dans les heures graves. Chacun le comprit en 1961, lors de la tentative de putsch des quatre généraux à Alger. Absolu dès lors que l'Etat ou son action personnelle étaient en cause, il se montrait hors des affaires, cordial et même amical. Il aimait les délassements, la conversation des femmes aussi bien que celle d'André Malraux, où se mêlaient éclairs fulgurants et symboles obscurs. A l'occasion, il écoutait volontiers les médecins, les ingénieurs, les savants, les artistes, qui formaient d'autres mondes que le sien. « Mon cher maître » était une formule qu'il employait fréquemment pour marquer sa considération.

Volontiers, il cataloguait les hommes selon leurs défauts, réels ou imaginaires. Dans l'ensemble, son jugement était juste avec une préférence pour la fidélité. Des sentiments clairement affichés à son égard ou le rappel des services rendus dans la *France libre* le portaient à une confiance dont les racines étaient profondes. Certains en abusèrent. Toutefois, dès lors que l'intérêt de la France mettait en jeu la responsabilité qui était la sienne au regard de l'histoire, le devoir primait les sentiments. Il s'était fixé quelques règles de conduite dont je compris la portée lors de formules qu'il employait au hasard de conversations : « Ne soyez pas tendre », conclut-il, après une discussion sur une mesure à prendre. Il signifiait ainsi que le service de la France devait imposer la rigueur à l'égard de ses propres sentiments. « Dites-vous bien que c'est toujours la faute des autres », entendis-je une autre fois alors que j'évoquais devant lui certaines appréhensions quant aux résultats de mon action.

Fier d'être issu de l'Armée, il souffrit de ne pas en être toujours compris, mais ne cessa de manifester une considération particulière à l'égard des officiers qui portaient leur uniforme avec honneur et compétence. Il suivait la carrière de tous ceux dont il appréciait les qualités. D'une manière générale, il marquait du respect pour les corps de l'Etat et les fonctionnaires et, ce faisant, entendait conforter chacun dans le sens élevé du devoir que le service public assume en permanence pour le bien de la nation.

Il savait se soucier du sort de ses proches, comme de ses fidèles. Sa famille comptait beaucoup. Je le constaterai bien des fois, alors qu'il me parlera de ses frères, de son fils, de son gendre, de sa nièce Geneviève ou de tel ou tel autre de ses parents. Une sorte de pudeur restreignait les tête-à-tête sur les sujets personnels. Ils étaient donc brefs. Il fut toujours strict à l'égard des siens, entendant que nul ne profitât de son nom ni de sa charge. Il fut longtemps plus exigeant pour ses fidèles que pour les indifférents. Celui qui était « des nôtres » se devait de ne pas trébucher. L'âge venant, il lui arriva de pardonner, non d'oublier.

Le Général était un pragmatique. C'est vrai. Et je l'ai vu à l'écoute des circonstances, tendu vers un effort permanent d'analyse des faits pour y adapter sa politique. Mais ce pragmatisme était mis au service d'une extraordinaire rigidité dès lors que ce qu'il appelait « l'essentiel » était en cause, c'est-à-dire l'avenir de la

France, et sa place dans cet avenir. Je crois être fidèle à la vérité en écrivant que ce pragmatisme s'était développé à la suite d'échecs qui lui furent cruels, échec militaire comme à Dakar, échec diplomatique comme en Syrie, ou échec politique comme celui du Rassemblement. Mais à l'égard de ce que l'historien objectif devra appeler un corps de principes, sa fermeté est restée totale. Ainsi en était-il de l'indépendance nationale : la France ne devait jamais « se confondre » car en toutes circonstances, elle devait demeurer libre de ses décisions pour rester elle-même. Ainsi en était-il du principe de légitimité qu'il s'est appliqué à lui-même avec la plus grande rigueur et qui veut qu'on ne puisse continuer à gouverner en l'absence de l'accord populaire profond. Pour mener son action à bien, les moyens ont pu varier, mais l'objectif, celui de la force de la patrie, est toujours resté le même. Là, aucun compromis n'était possible. Et lorsqu'il disait : « Les Français devront bien s'habituer à ne plus être l'une des premières puissances du monde », c'était pour ajouter aussitôt que « la liberté, c'est d'abord le choix pour la France de rester la France ».

Les incroyants étaient surpris de son scrupule à accomplir les actes du culte catholique. Les croyants s'étonnaient de la coupure absolue qu'il avait établie entre la politique et la religion. Homme d'Etat, il rendait compte de ses décisions à la France éternelle. Chrétien, il remettait à Dieu le jugement de ses actes. Enracinée au fond de lui-même, sa foi éclairait son destin et lui imposait de rester à la hauteur insigne où il avait été porté. Elle l'orientait en même temps vers une méditation sur l'homme, créature de Dieu et créature dans la main de Dieu. Il obéissait aux règles du culte avec une constance qui, loin d'être ostentation, était affirmation d'un attachement à des valeurs essentielles, comme il le montra en toute occasion, notamment lors d'un voyage officiel à Leningrad. L'année suivante devant la colonie ecclésiastique française réunie à Rome autour de lui après sa visite au pape Paul VI, il conclura une émouvante allocution par ces mots : « Même quand nous mourons, nous savons que nous allons vers la vie. » A ses yeux, la France demeurait fille aînée de l'Eglise, et fût-il laïque, son rayonnement gardait le reflet de cette grâce céleste.

***

Très vite, il me considéra comme l'un des siens. Il me le montra en m'appelant près de lui dès la fin de la guerre. Au temps du Rassemblement, et d'autant qu'à plusieurs reprises j'exprimais de sérieuses réserves à l'égard d'une stratégie dont l'échec me paraissait probable, il céda à certaines suspicions. D'aucuns que j'indisposais, évoquèrent alors ma « tiédeur », voire mon double jeu. S'il ne m'en fit jamais directement le reproche, il me fut donné de constater le résultat de ces bienveillances. Je ne bronchai pas, assuré que l'avenir me donnerait raison. Ainsi en fut-il.

Sans jamais faire allusion à cette période, le Général eut à cœur par la suite de me manifester sa confiance. Après la mise en sommeil du Rassemblement, je fus l'un des rares hommes politiques à rompre sa solitude de Colombey. C'est de cette époque, notamment alentour des années 1954-1957, que datent nos échanges parmi les plus complets. Puisque je suis sénateur, il m'interroge sur la vie parlementaire. Puisque je suis en flèche en bien des affaires, notamment européennes, il s'intéresse constamment à mon action. Enfin, parce que je lui apparais comme un fidèle parmi les fidèles, il me parle de l'avenir qu'il voit sombre. Alors, prenant le contre-pied de mes appréhensions personnelles, je lui parle du redressement dont il pourrait une nouvelle fois être l'artisan. Chacun de ses rares visiteurs est de même questionné alors qu'auparavant c'était lui plutôt qui prenait la parole pour exposer ses idées. Un jour, Edmond Michelet, lui aussi un fidèle de ces temps difficiles, me fait dire de sa part, qu'il comprendrait que, « pour ma carrière » j'accepte un portefeuille. Je me cabre. N'a-t-il pas compris le sens de mon combat ?

Son retour me place en tête. L'un de ses premiers voyages officiels fut pour la vallée de la Loire, c'est-à-dire Amboise, Montlouis et Tours. Son soutien me fut entièrement acquis et, aussi longtemps que je fus aux affaires, nul ne l'emporta contre moi. Il apprécia mon action et m'associa à ses pensées dans les moments qui, pour lui comme pour moi, furent les plus difficiles. A propos de mon « autoritarisme » comme de l'Algérie, il en entendit beaucoup et de toutes parts, mais il ne douta jamais. Par la force des choses, dans les derniers temps de mon gouvernement et alors que je me préparais au départ, une certaine froideur s'installa dans nos rapports.

Ma règle fut de ne rien lui demander ni pour moi ni pour les miens. Je crois savoir qu'il s'en rendit compte. A diverses occasions, notamment après mon départ, il manifesta à mon père, à ma femme, ou à mes enfants, de touchants témoignages de considération et d'amitié. En certaines occasions, il réunit toute ma proche famille, notamment lors du mariage de mon fils aîné. Plus tard, à partir de 1966, quand je revins au gouvernement, et qu'il savait mes regrets de ne pas être retourné à Matignon, alors que la Ve République était à son zénith, il tint à me manifester une confiance plus grande et plus profonde que jamais. Après mai 1968, nos rapports connurent un nouveau moment de tension : non seulement j'estimais insuffisantes les mesures prises pour le redressement, mais je m'opposai vivement à deux orientations, la loi sur l'Université, le référendum sur la régionalisation.

Je dois à sa réflexion dernière la certitude de son affection. Après son départ, il avait d'abord été surpris que j'accepte de demeurer au gouvernement. En fait, malgré ma tristesse et mes regrets à l'égard du destin, j'avais estimé que mon devoir était de demeurer. A défaut des Affaires étrangères, je choisis le ministère de la Défense en vue d'y assurer la permanence d'une stratégie qui, sauf pour un très petit nombre, n'était pas encore admise. Dès l'automne, il tint à me faire savoir qu'il comprenait ma décision. Quelques mois plus tard, je reçus le premier tome des *Mémoires d'Espoir*. La dédicace était simple. Elle était la même pour les trois hommes qui avaient été ses premiers ministres. Mais je lus les passages qui m'étaient consacrés. J'écrivis au Général pour lui dire que je comprenais le sens de l'éloge. Il ne s'agissait pas tant d'atténuer les regrets que j'aurais pu nourrir que d'indiquer clairement l'avenir ; quoi qu'il dût m'arriver, je devrais témoigner de la permanence de l'héritage qu'il laissait aux Français. Par Emmanuel Desgrées du Lou, son aide de camp à l'exemplaire fidélité, il me fit de nouveau savoir que telle était bien sa pensée et il me le confirma lui-même peu après. Ce fut notre avant-dernier échange. Il m'écrivit en octobre 1970 pour une affaire personnelle. J'eus tout juste le temps de répondre. Le 11 novembre de cette même année, dans sa maison de Colombey, avant que ne fût fermé son cercueil, je revis dans le simple uniforme à deux étoiles, son grand corps étendu, ses yeux fermés, son visage pâli. Une part de l'histoire de la France allait au tombeau. Nous nous quittions. Il me quittait.

Si parfois j'ai pu estimer ne pas avoir été honoré, ou simplement compris comme j'aurais pu le souhaiter, voilà qui est mon affaire. De Gaulle était de Gaulle, c'est-à-dire un homme hors série. Ayant délibérément confondu sa destinée avec celle de la France, il recevait plus qu'il ne donnait. C'est volontairement que j'ai mis de côté toute ambition personnelle pour me consacrer, comme d'autres mais plus que les autres, me semble-t-il, à une entreprise qui était celle de la France. S'il est vrai que les circonstances ne m'ont pas favorisé et que mon tempérament, qui n'est pas celui d'un homme habile ou souple, a laissé d'autres monter et interrompre mon œuvre plus tôt que je ne l'eusse souhaité, le Général m'a confié le poids mais aussi l'honneur de responsabilités exceptionnelles. L'œuvre que j'ai pu accomplir demeure à mes yeux la plus importante de celles qui, après la guerre, ont participé de son action politique. C'est là tout ce que je retiens.

En fait, mes vrais regrets sont ailleurs, et on le sentira dans le courant des pages à venir. Si j'avais été plus âgé en 1945, ou si je n'avais pas subi un échec électoral en 1962, si au moment des apparentements de 1951 ou après les événements de 1968, j'avais mieux su me faire entendre, j'aurais sans doute pu éviter de mauvaises orientations. Il est difficile d'être ce que l'on eût voulu être. C'est en ce sens que pour ce qui me concerne, il faut compléter la phrase de Goethe que j'ai citée.

En la dernière saison de ma vie et de mon combat politique, je m'interroge et me rassure. A mesure que l'histoire avance, le message du Général est mieux perçu. Sa place s'accroît et s'approfondit dans notre légende nationale et même dans la légende universelle, alors que l'influence de la France faiblit et s'amenuise. Désormais tout le monde a été, est *et* sera gaulliste. Cet homme qui, par deux fois, dut son pouvoir à la tragédie de son pays, incarne aujourd'hui les sentiments qui font le meilleur des hommes : le courage et l'espoir, l'honneur et la grandeur. C'est ainsi que je l'ai compris. C'est pourquoi je l'ai servi.

DEUXIÈME PARTIE

Mater, Uxor, Soror

Ma mère était la fille d'un peintre d'origine toulousaine, Edouard Debat-Ponsan. Comme tant de ses compatriotes au siècle dernier, il était « monté » à Paris pour y chercher fortune. Il obtint le renom grâce à ses portraits de personnalités en vue et ses compositions historiques. En son âge mûr, il fut l'un des premiers artistes à prendre parti pour le capitaine Dreyfus. Cet engagement insolite provoqua une rupture avec ses frères et sœurs demeurés à Toulouse et attachés à ce qui était alors la position politique de l'Eglise. De peintre à la mode et fort entouré, il devint « marginal » pendant plusieurs années. Ma grand-mère le soutint avec fermeté. Afin de le remercier de ce choix rare, les amis d'Emile Zola, après le procès où le romancier avait été condamné, commandèrent à mon grand-père une œuvre destinée à rendre hommage à l'écrivain. Ce fut *La Vérité sortant du puits,* tableau qui, lors de son exposition à Paris, dut être protégé contre les fureurs des antidreyfusards. J'ai pu le faire acquérir par l'Etat quelque soixante-dix ans plus tard et le remettre en dépôt au musée d'Amboise, au cœur de la région où après le déchirement toulousain il chercha des attaches pour lui-même et ses enfants.

Ma mère décida de faire des études de médecine, ce qui, au début de ce siècle, était surprenant et quasi révolutionnaire. Elle tint bon contre les objections et fut l'une des premières femmes internes des hôpitaux de Paris. C'est en cours d'études qu'elle rencontra mon père et l'épousa, malgré la différence de religion. Elle poursuivit, devint chef de clinique, fait alors exceptionnel pour une femme. Plus tard, mère de famille, elle reprit l'exercice de sa profession lorsque mon père fut mobilisé. Elle ne cessa de l'aider et mourut alors qu'il débouchait au premier rang de la médecine.

Je ne dois pas seulement à ma femme d'avoir un foyer, ce qui ne fut pas donné à tous les résistants, ce qui n'est pas donné à tous les hommes politiques. Il est malaisé d'être l'épouse d'un homme absorbé, souvent absent, qui ne peut prendre sa part ni des soucis ordinaires ni de l'éducation des enfants. C'est grâce à ma femme que j'eus la joie d'une existence humaine, chaleureuse et douce à travers les hauts et les bas de la vie publique. Quelles que fussent les difficultés, et elles furent nombreuses et graves, je ne me suis jamais senti seul, et je lui dois d'avoir connu toute ma vie un havre de paix et d'affection. En un mot, je lui dois d'être. Mais ce n'est pas tout : si mes fils sont ce qu'ils sont, si ma famille et tous mes proches sont ce qu'ils sont, c'est de son fait. Ma femme n'a cessé d'affirmer par sa présence et son souci de chacun, cet exemple de chaque jour qui fait la fraternité d'une famille et lui donne son sens spirituel.

Ma sœur est bâtie à l'exemple de sa mère : médecin, femme de chirurgien, mère de cinq enfants, collaboratrice de son époux, puis soutien et collaboratrice de son père, toujours au cœur des liens affectifs et des anciennes amitiés, toujours disponible pour les autres, à la fois catégorique dans ses convictions et tolérante à l'égard de celles des autres, aujourd'hui maire de la commune des Yvelines où se trouve sa maison familiale.

Ces trois femmes et quelques autres, notamment mes deux grand-mères, la sœur de mon père, la mère de ma femme, sont la cause que je n'ai jamais pu supporter que les hommes parlent des femmes comme ils se plaisent souvent à en parler. Jeune, j'étais déjà réputé pour ne pas accepter les plaisanteries faciles ou les vantardises des garçons. Le dédain affecté de la femme, que tant de propos révèlent, m'a toujours répugné. Plus tard, l'évolution des mœurs, qui a faussement accompagné l'émancipation féminine, a aggravé certains langages et certains comportements, et ma révolte s'est approfondie. Certes, tout grand fleuve traîne sa pollution avec soi. Mais c'est payer cher l'heureux mouvement qui a donné aux femmes leurs droits naturels privés, politiques et sociaux, que ce laisser-aller des propos, des images et des attitudes. Sous prétexte de libérer des tabous, on a fait sombrer les jeunes générations dans le mépris des choses intimes ou sacrées. La femme qui a tant gagné à sa capacité accrue et à l'affirmation de sa personnalité a beaucoup perdu d'elle-même par l'abaissement généralisé de la sexualité en marchandise, en spectacle, ou simplement en affaire que l'on traite sans égards, et parfois sur la place publique sans la moindre pudeur. Que signifie cette confusion entre l'égalité à laquelle elle a droit et l'explosion de films, romans, ou simplement d'affiches qui la réduisent à un objet de plaisir ou de commerce ? Ceci n'a rien à voir avec cela. Bien au contraire. Ce fut nuire à la femme et à la nation que de n'avoir pas su affirmer la nécessaire et digne évolution tout en réformant certaines pratiques anciennes et en refusant certaines tendances modernes, les unes et les autres également détestables. Pourquoi avoir laissé tomber en désuétude l'ordonnance que j'édictai en 1961 contre la prostitution ? C'est une défiguration de la liberté. Il y a des conquêtes féminines qu'il faut consolider. Il y a des mœurs d'antan et d'aujourd'hui qu'il faut corriger.

Je dois à ma mère, à ma femme, à ma sœur, la volonté d'avoir engagé avec ténacité une politique destinée à enlever les obstacles qui interdisaient aux femmes l'accès des carrières ou des emplois élevés.

A l'époque de la Libération, les femmes n'étaient encore admises que dans la modeste fonction publique. En leur ouvrant l'Ecole nationale d'administration, je leur ai permis d'accéder au Conseil d'Etat, à la Cour des comptes, au Corps préfectoral, aux Corps d'inspection, notamment des finances, à la diplomatie. J'ai bataillé ensuite pour que l'ordonnance qui leur ouvrait ces grandes portes et celles de tous les ministères, soit appliquée sans arrière-pensées. Les femmes étaient admises dans la magistrature. Je leur ai maintenu et confirmé ce droit lorsque je créai le Centre des hautes études judiciaires, devenu l'Ecole de la magistrature. J'ai permis aux jeunes filles d'accéder à l'Ecole polytechnique. J'ai, pour la première fois, nommé des femmes à des postes de responsabilité dans l'administration des finances et au tour extérieur du Conseil d'Etat. Dans l'armée, j'ai fait décider que des jeunes filles pouvaient accomplir un an de service militaire volontaire. Je leur ai ouvert certains emplois de la gendarmerie et, en imposant la refonte des statuts du personnel féminin des trois armées, terre, mer, air, j'ai autorisé leur accession aux grades élevés de la hiérarchie militaire.

Chacune de ces décisions a rencontré des oppositions. J'ai dû m'insurger contre des hésitations ou des refus, et parfois ruser. Ainsi ai-je dissimulé mon intention d'ouvrir Polytechnique aux candidates jusqu'au matin du Conseil des ministres à qui j'ai fait prendre la décision.

Toute ma vie, j'ai bénéficié de collaborations féminines. Je dois beaucoup au talent et à la compétence, au dévouement et à l'enthousiasme de la plupart d'entre elles. Leur souci du travail bien fait et leur fidélité furent, dans mes diverses activités, un réconfort moral autant qu'une aide matérielle. J'ai tenu à ce que le premier gouvernement de la Ve République, tout ramassé qu'il fût, comprît une femme, Nefissa Sid Cara. Elle fut la dignité et la fidélité mêmes. En d'autres temps, j'en aurais désigné plusieurs.

Certes, il faut prêter attention à l'excessive « féminisation ». Quand certaines tâches ne sont plus remplies comme elles doivent l'être, l'équation sociale est rompue. Il y a même risque de dévalorisation. Certaines responsabilités ne peuvent être normalement assurées que par des femmes, l'inverse étant tout aussi vrai. S'il est des interdits absurdes, ne pas reconnaître les différences de fait l'est tout autant. Enfin, nier la vocation maternelle et familiale des femmes est un péché contre la personne et contre l'espèce humaine.

Je dois à ma mère, à ma femme, à ma sœur, d'avoir toujours défendu une vision moderne, donc une politique moderne, de la famille comme de la vie des femmes dans la société. Si la famille est un échange entre parents et enfants, où l'égalité n'a pas sa place, aucune loi de nature n'impose l'inégalité entre les parents. La famille est une exigence qui traduit le plus sûr échange d'affection dont l'être humain a besoin. Elle est, en même temps, le noyau de la vie collective hors de laquelle tout est anarchie et règne de la force. Elle est enfin la permanence de la nation, car c'est elle qui assure la relève des générations. Il est aussi contraire aux droits de la femme de limiter l'accès des femmes au travail, à un métier et à la promotion, que ne pas l'aider en sa qualité de mère de famille. La maternité, pour la femme, pour le couple, est un épanouissement et aussi un droit, comme l'aide à l'enfant est la première exigence sociale : un peuple sans enfants n'a pas d'avenir et, bientôt, n'est plus un peuple libre. Ce n'est un progrès ni de la civilisation ni de la féminité que ce mouvement de négation à l'égard du mariage et de la famille, une fois entendu que le mariage, la famille, la maternité sont compatibles, moyennant certains aménagements, avec une vie personnelle et, le cas échéant, professionnelle. Le mariage n'est pas seulement une affirmation d'égalité pour la femme, mais une institution plus nécessaire qu'on ne pense aujourd'hui : il est l'expression et l'exercice d'une responsabilité qui découle de la nature humaine et qui est indispensable à la survie de la société. Nous voulons une société de liberté. Voilà qui exige certes des lois qui assurent et protègent les libertés, mais aussi une société, c'est-à-dire des familles, des enfants, une jeunesse qui, pour le moins, renouvelle les générations anciennes.

Je dois à ma mère, à ma femme, à ma sœur, d'avoir placé parmi les plus hauts devoirs de la politique la recherche de cet équilibre entre l'affirmation de la personne femme et de la charge famille. Toutes trois, je les ai vues exceller dans la voie qu'elles ont suivie, et prendre naturellement la responsabilité de leur foyer. Certes, elles ont été favorisées par leur milieu ainsi que par les circonstances de leur vie. Il appartient à la société d'étendre ce privilège en protégeant le droit à un foyer qui est le corollaire du droit à la maternité. Ce droit n'est évidemment pas une obligation. Mais la vie moderne, avec ses exigences et même ses duretés, impose qu'il soit pris en compte au premier rang des libertés qu'il convient d'affirmer pour toutes les femmes et dans toutes les circonstances. Il n'y a plus grave signe à la fois de décadence nationale et de détresse individuelle que la confession de la femme qui, au soir d'une vie professionnelle réussie, avoue : « Je n'ai qu'un regret — ne pas avoir eu autant d'enfants que j'aurais voulu... Si j'avais su... Si j'avais été aidée... » Les féministes qui refusent ce double droit professionnel et maternel commettent un contresens. Le législateur et le gouvernement qui, sous prétexte de mode, confondent la dignité et l'égalité de la femme avec l'indifférence à l'égard d'une exigence naturelle, préparent le malheur des femmes et le déclin de la nation. C'est pourquoi j'ai tant lutté, sans me soucier du qu'en-dira-t-on des uns et des autres, pour que l'Etat reconnaisse son devoir : que la société permette à chaque femme d'exercer un travail professionnel tout en assumant les charges de la maternité ou qu'elle lui permette de choisir l'une des deux voies pendant le temps et selon les conditions qui lui conviennent. Il y a là une obligation humaine et sociale qui se traduit en politique par des actions précises. J'ai pu en donner des exemples par une volonté d'Etat d'aider crèches, garderies et maternelles, par l'extension des allocations familiales à des foyers qui ne les touchaient pas ou n'en touchaient guère (comme les agriculteurs), puis, quand le fait de la dénatalité s'affirma, en exposant les nouvelles et nécessaires priorités : aides familiales gratuites, longs congés de maternité et revenu consistant versé par l'Etat aux mères, notamment à partir du troisième enfant.

Un peuple qui se respecte, respecte dans la femme la source de la vie. « *Inesse in femina quid divinum* », « Il y a quelque chose de divin dans la femme », a écrit Tacite. L'affirmation du vieil auteur latin et païen annonce l'enseignement chrétien aussi bien que la morale laïque. Quelque chose de divin en effet, par la vie donnée et la vertu de la famille.

J'écris de telles phrases avec une certitude d'autant plus forte que je ne serais pas ce que je suis, que je ne penserais pas ce que je pense, que je n'aurais pu vivre comme j'ai vécu, si je n'avais pas eu le privilège d'une mère, d'une épouse et d'une sœur telles que j'ai pu tout naturellement me faire la plus haute idée de la femme. Au-delà des irremplaçables sentiments qui m'ont permis de vivre, mes pensées, mes réflexions, mes actions auront été façonnées et orientées dans des domaines essentiels par ma mère et le souvenir qu'elle m'a laissé, par l'affection de mon épouse et l'amitié de ma sœur.

TROISIÈME PARTIE

1.
Salut à des maîtres

De l'école primaire à l'enseignement supérieur, de l'instituteur à l'académicien, j'ai été l'élève d'une génération de professeurs, certes différents et inégaux, mais la plupart d'entre eux pénétrés d'une haute conception de leur métier. Ils avaient tous été marqués par la Grande Guerre. A travers la variété de leurs engagements, parfois de leurs illusions politiques, ils se ressemblaient par la conviction que leur tâche était de former les citoyens de la France de demain. Du moins, tel est le souvenir que j'en garde.

C'est une chance qui n'est pas seulement folklorique d'avoir débuté dans la classe d'un instituteur dont la formation avait été celle voulue par les fondateurs de l'école publique. Maître dans sa classe comme un capitaine à son bord, Jules Perronneau commandait ses élèves de cinq à douze ans d'une manière qui tenait à la fois du père de famille et du chef de section d'infanterie. Tour à tour de corvée, les élèves balayaient la classe ou ratissaient la cour le matin, en hiver allaient chercher le bois pour chauffer le poêle, sans oublier le poêle de la classe des petits que dirigeait Mme Perronneau et celui qui chauffait le logement à l'étage de la mairie. Tout le long du jour, la troupe d'enfants que nous formions était sous la coupe de cet homme à barbiche blanche que la cinquantaine avait alourdi et qui connaissait par son prénom chacun des habitants du village. Passant sans cesse de son pupitre d'instituteur à son bureau de secrétaire de mairie en se parlant à lui-même, il s'interrompait de temps à autre pour éloigner son chien par cette insulte impressionnante : « gibier de potence ». L'insulte était répétée à l'adresse des élèves indisciplinés, en même temps qu'il leur distribuait quelques coups de règle bien appliqués sur les doigts ou qu'il les plaçait au piquet, au pied de son pupitre, qui était surélevé par rapport à la classe. Il arrivait que l'un ou l'autre des enfants punis s'endormît, notamment ceux qui, vivant dans un hameau lointain, devaient marcher sur leurs petites jambes quatre ou cinq kilomètres aux premières heures et, l'hiver, dans la nuit. Alors selon une coutume bien établie et qui ne faisait sourire aucun de nous, M. Perronneau mettait un dictionnaire sous sa tête. A la porte de la classe, les petits gars qui n'avaient pas la chance d'être chaussés de galoches, disposaient leurs sabots. Au mur pendaient les musettes des enfants qui n'habitaient pas le bourg et qui, à midi, mangeaient leur morceau de pain, tantôt avec rillons ou rillettes, tantôt avec du fromage de chèvre, tantôt sans rien, et l'instituteur se préoccupait de couper d'eau la « fillette » de vin dont nombre d'entre eux étaient pourvus.

L'enseignement républicain, mis au point par Jules Ferry et son équipe, n'était pas contesté : on étudiait l'histoire dans le « Lavisse » et la géographie dans *Le Tour de la France par deux enfants.* Chaque classe commençait par une dictée, où la ponctuation comptait autant que l'orthographe, et continuait par un rappel des quatre opérations, avec un souci particulier de la table de multiplication que chacun d'entre nous était à tour de rôle invité à réciter. « Gibier de potence », l'enfant qui paraissait ne faire aucun effort ou qui, fatigué par un travail à la ferme, notamment pendant le mois d'octobre qui est celui des vendanges, laissait passer le temps sans écouter la leçon...

Le jour où Madeleine, la fille de notre instituteur, épousa le professeur Jollivet qui, à la Sorbonne, enseignait les langues scandinaves, le village de Nazelles en éprouva de la fierté : le mérite d'une famille avait été récompensé.

A Paris, l'atmosphère des lycées Montaigne et Louis-le-Grand était bien différente. Cependant, je ne crois pas me tromper en créditant du même sentiment tous les professeurs dont je suivis l'enseignement, de la septième ou de la sixième de MM. Prettre et Delacroix jusqu'à M. Joxe, le père de mon futur ami et à la classe de philosophie du remarquable René Le Senne : nos maîtres étaient là pour nous apprendre que dans la vie, il fallait « faire son devoir ». La vie n'est pas simplement instinct, divertissement, espérance ; elle implique des obligations à l'égard de soi-même, à l'égard de sa famille, à l'égard de la société et du pays où l'on vit, voire à l'égard de l'humanité. La connaissance est indispensable à l'exercice de ces devoirs. L'enseignement trouvait pour une part sa finalité dans une morale sociale. A quoi nous ajoutions la fierté de notre patrie, la France, qui venait de vaincre l'Allemagne, et le respect pour son régime, la République, qui assure le règne des droits de l'homme. A mesure que j'avançais en âge, je m'imprégnais du sérieux de cette instruction et, quoique je ne fusse pas un élève parmi les meilleurs, j'appréciais le privilège que représentait le fait d'en bénéficier, comme la reconnaissance que nous devions à l'ensemble de la génération qui nous avait précédés. Parmi mes camarades, plusieurs étaient « pupilles de la nation ». Nul d'entre nous n'évoquait avec désinvolture la mort de tant de nos aînés dont le sacrifice avait assuré le triomphe de la liberté sur la barbarie. Quatre fois par jour, dans le hall d'entrée du lycée Louis-le-Grand, nous passions devant l'immense plaque de marbre où était gravée la longue liste des anciens élèves morts pour la patrie. J'y lisais ceux de mes deux cousins Hadamard, les fils du célèbre mathématicien, dont le second, engagé volontaire pour venger la mort de son frère, avait été tué au sortir de l'adolescence.

Grâce à René Le Senne, j'ai quitté le lycée Louis-le-Grand avec le sentiment d'un ultime, mais exceptionnel enrichissement. Il vivait en compagnie des plus grands philosophes et nous faisait partager la joie qu'il en éprouvait.

***

Le passage à l'enseignement supérieur, en apparence, ne changea guère mes habitudes ; la faculté où j'entrais n'était séparée du lycée dont je sortais que par l'étroite rue Cujas. C'était cependant une vraie mutation. Finie la discipline des heures fixes scandées par le roulement du tambour ! Nous étions dans un univers d'horaire libre et les très jeunes garçons que nous étions encore s'asseyaient sur les bancs aux côtés de jeunes filles : chacun souhaitait briller à leurs yeux. A l'Ecole libre des sciences politiques, elles étaient moins nombreuses et de ce fait comptaient à la fois moins et plus...

Mes études étaient le moyen d'accéder à l'indépendance et à l'action. Informé par des amis de ma famille, j'accrochai à seize ans mes ambitions à la plus prestigieuse des institutions : le Conseil d'Etat. Ce fut un aiguillon. Au lycéen rêveur succéda un étudiant studieux et bûcheur. Féru de l'Etat, je notai tout de suite avec regret la différence entre une administration publique et une administration privée. D'un côté, l'anonymat et l'indifférence des bureaux poussiéreux de la rue Cujas ; de l'autre, rue Saint-Guillaume, un accueil chaleureux dans des locaux nets et propres. Dès que l'Etat dirige, pourquoi faut-il que tout paraisse revêche et inhumain ?

De ces années passées entre la rue Cujas et la rue Saint-Guillaume, je garde un souvenir contrasté ; sentiment de respect à l'égard des hommes ; sentiment d'insuffisance des matières enseignées. Mon respect est chaleureux à l'égard des hommes. Giffard, professeur de droit romain, débraillé et indulgent ; Ettori, maître de conférence de droit administratif, sérieux et sévère ; l'historien Olivier Martin ; les civilistes Ripert et Capitant — le père du cher René Capitant — ; le publiciste Achille Mestre qui était très populaire ; les administratifs Romieu et René Mayer ; le pénaliste Donnedieu de Vabres ; les économistes Pirou et Aftalion ; Maunier enfin, qui enseignait les premiers rudiments de la très neuve législation sociale.

J'hésite à parler de Joseph Barthélemy. Malgré sa sévérité aux examens (on le disait surtout sévère avec les jeunes filles), il était populaire car il ouvrait l'esprit des étudiants grâce à un cours vivant où il mêlait la politique et le droit constitutionnel. Sous prétexte que « le Maréchal était l'incarnation de la patrie », il accepta de devenir à Vichy son ministre de la Justice. J'en fus stupéfait. Un jour, à Toulouse, je le rencontrai. Il me dit : « Je garde les journaux de Paris, et mes petits-fils verront que je ne me suis pas déshonoré. » Les attaques, en effet, avaient été virulentes. Elles ne suffisent pas à le laver de décisions inadmissibles qu'il approuva, contresigna et fit appliquer.

Charles Rist occupait une place à part au sein des facultés de droit. C'était un homme concret qui avait vécu hors de l'Université et hors de la France où son renom justifiait le respect que lui portait le monde politique. Je dirai plus loin le travail que je fis sous sa direction. Sous l'Occupation, il devait clairement affirmer son sens patriotique et son honneur républicain. Ce fut mon dernier maître, et un grand maître.

De l'enseignement, c'est-à-dire des programmes, je garde une insatisfaction. A part quelques matières vivantes et enrichissantes, comme tout paraissait théorique et livresque ! Ce jugement qui reste en mon esprit est sans doute excessif. J'ai acquis sur les bancs de la faculté de droit des bases solides, une bonne discipline de raisonnement et d'utiles connaissances, mais je fus saisi, et le demeure, par l'aspect de simple construction d'idées et de mots qui se dégageaient trop fréquemment des matières enseignées. Il me semblait qu'une place plus grande méritait d'être faite aux fondements réels du droit : impératifs sociologiques, contingences historiques, exigences de la morale, et que les comparaisons avec les droits étrangers ou entre régimes politiques différents eussent enrichi la conscience et la connaissance. Le droit est composé des règles voulues par le législateur. Mais il y a des données de base qui viennent du fait collectif et de son passé, de certains hommes en place à certains moments, enfin des principes qui tiennent à une religion, à une civilisation, à une éthique. Sans oublier la puissance, car le droit, sans la puissance, va à vau-l'eau. Quant à l'économie, que l'on nommait économie politique, elle était à la fois hésitante et controversée : les facultés de droit n'étaient pas faites alors pour cette discipline, pas plus qu'elles n'étaient sensibles à l'ensemble de la science politique. C'était une époque où l'on entendait des hommes sages et responsables dire : « Vous croyez à l'économie politique ? Pas moi. » Et les vrais économistes demeuraient des marginaux, parfois admirés, souvent contestés, toujours incompris. De ces réflexions qui très tôt accompagnèrent mon effort de travail, je tirerai plus tard, et à l'expérience, la conclusion que la formation des hommes destinés aux affaires publiques était en France très insuffisante, marquée d'idéologie et de raisonnement plus que d'observation des réalités humaines et sociales. Et j'essaierai d'y remédier.

***

Le meilleur de mes maîtres fut la lecture. J'ai beaucoup lu, beaucoup retenu.

Cet appétit du livre vient de loin. Comme le berceau de Baudelaire, mon lit d'enfant était adossé à la bibliothèque de mes parents. Dès que je les connus, je plaçai en exergue au-dessus de ma tête, les célèbres vers :

Babel sombre, où roman, science, fabliau,
Tout, la cendre latine et la poussière grecque,
Se mêlaient...

Les heures de lecture changent, les circonstances changent, les goûts changent, mais de ma jeunesse je garde une constante. Une chambre sans rayons ni reliures n'est pas, à mes yeux, une pièce où l'on peut à l'aise habiter, travailler, dormir. Je suis de ceux que l'on moquerait aisément en les dessinant entre quatre murs surchargés de livres et cependant se lamentant : « Je n'ai rien à lire ce soir. »

Il me semble parfois que j'ai tout happé, à l'exception des livres abstraits de philosophie et de mathématiques. De Molière à Ibsen en passant par Alexandre Dumas fils, j'acquis le plaisir du théâtre et de la comédie ; d'André Chénier à Alfred de Vigny, l'attrait de la poésie romantique ; de Kipling, de Jack London et de Selma Lagerlöf, j'ai gardé le goût des écrivains étrangers ; de Victor Hugo, de George Sand, de Zola, celui des grands romans ; et de Maupassant celui des nouvelles ; de Flammarion, celui des ouvrages de vulgarisation scientifique. Michelet m'a donné la soif de l'histoire et des biographies : très tôt, je me suis senti en communion avec la pensée de Montaigne : « J'aime les historiens qui sont simples ou excellents. » A Benjamin Constant et Gambetta, je dois de lire aisément les discours parlementaires. C'est plus tard que je découvris ceux qui, par la suite, ne m'ont plus quitté, les maîtres des Mémoires, Saint-Simon et Chateaubriand, les incomparables, et Stendhal, le maître de toute écriture, l'unique que l'on relit sans cesse et sans peine.

Vieux auteurs, jeunes écrivains ; récits historiques, fresques inventées ; cadence des vers, prose coulante ou heurtée ; vision des temps passés, prescience de l'avenir ; personnages ordinaires, êtres d'exception ; plongée dans le réel, évasion dans l'imaginaire : la lecture, passion humaine, vision sociale, est une formation permanente, nécessaire à l'homme politique qui doit cependant savoir que l'écriture ne peut jamais exprimer totalement le réel plus divers, plus profond, unique en sa brutalité glorieuse ou tragique, insouciante ou douloureuse. La lecture est aussi un juge. La vie publique place sans cesse devant des choix, c'est-à-dire devant la difficulté d'agir et parfois, d'être. Le rappel de l'histoire, l'évocation de personnages, fussent-ils romanesques, imposent des comparaisons. Faire mieux ou tomber dans les mêmes travers, succomber ou s'élever au-dessus des sentiments ordinaires...

***

Le salut aux formateurs, maîtres et auteurs, n'exclut pas la révolte. Au contraire : se libérer de ce qui vous a été enseigné, prendre du champ à l'égard de ce qui a été lu, afin de vouloir ses propres expériences, risquer ses propres décisions et se refaire un monde et son chemin à travers le monde : le salut est aussi un adieu.

Cet adieu s'accompagne d'un regret : ma médiocrité en latin, ma nullité en grec. J'appartiens pourtant à une des dernières générations de lycéens pour qui la connaissance de l'*Epitome historiae graeciae* et celle du *De viris illustribus* furent une date de leur éducation : l'ouverture sur un monde disparu mais présenté comme un exemple. L'ampleur des programmes, due à l'attrait de matières neuves qu'il est justifié d'apprendre, des maîtres d'un style différent et autrement formés ont écarté la connaissance du monde antique qui est mort chez nous une nouvelle fois. Cependant, même au siècle de l'électronique, de l'informatique et de la génétique, même au siècle de la conquête du ciel puis de l'espace, la familiarité avec les grands auteurs grecs et romains donnerait à l'homme public une base sérieuse pour sa pensée et son action. Il m'est arrivé de souffrir de mes insuffisances. Ce n'est pas goût dépassé de la mythologie que de rêver des Propylées de l'Acropole à une meilleure perception de la pensée raisonnable ou devant les ruines du Forum romain à la grandeur de l'action d'Etat.

***

J'avais dix-sept ans quand, à l'occasion d'un congrès qui se tenait à Rome, je fis avec mes parents mon premier voyage à l'étranger. De tout ce qu'un jeune plein d'ardeur peut visiter en quinze jours et qui lui emplit les yeux, lui ouvre l'esprit, lui frappe l'imagination, c'est le Forum qui me causa la plus profonde émotion. C'était alors un grand champ silencieux d'herbes et de pierres, les unes debout, les autres couchées. Quoiqu'on y perçût, le jour, dans le lointain, le bruit des tramways et des voitures, et qu'étant fermé la nuit, on ne pût s'y rendre au clair de lune, il n'avait guère changé depuis les promenades de Chateaubriand avec Pauline, ou de Stendhal allant passer « une matinée heureuse » au Colisée. Plus tard, la grande voie que Mussolini baptisa « Via dell Impero » et les mesures nécessaires de protection devant la marée innombrable et infinie des touristes, rendirent plus difficile l'effort d'imagination. Cependant, il reste suffisamment d'espace pour qu'à certaines heures on retrouve le pouvoir d'évocation qui me saisit en cette fin de mon adolescence.

La première fois que j'y pénétrai, un professeur allemand, installé sur les Rostres, récitait en latin devant une vingtaine de jeunes, sans doute ses élèves, une Catilinaire de Cicéron. Un instant, je fermai les yeux pour rêver que j'entendais l'illustre orateur. Autour de moi, les colonnes redressées du temple de Castor et Pollux, les bâtiments relevés et brillants de marbre du temple des Vestales, et les pavés dégagés autour du tombeau de Romulus reconstituaient le décor des grands jours de la République romaine. Je les vécus avec une telle intensité qu'à chacun de mes voyages ultérieurs, j'y retournerai. J'y allai même lors d'une visite officielle comme premier ministre, en compagnie de Fanfani, qui était alors mon collègue.

C'est dans la partie la plus antique du Forum que mon imagination me grisait d'un mythe qui ne m'a jamais tout à fait quitté : celui des vertus républicaines. N'y avait-il pas, à côté des conquérants et des poètes, une race de politiques intègres qui se hissaient à la gloire en faisant vivre des institutions fondées sur la citoyenneté d'hommes libres ?

De ces lieux est partie l'immense aventure humaine qui a bâti une civilisation devenue le bien commun d'une grande part de l'Europe, du Proche-Orient et de l'Afrique. Ruinée et maudite, après deux mille ans d'orages, cette civilisation demeure une des bases de notre vie. Embellie par des siècles de disputes et de guerres, la nostalgie de la paix romaine demeure vivante dans l'esprit de tous ceux qui rêvent pour l'Europe d'un avenir enfin sage. Sans doute, la société antique connaissait-elle des cloisonnements et des servitudes qui ne sont plus de notre temps. Mais à condition de l'adapter à notre siècle, le modèle mérite toujours d'être médité. Citoyens d'un lointain passé, les Romains de la République ont voulu la grandeur dans la liberté : c'est ainsi qu'il faut interpréter leur exemple en évitant la répétition des erreurs qui ouvrent le chemin du pouvoir arbitraire et de la décadence.

Ces réflexions étaient d'un temps où un Français adolescent pouvait rêver à de tels sommets pour sa patrie. Alors la France victorieuse laissait à sa jeunesse la charge de maintenir un prestige qui était au plus haut. Ma génération ne venait-elle pas trop tard ? La Grande Guerre avait fixé l'état du monde. Le destin était écrit. Les temps héroïques étaient clos. Quel était désormais le rôle du politique ?

Ce sentiment, surgi de ma méditation d'adolescent privilégié, explique l'hésitation qui, à Rome même, me saisit. Un jour que ma mère et moi attendions mon père à l'heure du déjeuner dans une trattoria, il arrive en retard. Il est ému et satisfait. Il vient d'être appelé au chevet d'un enfant qui dépérissait depuis six mois dans un vieux palais dominant le Forum. Mon père a examiné l'enfant, scruté les symptômes, interrogé les proches. Il s'est énervé devant le temps qui s'écoule car il n'arrive pas à conclure. Passant en revue tout ce qu'il sait, son extraordinaire mémoire lui rappelle la lecture dans une revue américaine, d'un article écrit par un médecin japonais. Cet article traitait d'une maladie jusqu'alors inconnue en Europe : une infection provoquée par la morsure d'un rat malade. Mon père regarde les vieux murs : « N'y a-t-il pas parfois des rats dans cette maison ? » La nurse se souvient ! Effectivement, six mois auparavant, un rat avait été chassé de la chambre. Et l'enfant avait pleuré longtemps. « N'avez-vous rien vu sur l'enfant ? » « Oui, un doigt bleui », qui avait été alors attribué à un pinçon. Le diagnostic est fait. Le traitement peut être prescrit. L'enfant va guérir.

Je comparai la fécondité de la médecine et le rayonnement universel du médecin, à la sécheresse du juridisme confiné à des problèmes abstraits et nationaux. Je me dis que je perdais mon temps et décidai de m'inscrire dès la rentrée suivante à la faculté de médecine. Le destin trancha pour moi. En septembre, ma mère meurt. La médecine a montré son impuissance. Je m'enfonce dans ma peine. Au surplus, après mon père, comment faire mieux dans la science et dans l'art de ce métier unique ?

Je poursuis donc droit, sciences politiques, préparation militaire, sans compter quelques cours à la Sorbonne ou à l'Ecole des hautes études. Tout cela fut rapide, trop rapide et surtout bien scolaire. Diplômes en poche, à dix-neuf ans, je m'engage par devancement d'appel.

2.
Vingt ans dans les années trente

J'ai eu vingt ans en 1932. La même année, Paul Nizan écrivait : « Je ne laisserai personne dire que c'est le plus bel âge de la vie. » Cependant, j'ose le dire : j'ai été heureux d'avoir vingt ans et de célébrer cet anniversaire dans une chambrée de l'Ecole de cavalerie de Saumur.

Je découvris alors la chaleur de ces familles provisoires mais fraternelles, nées de la communauté de vie sous une discipline militaire. J'avais six camarades de chambrée : trois « fils de famille », dont l'un suffisait à rendre l'appellation insupportable, deux fils de leurs œuvres, un brigadier du rang. Notre lieutenant s'appelait Daru. Ce nom, qui m'évoquait Stendhal, n'avait pas impressionné les autorités : comme il était le plus jeune, sa brigade était logée sous les toits. A en juger par les journaux calfeutrant les châssis des fenêtres, et qui dataient de la Restauration, nous n'étions pas les premiers à affronter là le froid du mois de janvier ! Si la lecture du nom des pairs de France assistant au sacre de Charles X à Reims ne suffisait pas à nous réchauffer, les vingt ans du benjamin furent cependant fêtés avec chaleur autour du poêle à bois. Le colonel de la Laurencie commandait l'Ecole, et le colonel Danloup le Cadre noir; je n'étais pas le dernier à les admirer. Notre écuyer instructeur s'appelait Volpert. C'était un jeune dieu du cheval.

Ce n'est pas seulement ma grande jeunesse qui donne de l'éclat à mes souvenirs de l'Ecole de cavalerie de Saumur. C'est aussi ce vivant mélange de théorie et de pratique, d'efforts sportifs et intellectuels, de discipline hiérarchique et de franche camaraderie, le tout débouchant sur un objectif clair : le service de la patrie ! La Grande Guerre était proche. Les jeunes Français admiraient leur armée. Les militaires qui nous commandaient, officiers et sous-officiers, avaient à cœur d'enseigner leur métier aux jeunes réservistes que nous étions ; séances d'équitation au manège, armement, service en campagne. Nous vivions notre programme d'études dans une atmosphère de fierté collective où, contrairement à des affirmations courantes, l'origine sociale n'entrait pas en ligne de compte. Nos chefs savaient que la victoire avait été gagnée, toutes classes confondues. Quand je créerai l'Ecole nationale d'administration, j'essaierai de me souvenir de la leçon. En attendant, la minute où, chez le tailleur, la glace d'essayage me renvoya l'image de ma veste d'uniforme avec son galon blanc de sous-lieutenant fut pour moi un moment d'immense et joyeuse fierté.

J'achevai mon service au 11e régiment de cuirassiers, quartier Dupleix, Paris. C'était un bon régiment, bien commandé. J'y retrouvais le culte du cheval qui avait déjà illuminé mon stage à Saumur. Le colonel Wemaëre qui avait des moustaches gauloises, gardait l'uniforme bleu de la Grande Guerre. Chaque matin, il venait de Versailles où il habitait. Parc de Marnes-la-Coquette, parc de Saint-Cloud, bois de Boulogne, avenue Henri-Martin, avenue Albert-de-Mun, Champ-de-Mars : il trouvait de longues allées sablées où, à l'aller et au retour, il galopait. Parfois, l'un de nous l'accompagnait. Quand nous allions en manœuvres à Mailly, nous faisions sept jours d'étapes, alors que les dragons motorisés et casernés à l'Ecole militaire à côté de nous, mettaient moins d'une journée. Nous nous interrogions sur cette différence le soir à la popote. Mais nos généraux nous tenaient des propos catégoriques sur la nécessité de conserver de nombreux régiments de la traditionnelle cavalerie. Et comme il était enivrant de charger, sabre au clair, nos discussions s'arrêtaient là.

Après sept mois comblés par le commandement au grand air d'un peloton de vingt-sept hommes, quelle chute que de se retrouver pékin devant une table de travail, enfermé entre quatre murs ! Passer d'une activité joyeuse et sportive à la solitude des livres et du papier blanc n'est pas facile. Cinquante ans plus tard, j'en ressens encore la difficulté. Mais j'étais pressé d'entrer dans la vie active. J'arrêtai théâtre, cinéma, réunions amicales, soirées mondaines, et menai pendant dix-huit mois une vie monacale. A côté des cours polycopiés ou des enquêtes nécessaires à ma thèse sur l'artisanat, je me mis en « écurie » avec quelques amis, dont Pierre Racine, André Ségalat, André Mathiot, Jacques Rebeyrol, Didier Lazard,

Claude Passez. Cette période de ma vie fut l'une des plus fécondes, car je gardai à peu près toutes mes soirées pour lire.

C'est alors que se place la seconde grande hésitation de ma jeunesse. J'avais achevé mon service militaire, passé mes examens de doctorat en droit. J'étais chez mon père en Touraine avec ma sœur et mon frère. Dans une pièce creusée dans le rocher, j'achevais la rédaction de ma thèse et commençais à préparer mes dossiers pour le concours de l'auditorat de la fin de l'année 1934. Un ami de mon père, le docteur Rajchmann, directeur des services d'hygiène à la Société des Nations, m'adressa un long télégramme. Il me proposait de l'accompagner en qualité de secrétaire alors qu'il s'apprêtait à accomplir en Extrême-Orient une longue et importante mission. Les « puissances », comme on disait en langage diplomatique, avaient décidé de « s'intéresser à la Chine ». Ne regardons pas la Chine ni les voyages avec les yeux d'aujourd'hui ! En 1933, c'était le bout du monde, des semaines de navigation, un continent inconnu. Partir, abandonner faculté et Conseil d'Etat, choisir une autre vie, entrer dans la politique internationale : ce fut une grande tentation. Marthe, la fille du docteur Rajchmann que j'admirais beaucoup, m'y poussait. Deux jours durant, les vignobles de Vernou-sur-Brenne et de Vouvray furent les témoins muets et ensoleillés de mon interrogation. Cependant, je refusai. Je restai à ma table de travail dans mon rocher tourangeau. Au plus vite, je voulais devenir « quelqu'un » par moi-même.

Un jeune maître des requêtes au Conseil d'Etat, Ettori, m'apprit Montesquieu et le Rousseau du *Contrat social.* Je m'appris seul Machiavel en découvrant le *Discours sur la première décade de Tite-Live.* Mon père m'apprit le Renan de *La Réforme intellectuelle et morale.* Je m'appris seul Tocqueville et Ortega y Gasset. Etienne Mantoux me conseilla Laski et Salvador de Madariaga. Je m'obligeai seul à lire Bodin et Marx (je ne terminai ni l'un ni l'autre, tant s'en faut !). Je découvris Carré de Malberg et les écrits politiques de Giraudoux, plus sérieux qu'on ne le croit. Marthe Rajchmann me signala le nom d'un inconnu, Guglielmo Ferrero, et d'un éditorialiste déjà célèbre, le Walter Lipmann de *La Cité libre.* Je m'initiai aux théories économiques en lisant Gide et Rist et en peinant sur les cours d'Aftalion. Je tentai de comprendre les institutions françaises en lisant Michelet, Quinet, Taine ou Marion. Pour faire bonne mesure, je revins à Plutarque et Cicéron dont mon ignorance du grec et mon médiocre talent de latiniste ne m'avaient donné qu'une idée superficielle. En science politique et en économie, je devins ce que je suis resté : un autodidacte, alors que mes connaissances administratives doivent beaucoup à deux de mes aînés, Michel Pontremoli et Pierre Laroque, notre chef d'écurie tant admiré, qui commençait alors cette étonnante magistrature juridique que, jusqu'à sa retraite, il a exercée au Conseil d'Etat.

***

Durant ces années, pourquoi n'aurais-je pas été heureux ? A vingt ans, on pense à soi, à ses joies ou à ses deuils, à ses études ou à ses amours. Les jeunes ont l'avenir pour eux. Et notre avenir était beau. Du moins était-ce ce que l'on nous disait : la France avait gagné la guerre. Elle était la grande nation victorieuse. Célébrant ses morts tombés pour la liberté, la France était à son tour célébrée par le monde entier.

Brusquement, violemment, le vent de l'histoire tourne.

Vingt et un ans en 1933 : Hitler accède au pouvoir au son des défilés de bottes avec cortège d'arrestations arbitraires et d'assassinats. Vingt-deux ans en 1934 : la crise économique nous atteint, assaisonnée de scandales politiques qui provoquent la tragique journée du 6 février, et sa réplique du 12. L'impéritie gouvernementale laisse assassiner le roi de Yougoslavie, notre hôte. En Allemagne, c'est « la nuit des longs couteaux ». Vingt-trois ans en 1935 : la crise intérieure s'aggrave, la misère prend des milliers de foyers à la gorge. A l'extérieur, envahissant l'Ethiopie, Mussolini bafoue la Société des Nations qui fait la preuve de son inexistence. Vingt-quatre ans en 1936 : Hitler commande à son armée d'entrer en Rhénanie, déchire le traité de Versailles. Albert Sarraut, prisonnier volontaire des rodomontades du monde politique, couvre la France de ridicule. La honte commence. On traite de « belliciste » quiconque demande le simple respect du Droit. A l'automne 1936, Hitler et Mussolini signent le Pacte d'Acier. A gauche, on parle des grèves et à droite du danger russe. Vingt-six ans en 1938 : Hitler réalise l'*Anschluss*. En France, le gouvernement démissionne et les partis s'amusent.

Comment ne pas tout remettre en cause ?

***

Au cours de ces années, je n'ai pas d'engagement politique. Je m'interdis les partis ou les cénacles de droite : l'Action française ou les milieux admirateurs du fascisme constituent à mes yeux un monde inadmissible tant par la négation de la République que par le refus des fondements de la démocratie. Quant aux cénacles dits « de gauche », ou simplement progressistes, ils s'enferment dans l'irréalisme de nos aînés, même s'ils font effort pour se dégager des lamentables scandales qui éclaboussent alors le pouvoir. Mon abstention a aussi une autre raison. Pour réussir, je m'enferme et me referme. Qu'il est grand l'égoïsme de qui travaille dur pour atteindre son objectif ! Je suis également gêné par le caractère partisan des débats. Un fonctionnaire ne doit-il pas être libre vis-à-vis de la politique ? En fait, mon exigence est une excuse : toute action comporte des servitudes et il est commode de les refuser en invoquant la neutralité du service de l'Etat.

Les émeutes de février 1934 ne me font pas quitter ma table de travail mais je commence à douter de la qualité du gouvernement de la France.

Féru d'économies de bouts de chandelle, le ministère Doumergue émet l'intention de supprimer le concours de l'auditorat qui doit avoir lieu en décembre 1934. L'année précédente, les candidats ont déjà été privés de concours. Je rassemble quelques camarades d'écurie et, à leur tête, je fais le tour des ministres qui peuvent avoir une influence. Président du Sénat, Jules Jeanneney est le père de Jean-Marcel, un de mes plus chers camarades d'études. Sans hésiter, par un mot d'introduction, il nous ouvre le bureau de Chéron, garde des Sceaux. Accompagné de quelques candidats, j'y pénètre sans complexe. Ce fut ma première entrée Place Vendôme. De la même façon, je bouscule le cabinet du président du Conseil qui siégeait alors au Quai d'Orsay, dont je fais ainsi connaissance. Le gouvernement cède. Mes amis en sont surpris. Je le suis moins car j'ai vu les hommes et ma jeunesse présomptueuse les a sévèrement jugés. Pour maintenir une décision aussi injuste, il eût fallu une grande force. Or malgré les apparences, la faiblesse du pouvoir est évidente. Mon succès est aussi une leçon.

En décembre 1934, je franchis la première étape que je m'étais fixée. Le *Journal officiel* publie ma nomination d'auditeur au Conseil d'Etat. Pierre Racine et Lionel de Tinguy du Pouët font partie de cette courte promotion. C'est une joie, que mon père fêta en m'offrant une édition rare de la conférence de Renan : *Qu'est-ce qu'une nation ?* Depuis lors, ce livre ne m'a guère quitté. Hors le temps de guerre, il fut toujours à portée de ma main.

Cette joie personnelle, qui ouvre le chemin de la vie active, me porte à l'optimisme et tout de suite je me sens à l'aise au sein du Conseil d'Etat. Avant le concours, par une curieuse tradition qui n'avait aucune portée pratique, un président de section s'enquérait de savoir si le candidat était « républicain », c'est-à-dire s'il n'appartenait pas à un groupe subversif. Ce n'était qu'une formalité, car la réponse ne donnait lieu à aucun contrôle et toutes les opinions étaient admises. Le Palais-Royal était en effet une maison de courtoisie et de bon ton. On y pratiquait l'indulgence assortie d'un certain détachement. J'y suis bien reçu par les anciens. J'y contracte vite des amitiés sincères et durables. Ancien à mon tour, j'aide des camarades à se préparer aux concours suivants, et me fais là de nouveaux amis.

Ce libéralisme se retrouve dans les conditions de travail. Déjà chargé d'affaires, le Conseil n'a cependant pas cette surchauffe qui vint après la Libération. A la section du contentieux, une volonté de placer la jurisprudence au niveau d'une grande institution de la République donne un éclairage solennel à l'étude des dossiers importants. La politique n'est pas absente. Mais elle n'est ni mesquine ni partisane. Elle relève d'une conception de l'Etat qui est à la fois nationale, tolérante et démocratique. Conception dont la grandeur a ses racines dans les principes de 1789, devenus ceux de la tradition républicaine. Rédiger des rapports, participer à un jugement, de nouveau prendre la plume pour mettre en forme les considérants et les dispositifs de l'arrêt — petite affaire ou grande affaire —, il y a là un sentiment du devoir utilement rempli qui est d'autant plus satisfaisant que l'atmosphère environnante vous soutient, vous considère, vous approuve.

Deux affaires sont demeurées en ma mémoire. L'une et l'autre intéressaient l'Etat à un haut niveau. Par décret, avait été créé en 1935 un nouvel emploi, celui de secrétaire général du gouvernement. Poste qui, plus tard, après l'expérience d'Alger et du gouvernement provisoire, deviendra prestigieux. Il fut aussitôt occupé par un membre du Conseil d'Etat. Les syndicats n'étant pas reconnus, une association de fonctionnaires déposa un recours. Faute d'une loi, la création était irrégulière. C'était aussi mon opinion et je rapportai en ce sens. Lors du délibéré, après les compliments d'usage, je fus vaincu de justesse. Il y avait un doute et il n'y avait pas atteinte à un « principe ». Le Conseil avait donc le devoir de laisser au gouvernement latitude de gouverner. L'autre délibéré, qui est resté gravé en mon esprit, avait pour objet un recours où était invoqué le caractère inconstitutionnel d'une disposition votée par le Parlement. Vingt ans durant, le président Pichat avait enseigné à l'Ecole libre des sciences politiques que le juge pouvait apprécier la valeur constitutionnelle d'une loi. A la fin d'une longue discussion, il exposa comment le jugement de cette affaire l'avait obligé à un retour sur lui-même. D'une étude plus approfondie des principes de la République, telle qu'elle avait été fondée après 1870, et telle qu'elle s'était affirmée depuis, il concluait qu'aucune disposition constitutionnelle n'autorisait alors un tribunal à censurer l'action des élus du peuple. Ce jour-là, je compris la différence entre les idées ou une doctrine que l'on développe ou bâtit par plaisir intellectuel, et la décision que prend un responsable en tenant compte non seulement des textes, mais aussi des conséquences de ses actes.

Cependant je crains de rester de trop longues années au Conseil. Je me souviens d'une conversation avec l'un de mes aînés. Pensant m'encourager à bien préparer le concours, il m'avait dit : « Tu fais un effort pour réussir. Après quoi, ton fauteuil est assuré jusqu'à soixante-quinze ans », ce qui était alors l'âge limite d'activité des conseillers d'Etat. Ce propos m'avait produit l'effet d'une douche glacée. Et je m'étais promis que s'il y avait succès, je ne m'endormirais pas.

***

L'été 1935, je suis retenu à Paris pour le service des décrets-lois obtenus par le gouvernement Laval. Cette délégation donnée par le Parlement, sans être la première, faisait cependant date aux yeux des juristes. Je suis affecté à la chasse aux économies dans l'administration de la Marine nationale et à la rédaction de textes destinés à rendre moins onéreuses les procédures d'expropriation pour cause d'utilité publique.

La politique de déflation du gouvernement Laval est sévère. Je ne me révolte ni contre la suppression des vacances, ni contre la diminution de mon traitement alors que je viens de goûter au bonheur de toucher un premier salaire. Mais, compte tenu des difficultés paysannes que j'observe en Touraine, de la misère ouvrière que je constate de mes yeux dans la commune de Boulogne-Billancourt, dont mon oncle André Morizet est le maire, et des problèmes d'emploi que la plupart des jeunes autour de moi doivent affronter, je m'interroge sur la valeur de cette politique. Certes, je comprends que la procédure des décrets-lois est utile pour faire aboutir les réformes et je retiendrai la leçon. Mais il n'y a pas que la procédure. Avant même que l'échec ne devienne patent, mon jugement est des plus sévères : la politique de déflation ne redressera pas l'économie.

A l'automne 1935, Alexandre Parodi, mon aîné au Conseil d'Etat, me demande de l'aider. Il vient d'être désigné comme secrétaire général d'un « Comité d'études pour l'adaptation du régime douanier. » Ce Comité est composé d'un petit nombre de personnalités, dont Jules Gautier, président de la Confédération Nationale des Associations Agricoles, et René-Paul Duchemin, président de la Confédération Générale de la Production Française. Siègent aussi avec voix consultative, les directeurs des affaires économiques au ministère du Commerce et au ministère des Affaires étrangères. Charles Rist en est le président.

L'objectif de ce Comité est de conseiller le gouvernement en vue de « favoriser l'activité commerciale », c'est-à-dire le commerce extérieur. Depuis 1932, les difficultés nées de la crise ont suscité une floraison de « contingents ». Cette utilisation nouvelle d'un vieux mot a un sens précis : fixer des quotas aux importations. Pour un grand nombre de produits, ces contingents sont si faibles qu'ils équivalent à une prohibition. L'excuse communément avancée est la politique monétaire de nos partenaires : ils ont dévalué tandis que la France reste fidèle au franc Poincaré de 1926 qui est un franc-or. Moins chères que les nôtres, les marchandises étrangères bénéficient d'un avantage contre lequel il faut nous défendre. Sans compter le « dumping », pratiqué notamment par l'Allemagne pour se procurer des devises. Ce protectionnisme outrancier a un effet déplorable. Non seulement à l'intérieur où il n'y a plus de concurrence, mais aussi à l'extérieur, puisque nous renonçons ainsi à toute possibilité d'orienter nos achats pour venir en aide à divers pays, en particulier à nos alliés d'Europe centrale. Sur ce point, le Quai d'Orsay est demandeur et insiste, mais les autres ministères, arguant des intérêts dont ils ont la charge, se montrent très réticents. Le débat est vif.

Les réunions du Comité se tiennent chaque semaine dans une salle du ministère du Commerce, rue de Grenelle. L'installation est des plus modestes. Cependant, un sérieux travail est accompli au cours de huit mois pendant lesquels se tiendront une quarantaine de séances. J'ai la charge de les préparer en lisant et diffusant les rapports d'ingénieurs, d'inspecteurs des finances, d'auditeurs de la Cour des comptes ou du Conseil d'Etat. Ainsi ferai-je la connaissance de jeunes fonctionnaires qui se révéleront hommes d'avenir. Un des plus célèbres s'appellera Bichelonne. Je m'y fais aussi des amis pour toute ma vie, tel Pierre Escoube de la Cour des comptes. Sous l'impulsion de Charles Rist, le Comité interroge des personnalités susceptibles d'apporter un avis qualifié en matière de politique commerciale. Ainsi ai-je la chance d'écouter les auditions d'industriels, de hauts fonctionnaires ou de parlementaires. La plupart des avis penchent vers l'élargissement des contingents ou demandent leur remplacement par un droit de douane. Seuls les dirigeants du monde agricole sont hostiles à tout abaissement de notre protection. Plusieurs de nos avis déterminent des décisions gouvernementales. Le Comité acquiert de l'audience dans les milieux de l'économie et de l'administration.

La législature venant à son terme, Charles Rist estime de son devoir de rédiger un rapport qui a moins pour objet de rappeler le travail accompli que d'exposer, à l'intention de la future législature et du futur gouvernement, les orientations d'une politique commerciale nouvelle. Je rédige la majeure part de ce rapport qui est discuté lors de plusieurs séances du Comité. Examen de la situation générale du commerce extérieur, avantages et inconvénients du système des contingents, remplacement par des droits de douane — de préférence après signature d'accords commerciaux — mesures antidumping : après un demi-siècle, ce rapport conserve une valeur qui n'est pas seulement historique. On y explique le danger d'un protectionnisme irréfléchi, mais aussi les devoirs d'un pays lorsque sa production intérieure est confrontée à des concurrences abusives. Sa rédaction prudente (elle fut jugée imprudente par Jules Gautier), apparut aux initiés comme un acte courageux tant l'ambiance officielle était au protectionnisme généralisé. Charles Rist voulut conclure par une note séparée dont il m'entretint longuement avant de la communiquer aux autres membres : l'expérience acquise dans ses fonctions l'avait amené à revoir sa position sur la parité du franc. Jusque-là il s'était déclaré contre toute dévaluation. Il avait changé d'avis et estimait qu'il était de son devoir de le dire. C'était d'autant plus courageux que les partisans de cette thèse, qui était la sagesse même, risquaient aussitôt d'être traînés dans la boue, comme l'était Paul Reynaud. De Laval à Blum, de la droite à la gauche, régnait une doctrine quasiment unanime : la défense de la parité du franc était assimilée à celle de la patrie.

Charles Rist était un républicain, à l'esprit ouvert. Les gouvernements modérés l'avaient déçu. Ce sera pis avec le gouvernement intérimaire d'Albert Sarraut : au lendemain de l'entrée des troupes allemandes en Rhénanie, il fut convié, en sa qualité de président du Comité, à une réunion sur les contingents de pâte à papier et de papier de presse. Quelle ne fut pas sa stupeur de voir Albert Sarraut présider cette réunion pendant près de deux heures ! « En un tel moment, que faisait le président du Conseil des ministres de la France à une telle réunion ? » Charles Rist était indigné et le patriotisme de cet homme calme explosa devant moi en une sainte colère.

Le gouvernement du Front populaire est accueilli avec liesse par les uns, avec épouvante par les autres. A mes yeux, la République continue : les socialistes prennent la suite des radicaux, comme ceux-ci ont succédé aux premiers républicains. Léon Blum a des amitiés dans ma famille, venue du même village d'Alsace que la sienne. On me dit qu'il aurait trouvé normal que j'entre alors dans le cabinet d'un de ses ministres. Pourtant je ne suis ni socialiste ni même inscrit à un parti car je ne me sens guère attiré par ces groupes qui me paraissent trop idéologiques. Mais en raison du sentiment de malaise que m'a laissé la politique de déflation de Laval, ma sympathie est acquise à la nouvelle équipe.

Très vite, je suis déçu. Si je partage, en 1937, la honte des Parisiens devant le retard pris par les travaux de l'Exposition universelle à la suite de grèves politiques, mon malaise a pour origine l'orientation économique : voulant à juste titre réagir contre le chômage, le gouvernement a décidé le « partage du travail », c'est-à-dire la réduction de la semaine de travail à quarante heures en cinq jours, avec une quasi-interdiction d'heures supplémentaires. L'erreur me paraît grossière et stupéfiante. Mais aussitôt s'installe à ce sujet un conformisme de fer. Aucune critique n'est tolérée contre ce qui devient un dogme. Quand, à nos portes, l'Allemagne travaille jusqu'à soixante heures par semaine, douter de la qualité de cette décision revient à douter du peuple de France, avec lequel la nouvelle majorité se confond. En un mot, on se classe parmi les mauvais Français. C'est alors que j'apprends le nom jusque-là inconnu de Raymond Aron dont je lis avec reconnaissance un article dans la *Revue de Métaphysique et de Morale.* Xavier Léon, le fondateur de cette austère revue universitaire, était un vieil ami de ma famille. Grâce à lui, je découvre un auteur qui a osé douter de l'idéologie à la mode. Bien des années plus tard, alors que je raconterai cette anecdote à Raymond Aron, il me répondit que son article, cependant bien équilibré, avait été partout refusé. Il avait fallu cette revue au tirage restreint pour accepter de présenter à ses lecteurs son interrogation personnelle sur une orthodoxie alors indiscutée.

Paul Bastid, le nouveau ministre du Commerce, élargit la mission du Comité qui prend le nom de « Comité de révision douanière » et s'ouvre à de nouveaux membres, en particulier à la Confédération générale du travail dont le secrétaire général est Léon Jouhaux. Hervé Alphand y représente le ministère du Commerce. Jean Filippi succède à Parodi nommé à la tête d'une direction au ministère du Travail. Bientôt, je succéderai à Filippi qui accède aux fonctions de secrétaire général de la nouvelle société fusionnée des chemins de fer. Notre installation s'améliore et j'ai la joie d'avoir comme adjoint Hubert Roussellier, ami exceptionnel, précieux entre tous. Et le travail reprend.

L'opération monétaire, enfin décidée en septembre 1936 par le gouvernement Blum, aurait dû changer les données du problème. Mais au cours des mois qui suivent, nous constatons avec désolation la rapidité avec laquelle est dilapidé le bénéfice de la première, puis de la seconde dévaluation. Le dérèglement des finances publiques et le carcan des quarante heures en cinq jours condamnent notre économie à la même stagnation que la déflation sans dévaluation. Les causes sont différentes, mais le résultat est identique. Les prix de revient sont à nouveau trop élevés. A peine a-t-on pu espérer ouvrir notre marché, ou nous-mêmes conquérir de nouveaux marchés, que la hausse de nos coûts nous contraint à la fermeture et au repli. Un soir, Charles Rist échangea avec moi des propos désabusés. « Sommes-nous voués à périr du fait de l'incompétence économique des hommes politiques français ? » « Il faut ajouter l'absence de courage », osai-je avancer... « Refuser de voir la réalité est la première lâcheté », fut sa réponse.

A cette expérience économique de bonne qualité j'ai la chance d'ajouter une modeste expérience sociale. Une loi de juin 1936 a créé des procédures obligatoires d'arbitrage en cas de conflits sociaux. Au début, des personnalités importantes ont été appelées aux fonctions d'arbitre. Puis la tâche s'est banalisée. C'est ainsi qu'à l'automne 1937, je suis pour la première fois appelé à exercer un mandat d'arbitrage. Il s'agit d'une petite entreprise. Je reçois les parties et suis frappé de voir qu'il paraît évident que je suivrai la coutume, c'est-à-dire que j'augmenterai tous les salaires en proportion de la hausse du coût de la vie. Je veux aller au fond des choses et me faire une idée personnelle sur la valeur des indices. En allant quêter des renseignements officiels, je rencontre dans l'appartement d'un lointain numéro de la rue de l'Université, un jeune inconnu qui anime un bureau de statistique oublié de Dieu et des hommes. Ce jeune inconnu se nomme Alfred Sauvy. Je comprends qu'une hausse générale des salaires provoquera une diminution d'activité, voire la fermeture de l'entreprise, c'est-à-dire le chômage pour tous. J'ose donc refuser l'indexation automatique et généralisée. Et je décide de ne relever que les bas salaires d'un montant correspondant à la hausse du coût de la vie. Les autres augmenteront aussi mais selon des montants dégressifs. A l'époque, cette décision arbitrale rendue à propos d'un litige pourtant bien modeste, fit quelque bruit.

***

Cette approche nouvelle de la vie industrielle et sociale m'impose une réflexion. Je sens la République entraînée par un engrenage infernal. A quoi bon juger avec sévérité une Université qui ignore l'économie ou une administration qui gère les affaires au jour le jour ? L'enjeu est plus grave. La responsabilité vient de plus haut. La France n'est pas gouvernée. Et cela depuis des années... Etait-ce le fait des hommes ou celui des institutions ? Dans mon souvenir, il me semble que je ne faisais pas le détail. Au nom de la République que l'on m'a enseignée, je condamne les républicains que je voyais patauger alors que le danger approche. Et du haut de mes souvenirs, j'en appelle aux historiens. Il est faux d'écrire que les Français ignoraient les dangers de la politique hitlérienne. De la part des dirigeants de la politique, du syndicalisme, de l'Université, des Eglises, de la presse, il y eut, sauf rares exceptions, volonté de ne pas voir, afin de ne pas agir. La suffisance française pouvait sourire de Mussolini et c'était déjà une sottise. Mais l'indifférence à l'égard de l'Allemagne nazie était inexcusable. Son réarmement forcené allait de pair avec le caractère criminel de son régime. Aucun discours ne pouvait cacher des faits qui allaient se répétant toujours dans le même sens. Je prends alors une première conscience (sans en mesurer cependant l'étendue qui était immense) des ravages causés par la corruption de l'argent et par la perversion de l'intelligence.

Winston Churchill a donné comme titre à l'un des volumes de ses Mémoires : *Cette guerre qui eût pu être évitée.* Tel est exactement le sentiment confus qui m'habite tout au long de ces années. Je ne veux pas juger la décadence de la politique britannique et l'incroyable aveuglement de Chamberlain et d'Halifax car à partir de 1940, l'attitude anglaise fut exemplaire. Le courage du peuple et l'abnégation de milliers de héros ont racheté les fautes des dirigeants. Mais que penser de la France ? Au jeune serviteur de l'Etat que j'étais devenu, sa passivité devant l'entrée des troupes allemandes en Rhénanie a révélé la réalité de notre déclin. Les commentaires de la presse, les propos odieux des soi-disant

« pacifistes », l'indifférence des hommes politiques m'ont littéralement scandalisé. Et depuis, je vais de tristesse en tristesse.

Aux yeux de mes vingt ans, le monde de la politique et de la presse apparaît si répugnant que cinquante ans après j'en garde encore la nausée. Dans ces petits univers cloisonnés, celui des intellectuels comme celui des corporations, celui des partis comme celui des syndicats, chacun ne vit qu'avec le souci de son intérêt ou de son plaisir immédiat. Nul ne pense à la France. Personne ne dit que la liberté des hommes et des femmes de France dépend de sa force. Chacun s'enferme dans un vocabulaire irréel. Pourtant il est clair qu'il ne peut y avoir ni justice, ni liberté, ni progrès dans une Europe vouée à l'Allemagne et abandonnée par une nation française inconsciente et impuissante ! Avec désespoir, je constate que ces vérités simples ont un caractère subversif.

La droite refuse d'approuver l'accord avec l'Union soviétique, qui est le bon sens. La gauche refuse de soutenir officiellement la République espagnole, dont le succès est de notre intérêt. Et à droite comme à gauche, l'ignorance totale de *Mein Kampf* est la règle. Je me rappelle ma stupeur, puis mon indignation quand je découvre et vérifie en compagnie de mon ami Etienne Mantoux, que l'édition française du livre d'Hitler a été volontairement expurgée de toutes les attaques à l'égard de la France. C'est sur les doigts d'une seule main que l'on compte ceux qui osent dénoncer cette infamie. L'éditeur a donc eu raison de tromper le public puisque personne ou quasiment ne se lève pour protester. La France s'est faite, les Français ont conquis leur liberté en luttant contre l'empire de Charles Quint et ses successeurs de la Maison d'Autriche. Et nous laissons s'établir entre Berlin, Rome, Madrid, un front commun dont les objectifs nous ramènent aux drames des XVIe et XVIIe siècles, repris depuis la fin du XIXe par l'impérialisme allemand ! Abattre la France, la démembrer, réduire les Français à l'état de vassaux ou de serfs : tel est l'objectif de ces dictatures.

Et comme si la coupe n'était pas assez pleine, je lis qu'une nouvelle fois, le nombre des décès a dépassé celui des naissances au cours de l'année qui vient de se terminer. De plus, un sensible pourcentage de nouveau-nés vient de couples étrangers récemment installés en France. Dans notre enseignement, la démographie n'a aucune place. J'en ai pourtant perçu un écho indirect avec la lutte que mon père mène contre la mortalité infantile dont le taux est beaucoup trop élevé pour un pays qui se dit civilisé. J'interroge un ami de ma famille, Adolphe Landry, député puis sénateur de la Corse. Trois de ses sœurs, Mme Pichon, Mme Long et Mme Thuillier, dont les deux dernières avaient suivi des études de médecine en même temps que ma mère, ont reporté sur moi l'affection qu'elles lui portaient. A la suite d'une conversation avec ce fondateur méconnu des études démographiques, j'acquiers une certitude : c'est la dénatalité de la fin du XIXe et du début du XXe siècle qui a donné à l'état-major allemand l'assurance de gagner facilement une guerre contre une France dépeuplée. Aussi incroyable que cela puisse paraître aujourd'hui, les travaux d'Adolphe Landry étaient confidentiels. Comme tout le monde sourit de la campagne de Fernand Boverat, qui n'expose pourtant que des évidences.

Je découvre alors que des hommes isolés, tel Leroy-Beaulieu, ont prévu que la mauvaise courbe démographique de notre pays l'expose aux pires menaces. Mais l'incrédulité des meilleurs esprits comme l'indifférence générale sont les seules réponses reçues. Voilà une nouvelle ombre sur les hommes qui ont gouverné la République et même sur la République. Et d'autant plus qu'au lendemain de la Première Guerre, nul ne paraît avoir sérieusement tiré la leçon de la terrible saignée dont la France a payé sa difficile victoire et qui aggrave les suites déjà désastreuses d'un siècle de mauvaise évolution démographique.

*
* *

Deux ans après mon entrée dans la vie active, je me marie. La douceur de la vie privée éclaire donc cette période. Le bonheur d'un jeune foyer permet de s'abstraire des agitations extérieures en espérant que la tourmente vous oubliera. Mais hélas, les temps sont tels que la réalité revient vite crier à vos oreilles que les épreuves ne sont pas seulement pour les autres. Le jour où naît notre premier fils, Vincent, quotidiens et hebdomadaires consacrent photos et articles à la fête immense et guerrière que l'Allemagne consacre à Hitler pour ses cinquante ans. La belle joie d'une jeune vie familiale est ternie par les nouvelles que chaque semaine, ou quasiment, apporte. Malgré l'ardeur de la jeunesse à vouloir son propre monde et sa propre histoire, comment croire à un avenir heureux dans une telle atmosphère ?

C'est sans doute à ce sentiment de la fragilité du bonheur personnel face à la tourmente de ces années tragiques que je dois une hantise et un comportement politique qui ne m'ont plus jamais quitté.

La hantise, c'est que ma génération ne soit jugée aussi sévèrement que je jugeais celles qui avaient précédé la mienne. Je retrouverai ce sentiment chez Marc Bloch, que les Allemands fusillèrent en 1944. Pendant l'Occupation, il me donna à lire *L'Etrange Défaite*, un court écrit rédigé en juillet 1940, sous le choc du désastre qui avait conclu ces terribles années trente. « J'appartiens à une génération qui a mauvaise conscience, écrira-t-il... Nous avons pour la plupart le droit de dire que nous fûmes de bons ouvriers. Avons-nous toujours été de bons citoyens ? » Et après avoir rappelé la phrase de Montesquieu sur la vertu nécessaire dans un Etat démocratique, il reprochait aux hommes de son temps leur indulgence et leur indifférence. A mesure que je lisais ce beau texte, je retrouvais mes propres sentiments, c'est-à-dire les reproches que j'adressais à mes aînés. Les explications et les excuses ne manquent pas. Quatre années d'épreuves sanglantes ont tué tant de braves, broyé tant de talents, anéanti tant d'espérances ! Les survivants ont soif de repos, de vie familiale, de succès personnels. La victoire donne confiance, justifie l'inconscience. Cependant, après 1933, il aurait fallu prendre le contre-pied de cet état d'esprit, douter et s'interroger, redresser les institutions, moderniser l'enseignement, adapter notre armée à nos alliances, et surtout que les dirigeants des partis, de la presse ou des syndicats, acceptent d'ouvrir les yeux. Quelle faute que ce conformisme dramatique, erreur commune où la droite et la gauche se confondent, dans la même inconscience ! J'assiste à la faillite de l'intelligence française

Cette conclusion de mes vingt ans dans les années trente, a marqué mon esprit pour toujours. Certes, il y a un puissant attrait à échafauder de belles théories sociales ! Quelle séduction que d'attacher son char à une étoile et de se laisser aller à l'ivresse de bâtir un monde idéal ! Mais attention, comme disait Péguy, aux « miraculaires » ! La responsabilité de la politique est d'abord le bien de la nation. Il n'y a pas de société sans capacité collective ! Pas de paix sans force nationale ! Pas de liberté sans un Etat de droit ! Et pas d'Etat de droit sans pouvoir ! De la médecine, qui était l'univers de mon enfance, j'avais appris que le sérieux de l'action est lié à la recherche des causes. Notre premier mal était de cultiver retard et faiblesse dans une Europe à nouveau dominée par l'énergie et l'esprit de conquête. Voilà qui m'obligeait à tout juger — économie, société, enseignement —, en fonction de son apport à la puissance de notre pays — puissance matérielle et puissance morale.

A vingt-six ans, tourmenté par les événements, lassé des études du Comité de révision douanière et des arbitrages sociaux, je me détache de la tranquillité du Palais-Royal. Grâce à André Istel, banquier habile, cœur généreux, ami fidèle lui aussi venu de cette Alsace qui est de nouveau visée par l'Allemand, je fais, en 1937, la connaissance de Paul Reynaud. Maître à penser en matière monétaire, Istel a dès le début de la crise convaincu Paul Reynaud de la nécessité de dévaluer le franc. Il m'a pris en affection et me recommande au seul homme politique qui parle alors du bien public en termes clairs et courageux. Je deviens le discret collaborateur d'un parlementaire dont la route se situe en dehors des sentiers battus, et qui en raison de ses prises de position courageuses, doit faire face à des attaques ignobles.

« Mettez-vous toujours en règle avec la Patrie », avait écrit Ernest Renan à la première jeunesse de la République.

3.
Le choix du chemin sauvage

Devenir un homme politique ! Je ne m'en sentais pas la vocation. J'ai hésité devant le choix de ce qui me paraissait un chemin sauvage de la vie. Mon ambition se portait vers de grands commandements administratifs en France ou dans l'outre-mer : une carrière à la Cambon m'attirait, et pour les motifs mêmes que Paul Cambon a donnés dans sa Correspondance. Je n'avais d'allégeance à aucun parti et n'en sentais pas le besoin. Je ne m'imaginais pas sur une estrade demandant la confiance des électeurs. Je souriais au souvenir de la conversation d'un médecin tourangeau qui, chez ma grand-mère près d'Amboise, alors que j'avais une quinzaine d'années, m'avait recommandé de solliciter vers mon âge mûr et en vue de ma retraite, un mandat de conseiller général — et puis pourquoi pas sur le tard, de sénateur d'Indre-et-Loire ?

Trois événements m'ont conduit à changer ma vie.

Le premier se situe avant la guerre, en 1938.

En avril 1938, Paul Reynaud accepte d'être garde des Sceaux d'un nouveau gouvernement présidé par Daladier. Cette décision me déçoit. Paul Reynaud va se perdre dans un ministère sans prise sur les événements ! Gaston Palewski devient officiellement son collaborateur : il m'explique qu'on ne peut corriger la politique sans participer au gouvernement. Je le comprends à moitié. Cependant, j'écarte la proposition d'appartenir à son cabinet et me replie sur ma vie familiale. Au début de septembre, je suis mobilisé comme tous les Français. Puis c'est Munich. Et comme tous les Français, je suis démobilisé.

Je ne souhaite à aucune génération de vivre des circonstances semblables à celles que nous avons vécues en ce mois de septembre

1938 : une défaite diplomatique accablante et le délire d'enthousiasme populaire acclamant cette défaite. Quelques-uns, dont j'étais, ont souffert ce jour-là d'une douleur morale insupportable ! C'est un écroulement qui éclaire d'une lueur sinistre notre renoncement d'hier, lors de l'entrée des bataillons d'Hitler en Rhénanie, et probablement ceux de demain. La France sombre.

A travers les faibles extraits d'une pitoyable presse, je suis remué par le discours de Churchill à la Chambre des Communes. Que n'aurais-je ressenti si j'avais pu le lire tout entier ? Nous décidons, mon ami Etienne Mantoux et moi, d'aller complimenter et remercier Henri de Kerillis, le député conservateur, et Jean Bouhey, le député socialiste qui, tous deux, ont voté contre la ratification des accords, comme l'ont fait les députés du parti communiste, mais pour des raisons autres. Kerillis et Bouhey appartiennent à deux mondes différents. Mais l'un et l'autre sont bien seuls. Bouhey est un homme simple qui a suivi sa conscience : « Je ne pouvais faire autrement. » Kerillis, avec de grands gestes, s'écrie : « Nous sommes en guerre. Munich, c'est un Verdun à l'envers. Peut-être aurions-nous gagné l'autre guerre malgré la perte de Verdun. Mais je n'en suis pas sûr. »

J'attends un gouvernement qui tirerait une leçon du malheur, et engagerait la nation sur la voie de l'effort. Rien. Un conformisme de plomb écrase politiques, journalistes, intellectuels, syndicalistes. La liberté est assassinée par le mensonge et l'honneur par la lâcheté. Ma plume tremble dans ma main quand j'évoque ces temps qui annonçaient la nuit de la France. Je m'étonne d'abord que Paul Reynaud ne démissionne pas. Quelques semaines plus tard, il prend les Finances, et un nouveau coup de téléphone de Gaston Palewski me dit avec gentillesse et fermeté : « Cette fois, vous ne pouvez pas refuser ! » « Pourquoi les Finances ? lui demandai-je — le ministère de la Guerre ne serait-il pas préférable ? Ou mieux : pourquoi ne pas attendre, de façon à être le président du Conseil dans l'épreuve qui arrive avec de plus en plus de certitude ? » Gaston Palewski répondra dès mon arrivée rue de Rivoli : « C'est du ministère des Finances que sans tarder on peut agir pour assurer le redressement de la France. » Et me recevant à son tour, Paul Reynaud me dira : « Il y a une bataille économique à gagner. Elle précédera la bataille tout court. Elle peut même l'éviter. Il faut corriger les erreurs du Front populaire. Nous pouvons remonter la pente. »

Sans doute est-il classique qu'un auditeur au Conseil d'Etat entre dans un cabinet ministériel. Mais en mon esprit, il s'agit moins d'une affectation administrative que d'une mobilisation. Je me comporte et j'agis en conséquence. De novembre 1938 à septembre 1939, je travaille sans mesurer ma peine. J'en reparlerai.

C'est là qu'un événement, le 7 décembre 1938, a chauffé au rouge les sentiments qui bouillonnaient en moi. Nous sommes au lendemain d'une déclaration franco-allemande que Ribbentrop est venu lui-même signer au Quai d'Orsay. Cette déclaration de non-agression est un mensonge et un piège. Elle ne peut tromper que ceux qui acceptent d'être des dupes volontaires. Après cette comédie diplomatique, le ministre allemand et son épouse consacrent quelques heures à une visite du Louvre. Notre ministre des Affaires étrangères, Georges Bonnet, les accompagne avec sa femme, la fille de Pelletan, le fougueux républicain, jadis proche de Clemenceau. Face à l'entrée du musée, le bureau que j'occupe au ministère des Finances donne sur la galerie couronnée de statues de personnages célèbres. Entre le ministère et le musée, s'étend un petit jardin ; à ma gauche, la statue de La Fayette qu'on voit toujours ; à ma droite, le grand monument érigé en l'honneur de Gambetta, qui a disparu. Depuis plusieurs heures, la circulation est arrêtée pour garantir la sécurité de nos hôtes. Dans le silence, j'entends le bruit des voitures. Je sors sur la galerie et j'enregistre avec une douleur que je ressens encore l'image des quatre silhouettes montant l'escalier en se faisant des politesses. La France, ma grande France, s'abaissait à accueillir avec déférence le représentant d'un gouvernement dont le « Führer » avait déclaré son intention de la rayer de la carte du monde.

Voilà où nous étions tombés.

Ce jour-là, j'ai senti que la politique pourrait devenir une obligation. Que signifie le rêve d'un *cursus honorum* dans une République décadente, un Etat impuissant, une France dont les dirigeants acceptaient l'effacement au sein d'une Europe germanisée et nazifiée ? Mon indignation contre le régime qui nous a conduits à cette humiliation éclate comme une eau bouillante trop longtemps contenue. Une conviction intime commence à pénétrer mon esprit : j'appartiens à une génération qui devra quitter le confort de la fonction publique. Il me faudra rompre, combattre, qui sait ? peut-être fonder un parti pour lutter contre le déclin.

Tel fut le premier appel vers le chemin sauvage.

***

Le second événement se situe au Maroc, pendant la guerre, en 1941.

C'est à Préfailles, au bord de l'Atlantique que, le 23 août 1939, je lis dans un journal local un entrefilet annonçant sous forme interrogative la possibilité d'un accord commercial entre l'Allemagne et l'Union soviétique. Comme tous les Français, je n'en crois pas mes yeux. J'avais aperçu le général Doumenc lors d'une visite qu'il avait faite à Paul Reynaud et de bonne foi je pense que l'affaire entre la Russie et la France est bien engagée. Du bureau de poste, je téléphone à Palewski qui, comme je m'y attendais, me demande de rejoindre Paris sans plus tarder. Je quitte les miens, dont mon fils en son berceau. Quelques jours plus tard, comme l'année précédente, je revêts mon uniforme de lieutenant au 11e régiment de cuirassiers et rejoins le quartier Dupleix. Paul Reynaud s'étonne. Je lui suis utile. C'est servir mon pays que de me consacrer à aider une tâche gouvernementale qui sera rude... Il me demande d'attendre d'abord, de rester ensuite. Je ne me rallie pas à cette invitation. Quand un ancien major de l'Ecole de cavalerie a vingt-sept ans et que son pays est en guerre, il ne peut demeurer entre quatre murs, derrière un bureau.

Je quitte la rue de Rivoli. Mais ma courte hésitation fait que mon régiment est déjà parti vers la forêt de la Warndt. Je suis affecté pour l'automne à la préparation des élèves officiers à Rambouillet. J'y resterai jusqu'à la fin du mois de mai de l'année suivante. A deux reprises, Paul Reynaud me demande de revenir, et notamment quand il est enfin président du Conseil. Je suis également sollicité par Jean Giraudoux, commissaire à l'Information, à qui mon nom a été suggéré par Louis Joxe. Aux yeux de beaucoup, la « drôle de guerre » justifie une affectation spéciale. Julien Cain me dira même que je pourrai y être plus utile qu'à éduquer de jeunes élèves officiers. Je m'y refuse. Pourquoi ? Le jeune bourgeois fonctionnaire que je suis ne doit pas donner le mauvais exemple. De plus, la victoire me paraît au bout de l'épée, non dans les papiers. Loin des hommes politiques et de leurs combinaisons, je reporte toute ma confiance en l'Armée.

Je dirai plus loin ma brève expérience de la bataille et de la captivité, mes premières et vaines recherches d'une activité résistante, la tentation de repli sur une vie terrienne et familiale. En mars 1941, Emmanuel Monick qui vient d'être nommé secrétaire général de la Résidence au Maroc, me fait une proposition. Il me connaît, grâce à Istel et à Paul Reynaud. Il estime que l'entrée en guerre des Etats-Unis est inscrite dans les faits et que c'est donc d'Afrique du Nord que l'on peut le mieux préparer la revanche. Il a besoin d'un collaborateur. Pour la galerie, je serai chargé de « surveiller les prix ». Pour l'essentiel, je ferai ce qu'il me dira de faire, et le reste.

Emmanuel Monick ne parlait jamais de ses souvenirs de guerre. Cependant, engagé à vingt ans en 1914, il était demeuré quasiment pendant quatre ans sur le front, en première ligne et s'y était couvert de gloire. Après la victoire, il était entré à l'Inspection des Finances, avait occupé des postes importants, attaché financier à Washington et à Londres, mené à bien des missions difficiles, notamment à la demande de Léon Blum, lors de la dévaluation du franc en 1936. Sa connaissance des problèmes économiques et monétaires et son indépendance de caractère lui méritèrent très vite une estime exceptionnelle. A la Libération de Paris, il sera secrétaire général du ministère des Finances, puis premier gouverneur de la Banque de France. Ainsi aura-t-il la charge d'aider la reconstruction, de lancer le nouveau départ industriel et de restituer à la France sa situation de puissance financière. Ecrits pour ses petits-enfants, il a laissé des souvenirs qui sont marqués par la qualité de son intelligence et la générosité de son cœur. Toute ma vie, je me suis senti honoré d'avoir été le collaborateur et l'ami de cet homme qui rayonnait par sa culture et son intelligence comme par la noblesse de son esprit.

A l'époque dont je parle, il avait pris seul l'initiative d'intéresser la diplomatie américaine à l'Afrique du Nord. La pénurie était la raison officielle. Ne pouvait-on éviter au Maroc, à l'Algérie, à la Tunisie, voire à l'Afrique noire française, les difficultés du blocus appliqué à l'Europe en guerre ? Le gouvernement américain comprit l'importance de l'enjeu. Les Allemands laissèrent faire. Pour Robert Murphy, le chef de la mission que Roosevelt lui-même envoya à Alger et à Rabat, Monick devint aussitôt l'interlocuteur privilégié. Les Allemands finirent par si bien le comprendre, qu'en septembre 1941, sans doute tardivement conscients de leur erreur, ils exigèrent son rappel. De mai à septembre 1941, mon séjour au Maroc fut donc bref. Monick me présenta à Robert Murphy et je me lierai d'amitié avec deux des consuls américains qui, sous couvert d'aide économique, préparaient les lendemains. L'un d'eux, Frank Canfield, restera un ami pour toujours et malgré les années et l'éloignement, la fidélité de nos sentiments réciproques n'a connu aucune défaillance.

L'événement-choc se produit un matin à Fès, alors que je lui remets une note succincte sur diverses hypothèses relatives à un débarquement entre Casablanca et Rabat et sur les conditions psychologiques du succès. Je suis gêné car l'honnêteté m'oblige à écrire que le débarquement sera d'autant mieux accepté par les Français du Maroc qu'il sera l'œuvre d'Américains et de Canadiens français : il ne faut pas d'Anglais et le moins possible de « gaullistes » car ni les uns ni les autres ne sont populaires. Mers el-Kébir est trop proche et Dakar n'est pas oublié. Telle est la vérité que je dois dire.

Mais est-ce le bien de la France ? Je me vois encore très tôt, au lever du jour, regardant de la fenêtre de l'hôtel la terre marocaine que le soleil commence à peine d'éclairer et déjà de brûler. Au bout du compte, le succès d'une telle opération sera ambigu. Les Alliés font « leur » guerre et le rétablissement de la grandeur française n'est pas « leur » problème. Certes, avec la victoire des Américains, la liberté, une certaine liberté, reviendra. Mais qui refera la France ? Il faut voir au-delà de la guerre désormais mondiale, au-delà des combats pour une cause commune. Le redressement de la nation sera l'affaire des Français. Personne ne l'entreprendra pour eux. Peu importe ce que pense présentement l'opinion ici et ailleurs. Pour la France, pour la République, la victoire doit être un recommencement et seul le général de Gaulle pourra refaire la patrie. C'est avec celui qui le premier a refusé la défaite qu'il faut désormais combattre.

Je remets le document à mon ami. Ce sera le dernier. Je suis devenu gaulliste.

***

Le troisième événement-choc se situe après la Libération et c'est le départ du Général.

Je dirai plus loin mon retour en France, les étapes qui me conduisirent en dix-huit mois dans l'équipe de tête de la Résistance intérieure. La Résistance débouche-t-elle normalement sur la politique ? A la Libération, j'ai choisi d'être Commissaire de la République en province, où je suis à la charnière entre administration et gouvernement. Pendant sept mois, c'est sans arrière-pensée que je me consacre à mes fonctions.

A la fin de mars 1945, alors qu'approche la fin des opérations militaires en Allemagne, un coup de téléphone de Gaston Palewski me rappelle étrangement celui que j'avais reçu de lui en 1938. Je suis dans le grand bureau de la préfecture d'Angers : « Le Général souhaite que vous veniez à Paris. On vous attend ici le mois prochain. » Et fin avril, me voici de nouveau face au Général, cette fois au ministère de la Guerre, rue Saint-Dominique, où nous parlons Constitution et réforme administrative. A tous égards, il faut bâtir la République. Je regrette les réserves du Général à s'engager dans le combat intérieur. A la fin de l'été, une question se pose à moi : dois-je me présenter aux élections de la prochaine Assemblée constituante en octobre 1945 ? Le Général me le déconseille. Déjà fixé sur les principes de son gouvernement, il me laisse entendre qu'il ne choisira pas ses ministres au sein des partis. L'exemple de Malraux qui, avant de devenir ministre de l'Information, a occupé, rue Saint-Dominique, un bureau à côté du mien, me fait rêver. Je refuse donc les propositions qui me sont faites en Maine-et-Loire et ne donne pas suite aux projets que j'ai envisagés en Indre-et-Loire.

Après les élections d'octobre 1945, il ne me sera pas permis de rêver longtemps. Dès les premiers jours, je constate avec quelle hâte malsaine l'Assemblée creuse le fossé destiné à isoler le Général dont le départ, qui ne me surprend pas, me cause une douleur profonde. Nous voilà voués à une caricature de République : c'est pour moi une certitude. Après la parenthèse de la guerre et de la France libre, les Français vont de nouveau connaître le déclin de leur patrie. Ma déception est forte et l'angoisse m'étreint le cœur.

Ai-je eu la tentation de chercher une situation « dans le privé » et de me replier sur ma vie familiale après quatre années éprouvantes ? Ce fut une aspiration, fugitive, à peine formulée. Une autre tentation m'est offerte. L'amiral Thierry d'Argenlieu me propose le gouvernement de la Cochinchine. J'écarte cette offre. Les projets de la Constituante aggravent les défauts qui furent ceux de la IIIe République. Les querelles et combinaisons de partis vont briser l'Etat. Nos espoirs de redressement partent en fumée, une fumée noire. En souvenir de l'avant-guerre décadente, des amis morts, des résistants qui ont tant attendu une nouvelle France, je me dois de ne pas céder à la facilité et de continuer le combat.

Après avoir pris ma décision, je rends visite au Général à Colombey. Il m'en donne acte. Je lui parle de l'Union gaulliste dont Capitant envisage de faire un parti. Il m'encourage plutôt à prendre rang parmi les radicaux. Je me présente en novembre 1946 devant les électeurs du département d'Indre-et-Loire : après l'approbation résignée de la Constitution, la France doit désigner la première Assemblée nationale de la IVe République. Je prends la tête d'une liste radicale, Union gaulliste et U.D.S.R. (Union démocratique et socialiste, petite formation issue de la Résistance), mais ne suis pas élu.

L'administration me reprend. Au terme d'une mission d'un an pour définir le statut de la Sarre, je suis nommé sur la proposition de Georges Bidault, secrétaire général pour les affaires allemandes et autrichiennes.

Entre-temps, le général de Gaulle m'a associé aux délibérations confidentielles qui ont précédé son discours de Strasbourg d'où il lance l'appel au Rassemblement du peuple français. Tout — les responsabilités que j'exerce, les discussions auxquelles je participe, les événements que j'observe —, confirme mon analyse : le régime des partis fait notre malheur. Ce n'est pas que les hommes soient plus mauvais que d'autres. Bien au contraire. Plusieurs sont des aînés que j'ai admirés et estimés au temps de la Résistance. Mais ils sont broyés par le système, la démagogie constante qui est sa nature, les vues à court terme, la pression des syndicats, et bientôt par les diplomaties étrangères. J'en veux à mes amis d'accepter ce déclin. « Il faut éviter le pire », disent les uns. « On ne peut faire autrement », disent les autres. Je n'accepte pas ce raisonnement. Nous vivons un désastre. Même si l'Allemagne n'est plus le premier danger, elle va se redresser alors que nous glissons sur la voie du déclin. La France ne comptera plus. Et la première liberté des Français, celle de l'indépendance de leur patrie, sera de nouveau en danger de mort. J'écris mon désespoir et mon angoisse d'abord, dans des chroniques, bientôt dans *La Mort de l'Etat républicain,* livre où je mêle étude politique et indignation patriotique. Il n'a guère de succès et ne rencontre aucun écho, si ce n'est une réflexion de Vincent Auriol, nouveau président de la République, toulousain comme mon grand-père maternel, qui me dit : « Il paraît que vous avez écrit un livre sur la mort de la France, et qu'il est très intéressant. » Nul ne prend mon angoisse en considération.

Deux offres me sont faites ; l'une de Robert Schuman : devenir l'adjoint d'André François-Poncet pour assurer la transformation de notre occupation militaire en Allemagne en un régime plus civil ; l'autre de Jules Moch : prendre les fonctions de préfet régional à Metz... Je n'accepte ni l'une ni l'autre car je ne veux pas revenir en arrière. Puisque mes pronostics sont chaque jour vérifiés, je ne peux assister sans réagir à la dégradation de nos affaires intérieures et à l'éclipse de la France dans le monde. Il me faut vouloir le retour du général de Gaulle, et aider à ce retour ! C'est là qu'est le devoir.

Je me présente en octobre 1948 devant les électeurs sénatoriaux d'Indre-et-Loire. Sous les couleurs associées du Rassemblement du peuple français et du Rassemblement des gauches républicaines qui est la nouvelle figure du parti radical, je suis élu au second tour ainsi que mon colistier, le docteur Leccia, résistant, déporté et gaulliste. Désormais, la page est tournée. Les obstacles seront nombreux. Des zones d'ombre pourront me glacer. Mais un espoir me soutiendra et sera ma lumière : il me faut lutter pour que la République fasse à la France le destin qu'elle mérite.

4.
L'homme qui a donné ses dimanches

En juillet 1929, alors que j'étais jeune étudiant, je fus invité par un médecin anglais ami de mon père. Un oncle de sa femme était député à la Chambre des communes. Ce député, qui me paraissait âgé, aimait les promenades à pied dans la campagne. Pour parler de sa vie politique, sujet dont il avait sans doute lassé sa famille et ses amis, j'étais un interlocuteur neuf. Il me faisait l'éloge d'un de ses cadets qui se nommait Churchill. Il évoquait aussi la longueur de son temps de député et les fatigues des treize campagnes électorales qu'il avait menées « au service de mon pays et de mon roi ». Le vieil homme prononçait ces derniers mots avec émotion et fierté. Il y avait, disait-il, sacrifié son repos et sa vie.

« Au service de mon pays et de la République », j'aurai fait davantage.

De 1948 à 1984, le bilan est le suivant : deux campagnes sénatoriales en Indre-et-Loire, sept campagnes législatives — une en Indre-et-Loire et six dans l'île de la Réunion ; cinq campagnes municipales et cinq campagnes de conseiller général dans la ville et le canton d'Amboise, une campagne pour l'élection à l'Assemblée européenne, une campagne pour la présidence de la République. Deux de ces combats personnels débouchèrent sur des échecs graves : en 1962, campagne législative en Indre-et-Loire ; en 1981, campagne présidentielle. Comme il se doit, les succès, quoique plus nombreux, n'ont pu effacer les échecs subis ni dans mon esprit ni dans les faits.

Le bilan se traduit en kilomètres parcourus. En ce temps où j'écris, près de quarante ans après ma première élection, j'ai fait plus de dix-huit cents fois le voyage Paris-Amboise vers ma mairie, ou Paris-Tours vers le conseil général, ce qui fait près de cinq cent cinquante mille kilomètres par la route ou le train. En vingt ans, j'ai fait soixante-dix fois le voyage de Paris à Saint-Denis de la Réunion, ce qui fait un total de plus d'un million six cent mille kilomètres en avion. Et je continue. Et je ne compte pas les multiples voyages politiques à travers la France.

En effet, j'ai fréquemment porté aide à des amis, couru les congrès, et surtout entrepris de grandes campagnes : pour la réforme des institutions, contre l'armée européenne et la supranationalité, pour que la France devienne une puissance nucléaire ; en diverses occasions et notamment lors de la guerre d'Algérie, pour que le général de Gaulle revienne à la tête des affaires ; plus tard, pour la sauvegarde de l'unité et le maintien de l'indépendance française, pour une politique de la famille et de l'enfant, contre l'inflation renaissante, pour l'aptitude de notre économie à dominer la compétition mondiale, pour l'enseignement de l'histoire nationale. Cependant, l'ensemble de ces activités publiques s'efface devant les responsabilités gouvernementales qui furent le temps fort de ma vie.

*
* *

Entrer « en politique », est-ce entrer en religion ? J'ai été parfois dépeint comme un homme qui a donné une réponse affirmative à cette question. Il est vrai que j'ai vécu la politique comme une exigence nationale, morale et humaine. D'abord une révolte m'a poussé à refuser le retour aux mœurs qui avaient perdu notre Patrie. Ensuite j'ai pris conscience du combat que la France doit mener et gagner sans cesse pour demeurer la France. Ayant placé très haut mon ambition, j'étais voué à lui consacrer mon temps et mon énergie. Alors que d'autres, meilleurs tacticiens, s'adaptent aux circonstances, j'ai voulu rester accroché à mes convictions, ou plutôt à ma conviction que la politique doit être mise au service de la France et de l'homme et qu'elle ne vaut la peine d'être vécue qu'en fonction de ce service. Eussé-je été tenté de penser autrement que les événements ne m'auraient pas permis de modifier ma manière de voir et d'agir.

Cette conception m'a valu une réputation d'intolérance. J'accepte ce qualificatif à condition de le nuancer. J'ai équilibré la fermeté sur les idées par un effort de compréhension à l'égard des hommes, au point que mon indulgence me fut parfois reprochée. Quand on entend rester catégorique sur le bien de l'Etat, la grandeur de la France et la promotion de la liberté, la solitude vous attend et ce serait l'aggraver que d'y ajouter une trop grande sévérité à l'égard d'hommes moins enflammés, — voire idéologues ou opportunistes —, qui se battent à vos côtés ou contre vous. Sans renoncer à être soi-même ni céder sur l'essentiel, il faut comprendre les autres.

En démocratie, la politique passe par l'élection. Le général de Gaulle, soucieux de dégager le pouvoir de toute influence extérieure au bien de l'Etat, considérait volontiers que les hommes du pouvoir ne devaient être tenus par aucun lien, si ce n'est l'allégeance au chef de l'Etat. A l'opposé de son opinion, j'ai toujours estimé qu'il est difficile, en France, d'imaginer que les ministères soient durablement entre les mains d'hommes ou de femmes que l'élection n'a pas consacrés. Certes, il y a des exceptions notables, mais elles sont complémentaires et le plus souvent provisoires. Pour l'essentiel le gouvernement, à l'échelon national, comme l'autorité locale à l'échelon départemental et municipal, ne peut être exercé que par des élus. Dès lors, placer son ambition dans le gouvernement des Français, c'est se contraindre à rechercher l'élection. Et l'élection en France, c'est aussi le cumul des mandats, un ou deux mandats locaux étant la condition et parfois la consécration du mandat national. J'aurai à revenir sur ce caractère très particulier et parfois contestable de nos lois et de nos mœurs.

Du fait de l'élection et du cumul des mandats, la politique est un métier qui a ses règles propres. C'est un métier que d'accéder au commandement par l'opposition au commandement. C'est un métier que d'être un élu, à la fois à la quête du pouvoir et « contre le pouvoir », comme l'a écrit Alain. Intercesseur entre l'Etat et le peuple, entre l'administration et les citoyens, il y a quelque ridicule à se plaindre des audiences ou du courrier : être élu, c'est écouter des plaintes et sécher des larmes, même s'il se glisse ici ou là quelques imposteurs. En d'autres périodes ou dans le même temps, l'élu est appelé à commander soit dans un domaine étroit comme celui d'une commune, d'une ville ou d'un département, soit dans une charge élevée au gouvernement, voire à la tête de la France. Or exercer le pouvoir tient à la fois du chef d'entreprise pour l'efficacité et du ministre du culte pour la symbolique, car il ne suffit pas de commander : il faut s'identifier au commandement.

Cette opposition intime qui découle de l'élection explique les contrastes et les incertitudes du métier.

Passer en quelques heures de l'arrière-salle d'un café villageois à la tribune d'une Assemblée, d'une modeste permanence de quartier à l'auguste bureau d'un palais officiel, ou à l'inverse, d'un conseil de cabinet dans la grande salle de Matignon à une réunion d'électeurs au bord d'un champ de canne, d'une conférence européenne ou mondiale aux aspirations d'une mère de famille, d'un entretien avec le général de Gaulle à la conversation d'un inconnu qui cherche une recommandation : à travers ces situations si différentes, il faut vouloir demeurer soi-même. Je me suis efforcé de ne pas adopter deux comportements, de ne pas tenir deux langages.

En démocratie, on est parlementaire. On cesse de l'être. On est ministre. On ne l'est plus. Naguère, l'épargne familiale et la facilité de retrouver une occupation diminuaient l'aléa de la vie publique, parlementaire ou ministérielle. De nos jours, il n'en est plus ainsi : aucune épargne ne permet de subsister sans travail et pour le parlementaire qui échoue ou le ministre qui s'en va, il peut être d'une extrême difficulté de retrouver un emploi. On comprend l'attrait de la « proportionnelle » pour les états-majors des partis et les militants bien en cour, car elle donne à tous ceux qui sont placés haut sur les listes une véritable sécurité professionnelle, mais une sécurité acquise aux dépens de la démocratie. Soucieux de maintenir le scrutin majoritaire, je recommande toujours aux jeunes qui veulent tenter leurs chances dans la politique d'avoir un métier afin de garder leur liberté et d'atténuer les conséquences d'un échec. Grâce à leur statut sur ce point privilégié, les fonctionnaires français supportent mieux les aléas de l'élection. C'est cette facilité qui explique leur nombre dans nos assemblées. Les membres des professions libérales éprouvent au contraire de sérieuses difficultés, quoique les formules modernes d'association peuvent faciliter les choses. Les permanents syndicaux ont de bonnes chances de retrouver un salaire. Les moins favorisés sont les cadres, les chefs d'entreprise ou d'exploitation agricole. Lorsque j'étais premier ministre, j'ai suggéré aux organisations patronales de bâtir une institution dont l'objet serait de proposer un gestionnaire au patron désireux de se lancer dans la politique ou d'assurer un emploi à l'ingénieur ou au cadre en cas d'interruption de leur carrière publique. Je ne fus pas entendu.

Contrastes et incertitudes ne sont pas les seuls caractères du métier.

Il est difficile, et même souvent impossible, de faire face à toutes les dépenses professionnelles avec la seule rémunération de l'élu. Une aide est nécessaire ; il faut alors, avec rigueur, séparer son budget personnel du budget politique. Le budget personnel lui-même a besoin de compléments. Dans les premiers temps de mon mandat, Emilien Amaury me prit régulièrement des articles pour les journaux dont il avait le contrôle ou la direction, et deux modestes mais sérieuses sociétés me demandèrent des conseils juridiques.

Parce qu'il est un combat, le métier politique est fait de choix, donc de ruptures. Heureux ceux que le doute n'effleure pas ! Je suis de l'espèce qui s'interroge au nom de sa fidélité à l'essentiel. Voilà qui ne va pas toujours de soi, qu'il s'agisse d'un choix personnel ou d'orientations qui engagent la nation. Mon père venait me voir quand il pressentait que je délibérais avec moi-même. Nul cependant ne peut se substituer à la responsabilité solitaire de celui qui doit se décider et décider. De la Résistance à la lutte contre l'armée européenne, de mon gaullisme militant à ma candidature présidentielle, que de ruptures ai-je connues ! Une fois le choix arrêté, il faut s'y tenir, accueillir la réussite sans gloriole et supporter sans gémir l'incompréhension ou les conséquences de l'échec.

On dit aussi : la politique est ingratitude. Cette formule, je l'ai entendue pour la première fois de la bouche de ma mère : son amie Thérèse Broca venait de lui apprendre, d'une voix indignée, que Paul Deschanel avait été préféré à Clemenceau pour la candidature à la présidence de la République. J'avais huit ans et n'ai compris que plus tard le sens de cette phrase. Il est vrai : qui a cessé d'être immédiatement nécessaire est aussitôt victime des calculs de ceux-là mêmes qui l'ont soutenu. Qui perd n'a droit à rien, même s'il a rendu un service signalé et qu'il est en mesure d'en rendre d'autres. Chacun regarde le monde à son heure. Si vous restez à l'heure d'hier, fût-elle juste, si vous prévoyez l'heure de demain, fût-elle certaine, vous n'êtes pas suivi. L'indignation n'est cependant pas de mise. L'ingratitude des foules ou des électeurs n'est pas pire que celle des prétendues élites et elle n'est pas plus insolite que celle d'une personne que l'on a aidée. Elle est seulement plus voyante, et parfois plus douloureuse. Il arrive qu'elle ait une excuse : avec les années, le corps électoral se compose très vite des fils et des filles de ceux devant qui vous vous êtes présentés pour la première fois. Les anciens savent ce que vous avez fait, soit pour la nation, sa puissance, son avenir, ses libertés, soit sur place, pour les logements, hôpitaux, écoles, cantines, crèches, comme ils se souviennent d'interventions plus particulières. Mais les jeunes ? Ils ne se sentent débiteurs de rien. A leurs yeux, les événements récents sont entrés dans l'histoire. A vingt ans, tout ou quasiment, paraît naturel et l'on ne doit rien à personne.

Dans le combat qu'est la politique — combat contre ses adversaires, mais aussi combats entre amis, car il faut être en tête et y rester —, j'ai essayé de ne pas attaquer les personnes, quoiqu'il soit parfois difficile de séparer une politique de la personne qui l'oriente ou l'anime. Je ne peux pas en dire autant de mes adversaires ! D'aucuns passent aisément de l'attaque personnelle à la calomnie. Personne ne peut y demeurer insensible et on ne peut arrêter les battements de son cœur devant les infamies. Qui dit le contraire trompe son monde, même si le temps apporte parfois l'endurance. Cependant, comme elle est mince, la pellicule de marbre à l'abri de laquelle on cherche à se réfugier ! A mon égard, les insultes sont venues par vagues successives. Sauf rares exceptions, je me suis réfugié dans le silence.

J'avais été interrogé à ce sujet pendant l'Occupation par Emmanuel d'Astier de la Vigerie. Il voulait que la future République évitât des campagnes analogues à celles menées par le journal *Gringoire,* qui avaient conduit le ministre Roger Salengro au suicide. Je lui expliquai que les textes existaient, mais qu'en cette matière, la sévérité de la justice n'était pas dans les mœurs de la République. Si les juges interdisent à un journaliste l'exercice de son métier, si par une forte amende, ils condamnent un journal à disparaître, ils ne sont pas soutenus par l'opinion, arbitre des passions. Emmanuel d'Astier pensait à un conseil de l'Ordre : je lui dis mon scepticisme. Prompt à la critique pour les autres, le journaliste ne la tolère pas quand il s'en croit victime. La solidarité corporative est plus forte que la notion de bien public. L'expérience m'a confirmé dans les convictions qu'exprimaient ces propos de 1943. En 1958, les modestes précisions que j'apportai au Code pénal donneront lieu à des protestations qui intimidèrent les juges ou plutôt la justice ; et en 1959, j'échouai quand je voulus introduire une nouvelle réglementation pour les journaux spécialisés dans les commentaires ou attaques sur la vie privée.

Les attaques peuvent prendre un autre tour. Je n'ai échappé ni aux menaces ni à plusieurs reprises à l'exécution de ces menaces. L'appréhension alors est moins pour soi que pour les siens.

Un soir, à la fin d'un dîner, ma voisine, une jolie femme que je voyais pour la première fois, m'avoua, après un long silence, qu'au cours de ses études et manquant alors d'argent, elle avait accepté pour de bonnes espèces trébuchantes, de rédiger un libelle diffamatoire contre moi. Douze ans s'étaient écoulés. J'avais gardé, j'ai toujours gardé, le souvenir de ce libelle mensonger qui, à l'époque, avait fait du bruit. « Me pardonnez-vous ? » me demanda-t-elle. Que répondre ? Je me tus.

Un soir de 1961, le général de Gaulle me sentant las de certaines attaques et peut-être las lui-même, me cita le vers de Corneille : « Quoi ! Tu veux qu'on t'épargne, et n'as rien épargné ! » Il ajouta : « Pour être autant injurié que je le fus, il faudra que vous viviez très vieux... » Il avait deux fois raison. Que n'a-t-il enduré ! Depuis que cette réflexion me fut faite, j'ai vieilli.

*
* *

Chaque métier a ses difficultés et ses joies. Si les difficultés de la politique sont lourdes et altèrent votre vie personnelle, les circonstances aidant, les joies qu'elle procure sont nombreuses, variées, profondes. S'attacher à réaliser une œuvre, donner de nouvelles chances à son pays et à ses compatriotes, ouvrir à la jeunesse de meilleures perspectives, contribuer à la sécurité, à la puissance, au rayonnement de la nation, voilà qui est exaltant et aide à rejeter les mauvais souvenirs sinon dans l'ombre, en tout cas dans la pénombre. A l'exception d'un seul : l'Algérie où le général de Gaulle et mon gouvernement sommes arrivés trop tard pour recoudre. J'en parlerai.

Je dois à la politique d'avoir vécu dans toute la France et dans tous les milieux : paysans, fonctionnaires, ouvriers et patrons, athées et croyants, hommes ou femmes. J'ai des amis en Alsace et dans les Pyrénées, dans ma chère ville d'Amboise et les communes d'alentour où j'ai tant vécu, et dans la lointaine Réunion où, en mettant mes séjours bout à bout, j'ai passé près de trois ans de ma vie. J'ai connu l'admirable dévouement de la fonction civile et judiciaire, militaire et administrative. J'ai fréquenté des savants, des chefs d'entreprise, des prêtres. J'ai bénéficié de chaleureuses relations avec de grands et bons esprits sur tous les continents. De tous et de partout, j'ai reçu des soutiens émouvants ou des critiques utiles.

La politique donne des émotions fortes. J'en citerai deux exemples : mon entrée, pour la première fois, dans l'hémicycle du Palais-Bourbon comme garde des Sceaux du gouvernement que le général de Gaulle venait de constituer ; ma montée à la tribune de l'Assemblée, pour la première fois, et en qualité de premier ministre.

La politique vous confronte à des décisions graves. J'en ai connu un grand nombre que ces Mémoires évoqueront. Je peux citer dès maintenant les heures où j'ai dû faire face au putsch des généraux à Alger, l'heure où j'ai donné mon accord aux conclusions issues des conversations d'Evian. Il y en eut d'autres.

La politique donne des bouffées d'orgueil, qu'il faut savourer peut-être, mais surtout maîtriser. Ce ne sont pas les réceptions à la Maison Blanche ou au Kremlin, ou l'accueil d'Adenauer, ou une audience du pape, ou une conversation avec Tito ou Franco qui doivent enivrer. Pas davantage les applaudissements d'un congrès, l'accueil chaleureux d'une foule enthousiaste. La réalité du pouvoir est en soi.

La politique donne de grandes satisfactions : une Constitution achevée, une bonne loi édictée, une utile nomination promulguée, et d'une manière générale, à qui aime décider, toute décision.

La politique vous transforme en acteur de tragi-comédie, où il faut jouer un rôle, sans perdre de vue l'objectif. Ainsi observer Khrouchtchev allégrement torpiller une conférence au sommet devant l'indifférence ennuyée d'Eisenhower, la forte émotion de Macmillan et le visage de glace du général de Gaulle. Entre autres souvenirs, j'ai gardé celui d'une nuit passée quasiment tout entière, face à Marcel Paul, communiste et ancien déporté, devenu responsable syndical de l'Electricité de France, afin d'éviter une grève, quasiment en accord avec lui. Je citerai aussi le malin plaisir que j'éprouvai à Washington quand, ministre de l'Economie et des Finances, j'assenai quelques bonnes vérités monétaires à des financiers du monde entier, courtisans du dollar-roi !

La politique apporte maintes occasions de se donner en spectacle. Je l'ai évité autant qu'il est possible. Cependant, j'ai voulu nager à Mururoa, dans les eaux de Polynésie, quelques heures après une explosion atomique, devant des journalistes muets de surprise.

Il arrive même que la politique offre des moments pittoresques. Je souris encore au souvenir de la cérémonie au cours de laquelle j'ai décoré mon ami Max Ernst. C'était dans les salons cossus du ministère des Finances, en présence d'authentiques survivants du mouvement surréaliste. Le plus pittoresque demeure la demi-heure passée dans une barque sur le lac du château de Rambouillet où j'entendis de Gaulle et Khrouchtchev chanter en chœur *Les Bateliers de la Volga*.

Les parapheurs du soir, les carnets d'audience, les voyages officiels, les cérémonies que l'on préside, les honneurs que l'on vous rend, les facilités de la vie quotidienne, forment un ensemble de satisfactions, superficielles ou profondes, mais certaines. On ne peut demeurer indifférent aux sentiments qu'apporte le fait de choisir, de sanctionner, de promouvoir des hommes, d'étudier — en vue d'un règlement — un dossier de grâce, une demande d'aide ou de subvention, de résoudre un cas difficile touchant une personne, une entreprise, un Etat étranger.

Oui ! La politique m'a apporté de belles heures, de grandes heures. Chaque élection réussie, si modeste soit-elle, est un succès dont j'ai d'autant mieux ressenti la joie que, sauf exception, je n'ai jamais pu prendre à la légère aucune consultation électorale. Belles heures aussi que celles d'un discours bien écouté devant des militants, devant une assemblée du Parlement, dans une conférence internationale. Belles heures que celles consacrées à la Réunion ou à Amboise à bâtir l'avenir d'une ville ou d'un département. Mais l'objectif, c'est le commandement, et la plus haute responsabilité. C'est pourquoi ma pensée évoque d'abord et surtout, ces grandes heures, heures de réflexion et d'action, heures de construction et d'émotion, que j'ai connues à partir de 1958 et dont le sommet fut le 8 janvier 1959, l'entrée à Matignon comme premier ministre du général de Gaulle et d'une Ve République qui venait d'être consacrée par le peuple.

***

A l'heure des bilans, je n'éprouve qu'un regret : le don de mes dimanches, et de bien des soirées. Comme le temps perdu, le temps donné ne se retrouve jamais.

J'aime monter à cheval et j'aurais aimé avoir une écurie près de ma maison. Quand d'aventure, il m'arrive d'enfourcher un bel animal, une joie particulière s'empare de mon corps et de mon esprit et me fait remonter aux sources de ma jeunesse.

J'aime aller au théâtre et je suis bon public. Dans ma vingtième année, à titre d'amusement, j'avais décidé de réhabiliter Labiche qui, comme l'avenir le prouva, n'en avait nul besoin. J'aime les bons films. J'aime écouter les artistes parler de leur métier et de leurs goûts, les écrivains évoquer avec intelligence et esprit des choses de notre temps, de mon cher Maurice Druon avec qui une conversation est une joie qui ne s'épuise jamais, jusqu'à René-Victor Pilhes, si différent, mais dont l'imagination féconde me plaît infiniment. Une visite matinale à Paul Valéry, rue de Villejust, une promenade à Brangues avec Paul Claudel, un déjeuner en compagnie de Julien Green, une journée avec André Malraux à Verrières-le-Buisson demeurent de grands souvenirs. J'ai le regret d'avoir interrompu mes relations avec Manès Sperber, dont, peu après la Libération, j'avais pressenti le génie.

J'ai la nostalgie de mes trop rares rencontres avec des historiens ou des politologues dont je tire toujours grand profit, et peut-être davantage, des conversations avec des scientifiques, qui plus que les littéraires, emportent l'imagination vers les connaissances décisives, l'origine de la Terre, la conquête de l'Espace, les sources de la Vie.

J'aurais aimé suivre le mouvement de la littérature moderne, en France comme à l'étranger. J'aime les soirées parisiennes, les dîners amicaux, les promenades dans Paris la nuit, ou Montmartre au lever du soleil. J'aurais aimé être un collectionneur ; pourquoi passer si vite le long des quais de la Seine, alors que les bouquinistes offrent tant de rêves ? Pourquoi ne pas s'attarder devant les vitrines des antiquaires et des brocanteurs ? J'aime aussi les vacances dans une chaude campagne ou sur le bord d'une mer calme, sans courrier, ni téléphone, ni journaux. J'aurais aimé partir de temps à autre sur un voilier, refaire en mer Egée le périple d'Ulysse.

Par-dessus tout, j'aime la peinture et la sculpture. Agréable conséquence des campagnes politiques et électorales, j'ai une assez bonne connaissance des musées de province — le plus souvent visités à la hâte ! Mais pour ce bénéfice, que de manques ! Que d'expositions fermées avant d'avoir trouvé le temps de les visiter ! Et surtout, quelle absence de continuité dans un domaine où la « formation permanente » est à la fois une exigence et un plaisir. J'ai suivi avec passion après des débuts difficiles et incertains, la montée de mon frère Olivier vers les sommets. Il m'a conduit sur les chemins, alors nouveaux, de la peinture non figurative dont il est devenu un maître. J'aime l'entendre parler des peintres, des sculpteurs, des architectes des temps passés, ou des tendances de l'art contemporain, de ce qu'il faudrait faire pour que Paris revive comme capitale des arts et pépinière de talents. C'est à la suite d'une conversation avec lui que j'ai fait rédiger la loi qui autorise les héritiers d'un collectionneur à se libérer des droits de succession par le don d'une œuvre d'art à l'Etat.

Enfin, l'amitié ! La politique est riche d'amitiés nées de combats communs. Certaines sont profondes, sincères, réconfortantes à l'occasion. Certaines sont superficielles et varient selon les circonstances. Mais pour qui aime l'amitié, la politique empêche d'entretenir les relations auxquelles on tient le plus, affections de jeunesse, sympathies de l'âge mûr. Comment assurer, avec régularité et chaleur, des échanges d'idées et de propos, voire les confidences qui font d'un sentiment immédiat un accord émouvant et constant ? Le temps est compté. Les engagements créent des coupures. Au gouvernement, la discrétion s'impose. J'ai cependant bénéficié de chaleureuses amitiés, et à leur égard, je suis conscient de mes absences et de mes défaillances.

Donner ses dimanches, c'est donner tout cela. Donner ses dimanches, c'est donner aussi bien le temps des occupations simples que des travaux approfondis. Ranger ses livres, accrocher des tableaux au mur, bavarder avec des voisins, faire de longues parties de dominos : autant de projets pour un avenir qui vous fuit. Je peux en dire autant de grandes œuvres auxquelles j'ai rêvé. J'ai sous mes yeux depuis plus de trente ans, dans un couvre-livre de cuir rouge, l'œuvre maîtresse de Machiavel : *Discours sur la première décade de Tite-Live.* J'aurais aimé annoter ses commentaires. En partant de l'évocation d'une famille, j'aurais aimé écrire une grande fresque historique à la manière des romanciers américains.

Cette tyrannie du temps éclaire quelques souvenirs très simples et leur assure une place démesurée dans ma mémoire : une visite à Carnavalet avec mes quatre jeunes fils, ou la recherche avec eux des vieilles églises de Paris ; plus simplement, une pièce de théâtre, un déjeuner amical aux environs de Paris, une exposition de peinture ; plus tard, deux heures au Louvre ou au musée de l'Armée, avec un petit-fils. Une journée en province ou une rencontre impromptue, glanées ici ou là, m'apparaissent comme des douceurs exceptionnelles. Comme les soirées familiales de la Saint-Sylvestre à Montlouis, sur les bords de la Loire, quelques semaines l'été à Préfailles sur les bords de l'Océan, quelques réceptions d'amis enfin, du temps où j'occupais un palais officiel.

Quand tout a été dit, constaté, mesuré, il demeure les siens. Notre foyer eut la joie de quatre garçons. Chacun à sa manière, mes fils ont partagé mes combats. A mon tour, je les ai accompagnés avec ferveur dans leur vie familiale et professionnelle. Leur avenir et, d'une manière plus imprécise, celui de leurs enfants, devient le mien, qu'ils prolongent et diversifient. La politique a fait que mes fils m'ont donné plus que je ne leur ai donné. J'en dirai autant de nièces, de neveux, de cousins proches par l'affection.

Je dois à la politique une vision pessimiste et un comportement optimiste. Ma vision pessimiste est celle de la précarité de la démocratie, régime rare qui subsiste mal quand il n'a pas la puissance, ou simplement quand il doit faire face à de graves problèmes intérieurs ou extérieurs, car il n'est pas durablement le régime de l'effort. Le patriotisme qui doute de la capacité d'une démocratie à dominer son temps n'est donc pas un sentiment imaginaire. Il n'est pas nouveau non plus, puisque du temps de son ascension, la Rome républicaine avait institué et réglé la dictature provisoire. Ce pessimisme ne doit condamner ni à l'abandon ni à l'indifférence. Il doit pousser à l'action, c'est-à-dire au combat.

Quand l'espoir réchauffe le cœur ou qu'une belle action gouvernementale vous prend tout entier, le combat politique est une joie. Quand on lutte obscurément et sans écho ou que l'horizon est bouché, il arrive de souffrir et de douter. J'ai connu ces moments où le découragement submerge la pensée et alourdit le poids de toute chose. Alors, faut-il mettre sac à terre ? Non. Il faut assumer sa propre continuité. Si pendant près de quarante ans, le tourbillon politique m'a saisi, c'est qu'au fond de moi-même, j'ai sans cesse lutté contre le scepticisme mortel pour la liberté, mortel pour la nation, mortel pour la personne humaine. Au creux des jours sombres, il faut savoir que la lumière existe et la grandeur humaine est de la chercher sans cesse. Je me suis entêté à toujours vouloir le meilleur.

5.
La parole, l'écriture et le commandement

De toutes les leçons qui nous viennent de la démocratie athénienne, il en est une, formelle, mais capitale : l'importance de la parole. Elle précède le commandement, car elle est une des voies, et non des moindres, pour y accéder. Elle l'accompagne et l'éclaire.

Mon premier face-à-face avec un auditoire populaire date de 1944 avant mon entrée dans la vie politique. C'était à Cholet, au cours de l'hiver qui suivit la Libération. La ville était en émoi. La cause de cet émoi était la mise en liberté d'un quidam qui avait tenu des propos et manifesté une attitude hostiles aux Alliés pendant la guerre, ce pour quoi il avait été interné. Le Comité local de Libération se saisit de l'affaire. Des manifestations se succédèrent, d'autant plus que les difficultés de ravitaillement et de transport provoquaient la mauvaise humeur des citadins. Certains pêchaient en eau trouble, affirmant leur patriotisme d'une manière d'autant plus bruyante qu'il était récent. Commissaire de la République, j'organisai une séance d'explication qui, dans une salle comble, tourna très vite à l'orage. Je me mis à l'unisson et sus répondre à quelques-uns qui haussaient le ton. Je découvris que j'étais en mesure de parler à une foule et de l'obliger, non seulement à m'écouter, mais finalement à m'applaudir. Il est vrai que j'étais alors « l'autorité », ce qui est fort différent du candidat qui sollicite. Je fus aidé en fin de séance par Dom Sortais, abbé de la Trappe de Bellefontaine qui, me soutenant de sa parole, acheva de retourner la salle. Je vois encore le beau visage, la haute taille et la sombre soutane de celui qui, en 1940, avait sauvé la réserve d'eau lourde de la France en la mettant sous la garde de ses cisterciens. En sortant, je le saluai et compris la leçon : pour affronter une salle, il est bon d'y avoir des soutiens.

Par la suite, je ferai face à des centaines et centaines d'auditoires. Pour mon compte, en Indre-et-Loire et à la Réunion. Dans la France entière, pour des campagnes nationales. Pour le compte de collègues ou d'amis, en telle ou telle circonscription. Je compte sur les doigts de la main les chefs-lieux de département où je n'ai pas parlé au moins une fois. Et combien de réunions dans des petites villes, des villages, et même des hameaux ! Sans oublier les congrès, les conférences, parfois des leçons dans un amphithéâtre d'école. J'ai toujours traité mes auditoires avec sérieux, qu'ils fussent académiciens à Paris ou agriculteurs du Cirque de Salazie — à douze mille kilomètres de là. J'ai affronté des salles enthousiastes et des salles rétives, des accueils chaleureux et d'autres franchement mauvais, mais j'ai toujours considéré mes auditeurs comme des hommes et des femmes responsables.

Je n'ai la parole facile qu'à condition de m'être fixé un plan. Le désordre des idées me condamne au silence. Il me faut une entrée en matière, diverses parties, clairement dessinées, et une conclusion qui soit à la fois un résumé et une orientation. Sauf à l'apprendre par cœur, un texte entièrement écrit m'est une gêne, quoiqu'il soit souvent nécessaire pour une cérémonie officielle ou un immense meeting.

Je suis conscient, autant qu'un autre, de la nécessité de répondre à l'attente des auditeurs en prononçant les mots ou les phrases qui sont espérés. Cependant, il faut garder le contrôle de sa pensée et toujours se souvenir de Condorcet qui, invité à se faire le porte-parole de certaines aspirations, répondit : « Ce n'est pas pour défendre les idées des autres que j'ai été élu mais pour les miennes, que mes électeurs en me choisissant, ont approuvées. »

Il est des temps où l'état des esprits appelle une parole très chaude si l'on veut faire passer le message. Il est au contraire des temps où une parole posée est nécessaire. Il est des auditoires réticents qui attendent des explications pour être convaincus, et d'autres impatients qui attendent que l'orateur alimente leur foi et leur esprit d'offensive. Il est des sujets qui provoquent sans peine un choc émotionnel, et d'autres dont il faut, dans le silence de la salle, analyser la gravité. Cependant, n'aimant pas parler pour le plaisir de parler, quoique en certaines circonstances ce plaisir soit réel et même enchanteur, et sachant qu'un des défauts de la démocratie, c'est l'ivresse que donne la parole trop aisément applaudie, quels que soient le temps, l'auditoire, le sujet, je me suis toujours voulu rationnel, animé par la certitude qu'un effort de raison doit permettre de faire comprendre l'intérêt général. Mais, parlant de la France et de son avenir, j'ai souvent senti avec mes auditeurs cette communion des esprits qui fait dire que la parole est action.

« Vous êtes un parlementaire. Vous avez le goût du Parlement », me dit un jour le général de Gaulle, qui exprimait ainsi sa surprise devant mon activité oratoire. Sa réflexion était juste, dans le sens où je lie l'exercice du pouvoir au bon usage du Parlement. Je lui fis cependant remarquer que, dans sa bouche, ce mot ne sonnait pas comme un compliment, mais que j'avais d'autres cordes à mon arc. Il acquiesça.

On dit volontiers que le temps du Parlement est terminé, et on explique cette affirmation par le caractère technique des problèmes modernes du gouvernement, comme la monnaie, ou par la complexité des affaires, notamment internationales. La volonté d'un peuple et de ceux qui le représentent paraît non seulement limitée, mais dominée par des ombres toutes-puissantes. Il s'agit là d'une argumentation discutable. Tout régime a sa logique et qui veut la liberté doit vouloir un Parlement bien élu et bien organisé pour contrôler le pouvoir et légiférer en connaissance de cause. J'y reviendrai car il s'agit là d'un sujet qui me tient à cœur, celui de la démocratie en ces temps difficiles pour le gouvernement de la nation que sont la fin du XXe et l'approche du XXIe siècle.

Budgets, lois, questions aux ministres, déclarations du gouvernement : les occasions de dialogue sont diverses et la démocratie exige qu'aucune ne soit négligée. Premier ministre, ministre, je me suis souvent adressé aux élus pour exposer mes projets de lois et j'ai mis un point d'honneur à répondre aux questions ou observations qui m'étaient adressées. Parlementaire, j'ai conçu la critique comme une explication et la parole comme un témoignage pour l'honneur du Parlement, où aucune affaire ne doit être laissée dans le silence.

Devant une assemblée, le bon orateur ne doit pas être trop attaché à son texte. Les Anglais le comprennent mieux que nous et à la Chambre des communes les discours écrits ne sont pas autorisés. Nos règlements prononcent la même interdiction mais ils ne sont pas respectés, d'où le grand nombre d'orateurs et une longueur de discours qui rendent trop de débats fastidieux. Les Anglais refusent la sonorisation, ce qui est sage, car l'orateur doit faire un effort physique pour garder l'attention. Les prises de vues de la télévision ne sont pas plus permises, ce qui est également sage car, au Parlement, on s'adresse aux parlementaires.

Sauf en des temps où une extrême passion unifie ici et là les comportements, la manière de s'adresser aux sénateurs est différente de celle qu'il convient d'adopter devant les députés. A l'Assemblée nationale, la division des partis est plus nette, la classification politique l'emporte d'autant plus que beaucoup d'orateurs en font la base de leurs propos. Le Sénat se veut plus réfléchi et ne dédaigne pas les exposés détaillés.

L'atmosphère de la séance a son importance : une assemblée clairsemée permet un meilleur dialogue entre le ministre et le parlementaire, et il m'est arrivé de l'apprécier. Mais un grand débat appelle le nombre. Retenir l'attention, répondre aux interruptions, réussir à obtenir le soutien de ses amis, ne suffit pas ; il faut se sentir écouté, suivi et compris, même par la part de l'Assemblée qui n'est pas bien disposée à votre égard : c'est là qu'est le succès. Un succès formel, car il est rare d'influer sur un vote. Qu'importe ! Les opinions se font lentement et, ministre ou député, il ne faut pas craindre de se répéter. La répétition est la preuve de la conviction, et avec les années, les auditeurs ne sont plus les mêmes.

J'ai souvent pris la parole devant l'une ou l'autre chambre du Parlement. J'y ai maintes fois éprouvé de la satisfaction. Cependant mon appréhension d'aborder la tribune est forte et une habitude de près de quarante ans ne l'a guère diminuée.

Le temps passant, les cendres de l'histoire retombent. Je m'interroge parfois sur la valeur de ces interventions : le résultat vaut-il les heures de préparation, bien souvent suivies du silence de la presse dès lors qu'on ne se situe pas dans le conformisme du moment ? Mais on ne peut vouloir un objectif et en refuser les moyens. Le régime parlementaire n'a de sens que par le dialogue qui s'articule, non pas principalement entre les formations qui composent une Assemblée, mais avant tout entre le gouvernement soutenu par sa majorité et l'opposition. Il est des circonstances, à vrai dire exceptionnelles, où l'on peut, ministre, être suivi par l'ensemble de son auditoire et, parlementaire, prendre le risque de n'être ni tout à fait de la majorité, ni tout à fait de l'opposition.

L'angoisse qu'expriment certains de mes discours sur l'Afrique du Nord, l'Algérie ou l'Europe, peut-elle encore être comprise ? Les événements modifient le jugement et la manière même dont la réalité est perçue. Cependant, je crois que si je devais être lu par un historien impartial, il trouverait dans les journaux officiels des débats parlementaires, l'écho d'une pensée, certes passionnée, mais que je fusse au gouvernement, dans la majorité ou dans l'opposition, toujours inspirée par le souci de la République.

***

Il est des discours préparés et corrigés avec soin qui valent un écrit. Il est des articles d'actualité qui s'apparentent à des discours de circonstance. Cependant l'écriture est un autre monde que celui de la parole. Certes, comme la parole, elle précède l'action : elle annonce ce qu'on estime utile de faire et elle l'accompagne en l'expliquant. Mais l'écriture est aussi un substitut à l'action : elle permet de dire ce qu'on ferait si on était aux affaires. Du moins c'est ainsi que principalement je l'ai compris.

J'ai toujours été tenté par l'écriture. Au sortir de ma brève captivité, j'ai hésité à tenir un journal. La page vierge m'a alors attiré. Mettre noir sur blanc quasiment chaque jour, les réflexions d'un témoin qui se veut sincère sur une France captive dans un monde en guerre, me paraissait une œuvre salutaire. Je voyais déjà le succès posthume du « Journal d'un exilé de l'intérieur ». J'ai renoncé. J'ai choisi l'action et l'action interdit cet exercice : elle ne laisse pas le temps suffisant et, à l'époque dont je parle, pour des raisons de sécurité, il aurait fallu mentir à la page blanche. Enfin et surtout, l'analyse à laquelle se consacre l'écrivain mine le ressort intime de l'action. Par elle-même et par les choix qu'elle comporte, l'action ne peut s'insérer dans l'univers des intellectuels. La liberté d'apprécier les idées et d'en jouer, le détachement à l'égard des événements, voire des hommes, l'analyse de ses sentiments : voilà qui est à l'opposé des écrits qui engagent votre responsabilité, non seulement à l'égard de vous-même, mais des autres. C'est un métier que d'être observateur, même si de sa fenêtre on prend parti. C'est un autre métier que d'être acteur, même si dans la foule on entend garder la tête froide. Les deux métiers ne sont pas conciliables. D'ailleurs, les intellectuels refusent les réflexions des politiques, et le politique se rebiffe contre les conseils de l'intellectuel. C'est donc en acteur de la politique que j'ai écrit, et beaucoup écrit.

J'ai publié des articles, régulièrement, constamment. J'ai commencé par les *Cahiers politiques* clandestins, au cours de l'année qui précéda la Libération et j'ai continué pendant les deux années qui suivirent. Dans un second temps, mes articles furent réservés aux Tourangeaux. A peine élu sénateur d'Indre-et-Loire, j'ai dû affronter les réserves — pour ne pas dire davantage — du grand quotidien local dont la direction, d'inspiration socialiste, refusait de me publier et hésitait même à me citer. Etrange oubli des temps de la Libération, pourtant proches ! Avec quelques amis et une équipe réduite de deux collaborateurs dévoués, Clément et Pouillet, je fondai un hebdomadaire, *L'Echo de Touraine,* dont je fus l'éditorialiste régulier pendant neuf ans. Je pris goût à m'asseoir, la plume à la main, devant quelques feuillets blancs. Vint le temps des grandes campagnes. Des organes de la presse nationale, notamment *Combat, Le Monde,* m'ouvrirent leurs colonnes. J'usai d'autant plus volontiers de cette ouverture que la radio m'était pratiquement interdite et que mes discours au Conseil de la République étaient, dans la presse, réduits à leur plus simple expression, sinon passés sous silence.

Vint le temps où l'effondrement de la France me fit sortir de mes gonds. De novembre 1957 à juin 1958, je rédigeai l'éditorial d'un hebdomadaire de combat, *Le Courrier de la Colère,* dont l'objectif avoué était de convaincre le régime qu'il ne pourrait sauver la Patrie qu'en appelant le général de Gaulle. En quelques numéros, relayée et amplifiée par la petite équipe que dirigeait Mauricheau-Beaupré, tous patriotes passionnés, chaleureux et désintéressés, l'âpreté de ma critique fit davantage pour ma réputation de journaliste que plusieurs années d'articles dans *L'Echo de Touraine* ou ailleurs.

Je repris la plume modérément après avoir quitté Matignon, mais dix ans plus tard, quand s'acheva mon temps de gouvernement, je laissai libre cours à ma verve : les lecteurs du *Figaro* et aussi ceux du *Monde,* de *La Revue des Deux Mondes* et de quelques autres ont su, et pour certains savent toujours, ma ténacité.

J'ai écrit des livres-pamphlets qui étaient des appels. Le premier, en 1947 *La Mort de l'Etat républicain,* dont j'ai parlé plus haut, n'eut aucun succès bien qu'il fût prémonitoire. Le second, dix ans plus tard, *Ces princes qui nous gouvernent,* également prémonitoire, fut refusé par trois éditeurs, peu soucieux semble-t-il, de se signaler par des attaques contre le pouvoir. L'éditeur qui l'accepta n'eut pas à le regretter. Il eut un grand succès, fut traduit, et son titre est entré dans le langage courant. La critique allait de pair avec les recommandations... que réalisa l'année 1958 sous la pression des faits. Bien des années plus tard, en 1981, devant la nouvelle dégradation de nos affaires, j'ai publié un opuscule que je voulus passionné : *Peut-on lutter contre le chômage ?* Il passa inaperçu tant il allait à contre-courant : déclarer notamment que la réduction excessive de la durée du travail et l'augmentation intempestive des dépenses étaient des mesures néfastes, n'était-ce pas se ranger parmi les iconoclastes maudits ?

J'ai écrit des livres qui étaient des appels, sans caractère polémique. Alors que l'on s'interrogeait, au lendemain de la guerre, sur le sort de l'Allemagne, je rédige une sorte de « rêverie », *Un pacte pour une Union d'Etats européens.* Plus tard, je mis tous mes soins à un ouvrage didactique, *Jeunesse, quelle France te faut-il ?* publié en 1965 afin de donner un nouveau souffle à la Vᵉ République. J'écrivis de courtes brochures à l'intention des militants gaullistes, notamment au cours des difficiles années 1969-1970, et, destiné à un plus large public, *Ami ou ennemi du peuple,* dont le titre s'inspirait d'Ibsen. Avec *Français, choisissons l'espoir,* lancé en 1979 à l'occasion des premières élections dites européennes, je voulus éclairer la lanterne des Français aveuglés par une insidieuse et coûteuse campagne d'idées fausses ; et une *Lettre ouverte aux Français sur la reconquête de la France,* sera le manifeste de ma campagne présidentielle de 1981. Il peut être relu, ce qui n'est pas le cas de tous les manifestes.

J'ai écrit des livres-commentaires, qui retracent mon action en exposant les idées que je défends, tel qu'*Au service de la Nation* qui date de 1963, après mon temps de chef de gouvernement, ou *Une certaine idée de la France,* en 1972, alors que je m'apprêtais à quitter les affaires. Ils me valurent l'un et l'autre un succès d'estime, sans plus. C'est de la même veine que je rédige ces Mémoires, en m'interrogeant sur l'accueil qui les attend.

J'eusse aimé rédiger des livres de doctrine politique. Je n'ai pu réaliser cette ambition car c'est un autre métier que celui de « politologue » pour lequel l'homme politique n'est pas armé, à la fois parce qu'il manque de temps et parce que sa réflexion est orientée vers la lutte. Cependant, un recueil, *La République et son pouvoir,* et plusieurs articles ou conférences, notamment celle que la Société des Amis de Renan me demanda de prononcer au Collège de France pour le centenaire de la fameuse conférence : « *Qu'est-ce qu'une nation* ? » ou celle que je fis en Sorbonne, à l'initiative de l'Institut Charles-de-Gaulle, pour le vingt-cinquième anniversaire de la Vᵉ République, traduisent les efforts doctrinaires du praticien que je fus toute ma vie.

Tantôt pamphlet et tantôt appel, tantôt commentaire et tantôt doctrine, je publie depuis 1978 une *Lettre mensuelle,* bulletin de liaison avec des fidèles dans toute la France et des chroniques régulières, les unes destinées aux Amboisiens, d'autres aux Réunionnais.

L'écriture a pris une grande place dans ma vie publique. Elle traduit, dit-on, une vocation de pédagogue. Peut-être. Elle traduit surtout le besoin de l'action à son plus haut niveau. En politique, seul compte le succès de l'action.

***

La parole et l'écriture sont, pour l'homme politique, de vieux outils. De nos jours, il faut affronter des moyens nouveaux : radio, télévision, disque ou cassette. Le règne de la télévision a commencé avec celui de la Ve République, et je fus l'un des premiers dirigeants politiques à en user. C'est de ce temps que date l'empreinte des visages aperçus qui marque la mémoire des hommes et des femmes même les moins attirés par la politique. Je me promenais un dimanche à pied aux alentours de Matignon lorsque je fus accosté par deux jeunes cyclistes qui, après s'être mutuellement interrogés du regard, se tournèrent vers moi : « Nous vous avons vu à la télé : quelle est la course que vous venez de gagner ? » Je pris la question pour un compliment.

Tout a été dit sur les moyens de cette nouvelle civilisation qui transportent la parole et l'image au sein de chaque foyer. Spectacle et irruption dans l'intimité se mêlent pour imposer à l'homme politique un apprentissage qui n'est jamais achevé. Je me plie mal à cette discipline, car la répétition me déplaît. Je pense ce que je dis et n'aime jouer ni avec mes idées ni avec mon personnage. J'ai de la difficulté à être autrement et cependant naturel.

De nombreux débats m'opposèrent, à la radio ou à la télévision, pratiquement à tous les dirigeants socialistes et communistes, de Duclos à Defferre, de Marchais à Mitterrand. Le seul qui soit resté dans la mémoire collective fut le duel avec Pierre Mendès France, diffusé par Europe 1. C'était à la fin de l'année 1965, à l'occasion de la première élection présidentielle au suffrage universel. Le général de Gaulle était candidat mais il ne voulait pas faire campagne. Les membres du gouvernement avaient reçu consigne d'être discrets. Libre de toute attache officielle, j'acceptai l'offre transmise par ce journaliste de grand cœur qu'était Georges Altschuler. Deux séances d'une heure avaient été prévues. La discussion s'allongea et, devant l'intérêt des auditeurs, on en ajouta une troisième. Un disque et un livre furent tirés de ce « grand débat » et connurent une bonne diffusion. Ce fut une surprise : on n'était pas alors habitué à ce type de joutes oratoires. Par la suite, elles se multiplièrent jusqu'à parfois lasser les auditeurs. Il faut des circonstances particulières, élections ou événements à forte charge émotionnelle pour qu'un débat entre hommes politiques passionne une opinion qui, à tort ou à raison mais c'est ainsi, ne fait pas des affaires publiques le courant de ses préoccupations.

L'impact de la radio et plus encore celui de la télévision sont tels que le pouvoir a tendance à s'en réserver l'usage. On surprendrait beaucoup les jeunes générations si on rappelait l'interdit dont fut frappé le général de Gaulle du temps de la IVe République. Les dirigeants du régime avaient peur d'une voix. Ses lieutenants, dont j'étais, firent l'objet d'un ostracisme analogue. La Ve République, en ses débuts, tomba dans la même erreur et après 1962, l'explication par la guerre d'Algérie disparut. On s'en aperçut lors de la première élection présidentielle, en 1965 : l'apparition des opposants et leurs propos créèrent un choc dans l'opinion, surprise par ce vent nouveau de critiques pénétrant dans le foyer de chacun. La leçon a porté sous certaines réserves, dont j'ai pâti. La première tient au régime des partis où nos dirigeants confondent la notion de partage du monopole de la parole entre dirigeants ou responsables politiques et syndicaux, avec la liberté qui veut une meilleure connaissance des droits de l'esprit. La seconde n'est autre que la tentation qui saisit les hommes au pouvoir et les journalistes dès lors qu'ils sentent que les faits échappent à leurs pronostics comme à leurs analyses : on se bat à coups d'idéogrammes ou d'idéologies. Régime des partis et conformisme de ceux qui sentent ou pressentent leur insuffisance créent une chape de plomb. Malheur à celui qui vient parler en dehors des normes, par exemple de la Patrie et des efforts qu'il faudrait consentir pour assurer son avenir !

***

Peu de temps après mon élection au Conseil de la République, je rendis visite à André François-Poncet. L'année précédente, en charge de l'administration centrale des Affaires allemandes, alors qu'il n'était pas encore haut commissaire, j'avais bénéficié de ses conseils. Il avait accepté, souhaité même, me voir devenir à ses côtés le responsable civil de notre zone d'occupation. J'avais choisi une autre voie.

Quand ils sont confrontés à de graves événements, les hommes de réflexion ont le choix entre deux attitudes : transformer leur inquiétude en volonté d'action ou approfondir et aiguiser leur analyse des affaires en affectant le détachement. André François-Poncet était de ceux-ci. Sans être gaulliste, il ne nourrissait aucune illusion sur le personnel en place. Il entendait faire et bien faire son métier, en gardant sa liberté de juger. Il connaissait le passé de l'Allemagne mieux que personne. Il suivait son présent avec plus d'attention que le meilleur spécialiste et s'interrogeait sur son avenir avec pertinence et patriotisme.

J'étais un élu tout neuf qui venait de rompre avec la fonction publique. A cet homme d'une autre génération, j'expliquai qu'un des motifs de mon choix avait été une certitude : face à une Allemagne dont la renaissance pouvait être rapide, la France reprenait le mauvais chemin. Moyennant quoi l'Union soviétique allait de nouveau jouer l'Allemagne contre nous. Certes, l'histoire ne se répète jamais exactement. Mais nous connaissons les données permanentes de l'équilibre européen. Il convint que c'était bien le danger et me parla des principaux acteurs qui s'annonçaient, Adenauer et Schumacher. Puis il m'adressa ses vœux de réussite qui étaient d'autant plus sincères que Mme François-Poncet et lui-même portaient à mon père estime et reconnaissance. « Un jour, vous deviendrez ministre, me dit-il. On vous présentera des projets d'arrêtés, de décrets et vous les signerez. Le lendemain, vous les lirez au *Journal officiel.* C'est la satisfaction du commandement. »

Ces derniers mots prononcés avec une ironie qui n'est pas dans ma nature quand il s'agit du pouvoir, sont demeurés présents à ma mémoire. La signature d'une décision est en effet le geste par lequel se manifeste le commandement. J'en avais déjà exercé deux : le premier en province, comme commissaire de la République, le second à Paris, comme secrétaire général des Affaires allemandes et autrichiennes. Plus tard, je serai maire, ministre, chef de gouvernement. Du modeste arrêté municipal jusqu'à la Constitution de la Ve République, j'ai signé beaucoup de textes. Et la signature de son nom est bien le symbole du commandement, qui, en politique, est la réalité du succès.

Ce symbole — et cette réalité — recouvre une obligation grave. La gloire du commandement est de faire face au présent, mais surtout, dès que possible, de bâtir l'avenir, en s'identifiant à la fonction au point d'agir, comme si on devait l'exercer toujours.

Les moyens doivent être à la hauteur de cette gloire. Il faut se fixer un programme —, orientations générales et réalisations particulières — et le renouveler après avoir établi un bilan du temps écoulé ; il faut veiller à la qualité de son entourage et de ses services ; s'efforcer de comprendre les événements qui surviennent ; tenter de prévenir les faits de demain, apprécier l'action à conduire pour tirer profit des uns, éviter les autres ; réagir vite à l'obstacle imprévu ; savoir qu'il n'y a pas de miracle, que le temps est rarement galant homme et que tout tient à votre ténacité ; et finalement décider et veiller à l'exécution des décisions.

Le champ du possible est immense, car la capacité des hommes à accepter de nouvelles règles est plus grande qu'on ne le croit. Cependant, comme le paysan qui veut utilement semer, il faut s'assurer que les conditions du succès sont réunies, et notamment veiller à la base de son pouvoir. En aucun régime, le pouvoir ne doit oublier la source initiale de sa légitimité.

Il est des temps où le succès exalte et encourage ; il n'en faut pas tirer la conclusion que le commandement est facile et réussira toujours. Il est des temps d'insuffisance, voire d'échecs : il faut en chercher les causes et se remettre en question. Il est des temps où l'on sent le soutien populaire qui vous accompagne : il faut être persuadé que le peuple est changeant, et à l'inverse, quand il paraît vous abandonner, ne pas jeter le manche après la cognée. Il est des temps où, devant l'obéissance qui faillit, les événements qui sont contraires, les intrigues qui naissent ou renaissent, la vanité du commandement apparaît au point que faiblit jusqu'à la vertu d'espérance. On mesure la relativité de toute chose : l'œuvre humaine est fragile ; le plus noble dessein est menacé de se perdre dans les sables. C'est alors que se manifeste la grandeur de la politique : rien de solide ne peut être mené à bien, sauf le brio de sa propre carrière, si l'on ne s'emploie pas à faire de la République le moyen de renforcer sa patrie, condition de sa liberté intérieure et de son influence extérieure. Il faut donc réagir, combattre, et ne renoncer qu'au moment où l'on ne peut plus durablement faire œuvre utile.

Cette ambition n'est pas toujours comprise car, hors les temps de tragédie, le Français n'accepte la contrainte de l'autorité que s'il en voit l'utilité immédiate. Cependant, toute ma vie, je suis resté attaché à la conception la plus exigeante du commandement. Je n'ai pas voulu participer à ces fallacieux ministères de la IVe République où l'on ne pouvait diriger que des affaires accessoires, en spectateur du déclin national. A l'inverse, je me suis consacré à ma tâche d'Etat au cours des années de la Ve République où j'ai exercé des responsabilités. Et quand j'ai estimé que la vocation de la Ve République n'était plus acceptée, j'ai pris du champ, tout en poursuivant le combat.

*
* *

Les événements modifient la manière d'aborder une affaire, même une grande affaire, et parfois du tout au tout. N'est-on pas prisonnier de ce qui fut publié, diffusé, décidé ? Quand on a écrit, parlé et agi pendant un demi-siècle, il est difficile de ne pas constater les évolutions de la pensée. Cependant, je crois que mes écrits et mes actions portent la marque d'une constante volonté de répondre, à propos des sujets les plus variés, à la question qui est au cœur de la politique, celle de l'avenir de la France en tant que puissance et celle des Français, en tant qu'hommes et femmes libres. En tout cas, c'est ce que j'ai toujours voulu. Comme Sisyphe, l'homme politique est condamné jusqu'à sa retraite ou sa mort à rouler un rocher sur la pente d'une montagne. En vue du sommet, le rocher retombe et tout est à recommencer. Mais il faut recommencer.

Cassandre ! Ainsi fus-je souvent interpellé. Dois-je me plaindre ? Cassandre a eu raison, et si les Troyens l'avaient écoutée, ils eussent évité la tragédie qui ruina leur patrie et mit fin à leur liberté. « Inutile Cassandre », a dit de lui-même Chateaubriand. Et Chamfort a observé que les Français préfèrent qui met le feu à qui sonne le tocsin. Je n'ai jamais évoqué le malheur que pour définir les moyens de ne pas le subir. Lorsque je fus aux affaires, j'ai d'ailleurs réformé et bâti afin d'éviter les mauvaises conséquences de l'inaction, et souvent j'ai réussi. Que de maux évités quand la difficulté est prise à temps ! Je l'ai dit et je le redirai à propos de l'Afrique du Nord. Voilà qui est vrai aussi pour la lutte contre l'inflation et contre la dénatalité, pour ne citer que les deux erreurs endémiques et graves dont la France doit se guérir si elle veut survivre.

« Vous faites de la métapolitique », me dit un jour Jean Guitton. Le propos est aimable et je l'accepte, sous la réserve que d'avoir des idées nettes sur le mode de scrutin ou l'indépendance de la nation, sur la famille ou l'action de l'Etat, sur la défense ou la décentralisation, ne signifie pas se refuser aux adaptations qu'imposent l'action et le commandement. Etre pragmatique ne veut pas dire ignorer les objectifs, sinon pourquoi tant d'efforts ?

***

L'écriture, c'est la recherche de la vérité, et l'action, c'est la recherche du pouvoir. Peut-on combiner les deux sans devenir intolérant ? Je me suis constamment heurté à cette difficulté. Quand on a accroché sa volonté d'agir, sa parole, son écriture, à une exigence qui est la capacité de la République dans un monde dont on devine les déchirements, les compétitions, les volontés de bataille, comment ne pas combattre sans esprit de compromis ? Lier l'action à ses convictions est une faiblesse car pour peu que les circonstances s'y prêtent, l'habile manœuvre, conquiert le pouvoir et y reste. A l'inverse, c'est une force, car la conviction permet de répondre aux hommes et aux faits par une volonté qui impose une politique et peut réussir, à condition d'éviter dogmatisme et isolement.

A travers épreuves et difficultés, échecs et grandeurs, je me sens solidaire de toute ma vie.

6.
Compagnons et collaborateurs

« Amis, compagnons, militants » ; c'est en ces termes que, depuis la fondation en 1947 du Rassemblement du peuple français, je me suis adressé à ceux qui soutenaient l'action du général de Gaulle. Par cette apostrophe, tant de fois répétée, j'ai tenté d'exprimer les sentiments qui m'unirent aux hommes et aux femmes qui ont manifesté leur ardeur et leur fidélité dans l'engagement « gaulliste ».

Le militantisme est une nécessité de la démocratie. Jusqu'en 1951, c'est-à-dire pendant le temps où une fiction maintenait la « double appartenance », j'ai participé aux congrès du parti radical, qui avait encore en ce temps des racines populaires et nationales. Mais c'est avec le Rassemblement du peuple français et les formations qui ont dérivé de lui, que j'ai intensément vécu. C'est un souvenir brûlant de la chaleur des convictions et des combats politiques partagés que me laissent trente ans au milieu des militants gaullistes. La variété des origines sociales et familiales, l'extrême diversité des âges et des métiers, le mélange de croyants et d'incroyants ont donné au mouvement lancé par le général de Gaulle le caractère unique d'un vrai rassemblement ; ce caractère s'est atténué par la suite sans jamais disparaître. La formation issue du gaullisme transcende les divisions par le sentiment de l'unité nationale et l'appel à la fierté française. Dans toute la France, ce sentiment et cet appel ont fait une identité militante qui, pendant des années, m'a réchauffé le cœur.

Il n'est guère de fédération départementale qui ne m'ait invité et je suis l'un des dirigeants qui se sont le plus fréquemment et le plus longuement exprimés devant les congrès nationaux. Sans omettre les campagnes à l'occasion desquelles dans toutes les grandes villes et dans bon nombre de petites, j'ai été accueilli par l'ardeur affectueuse des fidèles et des sympathisants. Depuis ma lutte contre l'armée européenne jusqu'à mon temps de gouvernement, sans oublier un des sommets, ma campagne pour le retour du général de Gaulle, je me suis longtemps senti l'obligé de ces hommes et de ces femmes dont le réconfort me soutenait. C'est d'eux que je tiens mon estime pour le militantisme lorsqu'il est l'expression d'une passion au service du bien public et non d'une fureur pour une idéologie partisane. S'inscrire, s'engager, manifester une volonté de combat, c'est exprimer une ardeur qui mérite considération. Que certains, dit-on, attendent à l'occasion un appui pour leur carrière ou leurs affaires, c'est une exception, car l'immense majorité de ceux que j'ai connus, éprouvaient un attachement désintéressé à la nation et un grand dévouement pour ceux des leurs qui étaient les champions de leurs idées ou de leurs rêves.

Voilà qui est vrai, j'en suis persuadé, pour toutes les formations. Mais je n'embellis en aucune façon la réalité en affirmant le zèle particulier des hommes et des femmes qui furent attachés au général de Gaulle. En ma qualité de lieutenant fidèle et privilégié, j'en ai largement et durablement bénéficié. L'étranger et le monde parisien des intellectuels ou des salons n'ont jamais bien compris la ferveur des centaines de milliers de militants qui, aux alentours des années cinquante, souhaitaient le retour du général de Gaulle. J'ai senti alors l'abîme qui se creusait entre le jeu des partis et l'indignation populaire, dont nos compagnons étaient l'émouvante expression. Après les journées de mai 1968, où le gaullisme paraissait englouti, la surprise de ces milieux fut une nouvelle fois très forte. Alors on vit la foule des fidèles venant animer les manifestations de masse en faveur du Général. La constance de la piété populaire au cimetière de Colombey continue à étonner certains : la tradition du militantisme gaulliste ne s'est pas perdue. Elle est ancrée dans le peuple et durera tant que vivra un peuple français.

Je fus longtemps désigné comme « le premier d'entre les militants ». Ce ne fut pas seulement ma ténacité à tenir tête pendant l'incertaine traversée du désert qui me valut ce titre : c'est aussi que je n'ai jamais rompu mes liens. Certains sont heureux de trouver à leur disposition des hommes prêts à passer quelques nuits à leur service : affichage, distribution de tracts, service d'ordre des réunions publiques. Hors de ces périodes, ils oublient les dévouements. Je n'ai jamais compris cette attitude et ce n'est pas seulement par souci de maintenir leur cohésion que les rapports avec les militants, non seulement d'Indre-et-Loire et de la Réunion, mais de toute la France, ont été pour moi un souci constant. Lorsque plus tard, ministre ou premier ministre, j'allais en visite officielle, je faisais toujours réserver une heure pour recevoir les cadres et les sans-grade à la préfecture, parfois pour les retrouver comme au temps des campagnes, dans une arrière-salle de café. Au Général même, alors qu'il était président de la République, je disais l'activité et le zèle de ces hommes et de ces femmes à qui on pouvait demander beaucoup, car ils étaient toujours prêts à donner et à se donner. Après le départ, puis la mort du Général, je fis en sorte que leur cohésion se maintienne.

Au-delà du général de Gaulle, leur cœur était tourné vers un appel à la dignité, à la grandeur de la France. C'est là le trait principal du militantisme gaulliste. C'est parce que j'étais à l'unisson des sentiments profonds de ce militantisme que je connus les émouvantes manifestations d'attachement qui m'ont accompagné, notamment depuis le premier retrait du Général en 1952, jusqu'à cette année 1981 où j'ai annoncé ma candidature à la présidence de la République.

Alors j'ai senti une hésitation dans les rangs du mouvement issu de l'ancien Rassemblement. A vrai dire, avec les années, il y avait déjà eu renouvellement. Comme il est dans la nature des choses, les jeunes générations sont moins sensibles à l'exigeante continuité de l'action gaulliste. Cependant, ils furent nombreux à comprendre mon effort. Comment dominer les idéologies, les intérêts et les partis pour assurer à notre pays son rang dans une compétition mondiale impitoyable aux nations qui s'abandonnent ? Le difficile discours qui répond à cette question cruciale fut compris par ces hommes orientés d'eux-mêmes et par la source de leur engagement sur le chemin du dépassement. De nouveau, je parcourus la France et partout je fus reçu par des visages amicaux et des mains tendues. Mon échec a terminé ce chapitre de ma vie politique, sans mettre fin à des relations personnelles qu'éclaire la nécessité de militer toujours pour le service de la France.

* * *

En janvier 1969, pressentant le départ prochain du Général à l'issue d'un référendum que je savais malencontreux, et sachant que, de ce fait, ma vie publique serait profondément changée, je réunis tous les collaborateurs, hommes et femmes, qui m'avaient directement apporté leur concours dans les différentes fonctions ou mandats exercés depuis la Libération. Ils étaient près de cent cinquante. Certains, parmi les plus anciens, siégeaient au gouvernement, au Parlement, ou étaient en charge de grandes responsabilités administratives ou industrielles. D'autres, plus jeunes, étaient hommes ou femmes d'avenir.

J'avais demandé aux Comédiens-Français de jouer ce bref et charmant proverbe de Musset intitulé *L'âne et le ruisseau.* Puis vint le dîner. Je passai de table en table. Malgré ma tristesse, j'étais heureux de la joie que la plupart ressentaient de cette rencontre insolite dont je me gardai bien de donner la raison. Pour un temps, j'écartai de mon esprit les difficultés que j'appréhendais et qui allaient marquer la fin d'un temps où fonction politique et fonction publique associées avaient, de concert et malgré une dure épreuve, porté très haut la capacité et le renom de la France. Je mesurai aussi la reconnaissance que je leur devais en pensant à ce qu'aux différentes époques de ma vie, les uns et les autres m'avaient apporté. Avec des sentiments analogues, sachant que je quitterai bientôt et pour toujours les affaires, je recommencerai en janvier 1973 avec ceux et celles qui pendant quatre ans m'avaient entouré au ministère de la Défense, ma dernière fonction au gouvernement de mon pays.

A l'égard de tous, je me suis efforcé d'être un chef, certes soucieux de les comprendre autant que d'être compris, attentif à leurs propositions, et même demandeur d'idées, mais exigeant, très exigeant même, notamment de la bonne et rapide exécution des décisions prises et de la politique arrêtée. J'ai toujours traité mes collaborateurs comme une famille assemblée par un travail et des objectifs communs. Tant de qualités sont demandées à l'entourage d'un homme public ! Le sens du service, la compétence, le dévouement, la discrétion, enfin dernières vertus, et non des moindres, jugement et capacité d'initiative. C'est beaucoup. Mais si j'ai pu obliger les miens à ce « beaucoup », ce n'est pas seulement que je voulais réussir ce que j'avais entrepris, c'est aussi que j'ai toujours accroché très haut le motif de l'action que je leur proposais : la puissance de la France, tantôt à refaire, tantôt à consolider ! Qui ne place pas son action à ce niveau ne comprend pas le service de l'Etat. Cette obligation va de pair avec le souci de la vie quotidienne des Français et de la promotion des meilleurs d'où qu'ils viennent et quels qu'ils soient. Tout est lié car la puissance d'un Etat démocratique est au service des citoyens, ceux d'aujourd'hui comme ceux de demain, et quiconque possède les aptitudes pour s'élever dans la hiérarchie des responsabilités sociales, doit trouver les moyens d'être soutenu.

Quand je fus aux affaires, c'est au début de chaque trimestre que je pris l'habitude de définir le programme d'action que je me fixais. Avant de l'arrêter, j'interrogeais mon cabinet, y compris les plus jeunes et les moins « gradés ». Après quoi je le faisais diffuser de telle façon que chacun ait conscience de la place de son action dans l'ensemble de la politique que je comptais mener et dont le principal collaborateur, le directeur de cabinet, était responsable devant moi. Ainsi le rendement de chacun est-il amélioré : la vue générale de ce qu'il faut réaliser est enrichie par l'intelligence de tous comme par une compétition sans esprit de clan. Voilà qui est d'autant plus important que l'on avance en âge. L'écart se creuse entre soi et ceux qui vous apportent leur concours : il faut veiller à ce que le respect des jeunes n'étouffe l'indépendance, ni de leur pensée ni de leur parole.

Le service de l'Etat est différemment envisagé par le politique ou l'administratif. Mais quand il domine l'un et l'autre de sa haute exigence, le cercle des collaborateurs s'élargit. Sauf exception partisane bientôt percée à jour, le chef découvre très vite dans le regard des fonctionnaires qui dirigent ou animent ses services cette complicité d'Etat que crée un goût commun pour la réussite d'une belle œuvre nationale. La tradition française de la fonction publique est en effet ancienne et éprouvée. Des emplois modestes aux plus élevés de la hiérarchie, elle assure à la nation des serviteurs d'une qualité exceptionnelle. Chaque administration a son caractère. J'ai eu à diriger des magistrats, des administrateurs civils, des financiers, des diplomates, des militaires et, à Matignon, l'ensemble des serviteurs de l'Etat. La manière de voir, de juger, d'agir, est selon les corps marquée de nuances. Mais partout j'ai apprécié le même zèle dès lors que le pouvoir commande à la lumière d'une politique bien définie. Que cette politique soit ouvertement inspirée par le bien public et la grandeur nationale, qu'elle soit conduite sans idéologie ni sectarisme, que l'esprit partisan soit banni du choix comme des décisions, et la fonction publique se sent transportée vers les sommets, et fière de servir.

C'est au moment où de graves orientations doivent être prises que l'on juge ses collaborateurs et les serviteurs de l'Etat. Nul ne peut ni ne doit se substituer à qui a la charge de décider. Mais tout est différent quand on peut lire une note ou écouter les propos d'un esprit qui s'est donné la peine d'envisager les affaires en cause comme s'il était vous-même, et qui conclut. C'est aussi par la qualité des idées neuves et des propositions que l'on se sent compris et vraiment aidé. Comme je l'accueillais avec joie, le collaborateur qui ne se contentait pas de la bonne préparation ou exécution, mais qui imaginait, préparait et suggérait !... Ai-je besoin d'ajouter les coups durs, les attaques, notamment les sournoises ? Etre franchement renseigné et être soutenu sans réserve : il n'y a pas de collaboration sans une confiance qui à la longue ne devienne amitié.

Quand je me retourne vers ces longues années, dont la plupart furent des années difficiles, je constate que j'ai été heureux avec mes collaborateurs et le nom de la plupart d'entre eux, hommes et femmes, viendra sous la plume au fil des pages suivantes. Ils ont enrichi ma pensée, éclairé ma réflexion. En témoignage à tous, je citerai mes directeurs de cabinet : Yves Guéna, Antoine Dupont-Fauville, Bruno de Leusse, Jean-Yves Haberer, Paul Saget et le dernier en date, Paul Masson, sans oublier les bons conseillers qui me suivirent dans mes fonctions gouvernementales — Christian de la Malène, Jérôme Solal, trop tôt disparu, Maurice Pérouse, Françoise Duléry — et en gardant pour la fin Pierre Racine, homme de compétence et homme de cœur, mon sage et principal soutien lorsque je fus premier ministre et toujours à mes côtés par la suite.

Quitter les grandes charges, c'est aussi quitter les hommes et les femmes dont la qualité a éclairé votre action. Ils prennent leur vol. A leur tour, ils occupent des fonctions importantes et assurent des responsabilités. Ainsi va la chaîne des générations.

QUATRIÈME PARTIE

1.
Le succès de Paul Reynaud

Brève et métallique, l'éloquence de Paul Reynaud était sans concession. « Je vais faire devant vous le bilan de la France. J'ai le regret de vous dire que nous sommes au dernier rang », dit-il le 12 novembre 1938 à l'issue du Conseil des ministres où, nouveau ministre des Finances, il vient de faire accepter ses premiers décrets-lois.

Huit mois plus tard, il dresse un bilan de son action. Situation de la trésorerie et rentrées de capitaux, activité industrielle et crédit international de la France : tous les signes sont ceux du succès. « Depuis trois ans, les remèdes pour lutter contre le chômage étaient les suivants : extension de grands travaux ; dégrèvements fiscaux ; embauchage massif par les services publics ; réduction de la durée du travail. Ces remèdes ont échoué. Nous avons pris le contre-pied et nous avons obtenu le résultat cherché. » Pour lui, pour ses collaborateurs, ce succès a valeur de symbole : quand la France est mise en état de gagner, elle gagne !

Mais la guerre arrive. Elle emportera Paul Reynaud. Ces huit mois d'un effort financier, économique et social auquel je fus associé, gardent valeur d'exemple.

* * *

Aujourd'hui encore il est difficile de parler du Front populaire avec sérénité. Pour les uns, il évoque un souffle de joie et d'espérance, un temps de conquêtes sociales. Pour les autres, il est responsable de l'insuffisance des crédits militaires et de l'impréparation de l'armée à la veille d'une guerre. Aucune de ces appréciations n'est exacte. Compte tenu des circonstances, le souffle était celui d'une désastreuse illusion. Quant aux crédits militaires, ils ne furent marchandés ni par le gouvernement, ni par la nouvelle majorité et l'armée demeura ce qu'elle était avant les élections de 1936 : le bastion respecté d'un conformisme aveugle. La faute contre la patrie fut d'avoir atteint, et gravement atteint, la capacité économique et financière de la France. Les crédits pour les chars et l'aviation ont été satisfaisants, mais après l'occupation de la Rhénanie par Hitler, diminuer le temps de travail dans les arsenaux, les industries aéronautiques et toutes les manufactures ou ateliers destinés à fournir les usines d'armement, c'était une lourde faute. Maintenir cette situation après l'*Anschluss* de mars 1938, ce fut folie...

Au mois d'août de cette même année, Edouard Daladier, chef du gouvernement depuis avril, a le courage et le bon sens d'évoquer à la radio la nécessité d'assouplir la loi de quarante heures. Deux ministres, Ramadier et Frossard, quittent aussitôt le gouvernement. Un décret est néanmoins pris mais au seul bénéfice des établissements travaillant pour la Défense nationale. C'est quasiment un coup pour rien car ces établissements dépendent d'autres usines pour leur approvisionnement. Il faut aller à l'essentiel qui est la remise en route de l'ensemble de notre économie.

Est-il encore temps ? En cet automne 1938, le désarroi politique est grand. Notre passivité devant l'entrée des troupes allemandes en Rhénanie, l'annexion de l'Autriche, le cynisme italien et allemand en Espagne et maintenant la rupture tragique des engagements qui nous liaient à la Tchécoslovaquie, font que nous sommes jugés avec pitié par nos amis et mépris par nos adversaires. Après Munich, les rodomontades sur la « paix sauvée » ne trompent que les aveugles et les sourds. Ils sont nombreux. Ils pérorent dans les salons parisiens où des mondains rivalisent de lâcheté et de sottise. Ils pérorent dans les syndicats, notamment d'instituteurs, où des minorités trop agissantes font preuve d'un absurde irréalisme. En fait, nous sommes au bord du désastre. Faute de s'attaquer à la racine du mal qui est l'impuissance politique, peut-on au moins relever l'économie ? Pour rendre à la France le courage de regarder le monde, il faut arrêter l'exode des capitaux, diminuer le nombre des chômeurs, remettre au travail notre industrie et nos arsenaux.

Tel est le défi que Paul Reynaud va relever et gagner.

*
* *

Mon entrée au cabinet de Paul Reynaud est considérée comme un choix insolite. Plusieurs de mes camarades, des familles amies, voire des parents, s'étonnent. Je romps un certain conformisme qui veut que la République soit « à gauche ». Ce conformisme m'exaspère sans pour autant m'inciter à l'indulgence vis-à-vis des « modérés ». Mon père et quelques vrais amis dont Etienne Mantoux et Hubert Roussellier me soutiennent contre des critiques qui ne m'émeuvent pas longtemps. Je me souviens d'une conversation avec un camarade aux idées « avancées ». « Il ne faut pas toucher à la loi de quarante heures », me dit-il. A quoi je répondis : « La loi de quarante heures ne doit pas être plus intangible que le pantalon garance. » Je me souvenais des récits de mon enfance : comment « la droite » d'avant 1914 avait refusé le remplacement des pantalons rouges par des uniformes moins voyants.

Paul Reynaud doit d'abord dissiper une illusion. On raconte qu'il existe un « plan » fondé sur le contrôle des changes dont Paul Marchandeau, l'ancien ministre des Finances, aurait pu être l'inspirateur ou l'exécutant. Or c'est faux. Un tel plan n'existe pas et ne peut exister. Le contrôle des changes à l'allemande est le moyen d'une politique qui, par une autorité dictatoriale, un travail acharné et une rigueur financière absolue, prépare un peuple à la conquête de l'Europe. En France, les milieux de presse, de la politique et du syndicalisme font semblant de croire que le même contrôle des changes, accompagné de la fermeture des frontières, nous permettrait de vivre protégés à l'intérieur d'un champ clos, en travaillant moins et en dépensant plus.

C'est contre cette idée trop complaisante que Paul Reynaud s'élève. Il veut à la fois faciliter le réarmement et retrouver la confiance par le réveil de notre économie et son maintien au sein de l'économie occidentale. Voilà qui suppose un effort de travail et des finances saines. Si l'on veut rester fidèle à la démocratie, rassurer les Anglais et retrouver un bon visage face aux Américains, il n'y a pas d'autre politique. Dans l'impuissance générale, Daladier saura soutenir Paul Reynaud qui apparaît comme le seul homme politique ayant des idées claires et cohérentes.

Sans tarder il en apporte la preuve. Entré au ministère des Finances le lendemain de la Toussaint, il sait que les pouvoirs spéciaux, qui permettent de décider par décrets-lois, expirent le 15 novembre. Ses collaborateurs et les services du ministère auront donc tout juste dix jours pour préciser ses idées maîtresses, leur donner forme et convaincre les autres ministres. Devant la brièveté du délai, certains pensent que Paul Reynaud se brisera les reins et déjà s'en réjouissent.

Une réunion se tient dans son bureau trois jours après la passation des pouvoirs. Les principaux participants de cette réunion sont Gaston Palewski, directeur de cabinet, Dominique Leca, chef du cabinet et Yves Bouthillier qui, nommé secrétaire général du ministère des Finances, sera l'ordonnateur principal du train de décrets-lois. Quelques heures auparavant, j'ai franchi pour la première fois le seuil de la rue de Rivoli. Sur une table, dans une pièce que je partage avec Alfred Sauvy que je connais et Vincent Bourrel dont je viens de faire connaissance, j'ai placé quelques documents et feuilles de papier blanc. Chacun se met à la tâche. Je partage avec Sauvy la responsabilité de ce qui n'est pas financier.

Nous rédigeons tous deux une note. Sauvy qui n'a cessé de méditer depuis de longs mois arrête une longue liste de projets destinés à vaincre le malthusianisme économique et à soutenir les familles. Je mets l'accent sur la disparition des contraintes causées par la loi de quarante heures et surtout par l'application qui en a été faite. J'insiste en même temps sur les mesures de solidarité, notamment fiscales, dont il faut accompagner cette première et urgente réforme.

A mesure que le temps passe, nous devons abandonner la plus grande part de nos ambitions. Sauvy rédige alors une note à Paul Reynaud pour énumérer avec dépit les coupes sombres qu'on lui impose. En fait, Bouthillier et les financiers du cabinet veulent s'attaquer au déficit du budget. Ils ne s'intéressent donc guère à autre chose qu'à la suppression de crédits et aux recettes supplémentaires. C'est bien, mais insuffisant. Ce n'est qu'*in extremis,* que Sauvy sauvera ses textes sur les prestations familiales. Quant à « mon affaire », celle de la durée du travail, qui était marginale lors de la première rédaction de nos projets, elle deviendra l'essentiel, ce qui est le bon sens.

Comme il se doit, les économies sont très difficiles à définir et à imposer. Paul Reynaud veut obtenir l'équilibre du budget sans abuser du recours à de nouveaux impôts. Il réduit les crédits de grands travaux civils, mais augmente les dépenses d'armement. Il révise aussi certaines sommes consacrées au fonctionnement des ministères, mais une légère amélioration des traitements et retraites est annoncée. Il aurait voulu faire de plus fortes économies. Nos discussions ont prouvé que des « coupes » ne peuvent être décidées à la hâte. Fort de l'expérience que j'ai connue, j'attire l'attention sur le danger d'arrêter le recrutement de jeunes fonctionnaires.

Des économies sérieuses et durables exigent un examen d'ensemble des structures, c'est-à-dire des lois, décrets ou arrêtés qui sont à l'origine des excès de dépenses. C'est ainsi qu'est née l'idée d'un comité de réorganisation administrative à qui sera confiée la mission de diminuer les frais généraux de l'Etat : le fameux « Comité de la Hache » dont je reparlerai.

Les mesures de solidarité destinées à aider les familles portent la marque de Sauvy. Six ans plus tôt, une loi a étendu à l'ensemble de l'industrie l'expérience de salaire familial commencée dans le bâtiment. C'est une étape vers la justice sociale mais la mesure est sans incidence sur la natalité. Par décret-loi, les allocations familiales sont augmentées ; elles seront versées sur une plus longue période et modulées selon le rang de l'enfant. Une innovation capitale est décidée : l'allocation de la mère au foyer. Pour obtenir gain de cause, Paul Reynaud alerté par Sauvy doit bousculer son cabinet comme la direction du Budget. Je me souviens de sa boutade lancée aux financiers qui faisaient grise mine : « Le premier devoir d'un ministre des Finances est d'augmenter, pour ses successeurs, le nombre des contribuables. »

D'autres textes suivent. L'essentiel est celui sur les quarante heures. Ma qualité de juriste me permet de déterminer clairement les deux facteurs qui découragent la production : la limitation à cinq jours de la semaine de travail et le coût élevé des heures supplémentaires. Paul Reynaud a stigmatisé depuis deux ans la « semaine des deux dimanches ». Les sots, les pudibonds et les esprits partisans ont condamné cette formule qui cependant a fait mouche. Selon moi, il aurait fallu la compléter en ajoutant : « Face à un adversaire qui ne connaît plus de dimanches. » En effet, les Allemands font des semaines de soixante heures. J'explique comment transformer une réduction autoritaire du travail en loi de salaires : les quarante heures de travail en cinq jours cesseraient d'être une obligation, ce qui permettrait de travailler au-delà en rémunérant les heures supplémentaires à un taux raisonnable.

Si mes propos ne font appel qu'au bon sens, Sauvy, lui, dispose de statistiques et pour les commenter, d'un talent exceptionnel. Ouvrir les yeux des ministres et de leurs collaborateurs est une rude tâche, d'autant que Sauvy est alors à peu près le seul à posséder la culture économique nécessaire à la claire explication des faits. En augmentant les coûts, la réduction du travail à quarante heures alourdit les charges des entreprises françaises pour le meilleur profit de leurs concurrents étrangers qui, travaillant plus, obtiennent de meilleurs prix de revient, reçoivent de nouvelles commandes et embauchent, alors que les nôtres, pénalisées, voient leur marché se réduire, ce qui les oblige à diminuer leurs horaires et à licencier. Ce raisonnement, pourtant limpide, n'agrée ni aux ministres ni à leurs collaborateurs qui, chiffres à l'appui, répondent qu'on ne peut desserrer l'étreinte des quarante heures, puisque de nombreuses entreprises ne travaillent déjà que trente-neuf heures, voire trente-huit ou trente-sept heures. Et il semble qu'il n'y ait personne pour comprendre que c'est justement à cause du prix de revient alourdi des quarante heures que ces entreprises n'atteignent pas le plafond légal.

J'ai la tâche malaisée d'aller convaincre les ministres qui doivent contresigner les décrets. Auprès de Charles Pomaret, ministre du Travail, mes amis Alexandre Parodi, Jean Cahen-Salvador et André Ségalat sont sensibles à mon argumentation. Pomaret est hésitant. Mais par rapport à d'autres, il paraît compréhensif ! Je me souviens d'une longue soirée boulevard Saint-Germain, au ministère des Travaux publics. Je suis face à Anatole de Monzie, lui-même entouré de ses collaborateurs, notamment Berthelot et Samuel-Lajeunesse. Monzie est un avocat habile. Ses collaborateurs sont des polytechniciens aux propos logiques. « Votre ministre commet une faute politique », me dit-il. « C'est une mesure inutile », ajoute Berthelot. En fait, l'un et l'autre craignent une grève des cheminots. Même les ministres, tels Gentin ou Queuille, qui se laisseront convaincre, accueillent mes explications avec scepticisme. Je comprends alors que la raison du départ de Frossard et Ramadier, que Monzie et Pomaret ont remplacés, n'est pas un dissentiment sur la loi de quarante heures puisque tous les ministres partagent la même erreur. Frossard et Ramadier sont partis parce que Daladier « en avait parlé » et, à la différence des autres, ils ont attaché de l'importance à ses propos. Quel ravage aura donc fait la formule : « Moins de travail pour tous. Plus de travail pour chacun ! » Qui regarde ce que fait Hitler ? L'aveuglement est volontaire.

Je rédige un texte qui me paraît raisonnable. La durée légale du travail reste fixée à quarante heures par semaine mais, pour une durée de trois ans, ses modalités d'application sont modifiées : elle n'est plus obligatoirement enserrée dans le délai de cinq jours. Jusqu'à quarante-huit heures par semaine, les heures supplémentaires sont permises sans autorisation avec des augmentations de salaires allant de cinq à quinze pour cent selon les cas. Au-delà de quarante-huit heures, une autorisation est nécessaire mais le silence de l'Inspection du travail pendant les huit jours qui suivent la demande vaut autorisation. Le taux d'augmentation est alors de vingt-cinq pour cent. Dominique Leca a l'heureuse idée d'ajouter une taxe sur les bénéfices réalisés grâce aux heures supplémentaires. La mesure n'est pas facile à appliquer et deviendra, en fait, un supplément d'impôt sur les bénéfices. Mais elle est utile pour réfuter l'argument de « la revanche du patronat », argument au nom duquel certains veulent refuser le redressement de notre économie et de notre défense.

A la veille du Conseil des ministres qui doit approuver ces décrets-lois, Paul Reynaud demande à Daladier un entretien pour commenter et justifier ces projets. Il se fait accompagner de Jacques Rueff, d'Alfred Sauvy et de moi. A la charge de Rueff, les textes financiers. A la charge de Sauvy et à la mienne, les autres textes et notamment celui qui a trait à l'assouplissement des règles légales de la durée du travail.

Daladier a installé son bureau au premier étage du ministère de la Défense nationale, dans la belle pièce qui, par la suite, est devenue la salle à manger. Clapier, son directeur de cabinet, siège de l'autre côté de la grande entrée sur laquelle débouche l'escalier. C'est dans ce bureau que l'année suivante s'installera le général de Gaulle pour quelques jours. C'est là qu'il reviendra le 25 août 1944 au soir de la libération de Paris. En 1970, j'y ferai placer une plaque commémorative, comme je ferai graver au bas de l'escalier l'inscription rappelant que ce bel hôtel de Brienne a été occupé par Clemenceau et de Gaulle.

Paul Reynaud s'assied face à Daladier avec ses trois collaborateurs derrière lui. Je tiens les textes sur mes genoux. Le premier est celui qui modifie « les quarante heures ». Au cas où nous serions interrogés, Sauvy m'a demandé de parler le premier. Le cas échéant, il viendra en renfort. J'ai donc préparé mes réponses. Mais je n'aurai rien à dire. A peine Paul Reynaud a-t-il commencé d'expliquer le caractère indispensable de la mesure que Daladier l'interrompt et donne son accord avec ces mots : « Les quarante heures n'ont jamais intéressé le parti radical. » Reynaud veut me donner la parole pour quelques précisions, mais Daladier accepte sans discuter. Je suis surpris et heureux de cet accord si rapide. Jacomet, le secrétaire général du ministère de la Guerre, et quelques autres, ont depuis plusieurs mois alerté leur ministre sur les difficultés considérables de nos industries d'armement, notamment dans l'aéronautique. L'opinion de Daladier est donc faite. Quel qu'en fût le prix, il a déjà ordonné des heures supplémentaires dans les arsenaux. Mais conscient du fait que l'approvisionnement ne suit pas, il accepte d'élargir la décision à la France entière. Reynaud parle des autres textes. Après quoi, Rueff, Sauvy et moi, nous nous retirons, laissant les deux hommes pour une conversation en tête à tête.

Daladier dut imposer sa décision à ses ministres. De tous les décrets, les seuls qui « accrochent » sont ceux concernant la durée du travail. Nos trois textes sont la sagesse et le bon sens mais ils constituent une « révolution » au point qu'ils seront imprimés au *Journal officiel* sans avoir été revêtus de la signature de l'ensemble des ministres concernés. Certains craignent un tollé parlementaire et une révolte de l'opinion publique ! Ils préfèrent, tout en restant ministres, ne pas signer et fermer les yeux sur une publication où figure leur nom. Au cas où l'affaire tournerait mal...

Le 12 novembre, Paul Reynaud explique son programme à la radio. Il résume son entreprise par un triptyque marqué du sceau de la liberté : un régime plus libéral pour les prix, le crédit, le travail. J'ai perdu le sottisier que j'avais constitué à l'époque avec les commentaires provoqués par ce discours. Personne ne dit clairement que, combiné avec un effort de remise en ordre des finances publiques, le desserrement des liens qui paralysent la production est exactement la mesure qui convient depuis que le franc a cessé d'être surévalué. Du *Populaire* à *La Revue des Deux Mondes,* la gamme des jugements va de la critique sévère au scepticisme indulgent. Aujourd'hui encore, les esprits hésitent à admettre que le grave échec économique et social du Front populaire est dû à une réglementation malthusienne de la durée du travail qui a empêché la France d'engranger le bénéfice de sa dévaluation. Je suis alors accablé — le terme n'est pas trop fort — par l'aveuglement général. Notre Défense nationale piétine en raison du rendement insuffisant des arsenaux publics comme des industries privées ayant des commandes militaires, et nul n'ose dire que les conditions générales du travail sont largement responsables de cette insuffisance ! Je n'en admire que plus Paul Reynaud, et son énergie dont, sans tarder, il administre la preuve.

En effet, il fait front aux suites de ces décrets-lois : d'abord l'occupation de plusieurs usines de la région parisienne, en particulier celle de Renault à Billancourt, le 20 novembre, qui sera suivie d'un début d'insurrection ; ensuite, la grève générale du 30 novembre ; enfin le débat parlementaire du 9 décembre.

***

Dès la première épreuve, je sens Paul Reynaud inquiet. Les décrets-lois ont été arrachés « à la hussarde » et l'accueil de la presse continue d'être détestable. Pour une part, la critique vient d'une sorte de déception. Je ne sais ce que les journalistes attendaient, quel lapin magique ils pensaient que Paul Reynaud allait sortir de son chapeau pour opérer un redressement sans effort... Mais pour l'autre part, la critique est politique : le démantèlement des quarante heures en une semaine de cinq jours est présenté comme une revanche de la droite et des patrons contre le Front populaire. Sensible à l'opinion de la presse, incertain de sa majorité, Daladier ne va-t-il pas céder ? Ses ministres sont divisés. Anatole de Monzie proclame qu'il a eu la main forcée. D'autres annoncent que l'échec est probable, sinon assuré. Parmi ceux qui voient clair, je me souviens de Georges Mandel, de César Campinchi et de Georges Bonnet dont la pensée pour ce qui concerne l'économie est proche de celle de Paul Reynaud.

C'est alors que pour la première fois, je saisis sur le vif le jeu d'hommes politiques qui, se voulant à la fois du gouvernement et amis de l'opposition, jouent de l'instabilité ministérielle alors chronique pour échafauder de nouvelles combinaisons et rêver pour eux-mêmes à d'autres portefeuilles. L'appel « à ne pas se couper des masses ouvrières » dissimule un refus de l'effort aussi bien que l'espérance d'un autre gouvernement. Les artisans de cette première étape du redressement économique sont saisis d'une grande appréhension. Tout Fabrice que je suis dans cette bataille, mon inquiétude est forte et je m'interroge sur ma responsabilité puisque ma plume et ma parole ont contribué à ces décrets qui provoquent une colère politique. Je me rassure : cette colère est aveugle car la France n'a pas le choix. Le patriotisme impose de la faire sortir de sa léthargie. Il y a une indécence coupable à continuer de ne travailler que cinq jours quand l'Allemand en travaille sept et dans les temps que nous vivons, la sécurité du peuple ne peut être ni dans la paresse ni dans l'appauvrissement, ni dans l'abaissement de la France.

L'issue du conflit qui commence à Billancourt est imprévisible et le ministère des Finances est éloigné des centres de commandement. C'est en ces heures difficiles que je découvre le visage de Paul Reynaud, homme d'Etat. L'heure n'est plus aux discussions techniques. Le pour et le contre ont été pesés. La décision est prise. Maintenant, le seul problème est de gagner une épreuve de force. Dans les milieux politiques, il est quasiment seul à conforter Daladier. J'interroge Palewski qui me tient au courant des influences contraires. Je ne sais et nul ne peut savoir ce qu'au fond de lui-même, Daladier pense. Ses hésitations sont certaines. Mais l'histoire retiendra qu'en fin de compte il ne céda pas. Il a mesuré le drame de Munich et la nécessité où nous sommes de marquer notre volonté pour empêcher que l'irrésolution du gouvernement britannique ne l'amène à se résigner à une entente avec l'Allemagne. Quant à la politique intérieure, qui est son grand souci, il sent que sa force tient à la fermeté dont il doit faire preuve devant un parti communiste qui, alors, joue contre la France.

Malgré une résistance qui ressemble à un début d'insurrection, les usines occupées sont dégagées et la force publique triomphe. Rencontré le lendemain matin, Dominique Leca me dit : « Si vous faites un jour de la politique, agissez comme moi. Gardez dans un coin de votre mémoire le nom des bons officiers de la Garde qui savent faire respecter la loi. Et d'abord celui du colonel, qui se nomme Dupont. »

En même temps que l'usine Renault est occupée, des grèves ont éclaté dans le Nord. A l'origine, on retrouve les communistes puisqu'on constate qu'elles éclatent là où leur implantation politique et syndicale est forte. Le gouvernement réplique par la réquisition des mineurs et des cheminots et le résultat est le même qu'à Billancourt : le travail reprend. Le peuple est plus sage que ceux qui disent parler en son nom.

* * *

La grève générale est la seconde épreuve.

L'année précédente à Saint-Brieuc, Léon Jouhaux avait affirmé que, faute d'accord avec nos concurrents, il faudrait revenir sur les dispositions de la loi de quarante heures. Mais le secrétaire général de la C.G.T. est en butte à l'idéologie aveugle des uns, à la démagogie ouverte des autres, quand ce n'est pas à la tactique de sa branche communiste. Je ne sais s'il était partisan de la grève générale ; il me paraît que les historiens qui en doutent ont raison. Mais entraîné par le mouvement, il prend le commandement des opérations. Si mes souvenirs sont exacts, au cabinet des Finances, nous sommes moins préoccupés par cet ordre de grève générale que nous ne l'avions été par l'occupation des usines Renault. C'est que l'hésitation gouvernementale a disparu. Daladier a compris qu'il joue non seulement l'avenir de son ministère, mais aussi le sien propre. S'il tolère une offensive syndicale qui porte atteinte à l'effort de défense, l'opinion ne lui pardonnera pas et la Chambre saisira l'occasion de le renverser. Cependant, tout ce qui compte dans les états-majors de la gauche lance des appels à la grève et au soutien de la grève. L'ignorance économique n'explique pas tout. On sent une fureur politique dont font foi, parmi d'autres preuves, les articles et les propos de Léon Blum qui pourtant connaît bien Paul Reynaud. Contre toute espérance, « la gauche » veut un « replâtrage » de la coalition du Front populaire ; ses principaux dirigeants comprennent qu'il est impossible, mais ils craignent une réussite de Paul Reynaud qui serait accablante pour leur « expérience » et enlèverait tout espoir proche de recommencement. Un demi-siècle plus tard, écrivant mes souvenirs, je me sens saisi de la même indignation qu'alors. L'encre de la capitulation de Munich n'est pas sèche, la menace d'une guerre d'agression devient une évidence, et une majorité d'hommes politiques osent se révolter quand un des leurs a le courage de s'adresser à l'opinion pour dénoncer le scandale de nos arsenaux travaillant parfois jusqu'à vingt heures de moins par semaine que les usines de guerre allemandes. Munich n'a pas été un accident, mais une étape dans un long renoncement qu'il est urgent d'arrêter. Hélas ! à travers mes conversations avec Paul Reynaud, je sens que sur les bancs modérés, d'autres hommes politiques, menés par l'animosité ou l'aveuglement, souhaitent aussi son départ. Pour les esprits « de gauche », Paul Reynaud tranche à la hache dans une législation prétendue « sociale », alors qu'elle n'est que malthusienne et qu'elle condamne la France au non-travail en un temps qui est déjà un temps de guerre. A l'inverse, pour les esprits dits « de droite », l'accord militaire avec la Russie dont Paul Reynaud explique la nécessité est inacceptable. Pour les uns comme pour les autres, l'intérêt de la France n'existe pas. Cette attitude qui s'étale complaisamment dans les salons parisiens, dans la presse, ou à la radio, est infâme. Quant aux communistes, ils obéissent peut-être à des exigences de politique intérieure, mais surtout à la stratégie de Staline. Face à la volonté agressive de l'Allemagne, les dirigeants soviétiques ont mesuré l'inexistence de la réaction française. Affaiblir la France, c'est orienter les appétits d'Hitler vers l'Ouest, donc le détourner de l'Est.

Dans ce hourvari scandaleux, je découvre et admire la fermeté de caractère de Paul Reynaud, que soutient un petit groupe d'amis, eux-mêmes assez isolés. Daladier n'hésite plus. Il réagit en prononçant la réquisition du secteur public. Tous deux à la radio parlent de façon catégorique. Quelques succès locaux, notamment dans les arsenaux ou à l'Education nationale, ne peuvent dissimuler l'échec du mouvement. Le gouvernement décide de nombreuses révocations. Le patronat suit son exemple et procède à de multiples licenciements, notamment chez Renault. Le lendemain je lis l'article où Léon Blum admet l'échec. Que ces jeux de cirque apparaissent déplacés quand l'ennemi, nous regardant avec pitié, affûte ses armes ! A l'inverse, on ne peut qu'admirer le bon sens populaire ! En 1936, les Français ont refusé la déflation de Laval stupidement conduite. En 1938, ils refusent un laisser-aller scandaleux. Quand de nombreux responsables politiques et syndicaux ou soi-disant tels se tiennent mal, ouvriers, employés et modestes fonctionnaires, se tiennent bien.

De divers côtés, on se félicite de la fin du Front populaire. Après avoir échoué au Parlement, il est rejeté par la nation. Ce sentiment de revanche me déplaît. Ce n'est pas l'anti-Front populaire qui sort vainqueur de l'épreuve, c'est la France, y compris la France socialiste. Mais nul ne paraît le comprendre, encore moins ne le dit. Le temps de la sévérité est venu. Je ne m'émeus pas quand j'apprends que les licenciements dépassent en nombre ceux qui furent décidés après les grandes grèves de 1920. En mars, après l'entrée des Allemands à Prague, de nombreux fonctionnaires ou ouvriers d'Etat qui avaient été sanctionnés, seront réintégrés. La leçon du 30 novembre ayant porté, le gouvernement pourra faire acte de clémence dans un esprit d'unité nationale.

***

L'ultime épreuve est celle du débat parlementaire qui s'ouvre le 9 décembre. Ce n'est pas une formalité. L'enjeu est un changement de majorité, c'est-à-dire pour le parti radical, un renversement d'alliances qu'une trentaine de ses députés refusent. D'une extrême vivacité, les attaques mettent en cause principalement les modifications apportées à la durée légale du travail et l'attitude du gouvernement face à la grève. Aucun orateur n'évoque la situation de la France, l'état de l'Europe ou les menaces de l'Allemagne. A entendre ces discours, mon cœur souffre et j'éprouve une angoisse qui devient oppressante. Paul Reynaud répond en expliquant une fois de plus que la prospérité de l'économie est le fondement nécessaire à l'augmentation des dépenses militaires. Daladier insiste sur le caractère politique de la grève ; il se pose en défenseur de la loi face à une tentative de subversion, il évoque l'importance des conversations menées avec le gouvernement britannique et la nécessité d'assurer le destin de la France.

Le vote de confiance qui clôt ce débat parlementaire met un point final à cinq semaines de mobilisation du cabinet. La route paraît déblayée pour un travail de plus longue haleine. Le novice que je suis a beaucoup appris, et d'abord avec quelle insolente facilité l'esprit partisan l'emporte sur le patriotisme et le bon sens. Toute ma vie, je resterai marqué par cette sottise où la lâcheté ne le cède qu'à l'ambition personnelle. L'esprit de Vichy existait avant Vichy et le parti communiste était loin de la lutte patriotique. Parce que je suis le principal rédacteur du décret qui mit le feu aux poudres, la presse parle de moi, et notamment l'hebdomadaire *Match.* C'est une impression curieuse que celle de sortir de l'anonymat... En fait, le journaliste, ancien précepteur d'un de mes camarades, m'a connu enfant et il lui a plu de citer mon nom.

***

Le coup de feu des décrets-lois est suivi d'une période plus calme. Je reviens à une activité plus modeste et suis tout surpris de terminer à temps pour le repas du soir.

Un salon m'a été affecté dans le bâtiment communément appelé l'hôtel du Ministre. C'est le dernier salon à gauche avant de pénétrer dans l'ensemble qui, à l'angle du Louvre, devant les guichets de la rue de Rivoli, constitue les pièces de réception. Ce grand salon avec dorures, tapisseries, cheminée de marbre, donne par des portes-fenêtres sur la galerie qui domine le square La Fayette, le Carrousel et les Tuileries. C'est une pièce royale — ou plutôt impériale, car le bâtiment est dû à Napoléon III qui décida d'achever la jonction du Louvre et des Tuileries. Je travaille au milieu de splendeurs et il me suffit d'ouvrir une des portes-fenêtres pour disposer d'une des plus superbes vues de Paris. Je ne suis pas heureux pour autant. Dans un décor qui évoque des temps où la France était une des grandes puissances du monde, je vis les affres d'un déclin. Je viens de mesurer les hésitations du pouvoir devant le simple problème de la mobilisation économique. Depuis le débat à la Chambre, les pensées qui m'habitent alimentent une angoisse telle que j'en éprouve une souffrance physique. Il me semble que je suis seul à m'émouvoir de l'abîme entre notre grandeur passée et notre misère présente, de cette opposition trop forte entre l'histoire dont ces monuments sont tout imprégnés et ce présent où des hommes insensibles ont été placés par les circonstances au commandement de la patrie. Il est vrai que le Louvre a aussi connu de mauvais gouvernements qui ont condamné la nation à des heures tragiques. Est-ce ce destin que le sort nous réserve ? Et s'il existe une chance de redressement, comment la saisir ?

*
**

L'atmosphère d'un cabinet ministériel est très particulière. J'en ai fait deux expériences. La première auprès de Paul Reynaud, à la veille de la guerre — la seconde à la fin de la guerre auprès du général de Gaulle où, avec le même titre de chargé de mission, j'exercerai des fonctions différentes.

Je ne serai jamais dans l'intimité de Paul Reynaud, mais en quelques jours, j'apprends à le mieux connaître. Pour ne pas perdre un centimètre de sa petite taille, il se tient très droit. Il regarde son interlocuteur dans les yeux et l'interroge avec des phrases nettes et courtes. Il est homme de conviction et exprime son jugement sans périphrase. J'apprécie sa manière de travailler, et notamment la préparation de ses discours. Devant une grande feuille de papier blanc, il aligne les phrases qui lui viennent à l'esprit ou celles suggérées par ses collaborateurs debout à ses côtés, mais en les modifiant selon son style qui est catégorique. Puis, le discours achevé et dactylographié, il use de crayons bleus et rouges pour signaler les passages importants. Dans les milieux politiques, on lui reproche d'afficher ses certitudes avec une vigueur qui paraît mépris pour les opinions opposées de ses adversaires. C'est exact. Mais dans ces temps tragiques, il a raison. Lui, veut agir, alors que tant d'autres se contentent de subir et de parler. Je lui resterai toujours reconnaissant d'avoir exprimé dans des moments difficiles la profondeur d'un patriotisme qui le fit aller à l'essentiel et face à l'angoisse qui montait, je l'ai senti souffrir de n'avoir que l'économie dans ses responsabilités.

En ces temps dont je parle, les collaborateurs de Paul Reynaud étaient tous attachés au succès de leur ministre. Des rivalités de personnes, qui devaient l'année suivante s'affirmer par des orientations politiques opposées, n'entravaient pas la vie commune.

Depuis trois ans, j'étais lié à Gaston Palewski par la même appréhension de la faiblesse française devant le danger allemand. Dès cette époque, une apparente nonchalance lui donnait une réputation de dilettante, ami des lettres et des arts, heureux dans sa vie mondaine. Alors, je l'ai vu et connu tel qu'il était et tel qu'il fut toute sa vie ; ne quittant son bureau qu'après avoir terminé son travail, conscient de la valeur des choses graves, ayant par instinct le sens de la vérité nationale et de l'Etat. Quand, au mois d'avril 1940, il sentit que son influence sur Paul Reynaud faiblissait, il s'en ira, revêtira l'uniforme de l'armée de l'air et, en juin, ralliera le général de Gaulle qu'il ne quittera plus. Il mérite l'estime de l'Histoire, autant par l'œuvre accomplie dans les postes importants qu'il occupa, que par la fermeté de son caractère et la valeur patriotique de son engagement.

Dominique Leca, de qui tout, plus tard, devait m'écarter, m'attira par son intelligence. Je n'eus alors qu'à me louer de ses conseils avisés. J'admirais son habileté à saisir et à régler les problèmes en les prenant par le bon bout. Il ne fut pas gaulliste, c'est le moins que je puisse écrire, pas plus que son ami Devaux, dont la compétence financière était exceptionnelle. En raison des circonstances comme de leur comportement, l'un et l'autre connurent l'exil et la défaveur. Bien des années après ces événements, quand je serai aux affaires, je ferai pour l'un et l'autre ratifier par le Général d'importantes nominations justifiées autant par la nécessité de tourner la page que par la reconnaissance de leur grande capacité.

Yves Bouthillier était un travailleur acharné. Dès qu'il s'agissait de finances publiques, il savait tout, et entendait marquer de son empreinte l'action du ministère comme celle du ministre. Coordinateur des décrets-lois de novembre, il voulut, dès le coup de feu achevé, me nommer auprès de lui, c'est-à-dire m'intégrer au ministère des Finances, ce qu'il fit malgré une protestation très corporatiste de l'Inspection des finances. En fait, je demeurai aux côtés de Paul Reynaud mais j'estimais tant son souci du service que je tomberai de très haut quand, après la défaite, je constaterai son ardeur à abandonner la République et la sèche indifférence avec laquelle il lâchait l'homme qui avait fait de lui son bras droit. A l'automne de 1940, je vais à Vichy lui parler de Paul Reynaud que vient d'arrêter le gouvernement dont il est membre. Il ne désire pas me recevoir. Il ne peut cependant m'éviter. Devant un ascenseur, le regard fixé sur un papier qu'il tient en main, il me donne une explication pitoyable : « Les temps ont changé. » Un soir de l'été 1943, un de ces soirs silencieux de l'Occupation, où l'heure allemande laissait longtemps briller la lumière du jour, je le croise à Paris. Chassé par Laval, il a repris des fonctions administratives, et c'est entouré de quelques hauts fonctionnaires qu'il marche à pied au milieu de la rue de Beaune. Sans nous voir, nous passons notre chemin...

Avec Bourrel et Sauvy, nous étions trois, ballottés entre Palewski, le directeur auquel nous liaient l'amitié et la fermeté de ses vues, et le clan des finances, qui nous impressionnait par le sérieux de son travail. Les premiers jours, nous serons côte à côte serrés dans le même bureau où Bourrel restera seul quand on eut trouvé un petit salon pour Sauvy, et un plus grand mais plus lointain pour moi. C'est au cours de ces laborieuses journées que j'ai pu apprécier l'exceptionnelle compétence et la lucidité d'Alfred Sauvy, homme simple, médiocre orateur, bon joueur de football et véritablement unique en ce temps-là pour l'analyse et l'interprétation des faits économiques. Je me retrouvais souvent seul avec lui quand il fallait défendre des mesures de libération économique et de solidarité sociale aussi indispensables que le redressement des finances publiques. Par la suite, il se voulut et devint effectivement une sorte de médecin du corps social, affirmant et affinant son diagnostic économique pour suggérer les remèdes à tout gouvernement qui les lui demandera. Après la guerre, il sera reconnu comme un « maître ». La lecture de ses ouvrages et de ses articles n'a cessé de m'instruire, comme je n'ai cessé d'apprécier sa lucidité. A propos de la démographie, il collabora avec mon père et naquit entre eux une amitié qui éclaira leurs deux existences.

Vincent Bourrel demeura mon ami jusqu'à son dernier jour. A bien des égards, nous étions différents, et, par la suite, nos orientations ne seront semblables ni pour les finances ni pour la politique, pas même pour la gastronomie ! Mais la disponibilité de cet homme chaleureux, son ardeur au service de l'Etat républicain, et la rigueur morale de sa vie forçaient l'estime de tous. Parmi les fidèles de Paul Reynaud, et qui le restèrent, je ne peux oublier son chef de cabinet, Signoret, célibataire qui connaissait son Tout-Paris et possédait un exceptionnel répertoire d'anecdotes dont je regrette de ne pas avoir pris copie. Peu soucieux de publicité personnelle, il ne pensa jamais qu'à bien servir son patron.

Pendant mon temps auprès de Paul Reynaud je fis la connaissance de trois hommes d'une exceptionnelle qualité que je reverrai fréquemment dans la suite des années : Wilfrid Baumgartner qui avait été le collaborateur de Paul Reynaud lors d'un précédent ministère, Jacques Rueff, qui était directeur du Mouvement des fonds, c'est-à-dire du Trésor, Maurice Couve de Murville, qui en était sous-directeur. Acteur modeste, c'était la première fois que je vivais à l'intérieur d'un grand ministère. Spectateur intéressé, j'appris à comprendre ses rapports avec ces institutions fondamentales de nos finances que sont la Banque de France, la Caisse des dépôts et consignations, le Crédit foncier.

***

Après la tempête des décrets-lois, mon activité diminue et devient de routine. Je veille à la bonne application des mesures arrêtées sur la durée du travail. Il faut s'assurer de l'obéissance des administrations et dispenser des encouragements aux chefs d'entreprise qui, échaudés, craignent un renversement de vapeur et un retour de bâton.

Ma tâche principale est de suivre les travaux du Comité de réorganisation administrative plus connu sous le nom de « Comité de la Hache ». Le décret qui l'a institué répond à une idée juste, mais difficile à mettre en œuvre : substituer à des économies radicales et aveugles un effort de réflexion sur la machine publique afin de réduire à bon escient les frais généraux et de proposer des réformes sérieuses. Ma responsabilité sera d'éviter l'enterrement des rapports et l'enlisement des projets.

Trois dispositions techniques ont été prises par Bouthillier qui, au départ, avait été partisan de décisions immédiates et d'économies forfaitaires. D'abord, la composition du Comité : un petit nombre, soit un président et cinq membres. Ensuite, une innovation : les décisions seront arrêtées par le président du Conseil et le ministre des Finances, et elles seront édictées sans autre contreseing. Enfin proposées par le Comité, les mesures de réorganisation administrative seront jusqu'au 31 décembre prises par décret, « nonobstant toutes dispositions législatives contraires ». La valeur juridique de cette sous-délégation est fragile. En mars, elle sera régularisée avec la nouvelle délégation de pouvoirs que le gouvernement Daladier obtiendra des Chambres après l'invasion finale de la Tchécoslovaquie.

Le Comité est présidé par Georges Pichat, vice-président du Conseil d'Etat, dont j'ai déjà évoqué la personnalité. D'une grande distinction physique avec sa taille élancée, ses cheveux blancs, une figure vive, où brillent un regard et des sourcils noirs, ses gestes sont mesurés et sa parole aussi affable pour le jeune fonctionnaire que pour le chef du gouvernement. Autour de lui, les membres du Comité ont été choisis avec soin. Jean Toutée, un de mes anciens au Conseil d'Etat, est secrétaire général. Pendant quelques mois, il mettra sa capacité de travail et son bon sens au service d'une cause à laquelle il croit : la qualité de l'Etat républicain. Quatre-vingts rapporteurs, des dizaines d'auditions, des débats de grande ampleur : le Comité fera de nos administrations un des plus sérieux examens qui aient jamais été entrepris. Délibérations et conclusions sont éclairées par le souci qu'exprime Paul Reynaud lors de la première séance : il faut revigorer l'Etat dans tous les domaines. C'est la seule chance, nous dit-il, d'éviter un nouveau conflit. Le champ d'action du Comité est à la hauteur de cette ambition : services centraux, services extérieurs, départements et communes, établissements publics, sociétés d'économie mixte, sociétés concessionnaires. Une précision de circonstance fait ajouter les sociétés privées travaillant pour la Défense nationale.

Aujourd'hui, il paraît vain, compte tenu de la suite des événements, de retracer l'ampleur de cette tâche : réduction des dépenses administratives et des subventions ; limitation du recrutement des agents publics ; fusion d'offices et interdiction d'en créer de nouveaux ; contrôle financier des collectivités locales et notamment nouveau statut de Marseille... Moins d'un an après la mise en place du Comité, la guerre arrêta cette œuvre qui ne sera jamais reprise. Cependant, les orientations adoptées comme les décisions prises ont gardé valeur d'exemple.

***

Après des années de laisser-aller et de déclin économique, cette entreprise de redressement de l'Etat devient populaire, mais ne peut arrêter les désastreuses conséquences de Munich. Affaiblie et isolée, la France subit un affront de Mussolini : le dictateur italien dénonce l'accord qui le lie à nous et fait réclamer par son Parlement-croupion, Nice, la Corse, la Savoie, sans oublier la Tunisie et Djibouti. Allemands et Italiens achèvent de tuer la République espagnole et assurent le succès de Franco. Croyant compenser cette solitude, Georges Bonnet prend l'initiative de signer avec Ribbentrop un accord de bon voisinage sur la base de la reconnaissance mutuelle des frontières communes. J'ai déjà évoqué la honte et la colère qui s'emparèrent de moi lorsque de la fenêtre de mon bureau, je vis notre ministre et son épouse monter les quelques marches qui précèdent le musée du Louvre en compagnie du couple nazi. Moins d'un mois auparavant, il y avait eu en Allemagne un déchaînement sanglant contre les Juifs et contre tous les opposants. Quelle figure est celle d'une France qui se laisse abuser par cette dégradante comédie !

La situation intérieure est difficile à saisir. Le peuple ne sait que croire. Les animateurs et dirigeants de la politique me paraissent des médiocres. Je note la satisfaction des salariés qui bénéficient de la première loi sur les congés payés, et celle des agriculteurs à qui la loi sur l'Office du blé apporte la sécurité du revenu. Je suis surtout surpris et inquiet de l'irréalisme des partis politiques et des députés qui, préoccupés de survivre, pensent aux élections prévues pour 1940 : les modérés espèrent une revanche, les radicaux le retour de leur puissance perdue, et l'état-major socialiste estime que l'introduction de la proportionnelle pourra limiter les dégâts... Enfin, même pour le jeune novice que je suis, il est clair que la solidarité gouvernementale cache de profondes divergences. Face à ceux qui, tel Paul Reynaud, veulent un resserrement franco-anglais, il y a les partisans d'un accord quasiment sans conditions avec l'Italie, et d'autres qui estiment même qu'en toute hypothèse, il convient de chercher à « apaiser » l'Allemagne. Daladier partage les vues de Paul Reynaud pour ce qui concerne l'alliance anglaise. Soucieux de l'équilibre interne de son gouvernement, il est parfois irrité par l'impatience de son ministre. Palewski me parle de temps à autre de cette situation. Paul Reynaud est plus bref. Je le sens empreint d'une immense tristesse et j'imagine qu'elle est faite autant de l'avenir qu'il appréhende que de son impuissance à convaincre ses collègues.

Peut-on faire confiance à l'Armée ? Dans l'entourage de Paul Reynaud, on garde le souvenir de sa proposition de divisions blindées inspirée par le colonel de Gaulle et refusée par l'état-major. Pourtant, chacun reste persuadé de la qualité des chefs, du moral des soldats et de la puissance de l'armement — sous réserve d'un effort aéronautique qui désormais est entrepris. Je fais la connaissance du général Georges qui est confiant. Puisque notre armée nous garantit contre l'invasion, c'est à l'abri de cette force que la France pourra éviter le pire et, qui sait ? se relever. Comme il arrive souvent quand une tâche vous absorbe entièrement je perçois mal la réalité extérieure. Certains jours, je me persuade, et ne suis pas le seul, que le temps pourrait s'arrêter et nous permettre une rénovation de l'Etat. Cependant, à mesure que les mois passent, l'illusion s'évanouit : la mécanique infernale est en route. C'est en mars 1936, lors de l'entrée des Allemands en Rhénanie, que l'occasion a été manquée. Depuis lors, il n'est pas de mois, où un événement ne vienne révéler la continuité du dessein hitlérien et l'effondrement moral et intellectuel des démocraties. Toute menue qu'elle soit, ma place me fait un devoir d'agir pour le mieux. Vraiment, le peuple français qui a tant donné de lui-même pendant les quatre années de la Grande Guerre, ne mérite pas le destin que lui font ses dirigeants.

Cet état d'esprit me pousse, sans sortir de ma compétence, à rédiger une note à l'intention de Paul Reynaud. Je parle du régime du travail. Je préconise un allongement de la durée légale, assorti de nouvelles facilités pour les heures supplémentaires. En compensation, je prévois des améliorations dans les rémunérations et, sous réserve de conditions d'ancienneté, une troisième semaine de congés payés. Avec l'accord de Sauvy, j'ajoute des mesures relatives à ce que l'on appellera plus tard la « politique des revenus ». En contrepartie, et avec quelques précautions tenant à l'hostilité du ministère des Finances, j'évoque les perspectives d'une « retraite des vieux » pour les sans-ressources.

Dans une seconde partie, je propose des dispositions propres à donner un nouvel élan à la production : suppression des trop stricts contingents à l'importation et des droits de douane trop élevés ; encouragements à l'exportation et réforme d'interventions coûteuses en matière industrielle ou agricole. Je termine en reprenant les conclusions d'un article que j'avais fait paraître six mois auparavant et où je proposais la création d'un ministère de l'Economie et des Finances.

Paul Reynaud lut ma note et un matin me réserva trois quarts d'heure pour en parler. Il sent clairement la nécessité d'agir dans le seul domaine où il peut marquer sa volonté. Il y ajoute une autre exigence qui est celle de la solidarité avec le monde anglo-saxon : il faut donner l'exemple de l'effort aux dirigeants anglais et inspirer confiance aux dirigeants américains. Mais le problème est politique. Paul Reynaud se sent bridé. Ma note n'aura pas de suite immédiate. Après la prise de Prague, elle me vaudra de revenir au premier rang dans le nouveau « coup de collier » qu'il tentera.

* * *

Le 16 mars 1939, je me vois encore place du Théâtre-Français, achetant un journal qui publie les premières et hideuses photographies des Allemands à Prague. Comment douter désormais des intentions d'un Hitler à qui tout réussit ? Le futur objectif ne peut être que la Pologne ou la France. Et si c'est la Pologne, comment rester l'arme au pied ? Quelques jours plus tard, ma femme donne le jour à notre premier fils. J'ai déjà évoqué cette date du 20 avril 1939 où toute l'Allemagne fait un triomphe à Hitler pour ses cinquante ans. Au milieu de notre joie familiale, se glisse l'ombre de la guerre. Je m'interroge sur le destin qui m'a permis de donner un garçon à la France avant d'être emporté par la tempête.

Mon père s'était posé la même question quand, en août 1914, il était parti deux ans après ma naissance.

Certains hommes politiques, dirigeants de syndicats, journalistes, osent encore prêcher l'apaisement. Tous, ou quasiment, se retrouveront dans les rangs de la collaboration. Pour Paul Reynaud, le doute n'est plus possible : le prochain assaut d'Hitler sera contre la France et si l'on peut encore espérer un heureux coup du sort, il faut l'attendre en préparant le pire, c'est-à-dire en accroissant notre force. C'est bien ce dont je suis persuadé et quiconque hésite quant à l'effort de guerre, m'apparaît comme un « abdicateur » aux limites de la trahison.

Au sein du cabinet, ma situation a évolué. Mon insertion dans l'administration des Finances qu'avait souhaitée Bouthillier ne s'est pas confirmée. Tout en demeurant un technicien consciencieux pour les affaires qu'il m'est demandé d'étudier, je suis désormais clairement dans la mouvance intellectuelle de Paul Reynaud, parfois le confident des soucis de Palewski et même convié à des repas de caractère politique. Du bout de la table, j'écoute Campinchi, Mandel, Rollin et Kerillis, qui pensent et parlent gravement. D'autres aussi dont je tairai les noms car ils tournèrent casaque en 1940.

Trois jours après la prise de Prague, de nouveaux pouvoirs spéciaux sont demandés par Daladier. Non seulement il n'est plus possible de gouverner selon les méthodes ordinaires de la IIIe République, mais encore les parlementaires élus sous le signe du Front populaire ne sont pas fâchés de laisser faire au gouvernement « la sale besogne » — c'est-à-dire le réarmement accéléré et la mobilisation de l'économie française ! En même temps, Daladier évite le débat sur les décrets-lois de novembre, dont la ratification s'annonçait scandaleusement difficile.

Un nouveau train est donc préparé. Je connais une seconde période de travail intensif et de vives discussions avec certains ministres. Le décret principal concerne la durée du travail dans tous les établissements produisant pour la Défense nationale, que ce soit directement par des commandes, ou indirectement par des fournitures destinées à satisfaire ces commandes. Au ministère de la Guerre, les meilleurs esprits sont anxieux des retards qu'a pris naguère l'industrie aéronautique. Par précaution politique, le temps d'application du décret est limité au 30 novembre de la même année. La durée du travail est fixée à soixante heures par semaine et la majoration pour les heures supplémentaires abaissée à cinq pour cent après la quarante-sixième.

Il ne faut pas croire que la décision soit emportée avec facilité. Par l'intermédiaire d'amis qui sont ses collaborateurs, j'adresse le texte du décret à Pomaret, ministre du Travail. Fait rare, il me téléphone. Pomaret a des manières simples et directes et comme moi, il est issu du Conseil d'Etat. Il me fait des objections. Je lui réponds que des progrès ont certes été réalisés, mais que nous produisons encore moins et plus cher que les Allemands. Il faut donc ouvrir plus largement la possibilité d'heures supplémentaires en remontant le plafond au-delà des cinquante heures par semaine. Mécontent, Pomaret se rend sans tarder chez Paul Reynaud et, arrivé dans son bureau, lui demande de me convoquer. Le ministre du Travail voudrait qu'on obtienne l'accord de la C.G.T. A quoi il m'est facile de lui répondre qu'il ne l'obtiendra jamais. Reynaud évoque Memel qui vient d'être occupé par les Allemands. Mais Pomaret, bon et sincère orateur, affirme que l'assentiment préalable est un élément important pour « l'esprit de défense ». A quoi je demande s'il y a une chance, une seule, que ce consentement soit donné... « Oui, me dit-il, quand Dantzig sera prise... » « Alors, nous serons en guerre », s'exclame Paul Reynaud. Je suis à côté de la carte, présentée sur un chevalet que Paul Reynaud a placé dans son bureau : la carte des territoires dont Hitler a écrit qu'ils doivent de gré ou de force revenir à l'Allemagne. L'Alsace et la Lorraine en font partie. J'ose dire à Pomaret qu'il devrait avoir la même carte sous les yeux. « Je connais, je connais, me dit-il, mais il faut le consentement des Français. » Dans l'absolu, Pomaret n'a pas tort. Mais il nous faut construire des avions, des canons, des chars. Paul Reynaud fait semblant d'accepter un délai : la signature du décret est reportée de vingt-quatre heures.

Le lendemain, je vais chez Pomaret pour obtenir son paraphe. Au mur du salon, dans le vieil et noble hôtel qu'il habite entre la rue de Verneuil et la rue de l'Université, sont accrochés douze à quinze portraits de prostituées, admirables petits tableaux de Toulouse-Lautrec. Sous leur regard, je lui redis que « les arsenaux d'Hitler et la Ruhr entière travaillent depuis plusieurs années à 62 heures effectives par semaine... » « Les Allemands ne sont pas les Français », me dit-il. « C'est vrai, mais nous sommes moins nombreux et c'est contre nous que les Allemands vont maintenant se diriger... » Pomaret hoche la tête. Il attirait la sympathie. Il était un bon ministre, un homme habile. Il aurait voulu éviter la guerre. Mais comment ? Il y avait plusieurs années que la France avait pris le mauvais chemin. Ni lui ni moi n'étions responsables de la situation en face de laquelle tous les Français, désormais, se trouvaient. Hitler était un conquérant impitoyable et les petites femmes de Toulouse-Lautrec appartenaient à un autre monde.

La publication des nouveaux décrets-lois intervient le 22 avril. L'atmosphère n'est plus celle de novembre 1938, où malgré Munich, un espoir dans le redressement économique, donc politique, nous animait. En ce mois d'avril 1939, le Vendredi saint, Mussolini attaque l'Albanie sans crier gare. La Grande-Bretagne accorde sa garantie à la Pologne, et Hitler répond en énumérant ses nouvelles revendications. Le Parlement de Westminster prend la décision d'établir la conscription et c'est alors que je lis pour la première fois une lettre signée *Charles de Gaulle*. Bientôt le Pacte d'Acier est conclu.

*
* *

La tragédie extérieure nous empêche de nous réjouir autant qu'il le faudrait des résultats économiques de Paul Reynaud. Cependant, le succès est là : bonne tenue du franc, malgré l'augmentation des dépenses militaires ; baisse du taux d'escompte et du taux d'intérêt des bons du Trésor ; retour des capitaux évadés (en décembre 1938, Paul Reynaud parlera de six milliards rentrés en un mois), enfin accroissement de l'encaisse de la Banque de France. A ces bons résultats financiers correspond une reprise de la production, selon un rythme qui, à l'échelle d'une année, dépasserait les vingt pour cent puisqu'en huit mois nous atteignons les quinze pour cent. Si les branches des métaux et de la métallurgie stimulées par les commandes militaires élèvent la moyenne nationale, la courbe de la production de gaz, de l'indice des transports, de la vente d'automobiles et même du bâtiment, prouve le caractère général d'une croissance inconnue au cours des dix précédentes années. Le chômage recule, car les entreprises embauchent et les effectifs employés augmentent en même temps que la durée moyenne du travail qui dépasse quarante et une heures par semaine. Enfin, le ralentissement de la hausse des prix contribue à améliorer le pouvoir d'achat. Surpris, le monde politique constate aussi que le déficit du commerce extérieur diminue en un temps où croissent les achats exigés par la Défense nationale.

Dira-t-on que les bénéfices industriels sont plus importants ? C'est exact. Mais où est le mal quand le relèvement du forfait industriel et commercial, l'autorisation de corriger les déclarations d'impôts sur le revenu au vu des signes extérieurs de richesse, ou une nouvelle taxe d'armement sur les transactions et les importations non seulement améliorent les recettes de l'Etat, mais encore permettent de mettre en œuvre une claire volonté de solidarité nationale ?

En d'autres termes, malgré un lourd climat international, Paul Reynaud a réussi un début de redressement économique. Que l'on ne dise pas qu'il est dû aux dépenses d'armement puisque tous les secteurs sont intéressés ! Que l'on ne dise pas qu'il est dû à des facteurs psychologiques puisque la confiance des chefs d'entreprise revient dans une terrible atmosphère d'incertitude nationale ! En fait, Paul Reynaud a rendu à l'économie des chances que la déflation de Laval et l'inflation de Blum lui avaient fait perdre.

On peut s'amuser à refaire l'histoire. Si Paul Reynaud avait pu accéder au pouvoir en 1932, c'est en profondeur qu'il aurait modifié non seulement l'économie, mais aussi l'appareil militaire de la France. Certains ont écrit que Paul Reynaud était responsable de sa tardive venue aux affaires car, caustique et sûr de lui, il était hostile aux compromis qu'exige la politique. C'est une mauvaise excuse. Si l'erreur de la droite dont il faisait partie est sans doute plus critiquable que celle de la gauche pour qui il était un adversaire, il faut dire que l'aveuglement fut général : quand Paul Reynaud s'efforçait d'attirer l'attention de la Chambre des députés sur les grands problèmes de la France, il ne soulevait pas plus d'intérêt à gauche qu'à droite. En s'opposant au conformisme universitaire sur la monnaie, au conformisme militaire sur l'armement, au conformisme national sur la démographie, Paul Reynaud voyait juste mais se condamnait à l'isolement de celui qui, sentant le danger, demande un effort pour l'écarter. S'il lui fallut attendre Munich pour qu'on lui donnât sa chance, ce n'est pas à lui que doit aller le reproche. Ce qu'il fit en dix mois était bien. Et nul n'aurait pu mieux faire.

***

En juin 1939, assuré d'avoir orienté les affaires dans la bonne voie, Paul Reynaud estime que les circonstances justifient un nouvel appel à la discipline nationale. S'il avait été ministre des Affaires étrangères, ou surtout président du Conseil, il aurait pris langue sans tarder avec Moscou. Approfondir l'alliance avec les Anglais, faire comprendre la situation européenne à Roosevelt, s'entendre avec Staline, voilà quelles étaient ses vues. Mais il n'était que ministre des Finances, et il devait son portefeuille à

Daladier qui était le seul à pouvoir obtenir une majorité parlementaire.

Paul Reynaud consulte ses collaborateurs et les hauts fonctionnaires des Finances. A plusieurs reprises, il interroge Sauvy que ses connaissances chiffrées désignent de plus en plus comme un analyste exceptionnel. Enfin, il me reparle de ma note du début de l'année.

Daladier l'écoute et convoque une réunion interministérielle. Elle se tient dans une salle du ministère de la Guerre. Paul Reynaud demande une nouvelle fois à Rueff, à Sauvy et à moi de l'accompagner. L'axe de son propos est le danger de la hausse conjuguée des coûts de production et des prix à la consommation : le nécessaire effort de défense en est altéré. Après avoir évoqué la rigueur économique et sociale qu'Hitler et Mussolini viennent d'accentuer, il pense qu'il est possible, tout en respectant le niveau de vie de chacun, de faire accepter par les Français de nouvelles mesures de discipline. Il donne comme exemple l'arrêt de l'indexation des salaires, la stabilité des prix industriels par un abaissement des droits de douane, et celle des prix agricoles qui ne doivent plus être poussés à la hausse. Ainsi seront augmentés notre capacité de production et notre trésor de guerre. Sous l'œil d'abord offusqué, ensuite résigné de Daladier, son exposé est littéralement mis en charpie par plusieurs ministres. Le président du Conseil se rallie finalement à la conclusion de Camille Chautemps : il faut étudier ce que propose le ministre des Finances et l'on avisera plus tard. Paul Reynaud conclut la réunion en ces termes : « Messieurs, les ministres de Louis XVI pensaient que tout allait bien. Ils étaient eux aussi partisans du " statu quo ". »

Paul Reynaud me prend dans sa voiture pour rentrer. Il a besoin de quelqu'un pour exprimer sa tristesse. Mais issu d'une montagne rude et d'une race peu expansive, il ne dit mot et je respecte son silence. A sa demande, la voiture franchit le pont de Solferino et nous arrête à la porte des Tuileries. La fin de journée est belle. Des enfants jouent et leurs cris, parfois proches de nous, hachent notre conversation. Pendant quelques minutes, Paul Reynaud s'interroge tout haut sur ce qu'on peut politiquement faire pour remonter la pente. Songe-t-il à démissionner ? Mon inexpérience ne me permet pas d'en juger.

Nous approchons du fossé de Louis-Philippe, puis nous le franchissons. Quelques statues sont l'occasion d'interrompre le silence. Jules Ferry, Waldeck-Rousseau pour qui Paul Reynaud me dit son estime. Devant nous s'élève le grand monument à Gambetta qui, depuis lors, a disparu. Je sais par cœur certains passages des discours qui sont gravés dans la pierre. Le discours sur le suffrage universel : « *Maintenant nous savons que le suffrage universel, c'est nous...* », celui sur l'Alsace-Lorraine : « *Il est une justice immanente qui viendra à son jour et à son heure.* » Paul Reynaud m'interrompt. Il me montre du doigt les plaques de marbre au sommet de l'arc de triomphe du Carrousel et me dit : « Lisez plutôt ces inscriptions. Ce n'est pas la langue boursouflée des orateurs. » Nous nous arrêtons et je lis à haute voix les formules triomphantes du conquérant.

Sur le fronton face au Louvre :

« *L'armée française embarquée à Boulogne menaçait l'Angleterre.*

« *Une troisième coalition éclate sur le continent*

« *Les Français volent de l'Océan au Danube...* »

...

Nous revenons sur nos pas pour lire sur le fronton que l'on voit en venant des Tuileries.

« *A la voix du vainqueur d'Austerlitz*

« *L'empire d'Allemagne tombe.* »

...

Paul Reynaud reprend à haute voix l'une des phrases suivantes et nous repartons en regardant silencieusement le côté nord où il est écrit :

« *Maître des Etats de son ennemi*

« *Napoléon les lui rend.* »

...

« La langue française est là... » Pour lui, pour moi, cette réflexion est un refuge. A l'un et l'autre, elle évite d'en dire davantage. Nous approchons du Louvre. Nous pénétrons dans la cour et montons l'escalier en silence. « J'aurai fait ce que je pouvais », me dit Paul Reynaud alors que je le quitte devant la porte de son bureau. Je rentre dans le mien où je dicte un bref compte rendu de ce conseil car l'inconscience des ministres m'a frappé de stupeur.

***

Au cours des mois de mai et de juin, Sauvy m'entraîne dans la discussion des décrets destinés à devenir un « Code de la famille ». Cette fois, nous luttons « à fronts renversés ». Loin d'être les porte-parole d'un ministère des Finances soucieux de l'équilibre budgétaire ou de l'effort de production, nous cherchons à convaincre nos propres bureaux de la nécessité d'une politique familiale. Des personnalités politiques, tels Adolphe Landry, Georges Pernot, des fonctionnaires tels Alexandre Parodi, André Ségalat et surtout Jacques Doublet, tous trois mes collègues au Conseil d'Etat, des hommes bien inspirés, tel Boverat, nous soutiennent. Cependant dès lors qu'ils demandent que les dépenses en faveur des jeunes couples, de la mère, de l'enfant, aient un caractère prioritaire, nous nous retrouvons bien isolés. Mais Paul Reynaud, lui, a compris.

Le 29 juillet 1939, le décret-loi relatif à la famille et à la natalité est pris en application des « pouvoirs spéciaux » accordés au gouvernement par la loi du 19 mars précédent. Il suit, au *Journal officiel* du 30 juillet, un autre texte pris en vertu des mêmes pouvoirs spéciaux : le fameux décret-loi prorogeant le mandat des députés. La Chambre devait être renouvelée en juin 1940. Le gouvernement décide qu'elle ne le sera qu'en juin 1942...

Là encore, les événements qui vont suivre n'ont pas permis de reconnaître l'importance que mérite ce décret pourtant capital. En novembre 1938, le premier texte sur les allocations familiales avait été difficilement accepté. Quelques mois plus tard, la situation est différente. Nul ne peut plus sous-estimer le danger allemand et cette atmosphère permet une réflexion tardive mais salutaire. Une bonne collaboration entre les cabinets du ministre de la Santé, du ministre du Travail et du ministre des Finances assure la mise au point de mesures préparées en vue d'un projet de loi, aisément transformé en décret.

Le titre I traite de l'aide à la famille : primes à la première naissance, allocations familiales généralisées à toute la population avec des dispositions spéciales pour les familles paysannes, comme les prêts aux jeunes ménages ou le contrat de salaire différé, enfin assistance à la famille. Le titre II s'intitule protection de la famille : protection de la maternité, sans doute par l'interdiction de l'avortement, mais aussi par la surveillance des établissements d'accouchement, par la création de maisons maternelles, par des directives pour lutter contre la mortalité infantile. En même temps adoption et légitimation adoptive sont facilitées, les dispositions sur la tutelle des enfants naturels sont revues. Elargissant l'action aux problèmes de santé publique, la lutte contre l'alcoolisme fait l'objet de dispositions plus sévères, tandis qu'apparaissent les premières mesures contre la fraude des bouilleurs de cru ou contre la drogue appelée substance vénéneuse. Un chapitre traite de l'enseignement de la démographie et de la surveillance médicale des établissements scolaires. Un dernier titre, bref mais important, allège les droits de succession au bénéfice des parents et enfants de familles nombreuses.

Ce Code de la famille a ouvert une période de trente années où, à travers les changements de régime, les préoccupations démographiques sont restées dominantes dans l'esprit des responsables politiques. C'est même le seul domaine où, d'une manière remarquable, la continuité a régné. Vichy a repris le flambeau de la IIIe expirante. La Résistance entendra faire mieux que la IIIe et Vichy. Grâce au général de Gaulle, la politique familiale est un choix fondamental de la nouvelle République. Il en sera de même tout au long de la IVe et au début de la Ve. Naturellement, les démographes s'interrogent sur l'efficacité des textes, et en particulier sur celle de ce Code de la famille. Je suis convaincu qu'il contribua à une prise de conscience nationale et que son aide aux familles a levé bien des obstacles matériels. Il a donné au ministère de la Santé une autorité nouvelle qui a facilité son action en faveur de la famille au moins pendant un temps. Il a affirmé une responsabilité de l'Etat. Ce fut donc un très grand texte. Et quarante-cinq ans après, alors que j'ai tant préparé, rédigé, ordonné ou signé de textes, et non des moindres, j'éprouve toujours la même fierté d'avoir collaboré à la rédaction du Code de la famille, comme d'avoir été du très petit nombre de fonctionnaires qui voulurent sa promulgation.

Cette fois, le décret fut signé par tous les ministres. A la veille de sa mort, Louis XIV dit à son arrière-petit-fils qui va lui succéder : « J'ai trop aimé la guerre. » A la veille de mourir, la IIIe République s'adresse aux régimes qui allaient la suivre et avoue : « Je n'ai pas assez aimé les enfants. »

* * *

Arrive l'été, c'est-à-dire le pacte germano-soviétique et la guerre. C'est de loin désormais que je suivrai l'action de Paul Reynaud.

Au-delà de l'expérience d'un cabinet ministériel, à la charnière de l'administration et de la politique, de ces dix mois, j'ai retenu deux leçons : l'une de sagesse économique, l'autre de courage politique.

Pour l'économie, je m'associe au jugement d'Emmanuel Monick. Le cabinet de Paul Reynaud, écrit-il, était « une rude école où l'on devenait trop bon financier pour pouvoir jamais céder à la facilité ou à la démagogie de la politique dite du pouvoir d'achat ! »

Pour la politique, le combat auquel Paul Reynaud venait de m'associer, m'a laissé une hantise : celle de l'association de la médiocrité et de la lâcheté. Quitte à me briser les reins, j'essaierai toujours d'établir les priorités de l'action au regard de la France éternelle comme je me contraindrai à refuser la facilité. Sans doute étais-je prédisposé à cette rigueur — d'aucuns diraient à cette rigidité. Mais d'avoir vécu avec intensité le déclin dû au laisser-aller, m'a confirmé dans ce qui était ma disposition première.

Paul Reynaud fut broyé par les événements qu'il avait pressentis, mais qu'il ne sut pas dominer. Pendant l'Occupation, alors que le maréchal Pétain, qui avait été son ministre, l'emprisonnait sans jugement et laissait les Allemands s'emparer de sa personne, j'essayerai de lui témoigner ma fidélité. Je rédigeai pour son avocat, Maître Charpentier, une note au demeurant bien inutile car une décision arbitraire fut rendue sans procès. Et tant que cela fut possible, par l'intermédiaire de deux femmes courageuses, sa fille Colette Dernis et sa collaboratrice, Christiane qui devait devenir après sa déportation Mme Paul Reynaud, je lui ferai passer des messages de soutien et d'espoir.

Après 1944, je me réjouis de le voir retrouver un siège au Palais-Bourbon. Je comprends qu'il accepte, comme une revanche, les fonctions de ministre des Finances dans le gouvernement André Marie, quoique ce gouvernement ne puisse qu'être éphémère — et même plus éphémère que d'autres dans la mesure où Paul Reynaud tente d'agir. Mais qu'il ne comprenne pas que la IVe République répète les folles erreurs dont un patriote comme lui avait été victime ! Qu'il devienne un adepte de la supranationalité et de la disparition de l'armée française dans un conglomérat commandé par un général américain ! Qu'il s'oppose au général de Gaulle dont il a été le premier à découvrir le génie ! Je m'explique mal ce comportement et nos relations en souffrent. Nous ne nous voyons plus. Nous nous retrouvons cependant à Strasbourg, à partir de 1952, au sein de l'Assemblée parlementaire de la Communauté européenne du charbon et de l'acier où tout heureux de me traiter d'homme du passé, il se pose comme un homme d'avenir — même au prix d'idées erronées.

En 1958, je me réjouis de son ralliement au général de Gaulle et suis heureux de le voir à la présidence du Comité constitutionnel consultatif. Après les élections, le Général me demande de soutenir sa candidature à la présidence de l'Assemblée. Mais Jacques

Chaban-Delmas a pris les devants et je ne veux pas m'opposer à mon ami. Après cet échec, je suis heureux de le voir accepter la présidence de la Commission des Finances. Peu après, premier ministre, je lui dis publiquement mon admiration et ma reconnaissance lors d'un grand déjeuner que j'offre à Matignon en son honneur. L'année suivante, je m'associe à l'hommage que lui rendent tous ses anciens collaborateurs dans un célèbre restaurant parisien où Vincent Bourrel, Procureur général à la Cour des comptes, a ses entrées. Sont réunis autour de lui Gaston Palewski, ambassadeur de France à Rome, Maurice Couve de Murville, ministre des Affaires étrangères, Wilfrid Baumgartner, gouverneur de la Banque de France, Jacques Brunet, futur gouverneur, Jacques Rueff, au plus haut de sa carrière d'économiste exceptionnel, Alfred Sauvy, savant désormais renommé, et tant d'autres pour qui à des dates diverses, il a été un exemple.

A l'automne 1962, il prend position contre le projet de référendum sur l'élection du président de la République au suffrage universel. Non seulement il s'oppose à de Gaulle, mais il souhaite son départ. Si j'étais demeuré à la tête du gouvernement, il me semble que j'aurais empêché cette ultime faute et que j'aurais fait contrepoids à d'autres influences. Avant de voter la censure du gouvernement Pompidou, il prononce un discours où, comme le veut la plus mauvaise tradition française, il confond dans le même acte de foi, le régime parlementaire républicain et la souveraineté de l'Assemblée. Il rejoint le « Cartel des Non », c'est-à-dire l'offensive des partis contre de Gaulle. Par voie de presse, une très vive polémique m'oppose alors à lui. Je ne le ménage pas. Il me répond et je lui réplique d'autant plus vertement qu'il a apporté sa caution à une médiocre coalition en qui l'étranger met son espoir pour éviter une France forte. Alors qu'il en avait été le spectateur attristé, avant d'en devenir la victime, la lente chute qui a causé le désastre de 1940 ne lui a rien appris. Il s'allie avec les partis et leurs états-majors qui entendent contre le bien public usurper la souveraineté nationale. Je le dis et l'écris avec regret, mais sans ambages. C'est une nouvelle rupture. Après le succès du référendum se tiennent les législatives : ulcéré de cet abandon, le Général demande à mon vieil et très cher ami Jules Houcke, à la fois modeste et illustre personnage de la Résistance du Nord, de se porter candidat contre lui. Gaulliste fidèle, il est élu dès le premier tour.

Je ne reverrai pas Paul Reynaud. Nous ne sommes plus du même bord. Mais ce jour de janvier 1966 où, rue de Rivoli, je m'assieds devant le bureau qui avait été le sien, je me souviens et lui écris sans tarder. Il me répond par retour du courrier.

Un mercredi, le 21 septembre de la même année, le Conseil des ministres siège, quand un officier d'ordonnance fait remettre au général de Gaulle une dépêche d'agence. Je suis assis à côté du Général qui me passe la dépêche : Paul Reynaud est mort le matin même. Fait exceptionnel : pour annoncer la nouvelle, le Général interrompt un instant le ministre qui parle. A la fin du Conseil, se tournant vers moi afin que nul autre ne l'entende : « Paul Reynaud s'est-il servi de de Gaulle ? Ou de Gaulle s'est-il servi de Paul Reynaud ? Qui peut savoir ? L'histoire tranchera, si elle le peut. » Puis il part écrire à sa veuve, cependant que je quitte l'Elysée afin d'aller saluer, figé dans la mort, le visage de celui qui naguère m'avait tant appris.

2.
L'honneur et la honte

L'honneur, je le constate et le ressens au quartier des hussards à Rambouillet, où je suis affecté à l'instruction des élèves officiers. L'ardeur à s'instruire et à comprendre comme la foi patriotique de ces jeunes sont à la hauteur des meilleures traditions guerrières d'une nation qui si souvent fut appelée à défendre sa terre et sa liberté. Instituteurs, fils de paysans ou d'industriels, médecins ou employés, noms à particule, sursitaires ou jeunes engagés « pour la durée de la guerre » : tous font partie du même peuple, tous sont sûrs de la qualité de leur cause. La politique n'occupe guère les conversations même s'il est admis que son insuffisance depuis 1918 est la cause de cette nouvelle épreuve. Pour les très jeunes qui forment la majorité, les choses sont simples : une fois de plus, l'Allemagne en veut à la France. Il faut gagner. Et la qualité des chefs militaires les assure de notre confiance à tous.

Dans le petit cercle d'officiers auquel j'appartiens, les propos vont un peu plus loin. Regrets à l'égard des politiciens qui n'ont pas su faire fructifier la victoire de nos pères. Rancœurs à l'égard des Anglais et des Américains qui ont fait confiance à l'Allemagne. Critique d'une démocratie qui a laissé péricliter l'héritage national, mais aussi, espérance des changements indispensables après la nouvelle victoire. Nous nous posons aussi des questions. Notre honneur n'est-il pas déjà atteint par la mort de la Tchécoslovaquie et de la Pologne ? Le présent, c'est-à-dire la France, nous importe davantage : que penser de ce front immobile ? Qu'attend-on ? A ces questions, nous ne pouvons donner aucune réponse. Cependant nous voulons croire qu'après les premières hésitations la victoire nous sourira. A nous de la mériter en acceptant notre destin particulier qui peut, comme tant de nos anciens, nous amener à mourir sur un champ de bataille. Les célibataires évoquent leurs permissions. Les hommes mariés pensent à leur femme, à leurs enfants.

Il me paraît impossible de continuer à attendre le combat. J'apprends que le père d'un de mes camarades d'études, le général Rupied, doit organiser une division légère de cavalerie dont il aura le commandement. Nous y sommes tous deux affectés. Prévue pour le mois de juin, elle ne sera jamais constituée.

La honte est venue, d'un coup. Un soir de mai, le colonel de Padirac qui nous commande avec gravité et bonhomie me dit à l'oreille afin que personne n'entende : « Le front est percé, les Allemands sont à Laon. Il nous faut une nouvelle Marne. » Qu'avions-nous fait depuis huit mois ? L'affaire de Norvège avait mal tourné et la Belgique allait capituler. Pouvions-nous encore renverser la fortune de guerre ?

Au nord de la Seine, au début de juin, une division se forme. Elle est appelée division légère d'infanterie et elle doit participer à une contre-offensive. Je suis désigné pour son état-major, en attendant une fonction plus précise. Nous nous battrons sur notre terre et nous ferons aussi bien que nos pères. Malgré le désarroi des premières semaines, malgré les bombardements et la difficulté des communications, la mécanique militaire fonctionne. En attendant le général qui doit prendre le commandement de la division, l'état-major travaille sous les ordres d'un chef de bataillon, Magny, qui connaît son métier : il réunit les unités dispersées et les dispose pour le combat. Je me sens animé par le souffle des grandes résistances à l'invasion.

Entre Bar-sur-Aube et Vandœuvre, un officier à quatre galons, qui doit être un important fonctionnaire dans le civil, tient une carte dans la main. « J'ai écouté la radio allemande, me dit-il, voilà ce qu'ils vont faire. » Avec son autre main, il marque des flèches au crayon rouge. Son regard est triste. « Nous allons souffrir », répète-t-il en repliant sa carte. Il me semble qu'il pense déjà aux lendemains.

« Faites le plein. Prenez des bidons. Et allez chercher des ordres à Ancy-le-Franc ! » Je me tourne vers le commandant Magny et répète machinalement : « Ancy-le-Franc ? C'est le centre de la France... » — « Oui, Ancy-le-Franc. » Et le commandant de poursuivre : « C'est de l'Armée que désormais nous recevrons directement des ordres. » Je pars. Je roule. Dix, vingt, cinquante, cent kilomètres et plus dans notre belle France déserte, silencieuse, où la nature est indifférente à notre malheur. Elle sera belle aussi pour le vainqueur. Voici le château. J'entre. Des généraux, des colonels surtout qui viennent d'arriver. Leurs voitures emplissent la cour. Je dis qui je suis, d'où je viens. Une porte s'ouvre : une vaste salle, un colonel, des commandants. On achève d'accrocher une carte, plusieurs cartes. Le téléphone fonctionne-t-il ? Le général Georges va appeler. Il faut envoyer un compte-rendu d'urgence. Un silence. La voix du colonel : « Que fait ce lieutenant dans cette salle ? » C'est à moi, sans doute, que ce discours s'adresse. J'explique pourquoi je suis là, avec mon pauvre casque et mes chaussures poussiéreuses. « C'est bien, attendez dehors. » Une demi-heure passe... « Revenez lieutenant. Voici les ordres. » Je repars. Des kilomètres, dix, vingt, cinquante, cent, dans la nuit. Là où était le poste de commandement, plus rien, ni personne. Un mur, des pierres renversées, du crépi éclaté et le silence. Par un miracle de ma mémoire, je me souviens du nom d'un village dont il avait été parlé comme lieu de repli en cas de trop violents bombardements. J'y vais. Le commandant m'attend. Il lit les ordres. Me les fait lire. Dérision. « Arrêter l'Allemand avant qu'il ne traverse la Seine. Lui interdire le passage du fleuve. » Avec qui ? Avec quoi ?

Jamais de ma vie je ne suis retourné à Ancy-le-Franc.

Ma mission sera d'aller chercher, les unes après les autres, quelques unités d'infanterie, d'artillerie et d'ambulances et de leur transmettre l'ordre de se replier sur la Seine, en amont de Troyes. Dans la campagne déserte, je m'arrête un instant près d'une ferme. Solitaire et grisonnant, un paysan s'approche de moi : « Tout le monde est parti, me dit-il. Moi, j'ai voulu rester. J'étais à Verdun. Ça ne pourra jamais être pire. Et nous avons gagné. J'ai confiance en Weygand. » Il ajoute : « Grâce à Weygand, l'armée française est intacte. » Et alors que je m'éloigne, il hurle à nouveau, comme pour exorciser le sort : « Intacte, l'armée française est intacte. » Ce cri déchirant, lancé comme un appel à une impossible espérance, me poursuit...

C'est l'honneur que je rencontre en croisant un side-car que le conducteur arrête devant moi et dont le passager me demande ce que je sais. Il est assis avec deux fusils devant lui et une cartouchière. Le chauffeur a de grosses lunettes et un fusil-mitrailleur. Les deux hommes sont gris de poussière sur leur barbe mal rasée. « Je suis le colonel Schlesser. Nous avons été pulvérisés et je me retire en faisant le coup de feu. Nous tuons des Allemands. »

L'honneur toujours en fin d'après-midi ! La route longe un étang.

Des soldats blonds se lavent dans les roseaux. Ils ont la peau très blanche. Ils ne savent pas me répondre. Ils me conduisent vers l'officier de liaison du général Matchek, commandant d'une brigade polonaise. « Rien n'est perdu — me dit ce général dans un français approximatif et avec un fort accent — demain, je prends l'offensive. »

Je ne sais comment, je le retrouve vers minuit dans une ferme avec son état-major et le colonel Schlesser, tous attablés. Des bougies. Des bouteilles de champagne. Le château d'une « Madame Chandon » n'est pas loin, me dit-on. Matchek est calme. « La guerre n'est pas finie, et tant que la guerre n'est pas finie, il faut se battre. » Schlesser ajoute : « Faites comme nous. Il faut manger et se reposer. Sinon vous ne tiendrez pas le coup et vous ne serez pas prêt pour le combat. » Et Matchek conclut : « Nous gagnerons cette guerre, mais il ne faut pas se fatiguer inutilement. » Il est vrai que je ne sais plus très bien quel jour du mois nous sommes. Autant qu'il me paraisse, chacun est prêt à se battre et pour ces vrais guerriers la victoire est encore espérée.

L'honneur reviendra-t-il ? Nous allons lancer une contre-attaque. Direction : Arcis-sur-Aube. « C'est l'offensive », dit le lieutenant Frank qui ajoute : « Je vous avais bien dit que le Haut Commandement ne les laisserait pas passer la Seine. » On se réjouit. En un instant, tout est dissipé. L'amertume des bombardements auxquels on ne peut répliquer, la tristesse d'un ciel français où ne volent que des avions ennemis, la fatigue qu'augmente l'incertitude. Un Allemand a été fait prisonnier. On me l'amène afin que je l'interroge. Il ne sait ni ne dit grand-chose. Son portefeuille est gonflé de photos d'hommes nus, de fesses, de cuisses... Vision irréelle. En fin d'après-midi, la mort frappe autour de moi. Je fais feu sans hésitation ni crainte. Que l'homme s'habitue vite à la guerre !

Je me souviens de cet arrêt dans un bois non loin de la Seine. Une admirable nuit de juin. Les armes se sont tues. C'est dans le silence et la douceur de l'air que je m'endors. Au réveil, c'est le même silence qui me dit que nous sommes dans la guerre. Les lueurs de l'aube blanchissent le ciel, l'horizon rougit aux premiers rayons du soleil encore dissimulé, mais aucun oiseau ne chante, aucun animal n'anime le sous-bois : sentiment de vide, effroi de la nature devant la mort.

Le lendemain, nous passons la Seine et Frank est chargé de veiller à ce que le génie fasse sauter les ponts après le passage des dernières unités. Au début de la nuit, j'observe les régiments qui font retraite. J'ai encore devant les yeux le passage d'un régiment d'artillerie à cheval. Hommes et chevaux sortent du combat. Ils passent en bon ordre. Défilé irréel. C'est ce soir-là, me semble-t-il, que j'entends Paul Reynaud à la radio : « Les Français vont souffrir... » Les mots mêmes de l'avant-veille...

Un asile, non loin de là, a été abandonné par ses gardiens. Un fou est arrêté alors qu'il errait dans la campagne. Il porte l'uniforme de l'asile. Les soldats le traitent en espion et entendent le fusiller. Je le libère. Deux heures plus tard, d'autres soldats l'arrêtent à nouveau et me l'amènent. Je le libère une seconde fois. « Je vais devenir vraiment fou », dit-il en me quittant.

Nous voulons croire que tout n'est pas perdu. Près de Chaource, sur la place où gît le cadavre d'un enfant tué d'un éclat en plein front et hâtivement recouvert d'un sac de jute, deux officiers d'état-major nous rejoignent avec quelques hommes. Je suis à côté d'une mitrailleuse cependant qu'une conférence a lieu dans une maison à la limite du village. Des avions dans le ciel. Ils ne sont ni allemands ni français. Sont-ce vraiment des avions italiens qui, derrière nous, bombardent sur les routes des convois de réfugiés ? On nous le dit et nous serrons les poings devant notre impuissance. Un fol espoir continue cependant à vivre en nous : rassembler les unités qui ont passé la Seine depuis deux jours et reprendre l'offensive...

La gravité et la tristesse se lisent sur le visage des officiers qui sortent de la conférence en pliant leurs cartes. Ils montent en voiture et s'en vont vite. C'est la retraite.

Nous pensons encore à l'honneur de nous battre plus loin. Et nous nous battons. A la lisière des bois, des corps étendus sur le bord de la route témoignent de cet ultime effort. Vers la fin de la journée, dominés par un flot de parachutistes, qui paraît sans fin, ce sera pour les uns la mort, pour les autres la captivité. J'en témoignerai jusqu'à mon dernier jour : les hommes avec lesquels je me suis trouvé, des Français et des Sénégalais, firent face en combattant, tant qu'ils ne furent pas submergés par le nombre.

Honte du premier réveil dans une grange où nous sommes entassés. « La grande nation ! » dit une voix allemande dans la nuit qui s'achève. Honneur de la première évasion. Honte de l'échec. Honte des propos entendus. « Au fond, dit un capitaine, nous sommes plus près de ces gens-là que des Anglais. » Honneur d'une seconde évasion, après entente avec mon ami Christian Cardin, rencontré dans la foule captive de Saint-Florentin avec deux de ses amis. Nouvel échec.

*
* *

Etre interné, en France, sous la garde de soldats allemands, c'est à la fois une honte personnelle et la honte de la France. Il y a ceux qui réfléchissent et ceux qui rêvent. Il y a ceux qui tuent le temps en jouant aux cartes. Il y a ceux qui cherchent à entrer en relations amicales avec leurs gardiens et ceux qui souffrent dans une solitude hautaine. Il y a ceux qui disent « serrons-nous les coudes » et ceux qui commencent à déblatérer contre les Juifs et les « sans-patrie ». Il y a les optimistes qui attendent la libération puisque « ce n'est pas l'intérêt des Allemands de nous garder... » et ceux qui, accablés, prévoient une guerre longue avec une captivité sans fin. Il y a ceux qui cherchent à s'évader, mais aussi les résignés. Quand j'évoque mon projet, un camarade me regarde avec gravité : « Avez-vous réfléchi que votre situation va être irrégulière ? » Et il y a la honte suprême que j'ai déjà évoquée : l'appel aux Alsaciens et aux Bretons pour le démembrement de la France, le digne silence mais la douloureuse angoisse pour l'avenir.

Les conversations politiques se multiplient. La République est honnie. Nul ne prend sa défense. Les attaques atteignent spécialement le Front populaire, également Daladier ou Reynaud. D'autres, Chamberlain et Halifax. D'autres encore préfèrent stigmatiser la « crise des démocraties » en rejetant en bloc tous les hommes politiques qui n'ont pas su tirer la leçon de la Première Guerre mondiale. Les nouvelles sont rares. La confiance dans le maréchal Pétain est grande. Chacun a la certitude qu'il médite la revanche contre l'Allemand. Quand le nom de De Gaulle parvient jusqu'à nous, on admire l'homme, en pensant qu'il a l'accord du Maréchal. Survient le drame de Mers el-Kébir. C'est un choc. Les discussions sont passionnées, la conclusion accablante. La France est piétinée. L'Allemand nous envahit, nous pressure, s'apprête à nous déchirer. Les Etats-Unis nous abandonnent. L'Italie joue les chacals. Et l'Angleterre retrouve sa vieille hostilité pour nous enfoncer. Sortirons-nous de tout cela ? Et comment... Avec les jours qui passent, l'opinion change et j'en prends acte avec soulagement. Le sentiment anti-allemand prend le dessus. On commence à admirer les Anglais et on souhaite leur victoire. Je note quelques exceptions dont ma mémoire conserve le souvenir affligé.

J'ai très vite dissocié ma honte personnelle de la honte nationale et deviné que notre destin était d'aller pourrir en Allemagne. J'ai évité un premier départ sans le vouloir, simplement en acceptant, avec quelques autres, d'encadrer des soldats captifs et désemparés.

Tous les autres officiers du camp partent pour l'Allemagne. La vingtaine que nous sommes demeure et, après le départ des hommes, est dirigée à la fin août sur Orléans, quartier Dunois. La garde est moins stricte. Il y a des corvées qui sortent du camp pour nettoyer les ruines de la ville qui a pâti des bombardements. Je saisis la chance. Aidé par ma femme et ma sœur, que j'ai pu alerter, je m'évade. A Saint-Ay, je prends le train qui suit la vallée de la Loire en s'arrêtant à chaque station. Dans la maison de mon père, à Vernou-sur-Brenne, je prends une bicyclette, instrument de la liberté. A Amboise, je franchis le fleuve sur une passerelle de fortune. Je traverse la forêt. Un paysan me rejoint et nous pédalons de concert. Le Tourangeau a fait son choix. Il attend les Anglais. Sur les bords du Cher, des Allemands, torse nu, se baignent. Entre Bléré et Loches, passage de la « ligne » en rase campagne. Honte que cette France divisée en deux par un rideau de sentinelles dont il faut se cacher. Ramper, chercher les buissons, les hautes herbes, en traînant sa bicyclette. Etre hors la loi, chez soi, sur les bords du Cher... quel sentiment de défaite et de servitude !

J'arrive à Loches en zone non occupée. Surprise : je constate une sorte d'insouciance. L'absence d'Allemands en est la cause. Dans un café où je m'arrête, on parle politique.

***

Même courte, la captivité est une épreuve. On vit dans un monde rétréci, fermé, monotone, le cœur brûlé par la douleur de l'échec et par la crainte lancinante de la durée. Le retour est apaisement, soulagement, surtout lorsqu'on constate que les siens ont survécu. Je passe quelques jours dans notre maison de Tonneins sur la Garonne. Peut-on imaginer une sorte de retour à la vie familiale ? Il y a du charme au renoncement. Mais l'humiliation de la défaite a été trop forte. Mes camarades Rupied, Sebline et Seguin ont été tués. Comme Michel, le frère de mon ami Guy Taittinger devant Troyes. Comme mon fidèle camarade d'études, Robert Dennery tombé l'un des premiers à Lang-Son. De nombreux autres sont prisonniers. Le désir d'agir revient vite.

Le bruit court que Palewski est à Londres. Des collègues, des amis occupent à Vichy des postes de responsabilité. Je commence par me faire démobiliser. En octobre, je trouve un lieutenant qui, comprenant à demi-mot, me permet une double démobilisation sous deux identités : la mienne et la seconde au bénéfice de *Jacquier*, grâce à quoi je me fais faire une seconde carte d'identité.

Jacquier est le nom d'un grand-père de ma femme, pasteur protestant. Je me fais naître à Lifou, île de Nouvelle-Calédonie. Je connais l'existence de cette petite terre lointaine car un de mes amis, Pierre Benignus, y est missionnaire et la distance me paraît une bonne garantie contre la curiosité des Allemands à l'égard de cet état civil de secours.

A cette date, je suis persuadé que c'est de France qu'il faudra faire naître un mouvement de reconquête. A Vichy même ne trouvera-t-on pas des complicités ? Aussi ridicule qu'elle paraisse aujourd'hui, cette question reçoit alors une réponse affirmative dans des milieux très honorables. Un maréchal de France ne peut accepter la défaite et très certainement sa conduite est inspirée par le double jeu. Tout en souhaitant la victoire des Alliés et en se félicitant de la présence à Londres d'un général français, de nombreux patriotes hésitent à condamner tous les actes de la « Révolution nationale ». Ils préfèrent croire qu'elle traduit une volonté d'attente en préparant l'heure de la revanche. La complicité, c'est-à-dire la collaboration avec les Allemands où Vichy allait sombrer, n'est pas envisagée. Plus tard le renvoi de Laval effacera Montoire. La portée des Protocoles de Paris signés par Darlan ne sera pas mieux comprise par l'opinion mal informée de la zone non encore occupée. Les plus engagés ne seront finalement convaincus que deux ans plus tard, lorsque après l'invasion totale, le Maréchal refusera de quitter la France et de se rendre à Alger. On s'interdit de comprendre la difficulté et le caractère insolite des premiers actes de résistance, si on ne se souvient pas qu'en cette fin 1940, notre pays était prostré par la défaite et politiquement paralysé autant par la suspicion ou le dégoût dont tous les anciens responsables étaient l'objet, que par le pacte germano-soviétique qui neutralisait les communistes.

Un homme n'est pas dupe : mon beau-père, Charles Lemaresquier. Ayant été l'intime de Briand, il a appris à juger les hommes politiques, en particulier Pierre Laval. Il n'a aucune illusion sur le personnage. Il sait que le seul mobile de son action est le pouvoir et que pour cette fin, il sera capable d'accepter n'importe quoi. « Il lâchera l'Alsace, la Lorraine et bien davantage », me dit-il dès cette époque.

Quelques jours suffisent à m'édifier. Le Conseil d'Etat est installé à Royat, près de Clermont-Ferrand. J'y vais, et de là, un jour, à Vichy. Je rencontre des amis ou camarades qui fréquentent le nouveau régime : leurs illusions me stupéfient. Je ne suis pas touché par le statut des Juifs. Alibert et Belin me font même des avances que j'écarte. Le bureau du Conseil d'Etat me demande de préparer une équipe de jeunes pour le concours de l'auditorat qui, comme d'habitude, s'ouvre en décembre. Je suis surpris, mais j'accepte. En même temps, et surtout, j'essaie de donner corps à une idée venue d'un souvenir d'histoire, le redressement de la Prusse après Iéna et Auerstaedt. Pourquoi ne pas créer un réseau clandestin d'officiers ? Je prends des premiers contacts à Clermont-Ferrand. Ils sont décevants. Je recommence à Montpellier, à Toulouse. Je ne réussis pas plus à me faire entendre. Sans doute suis-je trop jeune pour être crédible. Mais surtout je découvre que l'hostilité à l'égard des Anglais est égale à celle des Allemands. Pour ne pas avoir à choisir son ennemi, chacun se réfugie derrière la fidélité au Maréchal : « Suivre le Maréchal » est une fuite autant qu'un espoir. Fondateur de l'association des Anciens de Saumur, Louis Rouzée, un des « mille premiers résistants de Paris », est mon ami. Il a entrepris un travail analogue au mien en zone occupée. Je lui fais donc demander son fichier pour la zone dite libre où ma situation de prisonnier évadé me contraint de séjourner. Tous ces efforts sont prématurés et en décembre, après de nouvelles et décevantes conversations à Lyon, j'arrête mes démarches. Je me le reprocherai plus tard. J'estimerai alors que j'ai été trop pressé, trop exigeant. Je veux tout de suite du sérieux : une structure pour les hommes, des caches pour les armes. Or en ses débuts, la Résistance intérieure ne peut pas être une affaire organisée, ni même sérieuse. Elle ne sera que l'expression quelque peu anarchique d'hommes isolés montant des « coups » épisodiques, limités. Je ne le comprends pas et ma déception est grande.

Je suis envahi d'un profond sentiment de lassitude. Il me semble que la Grande-Bretagne jette ses derniers feux, que l'indifférence des Etats-Unis et l'attentisme de la Russie vont laisser Hitler achever ses projets, et surtout que les Français s'habituent au renoncement. La vie quotidienne reprend à côté des Allemands en zone occupée, et sans penser à eux dans l'autre zone. Les familles où il y a un prisonnier souhaitent la fin de la guerre, quelle qu'elle puisse être. On écoute la radio de Vichy, celle de Londres et on compte les points. On s'habitue à cette France muselée et morcelée qui attend passivement que d'autres décident de son destin. Les premières semaines de 1941 me laissent un amer souvenir. Il n'y a rien à faire. Ma génération sera celle de la honte. Je me sens pris au piège d'un lamentable conformisme.

Quelques prémisses, quand j'y réfléchis, m'aident à garder courage. Un dimanche, alors que vient de paraître le premier train de mesures iniques contre les Français juifs, je suis entré dans une église de Royat : un jeune prêtre est monté en chaire et a commencé son prêche par ces mots : « Mes frères, Jésus était juif, et nous sommes tous des Juifs. » L'abbé Elchinger est directeur du séminaire de Strasbourg réfugié en Auvergne, à Chamalières. Mon amitié pour le futur évêque d'Alsace a commencé ce jour-là. Je n'oublierai ni le courage de cette parole ni celui des premiers gestes, qui sont autant de refus. Dès l'automne 1940, il est possible de trouver des lieutenants ou des capitaines qui, dans un centre de démobilisation, libellent des documents officiels à des noms d'emprunt, ce qui permet la fabrication de fausses cartes d'identité ; il y a des curés de village et des pasteurs qui délivrent des certificats de baptême sans chercher à trop en savoir ; des cheminots qui cachent, sous le charbon, dans un coin de tender, un lot de lettres pour Paris ou pour une zone interdite, en donnant leur adresse pour que parvienne la réponse ; des retraités qui, habitant à proximité de la ligne de démarcation, souvent accueillent l'évadé ou l'enfant de dix-sept ans qui, à bicyclette ou à pied prend la route de l'Espagne... Ce sont des isolés, bien sûr, qui ne désespèrent pas, mais ils existent et la vraie France, ce sont eux.

De cette courte période, ma mémoire a retenu deux dates émouvantes. La première est le jour où je reçois par la poste un texte dactylographié, anonyme, relatant la marche des étudiants et lycéens à Paris le 11 novembre. Je le fais lire à ma femme, le recopie, le distribue à mon tour. La seconde est la visite d'un jeune sous-officier de réserve qui, se recommandant d'une rencontre à Rambouillet, me remet en dépôt, pendant quelques heures, une valise avec un poste récepteur-émetteur.

Etienne Mantoux vient me trouver. Nous avons toujours partagé les mêmes sentiments, les mêmes aspirations. J'admire son intelligence et ses connaissances économiques. Il apprécie mon goût de l'action. Il s'apprête à traverser les Pyrénées pour rejoindre la France libre. Il me demande : « N'est-ce pas une lâcheté de quitter la terre française, d'abandonner la France, alors que les Français et notamment les Français juifs vont souffrir ? » Je le rassure et lui affirme qu'il est dans son droit. « D'une manière ou de l'autre, ici ou là, notre génération doit reprendre le combat. »

J'ai déjà raconté comment l'offre d'Emmanuel Monick m'a tiré de mon inaction et comment je me suis rallié au gaullisme au Maroc. Evincé en août 1941, Monick rentre. J'hésite. Faut-il demeurer en Afrique du Nord, partir pour Londres ? Rejoindre ce que l'on commençait à peine à appeler la Résistance ? Trois universitaires courageux, René Courtin, André Hauriou, Paul Coste-Floret, sont arrivés à Rabat sous prétexte d'examens. En réalité, ils viennent prendre contact avec l'un des rares gaullistes du Maroc, Funck-Brentano. Ils veulent établir une liaison avec leur mouvement qui, en son tout début, ne s'appelait pas encore « *Combat* ». Au cours d'une longue conversation, René Courtin me presse de revenir en France, et de reprendre mon travail clandestin interrompu, et il conclut : « Nous sommes si peu nombreux et il y a tant à faire ! » De retour en France, dans le courant de l'été, il m'écrit avec insistance. J'écoute son appel et je rentre en passant par Oran, où Forest, officier d'active et l'un de mes camarades d'évasion, est en garnison. Il me fait rencontrer un jeune lieutenant, prêtre de son état, l'abbé Cordier qui, l'année suivante, au moment de l'assassinat de Darlan, aura son heure de célébrité. Son discours est tonique, mais il ne me dit pas, ou je comprends mal, les modalités de son action. Je vais à Alger voir le général Weygand, à qui Monick m'avait présenté et dont je connais l'officier d'ordonnance, le commandant Gasser, un cavalier de haute taille et à la voix forte qui avait été mon ancien au 11e régiment de cuirassiers. Le général Weygand incarne alors un espoir. Je suis de ceux qui imaginent qu'il est homme à se révolter et à reprendre les armes en mobilisant l'Afrique du Nord. Weygand me parle de tout et de rien. Il ne me retient pas. Je passe un long moment avec Gilbert Maroger, un ami fraternel et de grande intelligence. Il travaille au gouvernement général, mais compte tenu de ma réputation acquise au Maroc, ne voit aucun emploi qui puisse me convenir. Je ne le reverrai plus. Gilbert, engagé dans les chars dès le débarquement de novembre 1942, sera tué à la fin de la campagne d'Allemagne, en 1945. Enfin, je rencontre Louis Joxe. La netteté de ses sentiments me réconforte. Il me présente à René Capitant dont j'ai apprécié avant-guerre les leçons de droit constitutionnel. Mais tous deux me disent qu'à leurs sentiments gaullistes ne correspondent encore ni organisation ni action. Après avoir balancé, je choisis donc de revenir à la première voie que j'avais voulu choisir à l'automne 1940, c'est-à-dire de retourner en France pour participer à la Résistance intérieure, mais cette fois je serai clairement « gaulliste ».

Le vice-président du Conseil d'Etat est alors Alfred Porché, frère de François, le poète, et oncle de Wladimir qui a été mon spirituel camarade d'études. Son souci est de faire oublier le Conseil d'Etat par le nouveau régime. Il ne peut tout à fait réussir et déplore que certains de ses membres se mettent en avant. Malgré mes absences, il me traite comme l'un des siens et comme si de rien n'était, obtient même ma promotion à l'ancienneté. Ma meilleure couverture sera celle du Secours national où j'entre grâce à deux hommes de cœur, Robert Garric et Hubert Leroy-Jay. Garric fut de ces catholiques qui n'eurent pas de peine, malgré les événements, à associer dans leur cœur un « maréchalisme » fervent et une hostilité déterminée à l'Allemagne nazie. Raoul Dautry comme moi-même, nous témoignerons à la Libération de l'ardeur qu'il mit à aider tous les pourchassés et de son refus de toute forme de collaboration. J'ai gardé à sa mémoire un fidèle souvenir. Quant à mon camarade et ami, Leroy-Jay, il manifesta à mon égard une affection touchante. Il ne désirait aucun engagement politique, mais devina le mien et me soutint tant qu'il put le faire. C'est par Garric que je fais très vite connaissance d'Edmond Michelet, avec qui je me lie et dont je découvrirai plus tard, après son retour de déportation, l'exceptionnel rayonnement. C'est par Leroy-Jay que je fais connaissance d'un homme dont le dévouement aux pauvres éclaira toute la vie : Marquiset de Lomon qui me fera rencontrer Claude Bourdet.

Grâce à Garric et à Leroy-Jay, pendant l'année 1942, je peux, de Royat, mener une double vie. La première est faite d'heures de bureau au Secours national, où dans une chaude et amicale atmosphère, je participe à une œuvre féconde, notamment à l'égard des réfugiés et des persécutés qui franchissent la ligne de démarcation. Cette expérience accentue en mon esprit l'idée qu'une politique sociale doit revêtir un caractère concret, si l'on veut atteindre l'objectif humain qui doit être le sien. La seconde vie est toujours la même : la recherche de tout ce qui peut conduire à la revanche.

Je ne me refuse pas à de modestes mais utiles activités. En liaison avec des Alsaciens et des Lorrains, je délivre de fausses cartes d'identité, notamment à des évadés de zone occupée et parfois de zone interdite. Ce sont d'abord des cartes du Secours national, dont j'ai fait un stock grâce à un homme modeste, Lamonin, chef du matériel. Ce sont ensuite des cartes de la mairie de Montauban, ou d'autres mairies du Tarn-et-Garonne, notamment celle de Saint-Antonin ; je peux agir ainsi grâce aux maires et d'abord à Joseph Bourdeau, un ancien Tourangeau, nommé par Vichy maire de Montauban, sa ville natale. Son opposition aux Allemands est totale. Son refus de l'antisémitisme ne l'est pas moins. Il deviendra mon ami et plus tard mon collaborateur. Le train qui dessert Royat et rejoint Brive à travers la montagne vit souvent partir des hommes et des femmes vers des villes que l'on pensait alors tranquilles. A trois ou quatre reprises, je transmets les renseignements que je peux recueillir par un courrier que je rencontre à Tonneins, et qui franchit la ligne de démarcation et les remet à un correspondant à Bordeaux.

Mais j'axe une nouvelle fois mes réflexions et mon action vers les militaires et je vois toujours la Résistance comme la préparation du réveil national autour d'une armée reprenant le combat avec ses réservistes et des conscrits. Je reprends langue avec Louis Rouzée qui, à Paris, s'occupe d'affaires militaires à l'O.C.M. et j'établis de courtes listes de jeunes camarades militaires qui paraissent décidés à prendre part à une revanche dès que l'occasion se présentera. C'est ainsi que je ferai la connaissance du général Revers, alors qu'il n'était pas encore le chef de l'Organisation de résistance de l'armée (O.R.A.), puis à Toulouse, chez l'un de mes beaux-frères, Noël Lemaresquier, du futur général Ganeval qui sera arrêté et déporté. Enfin, j'établis des fiches sur les dépôts d'armes dont, par mes nouveaux contacts, je peux avoir connaissance.

Vivre deux vies n'a pas que des désagréments. Cloisonner d'une manière tout à fait étanche deux activités n'est pas déplaisant. A certains moments, je dois avouer que je pris plaisir à ce jeu. J'aspire cependant à un engagement plus net et, pour dire le mot, à des responsabilités. Puisque j'ai choisi de rester en France, puisque ma femme accepte de demeurer dans sa campagne avec nos enfants, il me faut aller de l'avant. Un dimanche de l'été 1942, je m'en ouvre à Alexandre Parodi au cours d'un déjeuner à Ceyrat, village du Puy-de-Dôme que nous avions choisi comme but de promenade. Nous commençons par déplorer les allégeances officielles. Notre conclusion est la même : l'arbitraire justifie la dissimulation à condition que celle-ci soit conçue comme un combat contre l'arbitraire. Le lendemain, car la veille nous n'étions pas seuls, il me fait part de ses liaisons avec François de Menthon. J'étais aux portes du Comité général d'études — bien que ce nom n'ait pas encore été choisi.

Quelques jours ou quelques semaines plus tard, je suis touché par une première alerte. Jean de Bonneval, qui fut sous mes ordres pendant la drôle de guerre, est prévenu par son frère Gaston qui travaille dans un service de renseignements de l'Armée, que la police m'a fiché et que je dois faire attention. Je ne sais pas alors, je ne saurai jamais, quelle est la cause de cette alerte : ai-je abusé des fausses cartes, des copies des *Cahiers de Témoignage chrétien ?* Ou est-ce simplement mes relations avec certains cadres de l'Armée ?

Je pars aussitôt quelques jours chez Emmanuel Monick dans

l'Ain, à Peyrieu. C'est là que me rejoint la grande nouvelle : le débarquement en Afrique du Nord. Voilà qui nous ramène à nos premiers efforts de 1941. Monick pense à son « mémorandum » qui fut à l'origine de la décision du gouvernement américain et à ses premières conversations avec Murphy. Giraud a sauté le pas, ce que Weygand n'aurait jamais osé. « Je ne suis pas assez sûr d'être né français pour prendre cette responsabilité », avait-il dit en confidence à Monick, qui me le rapporte alors. Peu après, une immense déception m'attend : presque tous les dépôts d'armes ont été livrés aux Allemands sans résistance. J'en éprouve un malaise tel que, quarante ans après, je le ressens encore. Quel échec pour l'esprit patriotique ! Où la discipline va-t-elle se nicher quand l'existence de la France est en cause ? L'histoire en parle moins que du sabotage de la flotte, mais cette livraison est aussi grave. Je brûle quelques pauvres fiches. Une conclusion s'impose : aucune revanche ne peut partir du territoire national. Il n'y a pas encore de maquis, ou quasiment pas.

Le « double jeu » que fut la première Résistance pour un grand nombre, est mort. Il n'y a plus d'Armée. Il n'y a plus de Marine. Mais de l'autre côté de la Méditerranée, sur un territoire français, un nouveau gouvernement reconstitue une Armée et un Etat. Pour ceux qui pensent à la revanche, l'heure est arrivée : il leur apparaît normal de rallier Alger, comme à ceux qui continuent un combat déjà commencé à l'intérieur ou à l'extérieur de la France il apparaît naturel que le général de Gaulle devienne au plus tôt le chef de ce gouvernement de la Libération de la France. Cependant, pour que cette solution qui est celle de l'honneur aboutisse, il faudra attendre plus de six mois.

L'entêtement d'hommes qui ne sont pourtant pas entraînés dans la collaboration, me surprend. L'attentisme demeure leur loi. La puissance des illusions est telle qu'à Paris et en province, dans les milieux de l'administration et des affaires, dans des cercles intellectuels et politiques, prennent alors corps des idées aussi étranges que celle d'un « compromis » qui terminera la guerre, ou celle d'une nouvelle alliance contre l'Union soviétique. La honte cherche à se couvrir du manteau de l'habileté. Cette conception révèle une méconnaissance totale, non pas tant de la réalité militaire, que de la puissance des forces politiques et spirituelles qui s'opposent. D'un côté, le nazisme joue son existence. De l'autre, des peuples esclaves attendent une libération totale : « La liberté ou la mort. » Le nazisme a tant perverti les âmes qu'il est des hommes incapables de comprendre que la guerre qu'il a déclenchée ne peut déboucher sur une trêve. Certes, l'Union soviétique est ce qu'elle est et nul esprit réfléchi ne peut sincèrement croire à l'alliance durable du communisme et de la dignité humaine. Mais le refus des hommes libres et la révolte des nations asservies exigent que les combats ne s'arrêtent que sur les ruines de Berlin et la mort d'une Allemagne, alors première ennemie du genre humain.

Un changement de vie s'impose à moi. Par l'intermédiaire de Parodi, je prends rendez-vous avec Pierre-Henri Teitgen et je retrouve Courtin. Mû par une sorte de pressentiment, je profite d'un court voyage à Paris pour rencontrer Lecompte-Boinet, un camarade de ma jeunesse, comme l'est son épouse Francette, l'une des filles du général Mangin. En lui je découvre « *Mathieu* », le fondateur de « *Ceux de la Résistance* », et lui « *Jacquier* », dont le nom commence à être connu dans le petit monde du refus.

En mars, si mes souvenirs sont exacts, Jean de Bonneval vient sans crier gare me chercher à Royat, dans une voiture à gazogène pour m'emmener d'urgence chez lui, à Issoudun. Cette fois, son frère Gaston a été formel. Je dois disparaître, sinon je serai arrêté. Est-ce mon activité antérieure ou au contraire un de mes nouveaux contacts à Lyon ou à Paris ? Je ne sais. Après une pause dans le Berry, dont je garde le curieux souvenir de brèves et insolites vacances, je mets fin à ma double vie et comme bien d'autres, je me fonds dans l'anonymat de la capitale.

Ce changement me soulage. Ne plus fréquenter que des résistants est un réconfort. Comme la circulation est bientôt rétablie entre le nord et le sud de la France, à l'exception des zones interdites, je me donne encore quelques courtes permissions. Mais, à la seule exception de discrètes visites familiales à Tonneins, je les supprime vite. De ma vie antérieure, je ne garde que des rencontres régulières avec Emmanuel Monick revenu lui aussi à Paris et avec qui j'ai entrepris de rédiger deux ouvrages.

C'est alors que se situe un étonnant souvenir. Lecompte-Boinet me demande de rencontrer un « envoyé de Londres ». L'entrevue est brève, et porte avant tout sur ma disponibilité. Je crois avoir en face de moi *Rémy*, qui a déjà contacté mon père. Ce n'est que plus tard que je me rendrai compte de mon erreur en comprenant qu'il s'agissait de « *Rex* », dit encore « *Max* » (Jean Moulin), que je n'aurai fait ainsi qu'entrevoir, sans soupçonner un instant qui il est.

Ma soif de responsabilité est bientôt satisfaite : j'entre au comité directeur de « *Ceux de la Résistance* », un mouvement aux militants peu nombreux mais formés en équipes soudées et actives dans la région parisienne, comme dans l'Est. Là, pendant dix mois, en particulier pendant le temps du séjour de Lecompte-Boinet à Alger, j'apprends à bien connaître la vie d'un mouvement orienté dès ses origines vers ces activités militaires que sont les sabotages et les destructions. A dater de la seconde partie de l'année 1943 et au cours des premiers mois de 1944, ces activités se multiplient malgré arrestations et déportations dont celle de Pierre Arrighi qui m'atteindra profondément. Ancien officier de marine, Jean de Voguë lui succède : soucieux de réussir, il y manifeste son grand zèle habituel et lorsque approche le temps de la Libération, il devient membre du COMAC, le Comité d'action militaire, où il prendra des positions qui parfois l'écarteront de la ligne du mouvement. Sur le terrain, « *Ceux de la Résistance* » attira des hommes de valeur. C'est ainsi que je me lie d'amitié avec un homme courageux et efficace dont je soutins tout de suite l'action : je veux parler de Gilbert Grandval, notre responsable militaire dans l'Est qui, par la suite, deviendra délégué militaire pour cette région. Il commandera avec éclat et après le débarquement, ses troupes F.F.I. joueront un rôle actif dans le harcèlement des troupes allemandes. Plus tard, nous nous retrouverons en Sarre. Quand, au printemps de 1944 Lecompte-Boinet revient d'Alger, mon rôle qui avait surtout été de coordination et de liaison avec les autres mouvements prend fin. Pendant ces quelques mois, ces militants modestes mais déterminés m'ont procuré le réconfort que donne à un officier d'état-major le sentiment d'être soutenu par des hommes décidés. Mais je suis arrivé à un tel point de saturation que je dois choisir.

Depuis mon installation à Paris qui se situe vers le temps de Pâques 1943, je suis en effet membre du Comité général d'études. A partir du mois de juillet, j'ai la tâche de choisir les préfets et les commissaires de la République pour les jours de la Libération et vers la fin de cette même année s'y ajoutent les fonctions d'adjoint à la Délégation générale du Comité français de Libération nationale où, pendant quelques semaines, je suis également le premier animateur de la Commission des finances de la Résistance.

Un soir, chez Marie-Hélène Lefaucheux, je rencontre Philippe Viannay. C'est le jeune dirigeant d'un mouvement de résistance principalement composé de garçons et de filles de son âge. Il reste à l'écart de la Résistance organisée, à la fois par fierté et par refus de toute ambition personnelle. Il ne pense qu'à la lutte clandestine. Son désintéressement égale son courage et bâtir pour les autres est sa manière de servir. Ces traits de son caractère marqueront sa vie et lui vaudront de chaleureuses amitiés, dont la mienne. Généreux et impératif, il me déclare que mes faux papiers sont insuffisants. Il me les renouvelle et désormais me fait régulièrement bénéficier de cartes de ravitaillement qu'il fabrique dans l'imprimerie de « *Défense de la France* ».

Les années et la gloire de la Libération estompent les angoisses vécues et embellissent le passé. Cependant, de cette dure époque où l'honneur eut tant de mal à triompher de la honte, je garde un souvenir et un sentiment qui ne m'ont jamais quitté. Souvenir d'une constatation amère : le peuple français accepte longtemps le malheur avant de commencer à réagir. Sentiment d'une nécessité absolue : le refus de l'indifférence à l'égard de la patrie.

3.

Le Comité général d'études

C'est par un hommage à François de Menthon que ce chapitre doit commencer. Vers la fin de l'année 1941, ce jeune professeur des facultés de droit, un des initiateurs de la résistance organisée en zone Sud, réunit à Lyon quelques amis en vue de définir et de diffuser une doctrine politique dont le premier objectif doit être de lutter contre l'idéologie nazie et son succédané vichyssois. Objectif complémentaire : comment rétablir une République rénovée? Pour comprendre aujourd'hui la noblesse et la difficulté de cette double tâche, il faut se replacer en ces temps de la « Révolution nationale ». Par ce grand mot qui dissimulait tant d'actes odieux, le pouvoir essayait de se fabriquer un milieu intellectuel destiné à servir d'alibi à ses abandons tout en lui donnant le sentiment de la durée.

L'année suivante, Jean Moulin, décidé à former une équipe pour réfléchir aux lendemains, estima que cette initiative correspondait à sa préoccupation. Ainsi, de l'accord de ces deux hommes, naquit le « Comité général des experts », bientôt « Comité général d'études », dont les initiales, C.G.E., survivront à l'appellation qui lui sera donnée vers la fin de la clandestinité, « Comité national d'études de la Résistance ».

Au début de l'année 1943, Jean Moulin élargit les compétences du Comité en lui précisant sa mission : préparer les mesures immédiates à prendre lors de la Libération ; dégager l'orientation générale du nouveau régime ; prévoir les changements de personnel administratif qui s'imposeront. Jean Moulin voit plus loin encore. Autour de lui, le C.G.E. deviendra une pièce maîtresse de la Délégation et pourra fusionner avec le gouvernement venu de l'extérieur de façon à donner au général de Gaulle l'assurance d'une équipe formée d'hommes à la fois compétents, unis et fidèles. C'est ce que Teitgen me dira quelques semaines plus tard, et dans ses souvenirs, Dewavrin, le célèbre *Passy*, confirme cette orientation de Jean Moulin. Sa tragique disparition lui interdit de la mettre en œuvre, mais finalement le C.G.E. s'en approchera de très près.

Les premiers membres du Comité sont Paul Bastid, appelé « *Primus* », Robert Lacoste, « *Secundus* », Alexandre Parodi, « *Quartus* ». Dans cet ordre alphabétique, François de Menthon est « *Tertius* ». Ce premier groupe s'adjoint aussitôt Pierre-Henri Teitgen, que l'on dit « *Quintus* », mais qui demeure « *Tristan* », et sera le secrétaire général politique. René Courtin ne devient pas « *Sextus* ». Il garde son nom de guerre, « *Bérard* », comme je garde le mien, « *Jacquier* », sous lequel Menthon m'appelle au printemps 1943 à la demande de Courtin et de Parodi.

Je connaissais Parodi depuis mon entrée au Conseil d'Etat et le malheur des temps a resserré notre amitié. J'ai fait la connaissance de Courtin en 1941, au Maroc d'où il m'a pressé de revenir en France. A la fin de l'année 1943, tandis que François de Menthon est parti pour Alger où il va devenir le premier commissaire à la justice du Comité français de Libération nationale, le bâtonnier Jacques Charpentier d'abord, l'ingénieur Pierre Lefaucheux ensuite viennent compléter notre groupe. A cette époque le C.G.E., devenu un rouage important de la Résistance intérieure organisée, a l'ambition d'être à la fois le conseil permanent de la Délégation du Comité français de Libération nationale en France occupée et le conseil des mouvements de Résistance. Au titre de la délégation assistent aux séances : Claude Bouchinet-Serreulles et Jacques Bingen, délégués intérimaires, Emile Bollaert délégué, Emile Laffon chargé de mission. Georges Bidault, dès son élection à la présidence du Conseil national de la Résistance, vient siéger aux séances les plus importantes. En fait, c'est souvent sa présence qui crée l'importance de la séance. Quand Alexandre Parodi devient le délégué, il garde sa place au milieu de nous.

***

La vie a séparé les membres du C.G.E. Pour les uns, ce fut le fait de leur activité professionnelle, pour d'autres de leurs engagements politiques. Aujourd'hui, les années, la vieillesse ou la mort les rapprochent. Et ils se retrouvent rassemblés dans les archives et les travaux des historiens.

De François de Menthon, tout m'a par la suite séparé. Dès

janvier 1946, je fus déçu qu'il n'apporte pas au général de Gaulle le soutien de son parti, le Mouvement républicain populaire. Quand, en 1947, il me demandera de lui faire l'amitié de devenir son premier collaborateur au ministère de l'Economie, je lui refuserai. Non seulement j'appréhende les orientations économiques du gouvernement mais en plus, je ne crois pas à la valeur du « tripartisme ». Quand il défendra la supranationalité, faisant du projet d'armée européenne la clef de voûte de son action politique, notre opposition deviendra totale. A partir de 1958, sa retraite au village familial de Menthon, près d'Annecy, a mis le point final à nos rencontres déjà espacées. Mais je dois à l'histoire de dire que François de Menthon, dont la mort récente n'a été accompagnée d'aucun hommage officiel, a été un espoir dans le chagrin et une force dans le drame. Sa conduite fut héroïque. Il fit partie de la première phalange des universitaires et des notables qui se dressèrent contre l'envahisseur et dénoncèrent l'hypocrisie de Vichy. Catholique, il refusa le détournement de la religion vers une politique qui était la négation de la dignité humaine. Il fut alors un exemple, mon exemple.

Au fil des prochaines pages, un nom reviendra plusieurs fois, celui de Pierre-Henri Teitgen, qui fut mon ami fraternel. Au temps dont je parle, j'ai admiré en lui l'homme d'action dont il a l'impatience, le goût du risque et l'efficacité, à quoi s'ajoutent l'imagination, le bouillonnement des idées, et une parole catégorique et habile. Infatigable et irréprochable, il était dans la Résistance respecté et aimé de tous. Nos vies politiques nous ont séparés. Teitgen a mis son ardeur et son désintéressement au service de la supranationalité dont il crut qu'elle servait la France et les Français. J'ai dû m'opposer à lui. Mais s'il est un homme dont j'ai regretté l'absence auprès du général de Gaulle en 1958, c'est bien lui. Il siégea au Comité constitutionnel consultatif, et mit sa compétence au service de la réforme de la République. Puis il reprit sa chaire de professeur. Son surnom, « *Tristan* », fait partie à jamais de la Résistance, donc de l'histoire de la France.

Serviteur de l'Etat républicain, Alexandre Parodi fut, à l'automne 1940, écarté des fonctions qu'il exerçait au ministère du Travail par un gouvernement qui ne voulait plus être la République et qui très vite ne fut plus l'Etat. Son frère, magistrat à Paris, donna l'exemple de la révolte contre l'occupant et le paya de sa vie. Il connut François de Menthon par Paul Bastid et dès la mise en place du Comité des experts y prit une place particulière : celle de l'homme à la fois raisonnable et ferme dont l'avis doit être demandé sur tout et à propos de tout. La modestie de son comportement et les interrogations de sa conscience cachaient sa fermeté. Mais lorsqu'après la mort de Jean Moulin et l'arrestation de Bollaert, le général de Gaulle dut trouver un successeur, la très grande majorité de la Résistance applaudit à sa nomination à la tête de la Délégation générale au mois de mars 1944. Et ce n'était pas seulement parce que l'intérim avait duré trop longtemps. Parodi poursuivra sa carrière pendant plus de trente ans dans les charges et les honneurs et l'achèvera à la tête du Conseil d'Etat. Aux heures décisives, il prendra toujours le bon parti avec le calme et la résolution dont il avait fait preuve aux temps de la Résistance.

Pour apprécier Paul Bastid, il fallait le connaître et, me semble-t-il, on ne le connaissait pas facilement. Du moins ce fut mon cas. Du temps où il était ministre du Commerce, je l'avais approché : son épouse, Suzanne Basdevant, était la sœur d'un de mes camarades d'études, et son ami le plus proche, le professeur Mondor, était dans l'intimité de mon père. Certains le critiquaient pour avoir appartenu au monde politique de la IIIe République. D'autres souriaient de son allure doctrinale ou de ses propos professoraux. Cette apparence et ces réminiscences s'effaçaient devant la fermeté d'un caractère qui l'apparentait — et je pèse mes mots —, à un sénateur romain de la meilleure époque. Il ne cédait jamais ni aux circonstances ni à la démagogie et avait refusé les pleins pouvoirs demandés par Laval pour Pétain. De la République, de sa Constitution et de sa politique il avait une vue qui pouvait paraître dépassée, mais qui, par-delà la forme, était une vue juste et éternelle. Après la guerre, il sera un parlementaire de trop grande indépendance d'esprit pour être apprécié d'états-majors partisans et n'eut pas l'influence politique que méritait son civisme.

Robert Lacoste attirait tout de suite la sympathie par la cordialité de son accueil. C'est Parodi, je crois, qui signala à François de Menthon ce fonctionnaire des Finances, syndicaliste socialiste qui s'était fait connaître par son opposition à Munich et dont les sentiments anti-allemands étaient des plus vifs. Comme je l'avais fait moi-même, il avait commencé sa résistance par des actions simples à l'exemple de son père, employé des chemins de fer que les Allemands fusillèrent. En 1944, quand s'ouvrit, par un nouveau malheur, la succession de Bollaert, son nom circula. Dès la Libération, il sera ministre et un bon ministre. S'il est de ceux que leur fidélité au parti socialiste écartèrent du gaullisme, il saura, dans les grands débats de l'après-guerre, toujours se situer du côté de la France. Il venait d'accéder aux fonctions de ministre des Finances, rêve de sa vie, quand, à la demande de Guy Mollet, il acceptera d'abandonner la rue de Rivoli pour gagner Alger et ses difficultés. J'ai toujours apprécié son amitié. Il est aussi de ceux dont j'ai déploré l'absence auprès du Général.

Une rupture me fut douloureuse : celle des liens noués pendant la guerre avec René Courtin. C'est à Rabat que nous avions eu notre première et importante conversation. Son refus de la défaite datait des premiers jours, en fait de la minute où il avait lu dans le journal que l'armistice nous imposait de livrer aux nazis les Allemands réfugiés en France. Protestant, fier de son Eglise, il professait des idées politiques proches de ses idées religieuses, c'est-à-dire fondées sur le respect de la personne dont il faisait à la société une obligation. En économie, son libéralisme était éclairé par cette haute idée morale de l'honneur et tout son comportement en était imprégné. Soucieux de protéger les victimes et d'accueillir à son foyer les pourchassés, il fut un exemple, un admirable exemple. Au sein du C.G.E., notre collaboration fut intime. Je me sentais à l'aise avec cet homme modeste et ironique qui corrigeait volontiers sa rigueur morale par un parler gaulois. Après la Libération, son désintéressement l'amena à reprendre très vite son enseignement. Il devint une des autorités morales de l'Université de Paris. Il m'entraîna avec lui dans ses premiers combats pour une organisation de l'Europe occidentale et contre le neutralisme. Mais je m'arrêtai lorsque vers l'année 1950, il devint « supranational » : « Je ne me sens plus français, je suis devenu européen », me dit-il. Ce fut la dernière phrase de notre dernière conversation. Son zèle fut si grand qu'il en devint antigaulliste, acceptant la faiblesse de la IVe République « grâce à quoi, disait-il, les institutions supranationales pourraient se développer ». Quand je devins premier ministre nous nous revîmes, mais les années avaient fait leur œuvre et nous n'étions plus des frères.

Ce fut Emile Laffon qui nous conseilla d'appeler le bâtonnier Jacques Charpentier à siéger parmi nous. Le C.G.E. commençait à discuter des projets sur la Justice à la Libération. Ne serait-il pas utile de faire participer à nos délibérations un avocat si ferme dans son patriotisme ? Laffon savait les liens de déférente admiration qui m'unissaient à ce personnage hors série. Ce fut la chance du barreau de Paris que d'avoir élu à la veille de la guerre un avocat de cette trempe. Selon les règles d'usage, il conserva ses fonctions et, pendant l'Occupation, sa fermeté digne de l'antique sera l'honneur du Palais. Je l'avais rencontré pendant l'hiver 1940-41, lorsqu'il s'était chargé de défendre Paul Reynaud dans un procès auquel les dirigeants de Vichy durent renoncer tant il était ridicule. Jacques Charpentier sera assidu à nos séances et il y sera écouté. Homme de droite, il se séparera du Général à propos de l'Algérie qui consacrera une rupture dont je souffris, car on ne pouvait avoir fréquenté cet homme sans éprouver pour lui estime et respect.

Pierre-Henri Teitgen nous proposa Pierre Lefaucheux, alors industriel. Nous connaissions tous son beau-frère André Postel-Vinay, l'un des premiers résistants évadés des geôles allemandes par un miracle d'ingéniosité. Nous aimions tous Marie-Hélène, la sœur d'André, l'épouse de Pierre, dont le corps frêle abritait une âme résolue et un cœur généreux. Boulevard Saint-Germain, son appartement était l'un des rares endroits de Paris, peut-être le seul, où un accueil de tonalité encore mondaine, et une conversation dirigée par une femme, étaient entièrement orientés vers les affaires de la Résistance. Quiconque avait l'un des siens en prison venait auprès d'elle chercher aide et réconfort. Je lui adressai plusieurs fois des amis dont un proche venait d'être arrêté. Elle les mettait en rapport avec l'aumônier allemand de Fresnes, l'abbé Stock, dont la Résistance parlait avec reconnaissance. Pierre Lefaucheux n'avait rien d'un politique. C'était un homme de technique et de commandement. Il le prouvera après la Libération quand il assumera la direction, c'est-à-dire la reconstruction de Renault. C'était surtout un patriote qui n'acceptait pas la défaite, encore moins la lâcheté devant la défaite. Engagé au sein de l'O.C.M., il avait depuis quelque temps des responsabilités dans la préparation de l'insurrection à Paris. Arrêté, puis déporté en août 1944, il sera stoïque dans l'épreuve. Je fus son ami jusqu'au jour de sa mort, dans un accident de la route en 1952, comme je resterai l'ami de Marie-Hélène, jusqu'au jour où, quelques années après lui, elle périra dans un accident d'avion.

Parmi les assistants fidèles aux séances du C.G.E., il faut réserver une mention particulière à deux hommes dont l'histoire de la Résistance ne pourra séparer les noms : Claude Bouchinet-Serreulles et Jacques Bingen, envoyés de Londres afin de devenir les adjoints de Jean Moulin, le premier pour la zone Nord, le second pour la zone Sud. Bouchinet-Serreulles fut parachuté peu avant le drame de Caluire et Bingen plus d'un mois après. C'est dire qu'ils eurent la charge d'un intérim qui se prolongea jusqu'à la nomination de Bollaert, intérim qui leur incombera de nouveau après l'arrestation si rapide du nouveau délégué général.

Je raconterai au chapitre suivant ma première rencontre avec

Pellerin. Tel fut le premier nom de guerre de Bouchinet-Serreulles. Son flegme et son élégance étaient, et sont toujours, l'habit du courage et du caractère comme plus tard sa capacité d'homme d'affaires ira de pair avec un sens élevé de l'Etat. Au temps dont je parle, il fit face aux difficultés de l'intérim avec lucidité et ténacité. Son apparente désinvolture cache une fidélité totale et profonde à l'essentiel.

Jacques Bingen, qui entre autres noms porta longtemps celui de « *Cadillac* », puis celui de « *Reclus* », était ingérieur des Mines ; sa capacité d'organiser, son goût de commander lui ouvraient les portes d'une grande carrière industrielle. Pour ce grand et beau jeune homme, tout semblait possible et peut-être avait-il l'ambition d'égaler un jour son beau-frère André Citroën. Il avait choisi le danger et la lutte contre l'Allemand. De Londres, il fut parachuté en France en août 1943. Je fus l'un des premiers à le rencontrer comme je serai l'un des derniers à lui parler. Arrêté par les Allemands, en gare de Clermont-Ferrand, alors qu'il allait prendre ses fonctions de représentant du général de Gaulle pour la zone Sud, il avalera sa capsule de cyanure pour ne pas parler. Il en savait trop. Son nom a été donné à une rue de Paris près de l'Ecole dont il fut l'élève. J'ose écrire qu'il est de ceux qui ont manqué au général de Gaulle et à la France.

Bouchinet-Serreulles et Bingen connaîtront, au début de leur mission, des rapports difficiles avec les dirigeants de la Résistance organisée, volontiers rebelles à toute autorité venant de l'extérieur. Coupés de Londres et d'Alger, ils eurent fort à faire pour s'imposer et simplement pour se faire accepter. Le soutien du C.G.E. leur fut utile, notamment après l'affaire dite de la rue de la Pompe où la perquisition d'un secrétariat trop bien organisé avec les angoisses qui s'ensuivirent, leur fut tenue à grief à Paris, à Londres, et même à Alger. Mon opinion à l'égard de l'un et l'autre n'a pas varié. Dans une situation difficile, ils firent pour le mieux et servirent avec courage et efficacité la cause de la France.

Emile Bollaert était déjà sous la IIIe République un préfet réputé. Ses liens avec Edouard Herriot avaient assuré à son intelligence et à sa compétence administrative, une brillante carrière que Vichy arrêta. Sa nomination comme successeur de Jean Moulin à l'automne 1943 étonna bon nombre de résistants, comme les surprirent ses manières préfectorales. Je l'ai assez connu pendant cette courte période pour affirmer qu'il se serait adapté et aurait réussi s'il n'avait été arrêté à l'occasion d'un départ pour Londres. Après son retour de déportation, serviteur de la République et de la France, il retrouvera une grande carrière administrative qui le conduira de Strasbourg à Saigon, puis à la tête de la Compagnie générale du Rhône. Il gardera une intime et émouvante fidélité aux exigences patriotiques dont le Général était le symbole. Notre amitié ne faiblira jamais.

« *Lachaud* » fut le principal surnom d'Emile Laffon. Une de ses nombreuses qualités était sa capacité d'obtenir l'adhésion des cœurs et des esprits par la chaleur de ses propos. En septembre 1943, à l'arrivée de son premier voyage de Londres, je le crus pendant quelques jours quand il me dit que je devais presser mes nominations de préfets car on pouvait sérieusement envisager un débarquement dès octobre ! Par la suite, j'apprécierai ses qualités de bon administrateur. Il avait l'étoffe d'un chef. Ce ne fut pas l'un des moindres signes de la mauvaise orientation de la IVe République que le choix que fit Laffon de quitter le Service public après avoir été délégué général de notre zone d'occupation en Allemagne, puis président des Houillères. Il brilla à la tête d'une grande entreprise industrielle et minière. Tant mieux pour elle, mais tant pis pour les gouvernements qui ne surent pas le retenir. S'il n'était mort prématurément, la Ve République l'aurait vu revenir au premier plan de l'Etat.

Au moment d'évoquer le nom de Georges Bidault, ma plume hésite. Il est un personnage de notre histoire nationale. Il était admiré pour la vivacité de son intelligence et l'étendue de sa culture. Il avait du caractère et de l'habileté, le sens de la politique et une haute idée de la France. Les plus opposés aux communistes ne lui tinrent pas rigueur de l'appui qu'il avait cherché auprès du Front national pour accéder, après la mort de Moulin, à la présidence du Conseil national de la Résistance. Il sut parler et agir au nom de la Résistance organisée qui, dans l'ensemble, avait la fierté de son président. Un brillant avenir lui était prédit par chacun d'entre nous et nous nous en réjouissions. Par la suite, au gouvernement, on observera son exceptionnelle intelligence et son talent, mais aussi ses faiblesses : il ne se préoccupait guère des institutions ni de la marche quotidienne de l'Etat. Attiré par quelques grandes affaires, il vivait par les idées, les hommes, le verbe et ne dirigea pas le parti qu'il avait créé. Je suis de ceux qui ont déploré les excès d'un antigaullisme dont les éclats ne m'épargnèrent pas. Ce n'était pas sa voie. Je ne veux garder en mémoire que le Bidault de l'intelligence et du courage que j'ai respecté et aimé.

***

Le C.G.E. ne fut pas aisément reconnu comme l'organe « pensant » de la Résistance organisée. Quand je suis accueilli par François de Menthon, il sortait à peine d'une période de contestation et déjà une nouvelle crise s'annonçait. C'est que le petit monde de la clandestinité n'est pas facile. Aux passions légitimes et aux circonstances tragiques, s'ajoutent les ambitions d'avenir et les engagements politiques sans parler de la nervosité d'un temps où l'anxiété était le lot quotidien.

Des premières difficultés, je ne connus que le récit encore tout chaud. La cause principale en était la différence de conceptions entre les dirigeants des mouvements ou réseaux qui, à l'image de *Ceux de la Résistance* et *Ceux de la Libération,* se consacraient à l'action militaire immédiate et ceux qui, tels à l'*O.C.M.*, à *Libé-Nord* ou à la tête des futurs mouvements unis de la Résistance, se préoccupaient aussi des lendemains politiques. Après la victoire sur les nazis, ne fallait-il pas « refaire la France » ? Que Moulin ait donné la préférence à un groupe, et aussitôt les réactions avaient été très vives dans ce milieu restreint, à vrai dire le seul milieu qui « pensait ». Une lettre-mémoire, rédigée par Henri Frenay, met le feu aux poudres, en niant la valeur représentative du C.G.E. et en lui refusant à l'avance le monopole des « propositions politiques ». Au nom de ses amis de *Libération,* Yvon Morandat ne ménagea pas non plus ses critiques. Cette tempête est calmée par l'annonce d'une consultation générale assortie de la création de « groupes régionaux » qui seront les correspondants du groupe national des experts.

La première promesse fut tenue grâce à une enquête lancée auprès de tous les mouvements. Teitgen en est l'animateur, comme il sera le rédacteur en chef des premiers *Cahiers politiques* où sont publiés les résultats de l'enquête. Pour la suite, il se déchargera sur moi de la fin de l'enquête et j'assurerai la publication des derniers numéros. Quant aux groupes régionaux, ils n'eurent qu'une activité modeste sauf à Lyon et à Toulouse où des personnalités travaillèrent sur différents sujets et furent écoutées. Je citerai en particulier le grand Marc Bloch, historien réfugié à Lyon. Pourchassé, il dut quitter cette ville pour venir se cacher dans la clandestinité de Paris. Je le rencontrerai plusieurs fois, notamment chez mon père. S'il n'avait été arrêté, il aurait été appelé à siéger parmi nous. C'est après la Libération que nous apprîmes qu'il avait été fusillé à Trévoux. Son cadavre sera retrouvé au milieu d'une vingtaine de corps odieusement torturés. Sa mort fut une perte pour l'Université, pour la Résistance et pour la France.

Vers le milieu de l'année 1943, alors que je viens d'entrer au C.G.E., une nouvelle tension s'élève. L'occupation de la zone Sud permet de voyager plus facilement en France : Paris redevient notre capitale et désormais le Comité y siège. Certains mouvements éprouvent l'impression d'être contrôlés, voire même amoindris. Ils avaient été dans un grand isolement d'extraordinaires pionniers de courage. Or ils voient successivement s'installer à Paris une Délégation générale du comité de Londres, puis du gouvernement d'Alger, un Conseil national de la Résistance où une grande place a été donnée aux représentants de ces « anciens partis » qu'ils considèrent comme les responsables de la défaite, enfin un Comité général d'études chargé d'exprimer la doctrine de la Résistance ! Voilà qui est ressenti comme un insupportable carcan. Sans doute sommes-nous approuvés d'avoir pris parti pour de Gaulle dans la querelle ouverte par l'affaire Giraud, mais ne sommes-nous pas trop proches de la Délégation pour avoir le droit d'exprimer la Résistance ? Le départ pour Alger de François de Menthon au mois de septembre, et bientôt sa nomination à la tête du Commissariat à la Justice, est une consécration mais paraît confirmer les craintes : nous sommes entourés de la méfiance qui naît toujours en France entre ceux qui détiennent, ne serait-ce qu'une parcelle de la responsabilité de l'Etat, et ceux qui, libéraux, craignent les abus de pouvoir ou au contraire ceux qui, révolutionnaires, veulent le confisquer à leur profit.

Pendant l'été 1943, Lacoste, Teitgen et moi-même nous nous employons à renouer la confiance. Nous pouvons être considérés par les dirigeants des mouvements comme étant des leurs. Teitgen vient de *Combat.* Les amis de Lacoste sont nombreux à *Libé-Nord.* Mes activités antérieures sont connues d'autant qu'avant de me demander ma complète collaboration à Paris, Lecompte-Boinet m'a considéré comme un correspondant en zone Sud de *Ceux de la Résistance.* A sa confiance il ajoute celle du petit groupe de *Ceux de la Libération* avec qui il entretient d'excellents rapports. Teitgen et moi avons des conversations avec Claude Bourdet et Pascal Copeau. La discussion est plus vive avec Maxime Blocq-Mascart, dont l'influence est à juste titre très grande au sein de l'*Organisation civile et militaire.* Depuis l'automne 1940, il a constitué un groupe de réflexion. Il a réfléchi lui-même et réussi à imprimer des publications clandestines. Parmi les premières, certaines ont été contestées et méritaient de l'être. D'autres sont de bonne qualité.

Quand Lefaucheux, qui est à l'*O.C.M.*, viendra siéger avec nous, la querelle s'éteindra. Tout le monde a mis du sien. Frenay et d'Astier partent pour Alger, deviennent à leur tour Commissaires, et sont là-bas, avec Menthon, la vraie voix de la Résistance intérieure : la fusion se fait au plus haut niveau.

La méfiance du Front national à notre égard est d'une autre nature. Les communistes en ont le contrôle. Les dirigeants des mouvements non communistes sont unanimes à ne pas douter du patriotisme communiste pour les temps que nous vivions. Mais après la Libération ? A l'opposé, la suspicion des communistes à l'égard de toute pensée bourgeoise est grande. Ils sont néanmoins liés par leur tactique de Front national qui leur réussit. Leur confiance va au Conseil national de la Résistance où ils veulent que leur rôle devienne prépondérant. Ils s'accommoderont plus ou moins du C.G.E. en feignant de le considérer comme un organe d'intérêt secondaire dont il faut simplement veiller à limiter l'audience sur les hommes et l'influence sur les événements.

Vers la fin de l'année 1943, apparaît une sorte de rivalité institutionnelle entre le C.N.R. et le C.G.E. D'un côté, c'est la Résistance politique qui se veut révolutionnaire, de l'autre, la Résistance gouvernementale qui se veut d'Etat. D'un côté les grands et vastes projets de réorganisation politique et sociale, de l'autre des textes précis et des nominations. Mais le monde de la Résistance est trop petit, l'objectif commun trop clair et surtout l'ennemi impitoyable trop présent : l'union ne peut se faire qu'autour du général de Gaulle qui apparaît ouvertement et naturellement comme le chef légitime. Encore faut-il veiller au grain. Pour assurer l'influence du C.G.E., Teitgen fait feu de tout bois. J'admire sa patience. Il prend de longs rendez-vous simplement pour convaincre ses interlocuteurs. Sa voix est si chaleureuse qu'il me semble que personne ne peut lui résister. Je suis moins patient. Les choses me paraissent claires. En dehors de la mobilisation derrière le général de Gaulle, tout le reste est dérisoire, inutile et fatigant ! L'Histoire dira que l'amitié entre Bidault et Parodi naquit de leur certitude partagée qu'il n'était possible de faire front qu'en maintenant l'unité de la Résistance autour d'une étroite coopération avec le Comité français de Libération nationale présidé par le général de Gaulle. Cette certitude, affirmée en dehors de toute considération partisane, éclaire l'œuvre du C.G.E. et assure son influence grandissante.

***

Une œuvre clandestine se construit au milieu de difficultés qui ne peuvent être évaluées que par ceux qui en connurent d'analogues. Tout était obstacle : logement, lieux de réunion, secrétariat, transmissions, argent enfin ! Ces problèmes matériels ont pris parfois une importance angoissante. Le C.G.E. n'y a pas échappé. A Lyon, où avait débuté le Comité des experts et où je m'arrêtai à l'occasion d'un des voyages que je fis en 1942 pour me rendre chez Monick, alors en résidence dans l'Ain, les réunions avaient eu lieu chez l'un ou chez l'autre. Les premières archives furent tenues par une avocate, Catherine Ammar, épouse d'un avocat courageux qui fut arrêté. Je n'ai pas suivi le travail du C.G.E. pendant cette période.

A Paris, pendant quelques mois, c'est non loin du Bon Marché, une pièce délabrée de la rue de l'Abbé-Grégoire qui sert de « point fixe ». Dans le dépôt de l'imprimerie Bloud et Gay, que Louis Terrenoire met à notre disposition, sont rangées des archives. Et de Pâques 1943 au début de 1944 cette « boîte aux lettres » permet une régularité dans les transmissions. Quand ce local sera brûlé, les archives suivront les pérégrinations de l'inestimable secrétaire, Marguerite Reveyrand, qui accepte les aléas de cette vie dangereuse avec une exceptionnelle égalité d'humeur. Elle dut souvent changer de domicile à la hâte, une fois du fait d'un bombardement qui avait amené pompiers et police trop près de l'immeuble où elle habitait, deux fois au moins par la crainte justifiée de dénonciations.

Mes parents et mes amis, ceux de Teitgen, de Courtin, sont mis à contribution pour accueillir nos réunions. On ne revenait jamais sur le même lieu à moins de trois mois d'intervalle. De novembre à mars, les appartements avec poêle ou calorifère furent les plus recherchés. Parfois nos hôtes sont au courant, tels Max André ou Jean Letourneau, le futur ministre. Certains savent seulement qu'il s'agit d'une réunion dont il ne faut pas parler. D'autres ne savent rien. Ainsi ai-je menti à ma tante Colette Debat-Ponsan chez qui, à deux reprises, je fis tenir une assemblée de nos amis, en lui expliquant que j'étudiais avec eux un dossier important et que le Conseil d'Etat n'était pas chauffé... Quand Teitgen et moi eûmes épuisé les appartements de nos relations, Lacoste offrit des lieux de réunion dans des sièges syndicaux qui n'étaient plus utilisés du fait des mesures de dissolution. Ainsi avons-nous délibéré rue Allan, au syndicat des cantonniers installé, paraît-il, dans une ancienne maison close.

La sécurité nous oblige à arriver à des heures différentes et à repartir de même en prenant soin d'aller dans des directions opposées. De temps à autre, survient une affaire insolite. C'est ainsi qu'un jour où nous étions chez une sœur de Tristan, Marguerite Reveyrand nous raconte, toute troublée, qu'à l'occasion d'un déménagement, elle a égaré dans le métro une serviette pleine de dossiers. L'émotion est considérable, mais vite calmée : au bureau des objets perdus, où elle se précipite le lendemain matin, elle apprend qu'un homme a découvert la serviette mais l'a conservée chez lui, en donnant son adresse. Marguerite y court, le cœur battant. Le personnage a lu les papiers, leur importance... et demande un emploi de fonctionnaire au lendemain de la Libération. Teitgen le lui promet, et tiendra parole. Lors de la réunion qui suivit la descente de la Gestapo dans l'appartement de la rue de la Pompe, Bidault nous conseilla aussitôt des mesures supplémentaires de précaution. Il me recommanda de changer sur l'heure mon nom, mes rendez-vous, mon domicile. En fait, cette dramatique perquisition n'eut pas de suite. On supposa que les dossiers avaient été envoyés à Berlin ou qu'ils s'étaient perdus. Une autre fois, pour une raison ignorée, le lieu de rendez-vous est manifestement surveillé. Au coin des rues avoisinantes, nous réussissons à prévenir tous ceux qui devaient assister à la réunion. Il ne faut jamais oublier le dévouement et l'humble courage des agents de liaison. A ce titre, les noms de Langlade et de Dannenmuller demeurent à jamais liés à celui du C.G.E.

Il faut aussi de l'argent. Dès leur première rencontre, Jean Moulin avait aidé Menthon. Ensuite, Teitgen avait pris la responsabilité du financement. Les dépenses sont strictement calculées : un salaire mensuel pour ceux qui, tel Lacoste, ont été révoqués et ne disposent d'aucune ressource ; une modeste indemnité pour les autres. Les ressources principales vinrent d'abord de la Délégation, alimentées par des envois réguliers de Londres. Puis, les choses se gâtant, je dus me mettre en chasse. J'en reparlerai.

***

Si je commence mes souvenirs sur la « doctrine » du C.G.E. par l'évocation de nos travaux relatifs à l'économie, ce n'est pas seulement en hommage mérité à la mémoire de René Courtin. L'importance des problèmes qui étaient alors ceux de la France, justifie la priorité que le C.G.E. lui donna. Les bombardements s'ajoutant au tribut payé à l'Allemagne, notamment sous forme de transferts de machines et d'outillage, faisaient de la reconstruction la première des longues tâches d'un gouvernement soucieux de l'avenir. Nous pressentions aussi l'écart qu'il y aurait entre la France épuisée et ses partenaires, notamment les Américains, à qui la guerre assurait un bond en avant. Enfin, par réaction contre l'idéologie et l'ignorance affichées de la République d'avant-guerre, nous voulions que la nouvelle République comprenne et fasse comprendre que seul le progrès de l'économie pourrait ouvrir la voie au progrès social.

A la rédaction du rapport sur l'économie, Courtin mit son âme, son cœur et sa science. Son âme de bon Français et d'honnête homme insista sur le sens de la grandeur, le goût de l'action et l'acceptation du risque qui doivent éclairer toute politique économique. Son cœur de citoyen soucieux de promotion humaine mit l'accent sur la nécessité de libérer l'Etat des grandes « féodalités » comme sur l'obligation d'associer les travailleurs à la conduite et aux profits de l'économie. Sa science voulut mettre en garde contre les erreurs de l'économie dirigée, qu'elle soit étatiste ou corporatiste, car l'une et l'autre au nom de préjugés idéologiques méconnaissent les équilibres financiers et la rentabilité.

Ce rapport porte la marque d'une époque et d'une personnalité. On y constate le refus de l'économie autarcique à la mode hitlérienne. On y sent l'espoir d'un monde organisé pour faire triompher, contre les égoïsmes nationaux, un intérêt universel, celui de l'humanité. Comme je l'ai dit, Courtin était un protestant dont la pensée, éclairée par une morale collective, était aussi hostile aux intérêts mercantiles qu'à l'individualisme forcené ! Cette foi qui court tout au long de ces cent pages, rédigées sur deux fines colonnes chacune, illumine ce document exceptionnel tant par l'étendue et la diversité de ses recommandations que par la valeur de ses vues d'avenir. On peut toujours lire avec profit la seconde partie du rapport où il est traité des « impératifs permanents » de la politique.

Pour sortir de la pénurie, pour reconstruire, pour élever la France au rang d'une puissance, René Courtin entend associer l'aspiration populaire du retour à la liberté avec l'exigence nationale de l'effort. Il veut garder l'équilibre entre le désir d'une immédiate et légitime amélioration du niveau de vie et la fondamentale nécessité de l'investissement. Il estime nécessaire de concilier la libération de l'Etat à l'égard du « grand capitalisme » avec cet autre impératif qui est notre insertion dans un monde dominé par l'esprit de concurrence des Anglo-Saxons.

En dépit de ses certitudes, Courtin qui donnait au mot Libération son double sens national et humain, éprouve quelque gêne à mettre ainsi l'accent sur l'économie. Il s'en est excusé à l'avance dans le premier numéro des *Cahiers politiques,* daté d'avril 1943. « C'est un philosophe qu'il n'est guère possible d'accuser de préjugés mécaniciens, écrit-il, c'est Bergson qui nous apprend que l'homme ne se soulèvera au-dessus de terre que si un outillage puissant lui fournit le point d'appui. Il devra passer sur la matière s'il veut se détacher d'elle. »

Des résistants et, après la Libération, des hommes politiques reprochèrent à Courtin un libéralisme qu'ils estimaient caduc. Ceux qui l'ont critiqué n'avaient pas lu son rapport. Il n'est pas d'un libéralisme dépassé de parler de lois du marché, de rapports entre les prix et les salaires ou de la monnaie. A l'inverse, d'autres regrettèrent son indulgence à l'égard de certaines nationalisations ou son plaidoyer en faveur d'un plan. Ces reproches sont injustifiés. Courtin voyait juste. Il avance même l'idée d'un « marché commun » avec nos voisins européens, dont dans une première phase, il exclut l'Allemagne et l'Italie puisque le temps du pardon n'était pas encore venu. Ses recommandations sur la monnaie sont volontairement brèves. Le sujet est explosif. Courtin expose avec clarté le problème tel qu'effectivement, il se posera au gouvernement de la Libération. A mon sens il conclut comme il convenait, c'est-à-dire en laissant entrevoir l'utilité probable d'une grande opération monétaire. Il n'était pas possible de préciser davantage.

René Courtin écrivit son rapport au cours de l'été 1943 dans sa maison de Die, département de la Drôme. Mme Courtin et lui y accueillaient des enfants juifs dont les parents avaient été déportés. La discussion de son rapport se prolongera au cours de plusieurs séances de travail où Lacoste, Parodi et moi-même sommes ses interlocuteurs les plus assidus et les plus intéressés. Si chacun reconnaît que les exigences de la reconstruction imposeront un effort de travail, nous voulons aussi affirmer les exigences de la solidarité nationale afin de prolonger l'élan qui anime l'unité de la Résistance. Certes, une société plus juste suppose une société plus prospère, mais il n'est pas possible d'étudier les modalités du retour à la prospérité sans faire une large place à une politique sociale dans son sens le plus élevé. J'insiste sur les sujets qui me sont chers, la priorité à donner au logement, à la lutte contre l'habitat triste et insalubre, en commençant par la suppression autoritaire des taudis ; l'urgence aussi de lutter contre l'alcoolisme puisque, heureuse conséquence de notre triste situation, l'arrêt de la consommation d'alcool à la suite de la pénurie et des prélèvements allemands, a vidé les asiles et les services spécialisés des hôpitaux psychiatriques. Le retour de la liberté ne doit pas nous ramener aux pitoyables abus d'une démocratie indifférente à la santé, aussi bien qu'à la morale. Enfin, Lacoste et moi insistons sur un point qui nous paraît capital à tous deux : il faut que notre économie profite de l'ardeur patriotique des Français qui se poursuivra quelques années après la Libération.

Ce rapport dépasse la personne de Courtin. Il exprime l'état d'esprit de tous les résistants qui rêvent de « refaire la France ». Notre objectif ne s'arrête pas avec la fin de l'occupation allemande, l'écrasement de l'envahisseur, la disparition de Vichy. Nous voulons éviter la renaissance des mauvaises mœurs et des mauvaises politiques qui ont conduit la France au drame. Après une telle épreuve, tout nous paraît possible.

Au mois de décembre 1943, un imprimeur que connaît Teitgen édite clandestinement le rapport. Quelques exemplaires sont tirés sur beau papier, numérotés et dédicacés. J'ai sur ma table l'exemplaire « spécialement imprimé pour Jacquier » qui me rappelle tant d'espoirs. Envoyé à Alger, le rapport impressionna par son volume. Quelqu'un eut-il la patience de le lire ? Je ne sais. Nous vivions un temps où l'économie apparaissait secondaire aux yeux des politiques et des militaires. Et je finis par douter que le rapport ait jamais été déposé sur le bureau du Général.

Nous aurions souhaité que René Courtin fût chargé de l'économie dans le gouvernement de la Libération. Il n'en sera pas ainsi. Lors de l'insurrection, il partage avec Emmanuel Monik le secrétariat général du ministère des Finances. Son rapport refait alors surface. Aimé Lepercq, premier ministre des Finances, issu de l'*O.C.M.* s'y référa. Sa mort et celle de son collaborateur Riquebourg, dans un accident d'automobile, désorientèrent les débuts de notre redressement économique. Sans compter la guerre qui continuait avec son cortège de dépenses et de destructions. Notre défaut national revint vite. On recommença de traiter l'économie en alliant le laisser-faire et l'idéologie. René Courtin souffrit gravement de cette incompréhension.

***

Les orientations sociales étaient esquissées dans le rapport économique. Elles devaient être précisées. La tâche est confiée à Robert Lacoste et à Alexandre Parodi. Ni l'un ni l'autre ne sont des universitaires ou des doctrinaires. Ils ne rédigent pas de rapport. Ils animent une discussion qui est suivie d'une note à laquelle Teitgen et moi mettrons la main. Elle servira de base à un nouveau débat dont les conclusions seront publiées dans les *Cahiers politiques.*

Afin d'éviter une querelle inutile, il est entendu, sans qu'on le dise expressément, qu'on écartera toute mention des « quarante heures ». Pour se redresser, la France doit devenir un immense chantier ; il faut d'autant moins briser le labeur des Français par des règles malthusiennes que la hausse du niveau de vie doit être liée au rendement. Toujours appuyé par Robert Lacoste, j'insiste sur le fait que l'action politique sera soutenue par une opinion qui, traumatisée par l'Occupation, le bas niveau de vie ou la captivité, n'aura qu'un seul désir : se remettre au travail. Il doit y avoir du travail pour tous, beaucoup de travail pour chacun. La production doit répondre non seulement aux exigences d'une France ruinée, mais aussi aux aspirations d'un peuple soucieux de mieux vivre.

Ce n'est ni par démagogie ni par opposition au paternalisme de Vichy que les membres du C.G.E. insistèrent sur la nécessité de répondre aux aspirations des « masses ». Le même souci existe à Alger où le général de Gaulle parlera bientôt de la « République sociale ». Certes, la Résistance est animée par une minorité mais sa légitimité est assurée par le soutien silencieux de l'opinion populaire. Quelle que soit la puissance des Alliés, la Libération ne vaudra qu'en fonction de ce que le peuple français en fera. Nous pouvons fonder les plus grands espoirs en voyant la dignité des habitants des quartiers proches des usines bombardées lors des combats aériens souvent meurtriers. Malgré leurs pleurs, aucun ne tombe dans le piège des propagandes ennemies les invitant à maudire les Anglo-Saxons responsables des destructions. La Résistance politique a le devoir de prolonger l'espoir de la libération militaire par une libération humaine qui brisera les chaînes d'une misère alors épouvantable. La renaissance attendue suppose une adhésion populaire, et celle-ci exige une volonté sociale novatrice.

Les deux axes de cette réflexion sont le Plan et la Sécurité sociale. Ces deux idées, banales aujourd'hui, étaient alors neuves. Pour le Plan, on fait référence moins au « planisme » d'avant-guerre qu'à la planification soviétique dont, compte tenu des victoires sur le front de l'Est, on pense qu'elle est un succès. Pour la Sécurité sociale dont on commence à prononcer le nom, on évoque ce que nous pouvions savoir, ou plutôt deviner, des idées anglaises, c'est-à-dire le plan Beveridge. Voilà qui, me semble-t-il, traduit la timidité d'un peuple coupé de l'extérieur et qui a besoin dans sa solitude de chercher des exemples hors de ses frontières. Je ne pense pas qu'en ce domaine, le C.G.E. ait exercé une influence. A Alger, en France, d'autres travaillent sur les mêmes idées. La conception du Plan et un projet de Sécurité sociale arriveront sur le bureau du Général par divers canaux. Il s'en saisit et les marquera d'une volonté française d'associer Etat et esprit d'entreprise pour l'une, solidarité nationale et liberté pour l'autre. Le C.G.E. contribua à préparer les esprits.

Une importante mutation intellectuelle me réjouit. Vichy a fait de la famille un de ses thèmes favoris ; je crains, par réaction, un retour à l'indifférence. Au moins en ce qui concerne les intentions, je suis vite rassuré. La démocratie chrétienne de l'entre-deux-guerres d'où venaient Menthon et Teitgen a le souci de la famille : l'un et l'autre ont à cœur de la dégager de la mauvaise enveloppe que Vichy lui a imposée. Au surplus, tous les esprits réfléchis ont compris qu'une des causes de nos malheurs, en 1939 comme en 1914, se trouvait dans l'écart démographique qui a séparé l'Allemagne de la France. Une politique de la famille et de l'enfant est une obligation. Elle sera le fleuron de toute la politique sociale. Le C.G.E. le dit, l'écrit et le fait savoir à Alger. Et dans les quelques discussions politiques ouvertes sur l'avenir que Teitgen et moi avons avec les dirigeants des mouvements, ce point capital ne sera jamais oublié. En fait, la leçon des événements est si présente qu'il n'y eut jamais de contestation.

* * *

C'est à Paul Bastid que revint la charge d'étudier ce que devra être un traité de paix avec les futures orientations de politique extérieure. Inutile de préciser que l'indépendance d'une France reconstituée est à nos yeux le principe de toute doctrine nationale. L' « Entente cordiale » avec la Grande-Bretagne nous paraît la clé d'une nécessaire politique européenne. A propos de l'Alsace et de la Lorraine, Paul Bastid évoque leur régime juridique particulier.

Marc Bloch qui allait devenir un nouveau membre du C.G.E. est chargé d'un rapport sur l'Université. Il se met en rapport avec mon père qui, pour le Comité médical de la Résistance, étudie de son côté le projet de réforme déjà évoqué. Marc Bloch a diverses activités résistantes. Il sera arrêté avant d'avoir achevé son rapport.

D'autres sujets sont abordés. Nous avons à cœur d'informer Alger de tous les problèmes à propos desquels il faudra prendre des mesures dès la Libération. Le ravitaillement fait l'objet de plusieurs notes : un jeune fonctionnaire, Miné, nous aide avec intelligence et courage. Il en est de même du problème des biens juifs à propos desquels nous fîmes une étude sur les modalités de leur restitution : la radio de Londres diffusa notre conclusion afin de prévenir tous les détenteurs, y compris ceux qui détenaient ces biens spoliés de seconde main.

Mais les trois sujets sur lesquels le Comité a principalement travaillé furent la justice avec la difficile question de l'épuration, ensuite la presse, enfin le pouvoir et les institutions. Pour les deux premiers de ces trois sujets, et provisoirement pour le troisième, les conclusions du Comité déterminèrent la suite des événements.

***

Mon rôle sera modeste pour ce qui concerne les sanctions judiciaires, l'épuration et la presse. J'ai cependant à donner mon avis au sein du C.G.E. ou lors de discussions avec les dirigeants ou les représentants des mouvements que nous consultons. L'essentiel est l'œuvre de Teitgen qui recueille les avis des résistants et rapporte le projet avant de mettre au point les conclusions et de rédiger les textes.

Aujourd'hui, dans les paisibles discussions des colloques historiques, on oublie trop souvent l'atmosphère de ces temps : tribunaux d'exception, exactions de la Milice, brutalités de la police allemande ou française, arrestations, exécutions et déportations. Trop d'esprits méconnaissent les ravages causés par ces années d'arbitraire et de crimes. Ils ont du mal à évaluer l'appétit de vengeance qui animait des Français victimes ou simplement spectateurs scandalisés de cette brutalité. Les membres du C.G.E., et notamment les juristes qui y étaient nombreux, sont autant que d'autres animés par la flamme de la Résistance, mais au nom des principes qui ont inspiré leur refus du régime de Vichy, ils veulent que passe le glaive de la justice et non celui de la vengeance. Si la morale et la colère populaire imposent rapidité et rigueur, la gloire de la Libération exige ordre et justice.

Sur les idées générales, l'accord est facile. La renaissance ne peut être envisagée sans que soient d'abord punis ceux qui ont voulu que leur patrie soit la servante des Allemands, ceux qui ont terni son visage en collaborant aux mesures d'arbitraire et de racisme, ceux qui ont dénoncé, pourchassé, emprisonné, torturé, fusillé les patriotes. Mais la justice et l'avenir de la France interdisent d'inutiles amertumes et de nouvelles ruptures. C'est-à-dire qu'il faut séparer la collaboration à des actes iniques, du service de

Vichy ou de la simple fidélité à l'égard du maréchal Pétain. Il faut établir des degrés entre le châtiment des responsables et les punitions infligées aux exécutants. Enfin l'épuration doit être prompte et menée dans des conditions qui éviteront les vindictes personnelles aussi bien que les arrière-pensées de révolution sociale. Ces considérations admises par les mouvements et tous les résistants raisonnables, nous amènent à établir quelques règles.

Au terme d'un premier projet rapidement élaboré et envoyé à Alger au début de 1943, les collaborateurs se voient soumis à la législation spéciale promulguée par Vichy et qui leur est ainsi retournée. Ce procédé était contestable. Les commissaires d'Alger et le Général lui-même estimèrent que cette manière d'agir ne pouvait être retenue. Des juristes d'Alger et de Paris sont appelés à donner leur avis. D'autres proposent des textes qu'ils ont rédigés de leur propre initiative. L'affaire est si complexe et les avis si partagés que le C.G.E. reprend son travail. C'est en fait la quadrature du cercle, car si le respect des principes est une condition de la justice, il faut reconnaître qu'en l'occurrence les principes sont inapplicables.

La situation issue des événements de 1940 et les faits coupables des années suivantes ne sont en aucune façon prévus par la législation. Certes, le Code pénal punit la collaboration avec l'ennemi par les articles sur la trahison et l'atteinte à la sûreté extérieure de l'Etat, mais les actes odieux tels que la dénonciation à la police, l'aide économique, la saisie des biens appartenant à des Juifs, les arrestations raciales, comment les atteindre ? Outre des questions de droit, il y a le problème de l'application et du délai. On ne peut espérer que l'ordinaire des tribunaux et de la procédure pourra répondre aux exigences d'un règlement rapide de plusieurs milliers de cas.

Le C.G.E. s'efforce de briser cette quadrature du cercle en proposant d'abord des juridictions spéciales avec une instruction rapide, ensuite l'application de la législation existante pour les crimes et délits qui y sont prévus, enfin la promulgation d'une législation neuve, et par conséquent rétroactive pour l'ensemble des faits coupables mais non définis par le Code pénal. C'est ainsi que le C.G.E. invente un tribunal — les cours de justice — et une peine — l'indignité nationale.

Ce second projet est adressé à Alger où il est confronté à d'autres. Menthon procède à de nombreuses consultations, notamment auprès d'un comité de juristes siégeant en France. Voilà qui prend du temps et fait douter de la fermeté du Comité français de

Libération nationale. Or nous, qui sommes toujours sur le terrain de la France occupée, nous sentons à quel point l'hésitation peut servir ceux qui cherchent à susciter un mouvement qui serait baptisé « justice populaire ». La conjonction de nobles motifs et des instincts les plus bas risque de provoquer une sanglante aventure. Il faut vivre en France pour mesurer le danger. Sous la cendre du silence et de l'oppression, le feu couve : les forces de l'ordre sont détestées et les fonctionnaires d'autorité rejetés. A Paris, les arrestations et exécutions de l'hiver et du printemps 1944, créent un état de tension tel que le C.G.E. intervient auprès du gouvernement d'Alger. La réponse, c'est-à-dire les textes, tarde tant que Teitgen et moi faisons accepter une règle d'urgence : les Commissaires de la République appliqueront des instructions fondées sur le projet du C.G.E. Notre décision sera la bonne, car la première des ordonnances ne sera promulguée que le 26 juin, soit trois semaines après le débarquement, et la seconde le 26 août 1944, au lendemain de la libération de Paris. Elles seront très proches de notre projet qui, jusque-là, aura été la loi d'une grande part de la France libérée.

Les sanctions judiciaires ne sont qu'un des aspects de cette grave affaire de l'épuration. Comités de Libération, préfets et Commissaires de la République reçoivent instruction de procéder avec rapidité et de s'opposer à toute exaction et exécution sommaire. D'autres instructions viseront les services publics : sont précisées les procédures de révocation des fonctionnaires comme la dissolution et le remplacement des municipalités nommées par Vichy.

***

Le second grand sujet de réflexion du C.G.E. est la presse. Pour la Résistance, l'affaire est capitale. Aucun patriote ne peut supporter le maintien de journaux qui ont déshonoré l'imprimerie. Les projets d'épuration sont encore plus nombreux que pour la punition des collaborateurs. C'est un domaine sensible. Il passionne les journalistes résistants hantés aussi bien par la naissance rapide d'une nouvelle presse que par la promulgation d'un statut qui libérerait journaux et journalistes des influences d'argent dont nul n'oubliait qu'elles avaient empoisonné l'entre-deux-guerres, que cet argent fût français ou étranger. En ce domaine où l'action immédiate est étroitement liée à l'avenir, les discussions sont passionnées. Tout est évoqué, depuis le journal unique jusqu'à la liberté débridée, en passant par la création d'un grand quotidien par tendance politique. C'est sans doute en matière de presse que les divisions partisanes, les ambitions personnelles, politiques ou financières refleurissent le plus vite. Elles se dissimulent derrière de grands principes car, du bien public aux intérêts privés, la distance est aisément réduite à rien.

Teitgen joue un rôle essentiel d'abord au sein du C.G.E. qui en délibère plusieurs fois, puis sous sa propre responsabilité. Son autorité est grande. Sa fermeté et sa compétence lui assurent le soutien des mouvements de Résistance. Discutées et élaborées au début de 1944, les instructions adressées aux futures autorités départementales et régionales aboutissent à une circulaire générale, imprimée sous la forme d'un « Cahier bleu » auquel le courageux Michel de Boissieu collabore. L'idée générale est la suspension immédiate des entreprises de presse qui ont fonctionné sous l'Occupation. Leur matériel, placé sous séquestre, sera mis à la disposition de nouvelles entreprises, en donnant priorité aux journaux qui auront paru dans la clandestinité et ceux qui se seront sabordés avant un certain jour de 1942. J'assiste à une discussion difficile lorsque le C.G.E. est appelé à approuver la détermination de ce jour.

Comme en matière de justice, la Résistance représentée par le C.G.E. a pris de court le gouvernement d'Alger en diffusant des instructions. Cette fois elles différeront sensiblement des ordonnances du 22 juin 1944 tardivement promulguées. Il en résultera des contradictions auxquelles mettra fin une ordonnance rédigée par le gouvernement après son installation de septembre à Paris. C'est Teitgen qui, devenu ministre de l'Information, rétablira l'ordre en reprenant et en édictant pour l'essentiel les dispositions que, sur son rapport, le C.G.E. avait approuvées dans la clandestinité.

* * *

Restait une troisième et immense affaire, celle des institutions. Pour comprendre l'intérêt passionné qui s'y attacha, il ne suffit pas de se référer à notre tendance bien française de mettre en cause nos institutions et à notre habitude d'en changer dès que la marche des affaires ne nous convient pas. Il faut se rappeler la condamnation unanime dont étaient l'objet non seulement le régime de Vichy, mais aussi la Troisième République qui, après le désastre, l'avait intronisé. La colère des dirigeants des mouvements de Résistance avait été très vive lorsqu'au printemps 1943, Jean Moulin les avait appelés à coopérer avec les représentants des anciens partis, comme le demandaient avec insistance les socialistes en particulier le *Comité d'Action Socialiste* animé par Daniel Mayer. Si, de ce fait, la réaction fut un peu moins forte du côté du mouvement *Libération,* fondé par Christian Pineau, dans l'ensemble les mouvements étaient tous inspirés par la crainte du retour de mœurs, de personnages et d'institutions d'une République que rejetaient les militants de la Résistance et la majorité des Français.

Sous l'impulsion de « *Maxime* » Blocq-Mascart à qui son prénom servit longtemps de nom de guerre, l'*Organisation civile et militaire* a été une des premières à évoquer la rénovation institutionnelle. Son effort d'analyse et de proposition n'a pas été suivi. Cependant les moins motivés des dirigeants comprennent que fabriquer des institutions pour la France de demain est une des raisons de la lutte. La Résistance veut la République mais, à l'exception d'un très petit nombre, il ne peut en aucun cas s'agir de la République morte en 1940 sous le poids de ses fautes.

J'ai la conviction qu'il ne faut pas attendre pour donner une doctrine institutionnelle à la Résistance. Certes, l'essentiel est d'abord le combat, ensuite la reconstruction. Cependant, il me semble qu'au lendemain de la libération de l'Europe, la division des nations se fera non seulement entre les nations victorieuses et les nations vaincues, mais aussi entre celles pour qui la question du régime sera tranchée et celles où un long débat s'instaurera. A mes yeux, un pays vainqueur sera un pays qui, sûr de ses institutions, pourra se consacrer entièrement à son redressement, pour ne pas dire à sa renaissance après une telle tragédie. Les vaincues seront les nations qui s'épuiseront en de vaines discussions constitutionnelles. Comme je l'expose un jour avec force à mes amis du C.G.E., notre devoir est de rendre à la France en quelques mois, si possible en quelques semaines, la dignité et la stabilité d'un régime normal. Se distinguant d'une Europe tout entière agitée par ses déchirements institutionnels, notre patrie se rapprochera ainsi de ses alliés anglo-saxons et soviétique. Elle pourra se flatter d'appartenir vraiment au camp des nations victorieuses où l'issue de la guerre ouvrira la porte à des rajeunissements politiques, sans remettre en cause les fondements du régime ni de la société.

En d'autres termes, à mes yeux le « gouvernement provisoire » ne doit pas se prolonger au-delà de la fin des combats, ce qui veut dire qu'il faut à tout prix éviter cet autre provisoire qu'est l'élection d'une Assemblée constituante souveraine. Là, je me heurte à un véritable tabou républicain, d'autant plus fort en l'occurrence que pour des raisons très claires, il est repris par le parti communiste.

« Rendre la parole au peuple » est en outre une promesse du Général, bientôt reprise par le Conseil national de la Résistance. Cette belle intention paraît signifier l'élection sur la table rase, de représentants qui, emportés par l'idéologie, l'utopie ou l'irrationnel (j'en ai la certitude), feront un déplorable travail constitutionnel.

Auprès de mes amis, je plaide donc que cette affaire n'est pas amusement de juristes, mais une exigence politique qu'il nous faut élever à la hauteur d'un devoir moral. De sa solution dépend la solution à la question clef : où ira la France ? Je leur dis à quel point j'appréhende la longueur des discussions où fatalement réapparaîtront les querelles autour de solutions idéales, alors qu'elles ne sont qu'impraticables. Les énergies s'useront dans ces débats alors qu'elles devront être tendues vers les réalités de notre redressement.

Après la mise en place d'une administration destinée à succéder sans heurt à celle de Vichy au jour de la Libération, la définition de nos futures structures politiques me paraît une œuvre de salut public. J'ajoute l'argument suivant : volontiers on réduit le dilemme au choix entre une France communisée et une France à l'abri du communisme. De ce faux dilemme découle l'acceptation soit d'une France satellisée par l'Union soviétique, soit d'une France protégée par l'armée et la diplomatie américaines. Pour moi, le grand choix se situe ailleurs : entre le redressement de la France ou son renoncement à être elle-même. Si s'opposer au communisme signifie l'abandon de toute fierté ou volonté nationale, c'était en fin de compte donner des ailes aux communistes qui pourront continuer à se faire les champions solitaires de la patrie.

Je suis chargé du rapport. Je le rédige et y expose mes idées. J'écarte la « République présidentielle », de type américain, qui ne me paraît convenir ni à la structure de la France et de son empire, ni à sa tradition politique qui nous apprend les risques d'une séparation excessive des pouvoirs. La responsabilité du gouvernement devant le Parlement doit être conservée. J'écarte de la même façon le régime d'omnipotence du Parlement dont mourut la République précédente. C'est à cette occasion que j'invente le terme de « gouvernement d'assemblée » tombé depuis dans le domaine public. Le C.G.E. retient ma proposition d'un régime parlementaire rénové par la restauration d'un pouvoir exécutif autonome.

Je m'efforce d'en définir des règles à la française. Le régime est fondé sur une séparation des responsabilités entre un pouvoir exécutif, représenté par le chef de l'Etat et son ministère, et un pouvoir législatif, représenté par un Parlement. Le rôle de l'exécutif est de gouverner ; le rôle du législatif est de sauvegarder les libertés publiques et de donner sa confiance à un gouvernement dont il doit inspirer et en tout cas contrôler l'action. La nation élit le Parlement qui, par mesure de sagesse, est divisé en deux Chambres. Mais la Chambre élue directement l'emporte sur la Chambre haute. La première oriente la politique générale de l'Etat et peut mettre en cause la responsabilité du gouvernement, tandis que la seconde a la charge importante d'un rôle de conseil législatif et de modération politique. Le gouvernement est dirigé par un premier ministre que choisit le chef de l'Etat en fonction de la majorité dégagée par le corps électoral.

Je donne ces précisions avec d'autant plus de facilité que, par ailleurs, le manuscrit de « Refaire la France » auquel je travaille avec Emmanuel Monick, est sur ma table. Après un programme de reconstruction économique et sociale, le problème institutionnel est évoqué. J'y décris un Parlement encadré par un régime précis de sessions et dont le travail est préparé par un nombre limité de commissions ; une stricte procédure budgétaire ; une réglementation du mécanisme de la « confiance » ; un domaine législatif réservé, capital mais limité ; le droit de dissolution donné à l'exécutif sans avis préalable du Sénat. Je donne une figure neuve au Président en le définissant par une formule qui fera fortune plus tard : le « monarque républicain ». Il doit être élu par un collège électoral plus large que le Parlement afin d'associer les représentants des territoires d'outre-mer et les organisations économiques et sociales. Il dispose d'un mandat plus long que la tradition des sept ans, mais en revanche ne peut solliciter un second mandat...

Deux séances sont consacrées à l'examen de mon projet. Teitgen y fait ajouter une référence à la Déclaration des droits de 1789. Diverses suggestions me sont faites par les membres du C.G.E. qui finalement me donnent leur accord unanime y compris pour une disposition qui ne devait point figurer expressément dans le texte et qui est le refus de la représentation proportionnelle comme mode de scrutin.

Une question demeure en suspens : la procédure qu'il convient de proposer pour obtenir ce changement constitutionnel. Tous les membres du Comité, sans exception, apprécient le risque d'une Assemblée constituante souveraine. Mieux vaut envisager une modification des lois de 1875. Mais selon quelle procédure ?

Certains comme Teitgen, compte tenu des temps exceptionnels que nous vivons, envisagent une ordonnance qui pourrait être soumise à référendum. D'autres penchent pour des élections à la Chambre des députés et au Sénat, vite suivies de la réunion du Parlement à Versailles. La question est laissée en suspens. Il est vain de chercher cette précision qui sera affaire de circonstances.

Mon projet ainsi adopté est envoyé à François de Menthon, à l'intention du général de Gaulle et des membres du Comité français de Libération nationale. Je suis chargé de rédiger un numéro d'explication qui sera le dernier des *Cahiers politiques* clandestins. Les difficultés d'imprimerie retardent sa publication. Finalement, daté d'avril 1944, il est diffusé dès la fin de mars 1944.

* * *

En ce début d'année 1944, non seulement le C.G.E. n'est plus contesté mais, réfléchissant à l'avenir, et traitant du court terme, il devient au cours des derniers six mois de l'Occupation, une sorte de Conseil d'Etat clandestin. Comme cette haute instance, il siège avec la présence désormais habituelle des représentants de la Délégation — Bollaert, Parodi et leurs collaborateurs —, et du président du Conseil national de la Résistance, Georges Bidault. Recours supérieur pour les questions difficiles de ce nouveau temps de la Résistance, il est saisi des demandes les plus diverses par les mouvements, le gouvernement d'Alger, et même par des fonctionnaires en poste à Paris qui signalent les problèmes qu'ils estiment graves et au sujet desquels ils sollicitent des directives : reconstruction des ponts, des routes, des chemins de fer ; approvisionnement des industries en matières premières ; ravitaillement de la population. Des membres du C.G.E., comme Lacoste, des collaborateurs de la Délégation, comme Maillet, des fonctionnaires patriotes tel Miné, infatigable animateur du ravitaillement des maquis, établissent des dossiers et proposent des instructions que nous examinons et discutons.

La valeur des travaux du C.G.E. est d'autant plus appréciée qu'il est bien connu des premiers chefs et animateurs de la Résistance qui sont maintenant à Alger, certains au gouvernement, d'autres à l'Assemblée consultative. Tout le monde sent approcher l'heure des responsabilités, même le parti communiste désormais rallié. Les dirigeants du Comité d'action militaire et les membres du Conseil national de la Résistance, à mesure qu'approche la Libération, éprouvent eux-mêmes le besoin de cet organisme de synthèse. Le C.G.E. est alors vraiment le cœur de la reconstitution clandestine de l'Etat. A l'exception des affaires militaires, il n'est plus de grave question qui ne soit tranchée sans son intervention ou celle d'un de ses membres. Car l'appartenance au C.G.E. devient un élément d'autorité. Dans le vide qui suivit l'arrestation de Jean Moulin, le C.G.E. a aidé la Délégation à franchir ce triste et difficile passage. Il en fut de même, et cette fois sans difficulté, après l'arrestation de Bollaert ; et tout naturellement un de ses membres, Alexandre Parodi, sera désigné par le Général pour prendre la tête de la Délégation générale à une heure décisive.

C'est à l'occasion d'une séance du C.G.E. qu'Yvon Morandat vint apporter à Alexandre Parodi le message qui le désigne comme délégué du Comité français de Libération nationale, c'est-à-dire du général de Gaulle. La modestie de notre ami est mise à rude épreuve. Il nous consulte l'un après l'autre. Nous lui apportons tous notre soutien. Robert Lacoste, dont le nom a été prononcé pour la fonction, Teitgen et moi sommes particulièrement insistants. Très ému, il fait connaître son acceptation et, donnant suite à l'idée que je lui suggère, il prend le nom de « Sera », du nom de ce village de Ceyrat, dans le Puy-de-Dôme où, en 1942, nous nous sommes ouverts l'un à l'autre de notre vie secrète.

J'eus personnellement à intervenir dans trois affaires particulières : la crise financière de l'hiver 1943-1944 ; les rencontres avec l'amiral Auphan qui se situent à la même époque ; enfin et plus modestement j'eus mon mot à dire lors de la mise en place d'un « gouvernement provisoire ».

***

Dans la Résistance, les finances ont toujours fait problème. Au départ, les dépenses étaient d'autant plus modestes que chacun y mettait du sien, donnait son argent avec le risque de sa liberté ou de sa vie. Chaque animateur, chaque mouvement faisait de son mieux. Des amis sûrs cotisaient et chaque dirigeant ou simplement militant eut ainsi son petit cercle de « financiers ». De leur côté, les réseaux de renseignement, de sabotage et d'action dont la tête était à Londres bénéficiaient d'un appui extérieur tout à fait justifié mais qui, évidemment, faisait des envieux. *Passy*-Dewavrin était l'ordonnateur de cet argent en quelque sorte officiel. Je ne ferai sa connaissance qu'après la Libération. Comme beaucoup de patriotes courageux et désintéressés, il sera critiqué ; bien à tort à mon sens car son œuvre fut exceptionnelle. Progressivement, les aides extérieures allèrent aussi aux mouvements. Jean Moulin fixa des quotas et alla même jusqu'à prévoir une certaine régularité dans l'approvisionnement. « On » se disputa et, sans avoir eu ni à l'époque ni plus tard de renseignements précis, j'imagine que Jean Moulin eut fort à faire. Ses successeurs aussi. Et là, j'en sais quelque chose car j'eus à intervenir à un moment épineux.

En effet, avec la croissance des maquis et l'extension des mouvements, l'effort pour coordonner leur action et donner un impact plus sûr aux opérations militaires de destruction et de sabotage, la question du financement devient une affaire d'Etat. Nourrir et vêtir des hommes sans ressources, les armer, organiser les transmissions, soudoyer des agents : voilà qui coûte de plus en plus cher, sans compter les salaires pour les clandestins, les loyers pour leurs chambres, les secours pour les familles des emprisonnés et des déportés. Cette subite et forte montée des besoins d'argent va de pair avec une pression accrue de la police allemande et, hélas, française. Redoubler de précaution exige aussi de l'argent. Bref pour mille motifs auxquels s'ajoutent les difficultés des voyages à Londres et des passages en Suisse, à l'automne de 1943, éclate une crise financière dont l'ampleur laisse dans l'ombre les difficultés des années précédentes. Les envois d'argent directs ou indirects deviennent insuffisants. Ils se font rares aussi car la police allemande a réussi quelques graves saisies. Je me souviens d'un jour où malgré les consignes de sécurité, j'attendis en vain pendant plus d'une heure un passeur qui venait de Suisse. Faute de recevoir suffisamment de subsides, la Délégation est démunie et son autorité en souffre. Les dirigeants des mouvements s'impatientent car ils ne veulent pas revoir l'impuissance des premiers mois de 1942 et du début de 1943. Claude Bourdet, en particulier, insistait sur ce temps que j'avais connu où, faute d'argent, les réfractaires avaient dû rentrer chez eux et finalement partir chez les Allemands. L'inévitable commença : les résistants désormais nombreux et encadrés entreprennent de se servir eux-mêmes. La Délégation, le C.G.E., Bidault lui-même sont conscients de l'effet fâcheux produit par des actes qui font assimiler les résistants à des bandits de grand chemin. Le mot « hold-up » n'avait, me semble-t-il, pas encore franchi les mers. Mais la réalité des cambriolages ou d'attaques de convoyeurs était déjà visible. Certes, faire feu de tout bois est la règle de la Résistance depuis le début, mais cette fois c'est à un niveau très élevé qu'il faut découvrir ou constituer un trésor de guerre.

Je n'ai pas la prétention d'écrire l'histoire financière de la Résistance. Cette tâche appartient aux historiens. Plus modeste, mon propos est simplement d'évoquer mon expérience de cinq à six mois.

Lorsque les mouvements se tournent vers la Délégation, celle-ci fait appel aux membres du C.G.E. avec une telle insistance qu'une réunion plénière est consacrée aux difficultés financières. Je suis un jeune bourgeois d'origine parisienne et comme tel, supposé jouir de bonnes relations. Il m'est demandé de rechercher des fonds sans tarder, en liaison avec André Debray, directeur de la Banque de Paris et des Pays-Bas, ami de Bidault et de Teitgen. Ainsi à nous deux — Debray et Debré —, avons-nous formé la première commission des Finances de la Résistance organisée. Pendant quelques semaines, le bureau de Debray à la banque servit de lieu de rendez-vous. Puis, comme pour toutes les choses de la Résistance, il fallut pour nous concerter, trouver refuge ailleurs.

Dès notre première rencontre, nous avons décidé de prendre le même surnom pour toutes les opérations financières, c'est-à-dire les démarches, les comptes et les écrits. « Voilà qui nous sera d'autant plus facile, dis-je, que nous portons presque le même nom » — « Quel surnom ? » me demanda-t-il — « Votre frère, lui répondis-je, est évêque à Meaux. Appelons-nous tous les deux *Bossuet.* » Ainsi naquit ce « *Bossuet* » à deux têtes qui, par la suite, en aura trois ou quatre car quand je passerai la main, ce surnom épiscopal continuera d'être employé aux mêmes fins.

Le plus urgent est de trouver des « commanditaires ». En même temps il faut tenir des comptes. Au cours des premières semaines, je remplis surtout la première tâche. J'avais pris l'habitude « d'aller au charbon ». Debray qui n'était pas encore clandestin, se charge surtout de la seconde. C'est ainsi qu'à mes occupations déjà diverses, s'ajoutent d'octobre 1943 à mars 1944, quatre ou cinq rendez-vous par mois. Je possède une liste de noms mise au point par Bouchinet-Serreulles et Bingen avec quelques autres dont Pierre Lefaucheux. La tâche est répartie entre nous. Certaines démarches et non des moindres, me sont réservées. Elles me permettent de sentir l'état d'esprit de maintes personnalités parisiennes susceptibles d'apporter une aide financière. A cette époque, l'inconnu qui, sous un faux nom, se présente au nom de « *la Résistance* » est reçu avec un mélange de stupeur et de crainte. Certains de mes interlocuteurs s'attendent à un commando armé et s'étonnent de me voir arriver seul et sans gardes du corps. Un soir, près de la Madeleine, allant prendre le métro après un rendez-vous fructueux, je rencontre Piette-Esnault qui porte un paquet de forme bizarre sous le bras : « Devine ? » me dit-il. Et sans attendre, les yeux pétillants de joie, il ajoute : « C'est une mitraillette. » Je lui montre ma serviette en répondant : « Ce que je transporte est aussi explosif. »

Un jour, Bollaert me prend à part. C'était à la sortie d'un café non loin de la porte d'Orléans où nous avions un rendez-vous commun. Un banquier, le fils adoptif d'Horace Finaly, vient de faire des propositions. Lui, Bollaert, ne pouvait le rencontrer car, en y allant, il se dévoilerait. Au surplus, il va prochainement partir pour Londres. A moi de prendre rendez-vous et de juger. Je ne me rappelle plus dans quelles conditions la date fut fixée, mais je me souviens que Bingen tint à me voir auparavant car il voulait m'éclairer. Face à ce fauve de la finance, il me juge quelque peu Eliacin. Je sonne. La porte s'ouvre, je suis traité comme un personnage mystérieux, inquiétant, dangereux. Mon hôte me propose boisson et nourriture et s'excuse de ne pouvoir m'offrir une chambre. Il croit visiblement que j'arrive le matin même de Londres ou d'Alger. J'ai droit à un discours politique, notamment sur les rapports du Général avec les dirigeants américains. Ce discours me surprend tant il est rempli d'erreurs de faits. Après quoi on en vient à l'objet de ma visite. Finaly est prêt à ouvrir son coffre. Mais il veut être assuré, non seulement que le Comité français de Libération nationale aura connaissance de son attitude, mais aussi que des sommes équivalentes seront déposées en Suisse. Ce n'est pas un don, mais un échange qui peut s'analyser comme un transfert de capitaux de France en Suisse. Je fais donc des réserves et, après avoir réfléchi et éclairé mes amis, je refuse quelques jours après.

Plus tard, je prends la responsabilité d'une mission contestée. Par l'intermédiaire de Roger Seydoux, Bidault a appris que Jean Prouvost, le magnat de la laine et de l'information, est disposé à verser de fortes sommes à la Résistance. Au sein du C.G.E. et de la Délégation, chacun de s'écrier : « Ce n'est pas possible. Prouvost veut se racheter à bon compte. » En effet, en 1940, Jean Prouvost a été, pendant un bref moment, Haut commissaire à la propagande. Il a orchestré la honteuse campagne contre les passagers du *Massilia.* Bidault est fort ennuyé, car la situation financière est déplorable. Mon avis est qu'autant que je sache, l'attitude de Prouvost n'a pas été celle d'un collaborateur. Au surplus, à la guerre comme à la guerre : les sommes offertes sont importantes. La discussion en demeure là. Mais après réflexion, je dis à Bidault, à la fin de la réunion que, connaissant les comptes, c'est-à-dire nos besoins et notre déficit, je prends l'affaire sous mon bonnet. Ainsi est fait, et ayant pris rendez-vous par l'intermédiaire de Roger Seydoux, je me présente au jour dit rue Lafayette, au siège social des sociétés textiles. Je suis aussitôt reçu par le bras droit de Prouvost, Marc Midol. L'inquiétude règne, et dans les regards de la secrétaire, il me semble voir une sorte d'effroi. Telle était la propagande de la radio ou de la presse de Vichy, que même les patriotes imaginent les résistants sous la forme de bandits. Midol me demande de quelle garantie je peux l'assurer car si Jean Prouvost entend offrir une somme importante — quatorze millions, ce qui est effectivement une somme considérable pour l'époque —, il prépare aussi les lendemains. Je réponds que je donnerai un reçu en bonne et due forme. Ce que je fais sur-le-champ en recevant sept millions. Et je reviendrai quelques jours après pour la seconde moitié. L'une et l'autre fois, je suis raccompagné à la porte avec respect. Et l'une et l'autre fois je repars dans le métro avec une valise. La seconde fois, l'urgence est si grande que le soir même je donne une somme d'argent à Lecompte-Boinet qui, comptant sur moi, a promis qu'il participera à la très forte contribution qu'un policier allemand réclame pour libérer l'illustre agent anglais appelé « *Lapin Blanc* ». Entre chien et loup, place du Trocadéro, je lui remets les billets mais l'affaire échoua. Il m'arriva ainsi d'apporter directement une aide d'urgence à des dirigeants de réseau ou de maquis désargentés en me bornant à inscrire le solde dans les comptes communs tenus par l'autre *Bossuet*, devenu mon ami. Après la Libération et assez tardivement eut lieu le procès de Prouvost. Son avocat qui n'était autre que le bâtonnier Charpentier me fera demander si j'authentifiais le reçu qui était la principale pièce à conviction sur laquelle se fondait sa plaidoirie. Ce qu'évidemment je ferai, de sorte que ce document doit se trouver dans les archives de la Justice. Prouvost sera acquitté et par l'intermédiaire de ses avocats me remerciera. Bien des années plus tard, devenu premier ministre, je ferai sa connaissance. Je n'évoquerai pas cette péripétie. Lui non plus, d'ailleurs.

Ces visites mangent mon temps. Les rendez-vous sont pris par des relations communes. Annoncé par mon nom d'emprunt « *Jacquier* », ou sous aucun nom, j'explique les besoins de la Résistance. Je me réfère au général de Gaulle, au Comité français de Libération nationale, dont je ne cache pas qu'il est le véritable gouvernement de la France. De façon générale, on ne me pose aucune question. De certaines visites, je garde un souvenir mi-amusé, mi-attristé. Une fois je suis déçu. J'ai en face de moi un personnage dont j'imagine qu'il peut nous aider : un de ses parents combat depuis le premier jour, mais il me refuse tout. Après la Libération, nos rencontres ultérieures souffrirent d'une conversation dont je gardai le souvenir, me semble-t-il, plus longtemps que lui. Une autre fois je suis furieux. C'est un industriel fort à l'aise, et dont je connais un cousin. Il me demande de revenir et j'espère de ce fait un bon résultat. Mais la seconde fois, j'entends que son attachement au Maréchal et à son gouvernement l'empêche d'aider la Résistance. Je me lève aussitôt et m'apprête à sortir quand il ouvre son tiroir où il a rangé sa croix de guerre et sa Légion d'honneur : « Je me suis engagé pendant la Première Guerre. Voyez, je suis un bon Français et un patriote. » Il a les larmes aux yeux... « Mais vous ne voulez pas nous aider aujourd'hui, alors qu'il faut de nouveau assurer la défaite de l'Allemagne ? » Au moment où je me retire, il me met dans la main un petit paquet en me disant : « C'est du chocolat. » Il a en effet une participation dans une fabrique de chocolat, produit à l'époque aussi rare que l'or. Je remets le paquet sur la table et m'en vais. Il me rejoint alors que je traverse le bureau voisin... « Vous ne pouvez pas me faire cela ! » Nous ne sommes plus seuls et un esclandre est difficile. Je réponds à haute voix : « Ce paquet sera demain soir entre les mains de l'aumônier de Fresnes », et j'ajoute : « Soyez sans crainte, c'est un aumônier allemand. » Il s'agissait de l'abbé Stock dont j'ai déjà parlé et qui se dépensait sans compter pour les prisonniers, notamment en donnant de leurs nouvelles aux épouses ou aux mères.

Ma dernière mission en tant que « *Bossuet* » a un caractère quasiment officiel. La Délégation a reçu de la Banque d'Algérie une valise pleine de billets d'un montant élevé. Mais ces billets qui devaient se trouver dans les coffres d'Alger dataient du début du siècle et n'avaient plus cours : ils représentaient sans doute le résultat d'un changement de billets antérieur à la guerre de 1914. Il faut opérer un nouvel échange à Paris. L'autorité responsable de la Banque de France ne le fera certes pas d'elle-même. Un complice haut placé est nécessaire : je me charge d'engager l'affaire. Rendez-vous est pris par un intermédiaire qui, comme à l'ordinaire, ne doit me désigner ni par mon nom qu'il ne connaît pas ni même par mon surnom. Je suis simplement un « envoyé ». Je sais que mon « contact » est un inspecteur des Finances, Claude Gruson, que j'ai connu avant-guerre et qui est fort estimé. Il occupe un bureau au ministère avec deux autres fonctionnaires. Ainsi retournai-je rue de Rivoli en franchissant la grande porte, ce qui me ramenait quatre ans en arrière au temps de Paul Reynaud !

Je suis embarrassé pour parler. Et Gruson, sans faire tout de suite le lien avec l'homme qu'il attend, s'interroge sur les motifs de ma présence dans son bureau. Après quelques minutes occupées à des banalités, je lui dis finalement : « Je viens à propos de l'échange de billets. » Il ne me laisse pas achever ma phrase. Nous sortons du bureau. « Mes collègues, me dit-il, sont sûrs mais mieux vaut éviter les bavardages. » C'est bien ce que je pense. Je lui explique l'affaire, en marchant dans le jardin des Tuileries. Il la traita fort bien ainsi que d'autres du même genre qui suivirent.

Ce fut, je crois, ma dernière intervention financière. Elle date de l'hiver 1943-1944 et j'étais, alors, surmené. Le C.G.E. siégeait quasiment chaque semaine. Lecompte-Boinet était à Alger et du fait de l'arrestation de Paul et de Pierre Arrighi, j'étais seul avec Jean de Voguë pour traiter les affaires de *Ceux de la Résistance.* Enfin et surtout, je mettais tous mes soins au « grand mouvement préfectoral » dont je reparlerai. Entre le lever du soleil et le couvre-feu, et compte tenu des déplacements en province, je n'ai vraiment plus le temps de me disperser. Mon expérience a été comme une pointe de cavalerie lancée en avant-garde. Au début de 1944, Bingen mit sur pied un comité dont je laissai la présidence à l'autre « *Bossuet* ». Grâce à de bons et solides amis, notamment Jacques Chaban-Delmas et François Bloch-Lainé, ce comité organisa des tirages sur la Banque d'Algérie, ainsi que le C.G.E. l'avait demandé par la voix de Pierre-Henri Teitgen et la mienne. Il plaça aussi des bons du Trésor et, un jour, peu après le débarquement, j'eus le plaisir d'apprendre que les bons signés « *Bossuet* » faisaient prime ! Avec l'avance des Alliés, la caisse de la Résistance ne connaissait plus les problèmes qui, quelques mois auparavant, m'avaient valu d'heureuses satisfactions, mais aussi bien des avatars.

* * *

L'importance du C.G.E. comme organe politique de la Résistance trouva une application particulière lors des pourparlers que l'amiral Auphan voulut engager. Le maréchal Pétain n'en prit pas l'initiative, mais Auphan, comme il l'a rappelé lui-même dans ses souvenirs sur Vichy, l'avait tenu au courant. Il devait d'ailleurs revenir à la charge en août 1944, au moment de la libération de Paris.

En octobre 1943, Roger Seydoux me fait savoir qu'un diplomate souhaite rencontrer une personnalité représentative de la Résistance afin d'établir un contact entre cette personnalité et un émissaire proche collaborateur de Pétain. Ce diplomate porte un grand nom : Castellane, et j'ai entendu parler de lui en termes élogieux. Je le vois. Depuis la tragédie qui avait enlevé Jean Moulin et le départ pour Alger de François de Menthon et de quelques autres, Georges Bidault était la seule autorité nationale. Ses fonctions de président du Conseil national de la Résistance, l'appellent à donner une réponse. Il charge Pierre-Henri Teitgen d'être la personnalité représentative. D'après ce que me raconte « *Tristan* » le jour même, Castellane, fort ému, lui fait savoir que l'amiral Auphan veut engager une conversation préliminaire dont l'objectif serait de chercher, par l'intermédiaire de la Résistance, « un terrain d'accord entre le maréchal Pétain et le général de Gaulle ».

Lors d'une séance du C.G.E., Teitgen rend compte à Bidault qui décide de transmettre l'offre à Alger. Cependant, après une discussion brève, mais tendue, il est décidé d'accepter une rencontre sans attendre la réponse. Le motif de cette décision est grave. Nous sommes en novembre 1943, les maquis sont durement attaqués, d'autres, nous l'imaginons, le seront prochainement. On craint le pire. Puisque l'amiral Auphan s'annonce comme un proche collaborateur de Pétain, des questions précises lui seront posées qui permettront de juger de la suite.

Bidault nous charge, Teitgen et moi, d'aller à cette rencontre qui a lieu dans l'appartement de Roger Seydoux à une date qu'Auphan, dans ses souvenirs, fixe au 9 décembre 1943. Il nous explique qu'il y a de bons Français dans les deux camps et qu'il nous faut tous penser à la France. Or, l'intérêt de la France est qu'il n'y ait pas de césure. Cet objectif peut être atteint si un accord entre le maréchal Pétain et le général de Gaulle évite la discontinuité dans l'autorité nationale et la légitimité française. Pierre-Henri Teitgen sait quand il le veut être charmeur. Le ton de ses premiers mots est aimable. Mais ce n'est que préambule à une prise de position catégorique : « De fortes opérations contre des maquis sont en cours de préparation, déclare-t-il. Des forces françaises accompagnent et aident les forces de répression allemandes. Décidez qu'il n'en sera plus ainsi. Supprimez toute coopération avec la police et l'armée allemandes qui s'attaquent à des Français, et nous pourrons alors envisager une autre conversation. »

Teitgen développe sa proposition avec le ton convaincant qui est le sien : « Si de bons Français sont dans les deux camps, les Français des maquis sont de bons Français ! Vous parlez de continuité dans la légitimité française ? Un gouvernement n'a droit à ce titre et ne prouve qu'il est légitime que s'il se fait obéir des troupes dont il déclare qu'elles sont sous ses ordres. »

Auphan n'a rien à répliquer. Nous nous séparons. Les semaines passent. Des semaines qui sont terribles pour les maquis, comme elles sont terribles pour les mouvements et les réseaux. La police et les « forces de l'ordre », comme les appelait souvent Vichy, agissent en complices actifs et impitoyables des Allemands. Par la même voie, une seconde conversation est demandée. Et, une nouvelle fois, Bidault nous habilite, Teitgen et moi, pour une rencontre que dans ses souvenirs, l'amiral fixe au 17 février 1944.

Dans ma mémoire, la rencontre de décembre demeure comme celle d'une longue conversation. Il n'en est pas de même de la seconde. Teitgen prend acte et fait prendre acte à son interlocuteur que les attaques contre les maquis et la répression par les forces de Vichy sont la preuve qu'il n'y a pas de gouvernement à Vichy et qu'en conséquence la Résistance n'a rien à transmettre à Alger. Il évoque le maquis des Glières dont, dirigé par des Français, le martyre commençait.

Dans son livre, Auphan parle de « désaccords ». Il avance l'hypothèse que ces conversations exploratoires, « eussent peut-être porté quelque fruit si Teitgen n'avait pas été arrêté par les Allemands ». Avec l'accord de Teitgen, je rédigeai une mise au point qui parut dans la *Revue d'Histoire de la Deuxième Guerre mondiale*. L'arrestation de Teitgen date du 6 juin qui est le jour du débarquement. Elle n'a donc pas été la cause de l'arrêt des conversations. En réalité, celles-ci avaient buté quatre mois auparavant sur un fait essentiel : les événements ont apporté la preuve que Vichy laisse massacrer les Français par d'autres Français quand il ne l'ordonne pas lui-même. J'ai cru comprendre aussi qu'Auphan considérait Teitgen comme plus accessible que moi à sa plaidoirie. Teitgen, qui était l'orateur, est un homme poli. Mais la politesse n'exclut ni la fermeté ni la clarté. Et avec tristesse Teitgen fut clair et ferme. Quant à mes interventions, elles furent brèves. Lors de la seconde entrevue, je ne pus effectivement m'empêcher de dire ce que je pensais : parler de légitimité quand des Français, que l'on dit être sous ses ordres, assassinent d'autres Français, et pour cette tâche, se font aider par les Allemands ! Et cela sans compter le reste, c'est-à-dire les arrestations et déportations d'hommes, de femmes et d'enfants ! Quant aux malheurs de la patrie, quel écho soulevaient-ils puisque le maréchal Pétain garde le silence quand

Laval souhaite la victoire de l'Allemagne ? Par un tel propos, je ne dus pas laisser un bon souvenir à notre interlocuteur.

Ce second entretien mit un point final à une opération qui n'avait d'autre objet que de faire reconnaître, rétroactivement, par de Gaulle, la légitimité de Vichy et du Maréchal. C'est ainsi que nous le comprîmes. C'est ainsi que nous en rendîmes compte à Bidault et aux membres du C.G.E. Auphan, nullement découragé, devait revenir à la charge à la veille de la libération de Paris. Il fut de nouveau écarté, et pour les mêmes raisons. Mais cette fois par le Général.

*
* *

Vint le jour où il fallut bien parler du futur gouvernement de la France. Il était dans la vocation du C.G.E., de traiter d'un sujet qui, en quelque sorte, couronnait l'ensemble de nos réflexions. En outre, arrivait le moment où les préoccupations, sinon des mouvements, mais de certains de leurs chefs et notamment les dirigeants communistes, obligeaient à trancher. La Délégation du gouvernement provisoire représentée par Bouchinet-Serreulles et par Bingen est la première à affirmer la nécessité d'une nette prise de position.

L'idée d'un gouvernement issu du seul Conseil national de la Résistance devait être écartée. Un gouvernement sans de Gaulle eût été un gouvernement contre de Gaulle. Ce n'était admissible ni pour le peuple ni pour la France. Lorsque, après le débarquement en Afrique du Nord et l'assassinat de Darlan, un courant s'était dessiné en faveur du général Giraud, le C.G.E. avait pris position de façon unanime. Le scandaleux maintien des lois de Vichy que l'on apprit très vite et l'ombre portée des Américains que l'on devinait, alors même que nous ignorions la « chasse aux gaullistes », affermirent les esprits dans la conviction que seul le général de Gaulle pouvait et devait recevoir le soutien de la Résistance intérieure. Mais dans l'incertitude des conditions matérielles de la Libération, et des orientations politiques des Alliés, on ne peut laisser la France et Paris dépourvus d'autorité nationale. Où sera le général de Gaulle ? Pour la province, la décision est prise. Commissaires de la République et préfets, déjà désignés, seront sur place lors de la libération des départements. Mais Paris ?

Stratégie communiste, opposition des mouvements de résistance aux partis politiques, méconnaissance réciproque entre Alger et Paris : malgré la nomination au sein du Comité français de

Libération nationale de plusieurs dirigeants de la Résistance intérieure, voilà qui appartient à l'histoire. Et je n'y reviens pas. Il faut cependant veiller à ce qu'un certain romantisme n'aille pas alimenter des ambitions dont le nombre, la diversité et l'ampleur commencent à me surprendre. Il faut aussi éviter, quoique le danger soit moindre, les tentatives conjointes de Vichy et du gouvernement américain pour garder le « statu quo » car « les chassepots seraient partis tout seuls ».

L'hypothèse retenue est celle de secrétaires généraux provisoires à la tête de chaque ministère. Elle est entérinée par le C.G.E., ce qui ne veut pas dire que les difficultés sont pour autant terminées.

Je garde un pénible souvenir d'une séance du C.G.E. qui, si mes souvenirs sont exacts, eut lieu dans un appartement de la rue de Rome, où Bidault, aussi mal à l'aise que possible, nous fait un compte rendu des mesures que le Conseil national de la Résistance envisage de prendre. Avec les représentants de la Délégation, nous sommes quasiment au complet. A la tête de chaque ministère, nous dit Bidault, il convient de placer une petite équipe, de deux, le plus souvent de trois personnes, afin d'assurer une direction collégiale où seront représentés les mouvements et divers partis politiques. A mesure que Bidault détaille le projet et tente de justifier l'injustifiable, ma colère monte. Comment peut-on s'engager dans une voie qui est si contraire au bien public ? Quels calculs obscurs justifient cette politisation de la tête de l'Etat ? Quel meilleur chemin pour ternir notre idéal, pour salir l'image de la Résistance ? A peine Bidault a-t-il terminé son exposé, que je prends la parole pour affirmer et quasiment crier mon indignation. Avec des nuances, mes sentiments sont partagés par l'assistance. Je suis soulagé quand je comprends que, président du C.N.R., Bidault est en service commandé et qu'il attendait cette réaction.

L'affaire est remise en chantier et le principe d'un secrétaire général provisoire unique par ministère est arrêté par le C.G.E. Le reste, c'est-à-dire les nominations, incombe à la Délégation, en collaboration avec le C.N.R. Emile Laffon s'en charge, me consulte, a des conversations avec Bidault qui est alors à Paris au centre de tout. Puis ce sera l'affaire de Parodi, qui avait d'excellentes relations avec tous. Il a l'appui de Laffon et dispose de la collaboration d'André Ségalat dont l'intelligence et l'habileté n'ont d'égales que le désintéressement. Comme il se doit, il se heurte à des difficultés. Alger estime qu'il doit être consulté, ce qui n'est pas toujours facile. Il y a des problèmes de personnes que Parodi tranche. Le débarquement hâte la solution du tout et, au jour de la

Libération, un secrétaire général est en place à la tête de chaque ministère : personnalités issues des mouvements de résistance, du C.G.E., de formations politiques, ou simplement personnes de grande capacité. J'ai la joie de voir figurer dans la liste définitive, entre autres amis Jacques Lecompte-Boinet, René Courtin et Emmanuel Monick. J'apprendrai à Angers qu'après la libération de Paris, leur rencontre avec le général de Gaulle a manqué de chaleur. Je ne peux croire ce que diront certains au sujet d'un sentiment de rivalité qui aurait hanté l'esprit du Général. Tout était dans sa main. Mais il se devait de rester libre pour la constitution du nouveau gouvernement.

* * *

On ne peut traiter du C.G.E. sans évoquer les *Cahiers politiques*. François de Menthon, l'un des premiers à diffuser une feuille clandestine par des moyens de fortune, a voulu pour le Comité une revue de bonne tenue. Dans son esprit, il s'agit non seulement de condamner, comme la morale l'exigeait, l'occupation allemande et la servilité de leurs suiveurs, mais aussi de promouvoir de fortes idées pour l'orientation de la France nouvelle. Teitgen fut chargé de la publication. Marc Bloch et Louis Terrenoire sollicitèrent des articles et écrivirent eux-mêmes. Dannenmuller assura la diffusion. Les trois premiers numéros parurent à Lyon, d'avril à août 1943. Teitgen m'associa à la publication des deux suivants, qu'il avait décidé d'imprimer à Paris et finalement, comme je l'ai déjà dit, me donna la responsabilité de la suite. Le numéro 7 ne vit jamais le jour car Marc Bloch qui en avait la charge, fut arrêté. Daté d'avril 1944, le cahier numéro 8 fut le dernier.

J'ai sous les yeux cette modeste collection. Alors que tant de papiers devaient être détruits à mesure, j'ai conservé un exemplaire de chacun de ces numéros. Ils sont tels quels sur ma table. Comment dire le danger que coururent les rédacteurs, l'éditeur, les diffuseurs ? Comment faire partager la joie intellectuelle donnée par leur lecture dans un temps où l'obscurantisme était la loi de la presse et de l'édition ? Dès le premier numéro, l'ambition de la petite revue est affirmée : « Publiés par le Comité général d'études de la France combattante, ces cahiers ont pour but de préparer la résurrection de notre pays en cherchant à préciser l'orientation générale que la Résistance souhaite donner à notre futur régime politique, économique et social, en cherchant aussi à déterminer les solutions qui devront prévaloir au cours des premiers mois du nouveau régime. »

Chaque cahier comporte trois parties : doctrine, pour s'opposer à « l'ordre nouveau », solutions positives adoptées par le C.G.E. sur les principaux problèmes, documents enfin, notamment ceux qui provenaient de Londres. Dans le numéro 2, Louis Terrenoire prête sa plume anonyme pour décrire la Résistance d'une belle formule : « La révolution des chevaliers et des jacobins. »

Au cours de ces quinze mois d'existence, les bons auteurs ne manquèrent pas : Emmanuel Monick, Edmond Vermeil, Charles Rist, Léo Hamon, d'autres dont les noms ne seront jamais connus car dès l'impression d'un numéro, tous les manuscrits étaient détruits. Je n'ai pas le souvenir de l'importance de la diffusion. J'ai le chiffre de deux mille en tête, mais il me paraît excessif, au moins pour les premiers numéros : grâce à des correspondants du C.G.E., certaines villes de France furent mieux servies que d'autres. Mais ce que je puis affirmer, c'est l'influence de cette publication dans les milieux de l'Université, de l'administration, du syndicalisme autant que dans les milieux de la Résistance. Nos cahiers étaient lus à Londres et à Alger, surtout après l'arrivée de François de Menthon à qui, non sans peine, furent envoyés plusieurs exemplaires des derniers numéros. Et la série des réponses publiées à propos de la grande enquête « Pourquoi je suis républicain », reste l'expression toujours aussi émouvante de la convergence d'hommes aux engagements les plus divers en vue de la renaissance.

Certains numéros firent date. Ainsi du numéro de juillet 1943 où furent publiés des textes politiques préparés par le général de Gaulle. On imagine difficilement à quel point le général de Gaulle n'était qu'un nom et une voix. En dehors des appels ou des allocutions à la radio, nul ne connaissait sa pensée. De jeunes professeurs recopièrent les passages publiés dont les extraits avaient été choisis par Terrenoire parmi les envois de Londres. Daté d'août, le numéro 3 sur la réforme de l'enseignement eut moins d'impact que le numéro 4 de novembre où Teitgen, avant la discussion de ses projets par le C.G.E., traita du problème de la presse. Ce numéro fit le tour des rédactions clandestines, puis officielles. Le numéro 8, sur les institutions, fut lu, me semble-t-il, avec moins d'attention. On était en mars 1944 : le débarquement approchait. Seule l'action allait compter.

***

Dans les souvenirs des dirigeants de la Résistance, les références au C.G.E. sont assez nombreuses. Le général de Gaulle le cite avec éloge et les thèses ou livres sur la Libération en parlent fréquemment. Mais il a fallu attendre l'ouvrage de René Hostache sur les institutions de la Résistance, puis l'étude approfondie de Diane de Bellescize, pour que sa place originale soit vraiment évaluée. A cette relative indifférence, il est une première raison : les membres du C.G.E. et la cohorte de personnalités qui ont participé à ses travaux se sont dispersés aux quatre vents de la politique. Réunis par une commune volonté nationale, républicaine et gaulliste, ils ont, par la suite, été séparés par des engagements, des caractères, des événements qui les ont menés sur des chemins différents, voire opposés. Si très vite le général de Gaulle avait pris la tête d'une formation politique ou s'il avait conservé le commandement de l'Etat, je crois qu'il en eût été autrement. Mais les choses ayant été ce qu'elles furent, l'éparpillement l'emporta.

Une autre raison, me semble-t-il, explique ce relatif manque d'intérêt. Face aux idéologies politiques, ou simplement au romantisme, le C.G.E. a voulu placer la préparation de la Libération et la réflexion sur la future République sous l'égide d'une exigence d'ordre et de justice qui, sans exclure l'élan et l'enthousiasme, s'écartait autant des illusions lyriques que des arrière-pensées partisanes. Destiné à préparer la Libération au nom de la Résistance et de l'Etat républicain, le C.G.E. a disparu, mission accomplie, avec la Libération qui a mis fin à la Résistance et ressuscité l'Etat républicain.

4.
Un grand mouvement de Commissaires de la République et de préfets

Au mois de juillet 1943, Pierre-Henri Teitgen m'apprend qu'un nouvel envoyé du général de Gaulle désire me voir. Ce n'est pas Jean Moulin. Ce n'est plus Jean Moulin, dont on ne sait rien depuis son arrestation de Caluire qui a provoqué stupeur, colère et angoisse. Le rendez-vous est au grill-room Médicis, place de la Sorbonne. J'arrive en avance. La chaleur est forte, et le boulevard Saint-Michel quasiment désert. Silence habituel du Paris occupé. Calme d'un quartier universitaire quand professeurs et étudiants sont en vacances. De nombreuses boutiques ont déjà baissé leurs rideaux et les terrasses des cafés ouverts ne sont guère animées. Une automobile allemande remonte à grande vitesse le boulevard où aucune voiture civile ne circule ni ne stationne. Elle s'arrête devant le factionnaire en poste à l'entrée du lycée Saint-Louis que les Allemands ont réquisitionné.

Je me place face au buste d'Auguste Comte. Il est en pierre, il a donc échappé à la « récupération » qui a fait disparaître tant de statues de bronze. Je regarde le restaurant et je n'observe aucune anomalie. « *Pellerin* » est le nom de guerre du personnage qui m'a donné rendez-vous. Je ne saurai que plus tard qu'il s'appelle Claude Bouchinet-Serreulles. « *Tristan* » nous rejoint. A l'exception d'un couple d'amoureux, nous serons les seuls clients du restaurant.

L'objet du rendez-vous m'est vite dévoilé : il s'agit de préparer la Libération. Chacun en rêve. En attendant le général de Gaulle, chef incontesté, l'objectif est non seulement d'aider les Alliés à battre l'Allemand, mais aussi de faire en sorte que les Français prennent une part active à la délivrance de leur pays.

La réalité est moins simple. « *Pellerin* » nous fait part des préoccupations de Londres et d'Alger, que la manière dont le général de Gaulle a été traité par les Américains en Afrique du Nord n'a fait que renforcer. Il nous dit que le commandement interallié considère la Résistance comme un élément de sa stratégie militaire. Tout ce qui n'est pas action directe contre l'ennemi sous les ordres de l'état-major allié est à la fois mal vu et sous-estimé. Pour la tranquillité des opérations militaires, les Américains ne verraient aucun inconvénient à donner un appui officiel à l'administration en place. De notre côté, nous imaginons aisément le Maréchal et son entourage, Laval et ses amis, tout prêts à recommencer l'affaire Darlan en se plaçant sous la tutelle des Etats-Unis. Ils sont habitués à obéir à l'étranger. Nous tombons d'accord : la Résistance ne peut accepter une telle perspective, ni pour elle ni pour la France. Il faut donc préparer de l'intérieur une autorité civile qui, au nom du général de Gaulle, associera les résistants à ceux qui nous viendront, désignés par le Comité français de Libération nationale. En d'autres termes, une haute administration renouvelée et loyale doit être « mise en place ». Tel est l'essentiel du message de « *Pellerin* ». C'est un message exaltant que cette évocation de l'aurore dans la nuit sombre qui est encore la nôtre.

« *Tristan* » et moi avions déjà parlé entre nous des fautes que l'impréparation des lendemains pourrait faire commettre aux résistants : il est relativement facile d'improviser des comités pour chasser les autorités de Vichy des départements et des régions, mais après ? A l'intérieur de ces comités cohabiteront des novices et des professionnels de l'action politique. Leurs dissensions faciliteront des règlements de comptes qui dénatureront vite la joie de la délivrance. A la suite de ces désordres, la crainte d'un « coup » préparé par le parti communiste risque de provoquer l'intervention des Alliés. La Libération sera gâchée et l'avenir de la France obéré.

De cette conversation à trois, le résultat est clair : il faut assurer la « prise de pouvoir ». Tandis que « *Pellerin* » met l'accent sur les ministères parisiens qui sont sa préoccupation majeure, je donne priorité à la province dont une grande part sera libérée avant Paris. « *Tristan* » parle du lien entre l'insurrection militaire et l'installation de nouvelles autorités civiles. « *Pellerin* » n'écarte pas la possibilité d'un débarquement dès octobre 1943. « *Tristan* » tire la conclusion : il faut que « quelqu'un » ait la responsabilité de préparer et d'organiser cette « prise de pouvoir ». Je suis connu des principaux animateurs des mouvements de Résistance de la zone Sud comme de la zone Nord. Je suis connu des hommes qui sont à

Alger comme du Général lui-même. « *Pellerin* » conclut en déclarant qu'il estime que je peux être ce « quelqu'un ».

Voilà qui me convient.

Le déjeuner prend fin. Fait exceptionnel, nous avons eu de la bonne viande. « *Tristan* » qui fume beaucoup, a épuisé sa provision mensuelle de tabac. Il demande des cigarettes au garçon qui lui en propose à un prix abusif. « *Tristan* » refuse. « Mieux vaut une bonne fausse carte », conclut « *Pellerin* ». Nous nous quittons selon les règles, en partant séparément, chacun dans une direction différente. Je descends le boulevard Saint-Michel : casquée, les jambes écartées, la sentinelle allemande monte toujours la garde. Je cherche une librairie pour acheter une carte de France car j'ai tout de suite défini ma tâche : il me faut désigner des « préfets de la Libération », en commençant si possible par les départements maritimes qui risquent d'être les premiers délivrés. Viendra ensuite la désignation des responsables des ministères à Paris.

D'où m'est venue cette mission ? C'est une question que je me suis posée plus tard. Bouchinet-Serreulles ne se souvient pas d'avoir reçu à ce sujet des instructions de Moulin dont nous savons seulement qu'il était partisan de nommer une « Commission des désignations ». Claude Bourdet a écrit que mon nom lui fut suggéré par Lecompte-Boinet. Je travaillais déjà avec le *N.A.P.* et avais, à plusieurs reprises, encouragé de jeunes amis ou collègues à occuper des postes administratifs utiles pour les lendemains. De son côté, Teitgen était partisan d'étendre la compétence du C.G.E. aux nominations que la Libération rendrait nécessaires dès les premiers jours. En vérité, dans le petit monde de la Résistance organisée, nous étions peu nombreux et chacun s'employait, ou était employé au mieux.

Je suis heureux d'avoir un travail précis et concret. Les contestations dont j'avais pris conscience depuis mon arrivée à Paris me consternaient. Je cherchais la simplicité : chasser l'Allemand ; aider le général de Gaulle à prendre le pouvoir. Et je sentais la valeur du précepte de Nietzsche : « Il ne faut pas éluder l'obligation de faire ses preuves, bien qu'elles soient peut-être le jeu le plus dangereux et qu'en définitive, nous ne donnions de preuves qu'à nous-mêmes. »

Je prévois les difficultés. Ma mission ne se situe dans le courant général ni de l'activité ni de la pensée de la Résistance. A côté de l'effort militaire et des préoccupations de haute politique, la mise en place d'une structure administrative apparaît secondaire. En zone Nord, l'objectif de lutte armée comprenant le sabotage aussi bien que la collecte de renseignements, accapare presque toute l'énergie des résistants. En zone Sud, à côté du renseignement, la lutte politique contre Vichy a longtemps inspiré les esprits et les actes. Depuis l'invasion de la zone Sud et l'action de Jean Moulin, la Résistance s'unifie : les missions militaires notamment avec les maquis, deviennent prioritaires en zone Sud. En zone Nord les groupes les moins politiques commencent à réfléchir. Jean Moulin, Pierre Brossolette, Henri Frenay, d'Astier de la Vigerie et quelques autres ont convaincu les plus indifférents de la réalité du problème politique. L'affaire Darlan et l'affaire Giraud ont agi comme un révélateur et la montée communiste fait le reste. La Résistance doit penser à la Libération et à ses lendemains. Il faut « refaire la France », sortir du flou, penser en termes d'hommes responsables des affaires à la transition entre la bataille militaire dans une France occupée et la naissance de la République nouvelle.

Afin de prouver que la gloire et l'ordre ne sont pas incompatibles, je décide d'agir pour que la Libération soit, autant que faire se peut, une Libération ordonnée.

***

La première difficulté est de principe : la Résistance est hostile à l'égard de tout ce qui est l'Etat. C'est un fait qu'il est malaisé d'apprécier quand on ne l'a pas vécu, et d'autant que depuis, s'est répandue l'image d'une administration hostile à la persécution et volontiers complice de la Résistance. Hélas ! Pour un long temps de l'Occupation, cette image est inexacte.

Sans doute y eut-il très tôt des liens entre animateurs de la Résistance et fonctionnaires militaires ou civils. Des dévouements furent admirables. Dans les réseaux, notamment celui de *Rémy,* Philippon, l'officier de marine dit « *Hilarion* » s'est élevé à l'héroïsme par le courage mis à chercher et à transmettre des renseignements. En zone Sud, il y eut l'effort de noyautage des administrations et des professions, le *N.A.P.*, dont Claude Bourdet fut le grand animateur et qui, progressivement, s'étendra à toute la France. Plus tard, il y aura le *Super-N.A.P.*, fondé pour donner du sang neuf à un organisme qui, ayant fait ses preuves, avait subi de lourdes pertes et dont l'ambition était de rechercher des complicités haut placées.

Ajoutons que, soupçonneux de nature, et notamment après le débarquement allié en Afrique du Nord, les Allemands apprirent à se méfier de l'administration française. Ainsi, au début de l'année

1944, après la découverte de papiers trop clairement rédigés, et sans même prévenir les gens de Vichy, firent-ils une grande rafle parmi des préfets dont certains (mais pas tous) avaient des liens avec la Résistance. Déportés, ils furent très peu nombreux à revenir de ces camps de la mort.

Mais il y a aussi une face obscure : l'arbitraire de Vichy a lourdement pesé sur la fonction publique. Eliminés, domptés ou apeurés, troublés par l'impératif de l'obéissance, animés par de mauvais sentiments de xénophobie à l'égard des Anglais, des Juifs ou des Soviets, nombre d'administrateurs ont erré, pour ne pas dire pire. L'obéissance au Maréchal a créé une atmosphère de prudence, si ce n'est d'allégeance. Dès lors, à la base et sans faire le détail, la Résistance déteste la police et suspecte toute l'administration. Il faudra attendre l'installation à Alger du Comité français de Libération nationale pour que grandisse la gêne de nombreux fonctionnaires à servir un gouvernement sur qui l'Allemand exerce une pression de plus en plus forte. Il y eut alors des retournements à ce point spectaculaires que je dus parfois ouvrir les yeux de résistants stupéfaits de se voir offrir une collaboration de la part d'hommes de rang élevé qui cherchaient à faire oublier leur passé. Les vrais résistants avaient si longtemps été méprisés par les gens en place que certains se montrèrent crédules. De leur côté, les communistes qui, avec les Juifs, avaient été les boucs émissaires quotidiens, voulaient une revanche qui soit une étape vers la révolution. Emportés par l'idéologie du peuple-roi, des résistants non communistes n'étaient pas loin de partager ces vues. Bref, la rancune était si forte que tout paraissait mieux que l'Etat-Vichy. Comment dans ces conditions, espérer que la mise en place d'une nouvelle structure d'Etat puisse être considérée avec faveur ?

J'ai pourtant des arguments : face aux menaces de ses adversaires, tant français qu'étrangers, le gouvernement du général de Gaulle doit dès les premiers jours disposer d'un Etat. C'est l'intérêt de la Résistance. Afin d'apaiser les craintes, j'explique comment j'entends dissocier l'administration de la politique : l'administration s'occupera de la province, et c'est à Paris que se régleront les problèmes politiques. D'un côté, des préfets de la Résistance prendront la suite des préfets détestés ou simplement dévalorisés. De l'autre, un gouvernement de la France libre et de la Résistance relèvera le flambeau de la République. Toutefois, pour éviter l'isolement des nouvelles autorités administratives, l'idée de « Comités départementaux de la Libération » commence à se faire jour. Il ne peut en effet être question de rétablir les anciens conseils généraux. Mais il faut faire admettre l'utilité d'un exécutif distinct de l'organe délibérant.

***

Deux problèmes politiques doivent être tranchés au préalable : celui de la région, et celui de la participation des communistes.

Puisque la région est une création de Vichy, le département devient par contrecoup le symbole de la République. Compte tenu des circonstances, c'est-à-dire essentiellement des difficultés de communications, le gouvernement de Vichy a en effet mis en place des préfets régionaux dont le commandement politique se limite le plus souvent à la répartition du ravitaillement et à la coordination de la traque policière. Dans sa hâte à faire disparaître tout ce qui rappelait Vichy, la Résistance condamne la région qui, en outre, ne correspond généralement pas à l'organisation des mouvements ou des réseaux. J'estime qu'il faut aller au-delà de ce premier réflexe et au contraire retourner la région contre ses auteurs en installant à sa tête un résistant unanimement reconnu comme tel. Transformée en champ de bataille, la France va être disloquée. La nomination d'une vingtaine de Commissaires de la République judicieusement choisis, me paraît la meilleure garantie d'une unité de vues dans le commandement politique dès la libération de chacune des parties du territoire. Ces hommes mis en place, je disposerai d'une plus grande latitude dans le choix des préfets : ici des politiques, là des administrateurs.

Je suis compris et mes conclusions, adressées à Alger, sont appuyées par François de Menthon dont j'ai déjà évoqué la haute figure et Emmanuel d'Astier de la Vigerie, homme d'une grande séduction et d'une intelligence hors du commun. En septembre 1943 avant son départ pour Alger, j'ai avec lui une longue conversation. Devenu Commissaire à l'Intérieur, il reprendra à son compte mes idées sur la nécessité des Commissaires de la République, agents politiques où la Résistance doit entièrement se retrouver.

Le second problème préalable est celui de la participation communiste. Quand j'ai commencé mon travail, le Comité français de Libération nationale ne comprend pas encore de communistes, mais Jean Moulin dont la ligne de conduite fut le rassemblement de toute la Résistance sous l'égide et le commandement du général de Gaulle, a fait appel à eux pour constituer le Conseil national de la Résistance. Voilà qui lui est reproché par certains, notamment par Jacques Lecompte-Boinet et Henri Frenay. D'une manière générale, bien des résistants l'accusent d'avoir fait appel à ces « fantômes du passé » qu'étaient à leurs yeux les partis et les syndicats. J'ai tout de suite trouvé ces critiques excessives et ma mission me confirme tous les jours dans la valeur du jugement de Jean Moulin. La Résistance n'est pas toute la France. Si l'on veut éviter une dispersion nuisible, le soutien des hommes issus des anciens partis et des anciens syndicats est indispensable, et l'accord avec les communistes est de l'ordre de la fatalité. Aucun argument ne tient devant cette évidence que la division de la Résistance fait le jeu d'abord de nos adversaires, c'est-à-dire Vichy et les Allemands, ensuite des Alliés, notamment les Américains. Avec le Front national, les communistes ont mis au point une stratégie d'union : il nous faut les prendre au mot et les rattacher au général de Gaulle en voulant une stratégie analogue.

En cet été 1943, le débat n'est pas encore d'actualité. En effet à cette date, les communistes n'entendent pas participer à la mise en place d'une structure d'Etat. Leur objectif politique est autre : ils veulent la suppression des préfets et l'octroi de toute l'autorité aux Comités de Libération issus de la Résistance où ils pensent se tailler la part du lion. Après l'entrée de deux des siens dans le gouvernement d'Alger, le parti changera de position. Mais mon travail sera alors fort avancé.

***

Ces questions de principe tranchées, je rencontre deux difficultés d'application.

La première vient du travail lui-même : choisir des hommes, cela veut dire d'abord les trouver, ensuite les affecter, enfin les mettre en rapport avec les résistants, et dans certains cas avec les maquisards. Je prévois les hésitations, les refus et les oppositions, ne serait-ce qu'en raison du fait que le front uni de la Résistance se heurte encore à bien des obstacles. Parfois on me proposera des candidats que je ne pourrai accepter ; parfois je désignerai des personnalités qui seront contestées. Et si le futur préfet vient de l'extérieur, quand doit-il arriver sur place ? La présence d'un futur responsable ne pourra rester longtemps inconnue. La seconde difficulté tient à ma personne et à mon autorité. Dirigeants de l'*O.C.M.* et du *N.A.P.* ont déjà dressé des listes. Dans certains départements, des résistants ont ou auront des projets. Il me faut à la fois convaincre et m'imposer.

Je commence en faisant part de mes intentions à mes amis du

C.G.E. François de Menthon va prochainement quitter Paris pour Alger. Avant son départ, j'ai le temps de le voir et c'est en arpentant le quai d'une station de métro qu'il me donne à la fois ses conseils et son appui. En cet été 1943, Teitgen, Parodi, Lacoste, Bastid et Courtin sont mes seuls collègues. Je leur expose mes projets : comment je mettrai à contribution aussi bien les mouvements de zone Nord et de zone Sud qui viennent d'être associés dans le Conseil national de la Résistance, que les partis ou les syndicats qui se sont signalés par leur opposition ; comment j'élargirai mes consultations à des animateurs de la Résistance, à Paris, en province, et à diverses personnalités dont le patriotisme est indiscutable ; comment j'estime qu'il y aura intérêt à distinguer les préfets des départements, choisis certes pour leurs sentiments patriotiques, mais aussi pour leur capacité administrative, des préfets de région qui devront avoir des liens manifestes avec la Résistance ; comment je propose d'appeler « commissaires de la République » ces nouveaux fonctionnaires pourvus d'une autorité avant tout politique ; comment j'ai décidé, par une réflexion de bon sens, de commencer par les départements côtiers, et de continuer par les régions de grande importance politique : Paris, Toulouse, Lyon, Lille, etc.

Pour éviter l'impression d'autoritarisme, j'annonce la création d'une commission dont je serai le président. C'est un subterfuge. La commission n'existera jamais qu'en parole, mais en conversant seul à seul avec ceux que la tâche intéresse, je peux les convaincre qu'ils font partie de la commission, ou que je rapporterai leurs observations devant ses membres. Un peu plus tard, je dévoile à Pierre-Henri Teitgen d'abord, à Georges Bidault ensuite, la règle à laquelle je me suis soumis dès le début : en inventant une personnalité mystérieuse, je me dédouble de façon que, au nom du secret, je sois le seul à voir « celui qui a le pouvoir de signer les nominations ». Cette puissance de l'ombre s'appellera « *Dominique Turquant* », du nom d'un village du Saumurois où j'avais d'heureux souvenirs d'adolescent.

Mes amis du C.G.E. me donnent leur accord sur ces grandes lignes. Je commence et désormais y consacre chaque jour plusieurs heures.

Près d'une année s'écoulera entre le déjeuner du grill-room Médicis et la libération du territoire. En fait, le rythme de mon travail connaît trois phases successives : d'abord trois mois de premières démarches et de tâtonnements, suivis de quelques semaines d'une activité intense quand Laffon me laisse espérer un débarquement en octobre 1943 ; ensuite un moment de pause utilisé pour préciser la doctrine et persuader en profondeur l'ensemble de la Résistance du bien-fondé de l'entreprise ; enfin, à partir de janvier 1944, à nouveau la fébrilité anxieuse avec la tragique obligation de pourvoir au remplacement des morts ou des déportés, mais aussi l'exaltante mission de rédiger les instructions de l'heure ultime.

***

Je consacre les mois d'août et de septembre 1943 à faire les premiers choix.

Je prends rendez-vous avec les dirigeants des mouvements et j'ai de longues conversations avec ceux de leurs adjoints que la question intéresse. A l'*Organisation civile et militaire,* mes interlocuteurs sont le colonel Touny et Maxime Blocq-Mascart. Ils ont un collaborateur, Jeanjean qui, fonctionnaire de l'Assemblée nationale, cache dans son bureau protégé par les sentinelles allemandes du Palais-Bourbon, une liste de candidats avec leurs affectations : c'est un bon travail de cabinet. Charles Laurent et Ribière, dirigeants de *Libération Nord,* ont des noms de fonctionnaires syndicalistes. Je demande des propositions à Lecompte-Boinet qui alerte ses représentants de Normandie, et aussi dans l'Est ; Coquoin, le fondateur de *Ceux de la Libération* (C.D.L.L.), est à la tête d'une équipe plus que d'un mouvement, mais m'apporte quelques « contacts ». Le Front national ne répond pas à mes demandes. Les mouvements de zone Sud, réunis dans les Mouvements unis de la Résistance (M.U.R.) ont déjà chargé Avinin de *Franc-Tireur* (dont le nom de guerre le plus connu fut *Ansot*) d'établir des listes d'éventuels responsables pour différents postes administratifs. Sa palette est variée car il interroge un grand nombre de responsables départementaux et Jean Cassou chanta en son honneur :

Le tortueux Ansot son triomphe savoure
Un sous-préfet à lui gouvernera Lectoure.

Ces consultations sont encourageantes, mais restent insuffisantes. J'interroge mes amis du C.G.E. : Lacoste me parle des syndicalistes, Bastid des parlementaires, Teitgen des universitaires. Avec un ancien préfet de la Seine, Villey, et un ancien préfet du Nord, Verlomme, j'examine la liste des préfets que Vichy a révoqués. Comme sous la Troisième République, Villey a même entrepris la préparation d'un véritable « mouvement ».

Je prends langue avec les dirigeants du *N.A.P.* et du *Super-N.A.P.* Comme la tapisserie de Pénélope, leur travail est sans cesse à reprendre, car depuis 1943, les arrestations sont d'une extrême fréquence. Nègre, Chambon, Chalveron connaîtront la déportation au printemps 1944.

Enfin, je rencontre la plupart des personnalités dirigeantes : Pierre Brossolette, Claude Bourdet, Eugène Claudius-Petit, Jean-Pierre Lévy, Yvon Morandat, noms aujourd'hui bien connus, voire illustres, alors des inconnus pourchassés.

L'ensemble de ces recherches prend beaucoup de temps. Pour obtenir des éclaircissements, il me faut souvent plusieurs rendez-vous et de grandes précautions sont indispensables. Je fais visite à quelques-uns qui ne sont pas encore suspects, mais la plupart de mes « possibles » sont fichés, parfois poursuivis ; et moi-même, je suis clandestin. Ici un café, là une église, ailleurs un petit appartement : le choix est chaque fois différent. Afin d'éviter les longues marches, j'ai comme règle de ne pas trop m'éloigner d'une station de métro ouverte. Afin de ne laisser traîner aucun papier, j'apprends tout par cœur. Il me faut cependant un minimum de fiches. Je m'invente un chiffre et cache mes papiers au Conseil d'Etat, en prenant soin d'y aller aux heures où je ne rencontre aucun collègue. L'époque et la difficulté des transports font du Palais-Royal une grande maison souvent déserte. Le concierge estime que je suis un bûcheur. En cet été 1943, à la tombée du jour, voire le dimanche, ma tranquillité n'est jamais troublée. Certaines fiches sont dissimulées derrière un vieux recueil d'arrêts. D'autres entre les pages d'un *Traité des Eaux* datant du siècle dernier et visiblement hors d'usage. D'autres encore dans un tiroir dont j'ai pu constater qu'il n'était jamais ouvert, en y découvrant de poussiéreux papiers rédigés par un Conseiller d'Etat du temps où il n'était qu'auditeur. Toutes mes fiches sont chiffrées.

A la mi-septembre 1943, c'est à l'occasion d'une séance du Comité général d'études dans la librairie où Francisque Gay tient à jour une grande carte du front de Russie que je fais la connaissance d'Emile Laffon qui, arrivé de Londres, nous déclare qu'il faut nous tenir prêts pour un débarquement en octobre ou novembre ! Nous sommes surpris, mais Laffon est si catégorique que nous ne pouvons écarter son hypothèse. Voilà en tout cas qui doit orienter différemment certains travaux, et d'abord les miens. L'un après l'autre, nous quittons l'arrière-boutique de la librairie Bloud et

1

1 - Nazelles, près d'Amboise. Le docteur et Mme Robert Debré peints par Edouard Debat-Ponsan, grand-père de l'auteur, en 1908.

2

3

2 - Mme Robert Debré avec ses enfants Michel et Claude, en 1920.
3 - Le professeur Debré entouré de ses petits-enfants, en 1949.

4

4 - Michel et son frère Olivier Debré en 1928.

5

5 - Sous-lieutenant au 11ᵉ régiment de cuirassiers, en 1932.

6

6 - Laval, 22 août 1944 : le général de Gaulle et Michel Debré sortent de la cathédrale. Au second rang, Gaston Palewski et derrière lui, le sous-préfet Verger.

7

8

7 - Laval, 22 août 1944 : le général de Gaulle entre Michel Debré et R. Dupérier, préfet de la Mayenne. Derrière, Gaston Palewski et Mgr Richaud.
8 - Chateaubriant, 22 octobre 1944 : Michel Debré accompagné des ministres Charles Tillon et Fernand Grenier, et d'Alexandre Vincent, préfet.

9

9 - Commissaire de la République à Angers.

10

10 - Photo dédicacée du général de Gaulle : « *28.7.68. Pour mon compagnon et mon ami Michel Debré, en témoignage de mes sentiments d'exceptionnelle estime et de profond dévouement. C. de Gaulle.* »

11

11 - Le professeur Debré, dessin d'Olivier Debré, frère de l'auteur.

12

13

14 

14 - Paris : M. et Mme Michel Debré entourés de quelques-uns de leurs petits-enfants.

12 et 13 - La Touraine : la terrasse de Montlouis qui surplombe la Loire. Le bureau de *l'Épine fleurie.*

15

16

15 - 1973 : inauguration de la rue du Professeur-Debré à Vernou-sur-Brenne. Au deuxième rang, à gauche, le Professeur et madame Monod-Broca.
16 - « Apostrophes » en 1976 : quatre générations sur le plateau de la télévision : le Professeur Robert Debré, Michel Debré, François Debré et Frédéric Debré.

Gay. Laffon me précède. Je vois encore la rue Saint-Sulpice dans la lumière du soleil couchant. Laffon et son ombre marchent devant moi. Le son de ses pas sur le macadam brise le silence de Paris. Pas un bruit. Une ville morte.

Sous le coup de ses propos, je brasse en quelques jours les départements et les noms afin d'aboutir à une liste de préfets pour les bords de la mer, de la Manche à la Méditerranée. Je dresse une liste d'éventuels Commissaires régionaux de la République, en laissant à Alger le choix de les affecter selon le déroulement des opérations militaires. Je rédige un projet d'ordonnance afin de fixer les compétences et les pouvoirs des uns et des autres. J'accompagne le tout d'un rapport explicatif. Marguerite Reveyrand, notre courageuse secrétaire, dactylographie en hâte ces documents sur le plus mince papier possible. J'en destine un à Laffon et en garde un autre pour le donner au successeur de Jean Moulin, qui n'est pas encore désigné. Le travail n'est pas encore achevé que Teitgen m'annonce le départ d'un courrier pour Alger. Sans tarder, je lui remets la liste des préfets envisagés avec quelques-uns des Commissaires de la République proposés.

Le premier séjour de Laffon à Paris se termine. Il veut repartir le plus tôt possible pour Alger, *via* Londres. Un dimanche, le premier dimanche d'octobre me semble-t-il, nous passons deux heures ensemble au Conseil d'Etat. Nous sommes dans la petite salle d'une des ailes du Palais-Royal qui donne sur la place du Louvre. Pour une raison que j'ignore, on l'appelle « le Casino ». En cette fin d'après-midi, le soleil sur son couchant éclaire une place du Louvre silencieuse et déserte. On n'entend pas un bruit, ni de la maison, ni de la rue, ni de la ville. Laffon doit nous quitter le surlendemain pour un aérodrome de fortune d'où il partira à la pleine lune. Afin qu'il fasse un compte rendu complet au général de Gaulle et au Comité français de Libération nationale, je me dois de tout lui dire. L'hypothèse d'un prochain débarquement ne me paraît guère réaliste, mais Laffon pense encore que nous n'avons pas le droit de l'écarter. Je demande donc, si possible avant la fin du mois, un double message d'approbation et de délégation. Puisque le temps presse, sans attendre je désignerai de moi-même certains préfets, en évitant de « griller » trop d'hommes.

Grâce aux archives de Marguerite Reveyrand, je retrouverai à la Libération un exemplaire de ce rapport où je résumais mon travail à l'intention du C.F.L.N. Il porte la date du 7 octobre. Je fais parler cette « commission » qui n'existe pas, mais dont l'évocation m'a tant servi. On le trouvera en annexe.

***

Le départ de Laffon à Alger et les jours qui passent, sans débarquement sur nos côtes, marquent un temps de réflexion dans mon travail.

Je dispose d'un nouveau délai pour rallier tout le monde à mon projet de prise de pouvoir départemental et régional. Je suis soutenu bien sûr par les membres du C.G.E., par Emile Bollaert dès qu'il sera désigné, à la fin 1943, pour succéder à Jean Moulin, comme je le serai par Alexandre Parodi, quand à son tour il succédera à Bollaert, arrêté et déporté. De Jacques Lecompte-Boinet à Pascal Copeau, j'ai de vieux amis, qui, malgré des orientations politiques très différentes me font confiance. Il en est de même d'amis plus récents : de Louis Terrenoire à Claude Bourdet, de Claudius-Petit à Bernard de Chalveron, de Piette-Esnault à Georges Rebattet. Certains, tels Maxime Blocq-Mascart ou Yvon Morandat, m'approuvent avec des réserves qui tiennent à leur exigence de perfection. Francis-Louis Closon arrive de Londres : il se charge au moins autant qu'il est chargé (ainsi étaient les temps) de mettre en place des Comités départementaux de Libération. Notre complicité devient vite amitié. A Alger, André Philip le soutient et me soutient. Tous ces amis se font à leur tour, auprès de leurs camarades ou, pour ceux d'entre eux qui font le voyage, auprès des ministres, les défenseurs du travail de « *Jacquier* ».

Je poursuis cet effort de persuasion pendant tout l'hiver 1943-1944. Il est nécessaire. Avec l'approche du débarquement, les imaginations s'enflamment autour du rêve d'une insurrection s'emparant du pouvoir ville par ville, et installant une autorité improvisée mais, dit-on volontiers, soutenue par un peuple en armes et en liesse. La suppression de la fonction de préfet est encore demandée avec force notamment par des résistants de la zone Sud. L'odieux d'une autorité aboutit à conclure à l'odieux de la fonction. Si en zone Nord, le terrible poids de l'occupation étrangère a fini par créer une semi-complicité entre administration et résistants, c'est loin d'être la règle générale. Ici et là, socialistes par idéologie, communistes par calcul s'allient aux romantiques de tous bords pour imaginer une libération issue des profondeurs du peuple et conduisant à une gestion collective et enthousiaste des affaires publiques.

Ce rêve m'est toujours apparu comme dangereux. Il le deviendra encore plus quand nous saurons que les Américains préparent pour les territoires libérés une véritable administration militaire. Si une administration française indépendante de Vichy n'est pas capable de s'affirmer tout de suite, on ne pourra éviter les conflits entre les résistants et les anciens fonctionnaires prêts à se mettre aux ordres des vainqueurs. En réaction, il est facile de prévoir l'apparition de véritables « Communes ».

J'étais tout à fait décidé à écarter les préfets qui avaient fait carrière sous Vichy. J'étais tout autant décidé à choisir des résistants authentiques. Mais l'Etat a ses exigences. Très vite, son représentant aura à affronter partout les mêmes et graves problèmes : justice, sécurité, ravitaillement. A tous, je tiens le même langage : « La Libération ne doit être ni le gâchis ni la révolution permanente. Elle doit être la première étape du redressement de la France. Les nouveaux préfets doivent être des hommes capables. » Pour asseoir leur autorité, je comprends la nécessité d'associer mon effort à celui de Closon qui met en place les Comités de Libération. A l'image de ce que Jean Moulin a réalisé en instituant à Paris le Conseil national de la Résistance, ces Comités doivent assurer, dans chaque département, la représentation des mouvements, des partis et des personnalités résistantes. Closon parcourt la France. Il gagne la confiance des mouvements. Il a l'autorité d'un envoyé d'Alger. Il est infatigable et malgré la vivacité de son caractère, demeure patient. Avec l'aide des dirigeants nationaux et locaux, il réussira à structurer le visage départemental de la Résistance organisée.

A l'entrée de l'hiver 1943-1944, la ligne de mon action, imprécise six mois auparavant, est devenue claire. Sans attendre le message de Laffon, je poursuis, révise et remets sans cesse à jour mon travail.

Voilà une formule qui exige quelques précisions. Chercher des hommes, apprécier ceux qui sont proposés, mettre en face du nom d'un département ou d'une ville celui de la personne qui a accepté et qui est acceptée : pour réussir que de rendez-vous et de discussions ! Mais aucune écriture ne rendra compte de l'atmosphère. Il est facile de rappeler les enquêtes et les confrontations, d'évoquer les déplacements en métro, les déjeuners dans tel ou tel bistrot, les promenades le long des quais de la Seine, du canal Saint-Martin, ou des allées du bois de Boulogne ou du parc Montsouris. Il est déjà plus difficile de faire comprendre la complexité des contacts : les engagements pris à l'avance au coin d'un trottoir, la prudence avec laquelle on abordait un carrefour, la hâte à s'en aller dès que dix minutes s'étaient écoulées, le courage de ceux dont l'appartement, la chambre, voire le casier au bas d'un escalier servaient de « boîte aux lettres ». Dans les jours de l'hiver 1943-1944, où sifflait la bise, où hurlait la sirène d'alerte, et où, par-dessus tout, sévissait la Gestapo, chaque marche à pied, chaque voyage en métro, chaque attente au coin d'une rue, chaque rendez-vous manqué risquait de signifier une arrestation, au mieux une fuite. Voilà qui donnait à tout renseignement obtenu, à tout conseil reçu, à tout accord donné, une saveur particulière.

Comment faire revivre le coup de cafard qui vous coupait bras et jambes quand un camarade disparaissait, emporté par la Gestapo, demain torturé, après-demain déporté ? Si je me contente du petit cercle de ceux que je consultai pour mener à bien mon travail, il y eut Coquoin, du *C.D.L.L.* qui fut abattu à une entrée de métro ; Pierre Arrighi, déporté, qui ne revint pas ; Jacques Simon, déporté, qui ne revint pas ; Jacques Bingen, arrêté, qui se suicida pour ne pas parler ; le colonel Touny fusillé ; Bernard de Chalveron et Nègre, déportés qui revinrent ; Jacques Rebeyrol arrêté, qui fut libéré, sans oublier les illustres : Brossolette, qui se suicida, Bollaert, Louis Terrenoire et Claude Bourdet, qui revinrent d'une cruelle déportation, et tant d'autres à Paris ou en province, dont certains sont évoqués dans ces pages... Quant aux préfets et commissaires désignés... que de fois aurai-je eu connaissance d'une arrestation qui, outre l'anxiété, obligeait à un remplacement ? Et cela jusqu'au dernier jour. Daté du 9 mars 1944, dans un de mes derniers rapports pour Alger, j'écris : « Depuis octobre dernier, douze candidats désignés ont été arrêtés. Deux autres sont décédés. Je vois d'ailleurs avec inquiétude la cadence des arrestations s'accélérer depuis le début de l'année. »

Mes souvenirs ont guidé ma plume. Pour l'histoire, il me faut revenir quelques mois en arrière.

***

Laffon n'envoie pas de message ; il fait mieux, en revenant avec, dans un petit sac serré à sa ceinture, plusieurs décrets signés : « *De Gaulle, Giraud, Philip, membres du Comité d'action en France du Comité français de Libération nationale.* » Les décrets qui me sont destinés sont datés du 3 octobre 1943, ce qui veut dire qu'ils ont été rédigés avant l'arrivée de Laffon à Alger au vu des listes que j'ai envoyées en septembre par le courrier de Teitgen. Leur contenu sent la hâte.

En deux décrets, l'un de cinquante noms, l'autre de dix, une soixantaine de préfets sont nommés, en colonne par un, par ordre alphabétique. C'est ma liste qui m'est retournée authentifiée avec quelques additions. L'article final précise que des décisions ultérieures fixeront pour chacun d'eux « le département qui leur sera affecté ». D'autres décrets désignent individuellement les premiers Commissaires régionaux de la République : conformément à mes propositions, le sénateur Le Gorgeu est nommé à Brest, le député Bouhey à Dijon et Cusin, fonctionnaire des Finances, à Bordeaux. Je suis moi-même nommé à Chalon, sans autre précision. Enfin est instituée une commission de trois membres désignés par leurs pseudonymes : « *Jacquier* », c'est-à-dire moi-même ; « *Baudoin* », qui est Emile Bollaert, le délégué du C.F.L.N. à Paris, et « *Guizot* », nouveau nom de guerre d'Emile Laffon. Cette commission est chargée de continuer les enquêtes, de procéder aux affectations des préfets et Commissaires régionaux de la République et de les notifier aux intéressés. Pour moi, ces décrets doivent être considérés comme une acceptation de principe du travail accompli et comme une large délégation pour l'avenir. Tant pour les Commissaires de la République que pour les préfets, j'ai maintenant des noms nouveaux à proposer, et jusqu'au dernier jour, les circonstances imposeront remaniements et changements. Laffon me donne son accord. Et Bollaert, avec qui j'ai deux longues conversations, m'assure de sa confiance en m'indiquant lui aussi quelques noms nouveaux. Quant à la « commission » désormais officielle, elle sera faite de nos rencontres successives. Je ne sais plus qui propose d'y adjoindre le fameux « *Turquant* ». J'accepte bien volontiers. Avec une autorité accrue et les mains libres, je remets mon « mouvement » sur le métier.

***

En quelques mois, la situation a bien changé. Au cours de l'été 1943, j'avais interrogé les mouvements et cherché à les convaincre. En cette fin de 1943 et au début de 1944, on sent approcher la Libération. L'autorité du général de Gaulle qui a réuni sous sa bannière les communistes, n'est plus contestée. Non seulement j'ai les coudées franches, mais on m'adresse des propositions : de diverses parts on cherche à joindre « *Jacquier* » et le mystérieux « *Turquant* », dont on commence à savoir, dans notre petit monde de la Résistance, qu'ils exercent une influence déterminante pour la nomination des préfets et des Commissaires régionaux de la République. D'anciens préfets ou sous-préfets, des fonctionnaires révoqués par Vichy, d'autres qui ont pris du champ par rapport à l' « Etat français », sollicitent un contact. Teitgen m'annonce un jour qu'il croit savoir qu'à la suite d'aveux extorqués à un éventuel futur préfet, la Gestapo s'est de nouveau mise sur la piste d'un « *Jacquier* ».

Jour après jour, je refais le travail dont je n'ai pu adresser qu'une ébauche à Alger. Je continue de voir régulièrement Avinin. Plusieurs de mes premiers interlocuteurs se sont envolés pour Alger et siègent maintenant à l'Assemblée consultative. Je me fais un devoir de consulter les résistants qui ont une connaissance particulière de la province : Mons, Mairey, Tanguy-Prigent, Defferre, Leenhardt, Bertaux et des Parisiens tels Jacques Baumel, Nègre, Albert Chambon, Evelyne Garnier, la nièce de Maritain. Les provinciaux viennent à Paris car je ne peux plus me disperser en voyages. Je rencontre aussi plusieurs délégués militaires qui, dès le printemps 1944, ont des responsabilités sur le terrain ; ainsi Grandval que me présente Lecompte-Boinet, Clouët des Pesruches dont j'ai connu le père colonel du 11e régiment de cuirassiers, Déchelette, Mangin et quelques autres, principalement ceux qui devaient avoir des responsabilités importantes, tels Bourgès-Maunoury et naturellement Chaban-Delmas : de ce temps date entre nous une amitié qui ne se démentira plus. A la quête d'enseignants, je consulte Marc Bloch l'historien, et Pierre Kaan le philosophe qui tous deux tombèrent dans la lutte. A la recherche de diplomates, je consulte Chauvel. A propos de fonctionnaires et de syndicalistes, Lacoste est toujours de bon conseil. Tout près du métro Glacière, je trouve le refuge de l'hospice Sainte-Anne, dont j'irai plusieurs fois consulter le directeur, Verlomme, qui connaît bien les membres de la carrière préfectorale et dont le bureau est chauffé...

Lorsque le général de Gaulle ouvrira le Comité français de Libération nationale aux communistes, l'attitude du parti changera. Dans un premier temps, son opposition avait été totale : refusant les Commissaires de la République, il plaçait son espoir dans les Comités de Libération. Une fois Grenier et Billoux entrés dans ce qui allait bientôt devenir le Gouvernement provisoire de la République française, la face des choses est modifiée. Par l'intermédiaire du Front national, je suis saisi d'une demande de rendez-vous. Je rencontre Marcel Servin dont je ne saurai le véritable nom qu'après la Libération. Nous nous voyons dans les jardins du Trocadéro. Je sépare la question des Commissaires de la République de celle des préfets. Pour les premiers, j'affirme que la réponse dépend du gouvernement d'Alger. Pour les préfets, en raison de vacances toujours possibles, je n'ai pas d'objection de principe. A l'évidence, mon interlocuteur est surpris de l'état d'avancement du travail. Avant d'aller plus loin, je veux l'accord de Bidault et des membres du C.G.E. car je sais que dans certaines régions les Francs-Tireurs et Partisans envisagent désormais de désigner des candidats différents de ceux qui ont été proposés et acceptés par les mouvements. Bidault et le C.G.E. m'approuvent, et c'est sur ces bases ainsi définies que les conversations avec les communistes reprennent. Un membre du parti, Montjauvis, est nommé à Saint-Etienne. Un autre, Chaintron, ultérieurement, à Limoges.

Mon travail est toujours solitaire. J'ai renoncé à mes cachettes du Conseil d'Etat où je préfère ne plus me montrer, même au concierge. Je porte sur moi un livre de Paul-Louis Courier, avec des indications sibyllines qui, écrites au crayon, servent de points de repère à ma mémoire que j'éduque à tout retenir. Je ne conserve aucun document, ni sur moi ni où j'habite. Afin de parer aux difficultés que provoquerait ma disparition toujours à craindre, un double chiffré des nominations et affectations se trouve au secrétariat du C.G.E. dont je ne voulus jamais connaître l'adresse ou plutôt, les adresses successives. Lorsque Alexandre Parodi aura succédé à Emile Bollaert, je lui confierai un second double. J'essaie de ne donner aucun caractère officiel à une nomination avant de m'être concerté avec les mouvements ou réseaux dont l'influence a de l'importance dans le département intéressé. Je prends soin de m'appuyer sur cette autorité supérieure qu'est, en France, le C.G.E., aux séances duquel assistent désormais Bidault et les délégués successifs du général de Gaulle : Bouchinet-Serreulles et Bingen, Bollaert, puis Parodi. Bien sûr, il arrive que certains dirigeants de mouvements ou du Conseil national de la Résistance émettent des protestations. Mais il faut décider. Je m'y emploie et suis finalement aidé par le sens élevé du bien public qui, en ces jours tragiques, anime tous ceux qui veulent une Libération claire et juste.

Plus politiques, les postes de Commissaire de la République nécessitent un examen particulier. Je travaille avec Laffon, qui pense à de futures responsabilités gouvernementales. En accord avec lui, je prends, là aussi, une assez grande liberté. Il faut choisir les candidats, en discuter prudemment avec les mouvements, prendre conseil du C.G.E. devant qui nous commentons nos difficultés. Dans certains cas, nous pouvons trancher aisément : ainsi pour Ingrand à Clermont-Ferrand, Verdier à Toulouse, Fourcade à Limoges, Farge à Lyon, Pène à Saint-Quentin. Il en est de même dans les régions où la Résistance est faible ou décimée : ainsi en Normandie où la désignation de Bourdeau de Fontenay est bien acceptée. Ailleurs, la discussion est bien plus vive. Ce fut notamment le cas pour Montpellier, où l'on hésite entre Gilbert de Chambrun, dit « *Carrel* », et une personnalité extérieure, Jacques Bounin, ancien député du Parti social français (Croix-de-Feu), devenu membre du Front national. C'est finalement lui que je choisis et qui est agréé. Dans le Nord, zone interdite, les désignations demeurent en projet : un gouvernement siégera à Paris avant que ces régions ne soient libérées. Il en est de même en Alsace, que l'Allemagne a intégrée. Toutefois, à Colmar, est prévue la nomination du bâtonnier Fonlupt-Esperaber.

Le préfet de la Seine et le préfet de police sont d'importants personnages. Là, il m'appartient de proposer plutôt que de désigner, et pendant plusieurs semaines, je cherche. Yves Farge me présente à l'un de ses amis, vaillant soldat de l'autre guerre. Celui-ci hésite, puis accepte la préfecture de police. En ce printemps 1944, la tâche n'est pas facile : tout peut être possible, et les bruits les plus contradictoires courent ; on évoque aussi bien de probables agitations de rues que les intentions américaines de prendre le commandement et d'obtenir l'ordre, quel qu'en soit le prix. Un moment, je me fâche : bien apparenté, un fonctionnaire plein d'entregent a réussi à convaincre les dirigeants d'un mouvement qui le recommandent. Je mets le holà : ma mémoire est bonne et je peux rappeler le comportement de ce soi-disant résistant alors que sous Vichy, il était agent d'autorité. Finalement, aucune candidature n'est retenue ; Laffon nous fait dire que le C.F.L.N. d'Alger se réserve la nomination du préfet de police. Comme préfet de la Seine, Laffon me suggère Flouret. Je le rencontre longuement et ratifie ce choix que contestera le parti communiste, qui souhaite le poste pour Georges Marrane. Sa nomination est maintenue et le nécessaire sera fait pour qu'il occupe le bureau dès la première heure de la Libération. Jean Mons, que j'avais d'abord désigné pour la préfecture du Lot, lui sera adjoint.

J'apporte de nouveau un soin particulier aux prospections du littoral, du Pas-de-Calais aux Basses-Pyrénées, des Pyrénées-Orientales aux Alpes-Maritimes. Je me heurte à des difficultés locales : dans ces zones surveillées, zones interdites au moins sur les côtes de la mer du Nord, de la Manche et de l'Atlantique, comment trouver sur place des résistants qui puissent s'imposer ? Comment désigner des patriotes venus de l'intérieur qui ne pourront s'installer sans être repérés alors que les arrestations y sont plus fréquentes qu'ailleurs. Pour cause de fuite ou de déportation, je dois souvent refaire mon devoir. Dans les grandes villes, il faut trouver des personnalités qualifiées, ne serait-ce que pour décharger les Commissaires de la République qui ne doivent pas être absorbés par les problèmes du chef-lieu. A Lyon, Longchambon, à Marseille, Massenet, à Toulouse, Cassagneau, à Lille, Verlomme, furent désignés et, pour le dernier, pressenti, après étude et concertation. Je fis quelques choix personnels, comme celui de Roger Léonard à Versailles. J'avais apprécié le courage de ce collègue qui devint vite un ami lorsque Daladier étant emprisonné, il allait de Royan à Riom lui rendre visite chaque semaine.

Le Comité français d'Alger doit être mis au courant de l'avancement de nos travaux. Des soixante préfets nommés le 3 octobre 1943, il en reste moins de trente ! Laffon décide de repartir. Il prend avec lui la nouvelle liste et me transmettra la réponse selon un chiffre simple. Chaque région reçoit un nom de jeune fille : Charlotte, Renée, Louise, Marianne, Thérèse, Ninon, et dans chaque région, les départements sont transformés en soupirants : 1, 2, 3, 4... Mais Laffon ne peut s'envoler et n'échappera que de justesse au sort de Brossolette et de Bollaert. Adressé par un autre voyageur, un message ne reçoit pas de réponse. A la fin du printemps, je me contente d'envoyer l'indication des préfets désignés pour les départements côtiers. Depuis 1943, je connais le réseau « *Ajax* » fondé et commandé par Achille Peretti. C'est à Toulouse, au chevet de Saint-Sernin, que je lui remets le document tapé sur papier pelure. Il doit partir le lendemain ou le surlendemain. Plus tard, j'apprendrai qu'une discussion a eu lieu à Alger où l'on a cru recevoir des propositions alors qu'il s'agissait d'un compte rendu de nominations. En fait, depuis très longtemps, exactement depuis novembre 1943, j'ai pris l'habitude de notifier aux intéressés leur nomination selon une formule ainsi conçue : « *La Commission constituée par un décret du Comité français de Libération nationale en date du 3 octobre 1943, vous a désigné pour exercer les fonctions de préfet du département de...* »

Ces documents sont signés : « *Dominique Turquant.* » Pour préserver l'autorité du futur gouvernement de la Libération, « mes » nominations ont toutes un caractère provisoire.

Formulées de la même façon, les nominations des Commissaires de la République sont toutefois signées des trois membres de la « Commission » constituée par Alger : Laffon, qui signe « *Gui-*

zot », Bollaert et Parodi, qui seront « *Baudouin* » et « *Sera* » Enfin « *Jacquier* » qui signe toujours « *Turquant* ».

***

Avec le printemps 1944, s'ouvre la dernière période. Cette fois, nous en sommes sûrs, le débarquement approche. La Résistance est devenue une véritable société politique avec son organisation militaire, diplomatique, administrative, sociale, son parlement et ses partis, son exécutif et ses conseils techniques. Elle recrute aisément, et prépare presque ouvertement le renversement de Vichy. Mon œuvre débouche sur une administration départementale et régionale prête à s'installer. Voilà qui étonne. J'entends encore à ce sujet les brefs propos que me tint Bidault après un entretien que lui avaient demandé certains dirigeants communistes. Mi-figue, mi-raisin, il me fit part de la surprise de ses interlocuteurs. Bidault tint bon. Les communistes revinrent à la charge auprès de Laffon qui leur fit, lui aussi, admettre que tout retour en arrière était impossible. J'enregistre la leçon. Pour servir la patrie, il ne faut pas attendre que les communistes se réveillent.

Grâce à René Brouillet, à Michel Fourré-Cormeray, à Jean Morin, résistants confirmés et amis fidèles, un véritable bureau de l'administration régionale et départementale est organisé à la Cour des comptes. A cette occasion, et pour ce seul travail, Michel Fourré-Cormeray et Jean Morin prennent le même surnom : « *Hervé* ». Les liasses de la Cour des comptes n'ont sans doute jamais contenu de papiers aussi compromettants qu'en ce dernier printemps de l'occupation allemande. Nos documents sont si bien cachés qu'il faut entre sept et huit minutes pour trouver le plus usuel. Nous y rangeons une réserve d'argent. Plus tard, sous la direction de Félix Gaillard, un autre bureau est organisé dans un appartement faubourg Saint-Honoré ; Jean Morin s'y installe : cinq ou six pièces, téléphone, secrétaire, machine à écrire, abonnement au *J.O.* Voilà qui sent déjà la Libération. Mais pas encore la liberté. Car ce temps est celui où Vichy, et surtout la Gestapo, connurent l'ensemble de nos travaux avec le nom des auteurs et des destinataires. Tant des nôtres ont été arrêtés ! Tant de papiers ont été saisis ! Berlin en sait sur notre compte autant, si ce n'est plus, que Londres, ou Alger !

***

En ce dernier état, mon travail revêt trois aspects.

Il s'agit encore et toujours de trouver des préfets pour pallier les défaillances et arrestations, mais désormais les candidats se présentent. Dès qu'un pressenti ou un volontaire a accepté, il doit quitter son domicile. Certains alors refusent.

Il faut ensuite veiller à l'installation des futurs préfets : régler le départ et le logement de ceux qui n'habitent pas sur place, donner de l'argent à qui en a besoin, nouer si nécessaire les relations entre le préfet désigné et la Résistance locale. J'apprécie alors le réseau des liaisons et des attaches locales que les différents mouvements ont établis. Nous n'avons guère de directives, et pour cause. Après réflexion, je fixe au 15 mai la date où les préfets et les commissaires doivent se trouver aux alentours de leur poste. Le C.G.E. m'approuve. Pour les départements et régions du bord de la mer, la règle est évidemment impérative. A tous, je fais savoir que les opérations rendant difficiles transports et communications, il leur faudra aviser au mieux pour leur prise de fonctions.

Il est nécessaire, enfin, de donner des instructions. Une fois posé le principe qu'il est bon d'en rédiger, il ne reste plus qu'à passer à l'exécution. Dans une chambre solitaire, me haussant sans le titre ni la gloire au rôle de responsable de l'administration métropolitaine, je rédige une longue circulaire que je lis à mes amis du C.G.E. et à quelques autres, dont Leenhardt qui s'occupe de la mise en place des Comités de Libération pour la zone Sud. Puis, je la transmets ou la remets à tous les préfets désignés. Par la suite, Laffon, en charge du secrétariat général clandestin du ministère de l'Intérieur, rédigera et diffusera une longue et minutieuse circulaire pour les Commissaires de la République. D'autres secrétaires généraux agiront de même, notamment Teitgen qui, sous le pseudonyme de « *Laborde-Ségur* », et avec l'aide de Michel de Boissieu, fera imprimer ses instructions en matière de presse et de radio.

La troisième et dernière tâche est l'installation des Commissaires de la République. Elle est le couronnement de notre travail, ou plutôt aurait dû l'être, car elle ne peut être entièrement menée à bien en raison des difficultés et parfois des impossibilités de se déplacer. Plusieurs des Commissaires désignés ont, dans leur région, de solides liaisons civiles et militaires ; mais le cas n'est pas général. Il faut donc aviser, donner des précisions à ces hommes venus d'horizons divers et destinés à une tâche identique.

Il y eut quelques réunions avec les futurs Commissaires et quelques-uns de leurs collaborateurs. La première a lieu rue du

Cherche-Midi, chez un ami de Laffon. L'appartement est petit. Une moitié de l'auditoire attend dans le café d'en face de pouvoir entrer. Un autre groupe est réuni rue des Beaux-Arts, chez Marcorelle, un fidèle ami commun à Laffon et à moi. Des réunions de préfets ont lieu sous la présidence du Commissaire désigné pour leur région. Je suis présent et, chaque fois que possible, Closon également. Ainsi, rue de Solferino, au restaurant de la Légion d'honneur, les futurs responsables de la région Bourgogne-Franche-Comté se rencontrent presque au complet. Un immeuble voisin vient de recevoir la visite de la Gestapo. Par groupes de deux, l'assemblée va se réfugier à l'Ecole des sciences politiques. Roger Seydoux, son directeur, offre une petite salle où le travail peut continuer d'une manière apparemment plus sereine.

Je parle longuement avec des Commissaires qui désirent avoir des précisions, notamment avec Farge, Bounin, Cusin, Le Gorgeu. Je fais des voyages en province. A la fin du mois de mai, je suis à Toulouse où l'arrestation de Verdier a tout remis en cause. Laffon propose de le remplacer par Cassou, qui accepte. Le rendez-vous est fixé dans le jardin, devant le guignol. Le long des allées, nous parlons des préfets de la région, puis dans une petite maison cachée sous les platanes qui bordent le canal Riquet. Nous parlons police à Saint-Sernin, affaires économiques à l'Esquirol, liaisons et transmissions à la direction régionale des Postes, sous la protection des Allemands qui gardent avec vigilance le central téléphonique. Je lui présente plusieurs fonctionnaires, dont le futur préfet Cassagneau, un ancien de la carrière, et Christian Cardin, un ami qui s'occupe de l'économie. De son côté, Laffon fait plusieurs tournées, notamment dans le Midi. En accord avec Laffon, je m'occupe surtout des régions maritimes et de celles comme le Sud-Ouest, où il paraît certain que la Libération sera assurée en dehors de toute armée régulière.

Dès qu'un Commissaire est installé à la tête de sa région, une délégation de pouvoir lui est accordée. Afin de remédier aux absences et aux défaillances, il a le droit de désigner des préfets de remplacement et tout autre agent de l'Etat. Remis d'ordinaire en même temps que l'acte de nomination, un document officialise ce droit. Toujours signé par « *Turquant* », il est ainsi rédigé :

« *La Commission, constituée par un décret du Comité de Libération nationale, en date du 3 octobre 1943, vous délègue par la présente décision, le droit, en cas de vacance, de nommer dans les départements composant la région que vous administrez, les personnalités chargées d'assurer, à titre provisoire, au jour de la Libération, les fonctions de préfet.* »

***

J'ai décidé de mettre fin a ma mission dans les jours qui suivront le débarquement. D'abord, je considère que la rupture des communications exige maintenant que les préfets soient à leurs postes. Ensuite, je suis moi-même Commissaire de la République pour la région d'Angers, poste qui m'a été confirmé par le général de Gaulle. Malgré cela, jusqu'à la fin, il faudra procéder à de nouvelles nominations car la police fait sans cesse irruption, déchirant la toile si péniblement tissée et toujours à recoudre.

Au début de mai, je me décharge de la zone Sud sur Bingen qui a maintenant repris ses fonctions primitives de délégué adjoint du gouvernement pour cette part de la France. La veille ou l'avant-veille de son départ, nous avons, rue Daru, une longue conversation. Département par département, il apprend par cœur le nom des préfets désignés, ainsi que celui des candidats éventuels. Nous marchons longtemps jusqu'à ce que sa mémoire ne soit plus en défaut. De temps en temps, nous descendons du trottoir : tapant le sol avec leur canne blanche, des aveugles se rendent à l'institution qui, non loin de là, les accueille. « Nous ne nous reverrons qu'après la Libération », dis-je pour terminer. Pour l'un et pour l'autre après nos multiples rencontres la séparation est une heure grave. Tout va se jouer, nous le savons, dans les semaines qui suivent. Et pour tous, les combats seront rudes. Un soir de l'hiver précédent, après une longue conversation où nous avions évoqué tout ce qui nous tenait à cœur, Bingen avait conclu : « Celui de nous deux qui apprendra la mort de l'autre, veillera à bien rédiger sa citation » et il avait ajouté : « Si c'est moi qui dois écrire la vôtre, je vous promets de peaufiner. » La semaine n'est pas écoulée que j'apprends l'absence de « *Reclus* » au rendez-vous où l'attendait « *Mazière* » (Ingrand) dans un maquis d'Auvergne. Mais ce n'est que bien plus tard que j'apprendrai la sordide et tragique vérité : arrêté en gare de Clermont-Ferrand, Jacques Bingen s'est évadé. Dénoncé, alors qu'il s'enfuyait, il a été repris et, pour ne pas parler, s'est suicidé. J'aurai souvent l'occasion de penser qu'il est de ceux qui manquèrent au Général et à la France pour la reconstruction des lendemains de la Libération. Dans le courant du mois de juillet ses pouvoirs sont confiés au courageux Maillet arrivé de Londres au début de l'année.

Désigné comme secrétaire général provisoire du ministère de l'Intérieur, Laffon prend la charge des ultimes remplacements en zone Nord, et Jean Morin devient son bras droit. Ainsi, à la place de Fourcade qui, dénoncé par la milice, fut arrêté et fusillé par les Allemands, il nomme à Limoges Boursicot qui quitte la Charente où je l'avais nommé en choisissant lui-même le préfet qui doit lui succéder. Laffon nomme Schuhler à Poitiers, Mars à Orléans, ce qui va sans difficulté. Comme je l'ai dit, il dut reprendre les discussions avec les dirigeants du parti communiste, qui n'acceptaient pas nos désignations : finalement, un préfet communiste supplémentaire sera nommé.

En avril, j'entends à la radio la lecture d'un projet d'ordonnance étonnamment compliqué sur l'organisation des territoires libérés. Il y est notamment question de « délégués du gouvernement » qui auraient la charge de tout superviser. J'éprouve alors une crainte : l'édifice si péniblement construit a-t-il été écarté ? Provoqué par un télégramme rédigé par Laffon et signé de Parodi, un communiqué ultérieur me rassure : les Commissaires de la République et les préfets seront bien ceux qu'au nom et avec l'accord de la Résistance intérieure, j'ai désignés. Une semaine après le débarquement, je ne serai pas le seul à être ému en entendant la radio annoncer la nomination de Coulet comme Commissaire de la République de Normandie, première région libérée. Qu'allait devenir Bourdeau de Fontenay, installé depuis quelques semaines dans le Calvados sous le nom de « *Graveron* » ? A vrai dire, il était normal que dans la zone côtière, soient nommés des administrateurs venant d'Alger. C'était une façon d'affirmer dès les premiers jours le principe de la souveraineté du gouvernement provisoire de la République française. J'avais moi-même senti cette nécessité et, avec Laffon, nous avions été très heureux d'accueillir la nomination d'Aubrac comme Commissaire de la République pour la région de Marseille. Ce dernier, après avoir de bien peu échappé à la mort en zone Sud, avait dû quitter la France. A la fin de juillet, une fois la Normandie aux mains des Alliés, Bourdeau de Fontenay prend ses fonctions et comme prévu, Coulet s'efface. Il fera par la suite une brillante carrière au service de la France et du général de Gaulle.

Au début d'août, la région de Rennes est libérée. Puis vient celle d'Angers dont je suis Commissaire de la République. Certains Commissaires de la République — Farge, Cassou, Ingrand, Bouhey —, assistés de leurs préfets, eurent le glorieux mais difficile privilège d'exercer leurs fonctions au cœur de la bataille militaire et au milieu de maquis prenant la maîtrise de leur région. Au fur et à mesure que l'immense vague de la Libération s'étend sur le territoire partout, au nom du général de Gaulle et du gouvernement provisoire de la République, des autorités issues de la clandestinité, sont là, prêtes à prendre le pouvoir et à recevoir les Alliés...

***

A l'automne, il est possible de faire un premier bilan.

Au moment du débarquement, tous les Commissaires de la République avaient été désignés, sauf cinq à l'est et au nord, qui seront nommés plus tard, sur la proposition de Laffon. Trois ne purent exercer leurs fonctions : Fourcade, dont je viens d'évoquer la mort, Cassou et Bouhey, grièvement blessés pendant les combats de la Libération. Ils furent remplacés par leurs collaborateurs immédiats Mairey à Dijon, Bertaux à Toulouse.

Au moment du débarquement, les préfets de tous les départements étaient désignés, à l'exception de huit. Les vacances se situent surtout dans les départements de l'Est. D'après le bilan qui sera établi à ma demande par Jean Morin à la fin de janvier 1945, quarante-cinq d'entre eux prirent effectivement leurs fonctions. Si ce chiffre paraît insuffisant, il doit être mis en regard de ces autres faits : entre le 6 juin et le 30 août, dix préfets désignés furent arrêtés ou, menacés, durent s'enfuir ; cinq ou six ne reçurent point à temps la notification de leur nomination et Emile Laffon dut procéder à quelques changements, notamment à des remplacements. Après l'installation du gouvernement provisoire à Paris, des modifications furent apportées aux décisions intéressant les départements encore occupés par l'ennemi. Au total, grâce au fait que la Résistance organisée avait partout accepté l'installation de préfets et reconnu les pouvoirs des Commissaires de la République, ce ne sont que sept à huit départements au plus qui connaîtront des incidents au moment de cet immense changement politique. Par la suite, le ministère de l'Intérieur — c'est-à-dire Jean Morin, devenu directeur du personnel — se servira de mon travail : les listes et les dossiers établis par mes soins au cours de la période clandestine serviront pour plusieurs des nominations rendues nécessaires par des départs ou des mutations survenus au cours des mois suivants.

Un peu moins du tiers des préfets de la Libération appartenaient déjà à la carrière préfectorale (préfets ou sous-préfets). Dans une proportion à peu près égale, on trouve des membres de professions extérieures à l'administration (libérales ou techniques) et la part restante est constituée par des fonctionnaires venant de l'administration centrale — grands corps ou corps d'ingénieurs, Université. A des amis réunis quelques années plus tard, pour évoquer cette période où nous nous étions connus, je lirai une phrase des Mémoires de Saint-Simon : « *Je marquerai ici un changement qui se fit de quelques intendants parce que quelques-uns de ceux-là ont fait parler d'eux depuis.* »

Cependant, cette œuvre dont je fus le principal artisan ne m'a pas attiré que des éloges. Aux yeux de certains, j'avais arrêté le courant révolutionnaire qui eût suivi, et en quelque sorte couronné la Libération. Pour d'autres, j'avais fait la part trop belle à des résistants qui n'avaient pas la capacité de commander et qui ne surent pas s'opposer à la colère populaire. A cela s'ajoutent les critiques de ceux qui, dans les dernières semaines, souhaitèrent en vain être nommés. Enfin, mais plus tard, je compris les réticences qui avaient pu effleurer le Général en raison de l'insuffisance de nos liaisons. N'avais-je pas participé à une tentative de créer un fait accompli qui diminuerait la liberté de son gouvernement ? Je ne me suis jamais expliqué avec le Général à ce sujet, et écrivant ces lignes, je le regrette.

Je n'ai cependant pas de doutes. Mon travail a été nécessaire et fécond. Je crois à la valeur des hommes, notamment dans les temps difficiles où l'histoire est un bouillonnement. S'il n'avait pas été mené à bien, c'est le service américain, connu par ses mystérieuses initiales AMGOT qui, s'appuyant sur les autorités de l'ancien régime, aurait pris la direction des affaires civiles dans les départements libérés par le commandement interallié. J'en eus l'exemple bref mais significatif à Nantes. On aurait alors vu les résistants animer la révolte populaire. Dans la plupart des départements qui furent libérés sans intervention directe des armées, les abus et les drames qui marquèrent la Libération là où l'autorité fit défaut, auraient été généralisés. L'anarchie se serait durablement installée avec son cortège de surenchères partisanes et de vengeances personnelles. La tâche du Général et de son gouvernement pour affirmer une France indépendante, aurait assurément été plus dure.

Remplacer l'administration de Vichy, éviter l'établissement d'une nouvelle autorité étrangère, rétablir l'ordre et la justice au profit du gouvernement du général de Gaulle : voilà ce que fut l'œuvre des Commissaires de la République, assistés de leurs préfets. Comme un tuteur pour une plante brisée par un terrible orage, ils ont assuré une structure d'Etat au service de la République, en attendant que Paris puisse reprendre le commandement de la France. Pour leur mise en place, je fus l'expression et l'instrument d'une volonté qui, en dépit de quelques réserves ou ambitions idéologiques, devint finalement la volonté collective et délibérée de la Résistance intérieure.

5.

Blason de la Résistance intérieure

Ces mémoires ne seraient pas ce que je souhaite sans un chapitre consacré à la Résistance intérieure. Une raison personnelle m'y incite. Comme je l'ai dit, de cette Résistance intérieure, je fus d'abord un membre isolé, cherchant sa voie, puis un acteur inséré dans un groupe, enfin un responsable hissé au niveau de grandes charges. Ce temps m'a marqué, comme il en a marqué bien d'autres. Ce fut un temps de clarification où ne pas choisir était quand même choisir. « On sait désormais qui est qui, et on ne pourra jamais l'oublier », me dit le bâtonnier Charpentier, un soir de la fin de l'année 1940, alors que lui-même assumait la défense de Paul Reynaud, indignement emprisonné. Ce fut un temps de rupture où, pour peu qu'ils ne fussent pas indifférents et même parfois s'ils l'étaient, les Français ont été placés face à l'essentiel, l'honneur ou la honte, la liberté ou la servitude, la vie ou la mort. Comme nombre d'hommes et de femmes de ma génération, je fus alors précipité au fond de moi-même. Ma pensée et mon action en ont été déterminées pour le reste de mes jours. Quand on a vu son pays aux portes de la nuit, entraînant dans sa chute les valeurs les plus hautes, la vigilance sur sa santé est pour toujours en éveil. Toute faiblesse apparaît comme un risque insupportable.

Cette raison personnelle n'est pas la seule. Il en est une seconde. On a beaucoup écrit sur la Résistance, et en tout sens. Tantôt elle est portée au pinacle, comme l'expression d'un patriotisme exemplaire et un sommet du dévouement humain, tantôt elle est décrite avec ironie ou fiel, comme une médiocre agitation, gonflée dans ses effectifs et surfaite dans ses résultats. Or cette épopée, car c'en fut une, a besoin d'une juste mesure. Je ne prétends pas l'atteindre. Devant l'histoire, je sais que ceux qui ont survécu l'emportent sur ceux qui sont morts, et ceux qui écrivent sur ceux qui se taisent. Le rescapé qui prend la plume doit sentir le poids de sa responsabilité. J'écris un témoignage qui prendra place parmi d'autres et il est des résistants dont la participation au refus et au combat fut plus méritoire. N'importe ! Il y a un devoir d'écrire et d'apporter sa pierre pour l'appréciation des générations à venir quand elles voudront ou devront se retourner vers le passé de leur patrie.

Souvent les jeunes de ma génération, émus, admiratifs et quasiment stupéfaits par le sacrifice de la génération antérieure, avaient considéré l'effort accompli par le peuple français entre 1914 et 1918 comme un moment unique de la conscience nationale. C'était vrai, et le demeure. Le million et demi de Français morts, le million et demi de Français grièvement blessés, apportent à notre histoire un tribut unique, à peine croyable. La longue liste des noms inscrits sur les plaques de marbre ou de pierre dans nos villes et nos villages, mérite d'être saluée à jamais, et pieusement. Mérite également notre salut la liste, plus courte mais aussi dense, des courageux soldats de 1940 : près de cent mille hommes en six semaines. La défaite ne fut pas leur fait. Loin de toute comparaison rendue impossible par la différence des circonstances, la France libre et la Résistance témoignent dans le même sens. Arithmétiquement les sacrifices furent moindres. Mais, jusqu'au dernier jour de l'Occupation, ce furent des sacrifices volontaires. Pour choisir son camp, il fallait rompre avec le conformisme ambiant, ce qui signifiait pour les uns aller au loin chercher le salut de la patrie et, pour d'autres, accepter des risques pires que la mort sur un champ de bataille. Voilà qui mérite aussi notre salut et celui de nos enfants.

***

« Quoi qu'il arrive, la flamme de la Résistance française ne doit pas s'éteindre et ne s'éteindra pas. » Dès l'Appel de juin 1940, le Général prononce le mot. Mais il reste insolite. Dans l'esprit du temps, il est lié à une interrogation fréquente : « Le gouvernement de Vichy va-t-il résister ? Peut-il résister aux exigences de l'occupant ? » Ce n'est que tardivement que le mot de Résistance trouve en France intérieure le sens que le Général lui avait tout de suite donné à Londres. Et je me rallie tout à fait à l'opinion que Claude Bourdet a exprimée dans *L'Aventure incertaine* : l'emploi de ce terme commence à la fin de 1941. Il faudra encore plusieurs mois avant qu'il ne devienne d'usage courant avec toute la palette des significations que désormais il recouvre.

La Résistance englobe toute action de lutte, quelle qu'elle soit, dirigée contre l'envahisseur, contre le régime de Vichy et contre les Français qui furent à leurs ordres. La France libre est la courageuse et fière avant-garde entraînant dans son sillage l'ensemble qui devint « la France combattante » : actions individuelles, réseaux, mouvements, groupes d'actions orientées vers le retour de l'Empire et de la France dans la guerre. Je dis bien « la France », car si le général de Gaulle rallia les résistants, c'est qu'il ne se voulait pas seulement le chef des Français en guerre, mais d'abord la France. Or, c'était bien la France que l'immense majorité des résistants entendaient faire revivre.

La Résistance connaît un sens plus précis : tout ce qui fut entrepris en France métropolitaine. C'est l'ensemble des activités clandestines qui, isolées ou organisées, spontanées puis coordonnées ou commandées de Londres ou d'Alger par le général de Gaulle ou les services alliés, s'orientent autour de l'espoir et de la volonté de libération. C'est la Résistance intérieure.

Il est un dernier sens, plus précis encore : il recouvre l'ensemble des mouvements et formations réunis à partir de 1943 sous la même aspiration politique et le même commandement militaire : la Délégation générale en France occupée du Comité français de Libération nationale, le Conseil national de la Résistance, le Comité d'action militaire, le Comité d'action contre la déportation, le Comité général d'études... C'est la Résistance intérieure organisée.

Ces définitions ne trouvent leur unité qu'autour du risque suprême voulu et vécu. Jamais l'imagination ni l'écriture n'atteindront le pathétique de l'action. « La réalité était bien plus tragique », a écrit Mme Micheline Maurel, une des premières déportées à avoir eu le courage de témoigner. Cette phrase dit tout. La déportation a été le sommet du calvaire. On peut aussi l'appliquer à ceux qui ont connu « *Le sacrifice du matin* », pour reprendre le titre du beau livre de Pierre Guillain de Bénouville.

Sans doute le premier ouvrage et qui demeure l'un des plus émouvants, est-il le simple album composé de photographies, de citations connues et de textes brefs que « *Défense de la France* » fit imprimer au cours de l'année qui suivit la victoire. L'âme de ce livre fut Pierre Viannay, le frère de Philippe, fondateur et animateur de ce mouvement. Pierre, me raconta Philippe, eut l'idée de ce livre alors exceptionnel quand il apprit la mort de leur troisième frère,

Hubert, dans le camp d'Oranienburg. Malgré la pauvreté du papier qui rappelle les difficultés matérielles de la France ressuscitée, les portraits des premiers fusillés, de quelques grandes figures du combat clandestin, les images des camps de déportation restent un exceptionnel hommage aux « Témoins qui se firent égorger ». J'en achetai plusieurs exemplaires afin de pouvoir en donner un à chacun de mes enfants, quand ils seraient grands.

Depuis lors, de nombreux ouvrages ont été publiés. En France, à l'étranger, des bibliothèques entières sont consacrées à la Résistance et à la renaissance française. Dans la phalange des Français libres de Londres, certains prirent la plume très vite. On doit savoir gré à Clostermann d'avoir écrit *Le Grand Cirque*, aux exécuteurs testamentaires du grand Mouchotte d'avoir publié les carnets du disparu, à *Rémy* d'avoir appris à l'opinion publique ce que fut l'activité clandestine, la vie des réseaux, la difficulté de leurs liens avec l'extérieur, à Dewavrin-*Passy*, qui fut au cœur des rapports entre la France libre et la France de l'ombre, d'avoir rédigé ses souvenirs. D'autres évoquèrent la vie cachée de tel groupe, de tel maquis, et rappelèrent une mission, un combat, une aventure, un drame.

Les ouvrages ou articles publiés au retour de déportation méritent une place à part. Ils apprirent la profondeur du mal nazi à ceux qui avaient vécu dans l'ignorance ou l'indifférence. Le cri d'horreur des soldats qui pénétrèrent les premiers à Buchenwald, à Auschwitz et dans tant d'autres camps, demeure dans l'histoire. L'écho s'en est trop vite éteint. Plus tard, en France, en Europe, aux Etats-Unis, une meilleure connaissance de ce que furent les camps de la mort et les souffrances indicibles des déportés, marqua l'opinion d'une manière profonde. La publication du *Journal* de la petite Anne Frank, Hollandaise de religion juive, enfermée dans une arrière-chambre jusqu'à sa déportation, fut un des sommets de cette époque. Un livre américain sur *Les Médecins de l'infamie* analyse un fait mal connu : les inimaginables expériences faites sur des hommes, des femmes ou des enfants, traités comme des animaux de laboratoire. Parmi les récits parfois hallucinants des brutalités et du sadisme, une place à part doit être faite à David Rousset qui décrivit *L'Univers concentrationnaire*. Au-delà du nazisme, son livre révélait une atroce réalité des temps modernes : camps soviétiques, camps japonais, camps de toutes les tyrannies totalitaires pires, par leur méticuleuse organisation, que les cachots des tyrans et inquisiteurs des siècles passés. Il faut savoir relire ces récits. Il faut oser montrer aux jeunes générations les photographies qui furent prises lors de la libération des camps. Nul n'a le droit d'ignorer ces réalités qui n'auraient jamais atteint de telles proportions sans la complicité voire la délation qui assaisonnèrent de leur affreuse amertume cette politique infâme.

Froidement, gravement, sans haine
Mais avec franchise pourtant...
Il faudra que je me souvienne.

En 1954, la publication des *Mémoires de guerre* du général de Gaulle, ouvrit une nouvelle période du souvenir. Une vision globale des événements est pour la première fois donnée aux Français qui apprennent alors ce que fut l'effort du général de Gaulle pour hisser la France dans le camp des vainqueurs. Chez nos alliés, on voulait bien admettre, voire admirer, les Français combattants, mais on n'acceptait pas la France ! Bien des Français patriotes en éprouvèrent à l'égard des Américains une déception qui ne fut pas sans conséquences pour la suite.

Parmi les animateurs de la Résistance intérieure, certains estimèrent que la part qui leur était faite par le général de Gaulle était imprécise, insuffisante, incomplète. Compte tenu de l'architecture donnée à ses *Mémoires,* le reproche me parut excessif.

Le Général n'éprouvait qu'admiration et estime pour les résistants dont en retour l'attachement au Général, profond, ardent et émouvant, subsistera dans le cœur des résistants de base jusqu'au terme de leur vie, même chez des communistes. (Je ne parle pas ici des chefs qui œuvraient pour d'autres objectifs.) Cependant, il serait vain de cacher qu'il y avait une différence entre les sentiments du Général envers ses premiers compagnons de la France libre et ceux venus de la Résistance intérieure. Je crois en comprendre la cause dans le souvenir d'une conversation que j'eus avec le général de Gaulle en marchant dans une forêt proche de Colombey, au temps de la « traversée du désert ». Le mérite de la France libre et pour tout dire de lui-même, qui se confondait avec la France libre, c'était le refus de l'armistice. La Résistance, elle, mettait plus volontiers l'accent sur l'hostilité à Vichy, et à la folie criminelle de l'Allemagne. Pour le Général, les indignités et les horreurs dont souffraient les Français n'étaient que la conséquence inéluctable d'une faute initiale et coupable en elle-même. Le Général n'avait jamais admis Vichy. Si la plupart des animateurs de la Résistance avaient adopté ou adoptèrent plus tard la même attitude, les choses n'avaient pas toujours été simples. Il y avait ceux qui avaient tout de suite lutté contre les Allemands mais sans haine à l'égard du Maréchal, bien au contraire ; il y avait ceux qui, à l'expérience, se révoltèrent contre l'odieux de Vichy ; il y avait ceux qui se mirent en rapport avec des services anglais ou américains ; il y avait le parti communiste (je dis bien le parti, non tous les communistes) qui attendit l'invasion de l'U.R.S.S. pour s'engager sans ambiguïté dans le combat ; il y avait ceux qui se mobilisèrent après l'invasion de la zone prétendue libre, la dissolution de l'armée d'armistice, le sabotage de la flotte. Tous ont leur part dans le refus et la révolte. Mais il y avait eu les « premiers ».

Les *Mémoires* du Général réveillèrent l'intérêt pour une époque que certains auraient volontiers oubliée et dont ils souhaitaient tourner la page. Au surplus, bien des survivants étaient des jeunes : après la Libération ou la fin de la guerre, ils se tournèrent vers leur avenir. Mais le passé revient. Au fil des années, de nombreux ouvrages décrivent les multiples aspects de la période 1940-1945. Certains, de nouveau, sont simples et bien délimités : telle action militaire, aérienne, terrestre, maritime, la formation de tel ou tel maquis et son histoire, telle épopée au grand jour de l'Afrique ou dans la nuit de la France occupée. D'autres composent de plus larges fresques : l'aventure des aviateurs ou des marins de la France libre, la difficile évocation d'un mouvement clandestin, la mise en place de l'armée secrète. Sans oublier le récit de telle ou telle action individuelle, exemple entre mille autres de dévouements obscurs. Sans oublier ce courant anti-allemand de Vichy qui crut en Weygand et cette volonté de revanche patriotique que Giraud incarna. D'autres ouvrages reflètent des préoccupations moins simples. Quand la politique se mêle à la lutte militaire, l'engagement militant mène volontiers à des mélanges qui, sans être contraires à la vérité historique, embellissent des actions à des fins particulières : un brevet de lutte clandestine, voire de gaullisme, n'est pas à dédaigner.

Des souvenirs rédigés par les dirigeants de la Résistance, l'un des plus attachants est *L'Aventure incertaine* de Claude Bourdet. On lui a parfois reproché de se situer un peu trop au cœur. Dans ce petit monde où l'on était vite au courant de tout Bourdet fut d'une activité inlassable : je peux en témoigner. Il faut lire ce livre et y apprécier la réalité d'une description simple, d'une analyse pénétrante, d'une vision sincère, d'une émotion contenue peut-être, mais authentique.

La Résistance intérieure fut multiforme. Malgré l'inégalité de ses publications, cet aspect a été clairement mis en lumière par le

Comité d'Histoire de la Seconde Guerre mondiale, animé par le professeur Henri Michel. L'école historique française, en ce domaine comme en d'autres, rivalise et, je l'espère, continuera de rivaliser avec les écoles anglo-saxonnes pour décrire les différents aspects de notre lutte, dans cette Deuxième Guerre mondiale, dont la France ne fut qu'un champ de bataille parmi d'autres.

De tout ce qui fut écrit, et dont la variété est grande, jaillit à mes yeux une certitude : si dès le premier jour et sans cesse par la suite, le général de Gaulle n'avait pas tenu le langage qui fut le sien, s'il n'avait pas placé son action sur le plan de l'indépendance de l'éternelle France, les sentiments patriotiques des Français se seraient éparpillés et leurs actions spontanées ou organisées, si méritoires fussent-elles, auraient débouché sur des divisions intestines aux conséquences incalculables.

* * *

Le temps passant, et peut-être avec le retour du Général à la tête des affaires, le courant des publications se renverse. Après la pure épopée, on découvre les ombres. On insiste sur l'aspect très minoritaire de la Résistance et on décrit avec complaisance ses dissensions, voire ses trahisons. La sortie du film *Le Chagrin et la Pitié* fait date. Avec la force de l'image et du témoignage oral, l'acceptation, pour ne pas dire la passivité de nombreux Français, est présentée comme la pente naturelle, sans parler de la délation dite « patriotique » odieusement encouragée par la propagande officielle.

Dans le cœur des Français, le départ des Anglais à Dunkerque, l'isolationnisme américain et la complicité soviétique donnèrent durant de longs mois à l'occupation allemande le caractère d'une fatalité. Puisque « ils » étaient les plus forts, restait à se « débrouiller ». Aggravé par les difficultés de ravitaillement, l'égoïsme fut la loi de beaucoup, fort occupés à trouver des sources personnelles de ravitaillement pour eux ou « leur » prisonnier.

Au cours des premières années, 1940-1942, il y eut deux France. Dans la zone occupée dès le premier jour — davantage encore en zone interdite et dans l'ensemble des régions côtières — l'hostilité apparut très vite, et dans tous les milieux. La collaboration fut le fait d'un nombre infime. Le gouvernement de Vichy, même si le Maréchal gardait un capital d'estime, ne fut jamais considéré comme un vrai gouvernement. C'était l'Allemand qui commandait et le patriotisme ne pouvait accepter cet état de fait. Dans la partie de la France que l'on appela « zone libre » jusqu'en novembre 1942, l'état d'esprit ne fut pas le même. Simplement parce que l'Allemand n'était pas présent et qu'une certaine illusion sur l'existence d'un gouvernement était entretenue par la presse et la radio, tandis qu'une liberté de circuler et de parler paraissait donner droit à l'espérance même sans combattre. Cependant, il est vrai que partout à l'égard des drames humains causés par la défaite, l'indifférence fut l'effrayante loi. Il y eut des « chocs ». En 1941, les fusillades de Nantes et de Châteaubriant firent dans l'Ouest l'effet d'un coup de tonnerre dont les échos ne s'éteignirent jamais. Les « rafles de Juifs » à l'été et à l'automne de 1942 secouèrent l'opinion. Mais l'expérience a montré une nouvelle fois que l'homme se fait à tout, et au pire : les arrestations constantes et les départs de Drancy ne provoquèrent ni révolte des forces de l'ordre ni réactions populaires.

Cette constatation ne doit pas conduire à un jugement simpliste. Le Français dans ses profondeurs, même celui de zone Sud, avait fait son choix avant l'occupation totale. Je me souviens en particulier d'une soirée d'été 1942 à Saint-Flour où, avant d'aller me coucher, je me promenai dans les rues de la vieille ville. Les volets sont clos, mais derrière chaque volet ou quasiment, on entend le mélange de la voix de Londres et du brouillage. En s'éloignant d'une maison, le bruit faiblit, en approchant de la maison voisine il augmente. Et ainsi de suite, tout au long de la rue. Sans doute penchés dans l'ombre sur leur « poste », ces hommes et ces femmes ne devaient-ils rien dire le jour de leurs sentiments du soir. Ce qui était vrai des propos l'était encore plus du comportement : j'ai connu des employés d'une station de brouillage qui étaient gaullistes ! La tyrannie crée un conformisme pesant, même s'il est superficiel. Elle en appelle aux plus mauvais sentiments qui, révélés, encouragés, distillent de la boue.

Mais il y a la face lumineuse. A peine remise du coup de massue de juin 1940, la vertu patriotique et libertaire des Français se mit un peu partout à refleurir. Et sur les côtes de la Manche ou de l'Atlantique auxquelles les Alliés s'intéressaient en priorité, des actes héroïques furent accomplis, non seulement par des isolés, mais par des hommes et des femmes engagés dans des réseaux aux allégeances variées. Renseigner Londres, abriter des pilotes d'avions abattus, saboter des installations utiles aux Allemands, soigner clandestinement des blessés ou des pourchassés épuisés : dès les premiers mois, des hommes et des femmes payèrent de leur vie leur patriotisme ou simplement leur esprit de solidarité.

L'histoire a sa logique. Aujourd'hui, elle indique clairement à quel moment l'équilibre des forces est devenue favorable aux Alliés. Dans le feu de l'action, la certitude était moindre. Il y eut longtemps la crainte d'un retournement provoqué par l'arrivée d'armes secrètes. Accompagnée par le durcissement de la répression, leur annonce altérait souvent l'espérance. Et qui peut dire ce qui serait arrivé si Hitler avait disposé plus tôt d'un nombre supérieur de V1 et de V2, s'il avait mieux compris les travaux des savants allemands sur la bombe atomique ? La peur s'alimentait de la répression brutale et des représailles dont des affiches annonçaient l'exécution. A partir de 1943, la Milice de Laval ajoutera sa sinistre réputation à celle de la Gestapo. La terreur paie et paiera jusqu'au dernier jour. Il est donc facile de comprendre pourquoi la Résistance, même après le débarquement de 1942, demeura une minorité. Sortir du conformisme demeura un grand risque.

Mais quel défoulement quand la revanche parut à portée de la main !

On s'interdit de comprendre la furie de certains maquis, l'ardeur et parfois l'héroïque inconscience de leurs combattants, si on fait fi de l'humiliation provoquée par la défaite et l'Occupation, de la rage née du sentiment d'avoir été trompé, voire de l'amertume que provoquait chez certains le regret de la résignation des débuts. Aux adolescents qui eurent vingt ans à l'époque, Pétain apparut vite comme un « expédient provisoire ». Il sera rejeté dès que la reprise des combats devint possible, dès qu'on parla ici ou là de lutte organisée, dès que de Gaulle apparut comme la seule légitimité, la seule fierté, le seul honneur. Après les doutes, après les craintes, vint l'heure des certitudes, et la Résistance s'affirma comme une affaire sérieuse, risquée sans doute, mais porteuse d'espoir. Alors les dévouements augmentèrent. Et même plus tard, quand à l'heure du débarquement, la Résistance fut brusquement gonflée par des ouvriers de la onzième heure, certains payèrent cette action tardive de leur liberté ou de leur vie...

***

Les disputes internes de la Résistance révèlent pour une part nos divisions traditionnelles. Elles expriment pour une autre part les ambitions des hommes. Elles traduisent enfin les visées du parti communiste.

Les résistants peuvent témoigner de la satisfaction profonde qui marqua dans leurs rangs la réalité de l'union nationale. Du syndicaliste au châtelain, du bourgeois à l'ouvrier, « celui qui croyait au ciel et celui qui n'y croyait pas », tous se sentirent alors fraternellement unis. Cependant, il convient d'établir une nette coupure entre la période qui a précédé et celle qui a suivi le tournant de la guerre, c'est-à-dire en fait et dans les esprits, la fin de l'année 1942. Avant les premiers succès alliés et, pour ce qui concerne la France, avant le débarquement anglo-américain en Afrique du Nord, et sous les réserves que j'ai dites sur la différence d'approche des résistants de la zone Nord et de la zone Sud, l'essentiel de la Résistance est « apolitique », ou plus exactement, opposé à tout esprit partisan. Les raisons de cet état d'esprit sont diverses, mais se conjuguent. Le régime déchu en 1940 est honni. A ceux qui le détestaient hier, s'ajoutent ceux qui l'ont pris en horreur depuis le désastre. Il faudra le sectarisme et la médiocrité de Vichy, à quoi s'ajoutera son alignement inconditionnel sur l'Allemagne, pour rendre à la démocratie, c'est-à-dire à la République, un prestige que les années antérieures à la défaite, et la défaite elle-même, lui avaient totalement fait perdre. La pensée et l'action résistantes, en zone occupée, s'exprimaient en termes d'opposition nationale, sans autre mobile. Cet aspect fut longtemps moins net en zone non occupée. Cependant, il était clair parmi tous les résistants que le problème était de refaire après la victoire une France propre : un tel espoir excluait les partis de l'ancien régime, leurs doctrines, leurs hommes et jusqu'à leur existence. De Londres venaient des appels et des exemples qui se situaient au niveau de la France éternelle. Les notions de gauche et de droite étaient même honnies, comme l'une des causes de notre faiblesse. Telle était la Résistance avant 1942, militaire ou patriotique, sans référence à un régime politique.

La fin de l'année 1942 va modifier cette situation. Les perspectives des mois à venir imposent désormais d'éclairer le combat par des espérances qui se situent au-delà de la victoire. La volonté du général de Gaulle d'unir le plus grand nombre de bonnes volontés en un seul faisceau va d'autant plus accentuer cette évolution que le retournement des événements incite au retournement des hommes : le mois de novembre 1942 précipite une prise de conscience. La Résistance ne peut s'associer à Vichy, même repentant, même modifié par des changements de personnes. Au surplus, puisque l'espérance illumine les combats de cette nouvelle période de la guerre, il faut penser aux lendemains en termes qui sont politiques. Il ne peut en être autrement. Le langage du général de Gaulle se précise. A l'effort de résistance militaire entendu et suivi par une minorité de Français, s'ajoute, en vue du renouveau, l'effort de rassemblement politique qui s'étend au plus grand nombre. Désormais, les Français sentent que la Libération peut venir, qu'elle va venir, et ce fait change tout.

Les résistants des premiers mois, ceux qui n'ont pas attendu, sinon pour agir, en tout cas pour savoir quel était le seul chemin du redressement national, éprouvent alors une sorte de chagrin qu'accentue vite un sentiment de frustration. Une minorité sent qu'elle va changer en devenant majorité. A des combattants, dont beaucoup pensent, sans le dire, à leurs camarades morts, l'arrivée d'hommes qui représentent des partis politiques, ou simplement des tendances de pensée, paraît une déviation, alors même que ces hommes font preuve de courage et affirment avec sincérité leur volonté de rénovation. L'appréhension est grande de revoir aux lendemains de la Libération les aspects médiocres, parfois humiliants, d'une politique dont la responsabilité dans le désastre n'était oubliée de personne. C'est ainsi qu'à partir de 1943 cohabitent deux courants, le courant de la Résistance restreinte des deux premières années qui demeure vivant et vibrant malgré les pertes, arrestations, exécutions et déportations, et le courant de la Résistance étendue qui se développe après 1943, plus divers en ses manifestations et en ses tendances.

Il y eut des heurts, et parfois des heurts violents. Entre les dirigeants des mouvements de résistance. Entre les envoyés de Londres. Entre les envoyés de Londres et les dirigeants. Français libres et résistants étaient souvent hommes de caractère et de conviction. L'enjeu du combat et les périls courus n'incitaient pas toujours à l'apaisement. J'ai connu la suite des premières contestations auxquelles je n'ai pas participé. J'ai connu les difficultés nées de la reconnaissance du parti communiste. J'ai surtout connu la vive querelle entre les successeurs de Jean Moulin et les mouvements qui voulaient affirmer leur indépendance. Bouchinet-Serreulles, Bingen, avant et après Bollaert, eurent fort à faire, comme je l'ai expliqué. Tout en partageant le souci d'indépendance qui animait les dirigeants des mouvements et expliquait la vivacité de leur réaction, je pris parti en faveur de la coordination de la Résistance par les délégués de Londres et d'Alger. S'il est vrai que l'autorité du général de Gaulle était sérieusement renforcée par le soutien de la Résistance intérieure, à l'inverse, la Résistance ne pouvait que se rallier à l'homme qui le premier avait incarné son idéal et maintenant la personnifiait dans le cœur du peuple. Lors des difficultés qui l'opposèrent à certains dirigeants comme aux communistes, je soutins donc fermement Bouchinet-Serreulles qui était l'expression du « commandement unique » dont la nécessité s'imposait à Paris comme à Alger, rendant ainsi le plus grand service à la Résistance.

A travers des épreuves qui, au-dessus des divergences, créaient une communauté de vie, la volonté de réussir conduisait à l'unité en de Gaulle : unité d'action, qui rassemblait dans son mouvement en avant des oppositions réelles, mais unité vraie puisque l'objectif était accepté de tous. Après la Libération, on constata un désarroi, et pour tout dire, une division de la Résistance. Comment pouvait-il en être autrement ? L'unité qui avait très largement prévalu dans les derniers mois de l'Occupation — et qui rejetait les divergences entre catholiques et laïques, entre beaux quartiers et quartiers populaires, entre citadins et paysans, entre les générations de résistants —, ne pouvait subsister dès lors que la liberté rouvrait la porte de nos diversités.

La Résistance a connu des ambitions personnelles et il n'y a pas à s'en indigner. A qui s'engage volontairement et au prix des plus grands risques, il ne peut être interdit d'avoir des vues d'avenir. C'est un puissant moteur que celui de la gloire. Et pour des jeunes, après 1942, que faire pour assurer leur place dans la société, sinon lutter, c'est-à-dire résister ? Mais j'ai connu bien des résistants, des humbles et des illustres, et je puis témoigner que pour l'immense majorité, la démarche vers la Résistance fut éclairée par un sentiment que Malraux, tenté lui-même pendant un temps par la solitude de la tour d'ivoire, a parfaitement exprimé : la situation était telle qu'il n'était possible ni de se taire ni de rester passif. Et n'oublions jamais les hommes et les femmes qui ont tout risqué, tout donné, sans autre but que celui de l'honneur et de la liberté de la Patrie.

Fort discutée, l'affaire communiste a été différente, et ici j'exprime une opinion que je crois conforme à la réalité. Malgré le réveil immédiat et brutal que provoqua l'invasion de la Russie, l'influence du parti demeura limitée jusqu'au moment où le Service du travail obligatoire alimentera des maquis. Dans les profondeurs de l'âme populaire, le pacte germano-soviétique avait marqué les Français. Le S.T.O. changea tout. Les dirigeants du parti saisiront alors la chance qui leur était donnée de se hisser au premier rang de la lutte, et l'on doit à la vérité de dire que de 1943 à la Libération, l'ardeur des Francs-Tireurs et Partisans fut admirable et leur prestige croissant fut accru par la politique délibérée de Vichy et de l'occupant qui mêlait communistes et gaullistes dans le même opprobre et la même répression.

Un jour, un historien heureux, découvrant archives secrètes ou lettres personnelles, nous apprendra peut-être, preuves à l'appui, les cheminements de la stratégie communiste. De ce que j'ai vu, lu et entendu, je pense que l'objectif de la « prise de pouvoir » fut certainement retenu un temps comme une éventualité. Le patriotisme et l'extrême nationalisme servaient de vecteurs à un dessein de politique intérieure. Par le Front national et l'alliance avec d'autres dirigeants et partis issus de la Résistance, la tactique devait conduire à ce but suprême qui était la conquête du gouvernement. Cet objectif fut écarté au bénéfice d'une coopération avec le général de Gaulle. Ce fut un choix délibéré. Sans doute le parti avait-il pris la mesure du prestige et de l'audience du chef de la France libre. Malgré l'ampleur croissante de son impact et la force de sa démagogie, il ne pouvait que se rallier. Cette stratégie fut consolidée par l'entrée de deux communistes au sein du gouvernement d'Alger, sans doute aussi par un accord venu de Moscou. Le parti communiste garda cependant son autonomie. Jouant d'une tactique destinée à accroître son influence, il en rajoutait sans cesse, mélangeant lutte patriotique et lutte de classes, confondant l'attentisme, le « vichysme » et la collaboration, s'efforçant même d'attiser la Résistance intérieure contre la France libre. Une aile extrême et clandestine eut-elle l'intention de supprimer de Gaulle afin que la place fût libre pour un gouvernement de Front national ? Il arriva au général de Gaulle d'évoquer cette hypothèse. Le fait que les tireurs de Notre-Dame n'aient jamais été découverts laisse l'énigme entière. Je doute que l'on puisse jamais l'élucider. Ce que l'Histoire retiendra sera le soutien officiel et total des dirigeants communistes à de Gaulle, l'acceptation sans arrière-pensée — au moins pour l'immédiat — par le parti de Maurice Thorez de la solution de Gaulle. A cause de ce ralliement, je pense qu'une plus grande fermeté des dirigeants non communistes de la Résistance intérieure, notamment au sein du C.N.R., aurait mis au jour la volonté de conciliation des communistes, notamment lors de l'élaboration du fameux « programme du Conseil national de la Résistance ». Mais il est vrai qu'au cours des derniers mois, les communistes avaient réussi à se tailler la part du lion dans la Résistance intérieure organisée.

Henri Frenay a semé un doute dans l'esprit de beaucoup en écrivant que Jean Moulin, le fondateur du C.N.R., avait été un compagnon de route du parti communiste, et que le général de Gaulle avait été trompé. Même s'il reconnaît ne disposer d'aucune preuve, il a écrit que c'était sa quasi-conviction.

Toute ma vie j'ai éprouvé un sentiment de profonde et instinctive sympathie à l'égard d'Henri Frenay. Sa franchise et la netteté de ses positions m'ont plu dès le premier jour. De ma part, et je le crois aussi de la sienne, notre tutoiement exprime des sentiments qui sortent d'autant plus de l'ordinaire que nos engagements politiques, quasiment toujours opposés, et parfois violemment, ont écarté nos vies au point que nos rencontres furent rares. Mais en ce qui me concerne, l'estime profonde que je lui porte, et une amitié que je crois réciproque, seront toujours plus fortes que nos dissentiments. Quand il fut calomnié honteusement et méchamment, les survivants se resserrèrent autour de lui. A juste titre, car on ne peut pas ne pas estimer un tel courage, admirer une telle foi. Bien sûr, je n'ai pas non plus d'éléments matériels pour étayer l'affirmation contraire. La vie si brève et si dense de Jean Moulin ne l'a guère porté aux confidences. Mais je me souviens des conversations de l'époque avec mon père, un des premiers adhérents du Front national. Partagée par des amis éminents, sa certitude était que l'unité de la nation en guerre exigeait l'accueil des communistes et la fréquentation de leurs dirigeants pour le service de la Libération. Et avec lui, des médecins, des avocats, des enseignants, des fonctionnaires, étaient nombreux à voir les choses de cette manière sans pour autant épouser les vues communistes ou se compromettre avec le parti. Je n'avais moi-même aucun lien particulier avec les communistes. Mais je me souviens avoir défendu cette politique d'alliance, sinon d'union, devant mes amis Jacques Lecompte-Boinet et Maxime Blocq-Mascart. Je me rallie donc à l'opinion des hommes qui ont bien connu Jean Moulin, tels Claude Bourdet ou Francis-Louis Closon, cet ami de toute ma vie qui, avec *Le Temps des Passions,* a écrit un très beau livre. Certes, Jean Moulin fut un homme de gauche qui avait adhéré au Front populaire. Certes, pendant la guerre, il s'opposa avec force à Brossolette, cet autre homme de gauche qui, pour l'avenir, avait des vues différentes. Mais la volonté de Moulin d'associer aux nouveaux mouvements de résistance, des modérés aux communistes, toutes les anciennes formations politiques pour les mettre au service du général de Gaulle et de la France, a été une grande politique et, qui plus est, une politique réussie. Il est tout à fait excessif d'imputer à Jean Moulin, mort en 1943, la fascination qu'exerça le parti communiste en 1944 — fascination à la faveur de laquelle il obtint, dans la dernière année, une influence qui m'a toujours paru supérieure à ce que fut son importance dans l'histoire réelle de la Résistance.

***

Nous le savons, pour la victoire contre le nazisme, et l'impérialisme japonais, l'action de la France n'a pas été déterminante. Cependant qu'un pays envahi, asservi et pillé, qu'une population endeuillée de cent mille jeunes morts dans une gigantesque bataille et privée de deux millions de ses fils retenus en captivité, aient trouvé la volonté de résister, que des hommes et des femmes aient volontairement accepté risques et sacrifices pour frapper de grands coups, qu'enfin malgré les divisions intestines d'un vieux peuple stupéfait de son malheur, la nation se soit rassemblée autour de l'homme qui avait ranimé son honneur : voilà qui fait une grandeur.

Cette grandeur transparaît dans les écrits du temps, journaux et « Cahiers » diffusés sous le manteau. Je n'ai pas connu le premier, l'étonnant *Pantagruel* qui passait de main en main, et était ronéoté par un homme seul, Raymond Deiss, qui périt décapité. Mais dans les deux zones, j'ai suivi avec attention la presse clandestine, variée, abondante, à partir de 1942. Quel est le journal qui eut la plus grande diffusion ? Entre *Résistance* ou *Défense de la France*, nul ne peut le dire. Sans doute le deuxième, au moins à partir de 1943. De l'étranger, nous arrivaient des livres, comme ceux de Jacques Maritain et de Georges Bernanos, réfugiés en Amérique, ou l'étonnante collection des *Cahiers du Rhône*, qu'Albert Béguin faisait diffuser de Suisse ; et en France, paraissaient les ouvrages clandestins comme ceux des célèbres *Editions de Minuit*, sans oublier les revues « politiques », comme les *Cahiers de l'O.C.M.* ou les *Cahiers politiques* du Comité général d'études.

Un souffle d'émotion animait la prose la plus ordinaire. Quant à la poésie, elle atteignit les sommets. Pour Pierre Emmanuel et Aragon, Supervielle, Desnos, ou Eluard, ce fut le temps des plus beaux vers. Avec le même enthousiasme qu'à seize ans pour *La Légende des siècles* ou les *Harmonies poétiques*, je m'essayai à les apprendre par cœur. Dans le malheur, le combat et l'espérance, la poésie française retrouvait les nobles rythmes des strophes pathétiques. J'ai déjà parlé des *Cahiers de Témoignage chrétien* dont, dès le début, je fus un modeste diffuseur. Ils doivent leur existence à un homme, le R.P. Chaillet, dont l'histoire de France mérite de conserver le nom, tant il a compté dans la Résistance spirituelle au poison nazi. Ce fut un homme de grand courage : il en donna la preuve à Lyon, en août 1942, quand il organisa la fuite de familles juives menacées de déportation par la police de Vichy et assura la cache des enfants pourchassés. La Résistance à la fois chrétienne et patriotique, dont il est un des symboles, a contribué à démolir l'anticléricalisme, sinon à y mettre fin.

Je l'ai écrit dès le début de ces mémoires, mais je le redis ici : dans ce refus aux multiples aspects, affirmé par des hommes et des femmes aux engagements politiques ou religieux divers et parfois opposés, l'unité la plus solide et sans doute la mieux comprise, fut celle engendrée par la lutte contre l'entreprise de destruction intellectuelle et morale qui visait tout à la fois l'esprit, l'âme et le cœur de la France.

***

La Résistance, c'était aussi la vie quotidienne — une vie qui avait ses règles qu'il fallait s'imposer, et imposer.

On peut vivre une existence ordinaire avec sa famille et sa profession et, de plus, exercer une activité cachée. Cette double vie exige un cloisonnement absolu. Ne rien dire signifie ne rien dire. Et il ne faut, en aucune façon, mêler les genres. A la longue, je peux en témoigner, c'est une vie épuisante car pour peu que l'activité cachée se développe, les jours ne sont plus assez longs et le cloisonnement pose des problèmes de calendrier et de discrétion proprement impossibles à résoudre.

Je n'ai pas connu ce qu'on peut appeler la « disparition », c'est-à-dire la coupure absolue d'avec un ancien personnage. Elle doit avoir ses avantages. On n'est plus soi-même. Voilà qui pouvait se concevoir à l'extérieur de la France, où l'on se refaisait ouvertement une autre identité. A l'intérieur, le dédoublement ne peut avoir qu'un temps, ce que firent les parachutés et sans doute des chefs communistes.

Il y a une solution intermédiaire : on garde une apparence de vie extérieure. A l'occasion, votre famille et quelques amis vous aperçoivent. Des raisons tout à fait acceptables expliquent vos absences. Une adresse imprécise en une lointaine province et dépourvue de téléphone permet un brouillard et donne l'occasion de brefs repos, de permissions, diraient les militaires. Et « l'autre vie », qui prend la majeure part de vos jours, échappe à qui ne doit rien savoir. J'ai adopté cette solution les seize derniers mois. Les temps troublés le permettaient, mais il faut une fin, un jour.

Sous quelque forme que ce soit, la clandestinité exige une discipline. Au début de 1943, j'avais cherché à « codifier » les règles. Georges Bidault, à qui j'en avais parlé, s'était intéressé à cet essai dont, du fond de ma mémoire, j'essaie d'extraire les grandes lignes.

— Mettre les siens à l'abri, loin du lieu de son activité. Ce qui m'a fait renoncer à toute action dans la vallée de la Garonne.

— Avoir une adresse personnelle ignorée de tous les camarades de combat. Quand mon beau-père, chez qui je logeais souvent, abrita le courageux André Hauriou dans l'attente de son départ pour Alger, j'acceptai cette exception pour un temps bref que les difficultés d'envol prolongèrent à la limite du raisonnable.

— Préparer un refuge, si possible deux, chez des parents ou des amis éloignés de tout soupçon, et connu de vous seul. Un jour, pris de court, je dus partager la chambre d'André Ségalat qui logeait à l'hôtel. Ce n'était pas une sage solution. Je me fis pour toute la vie un ami du R.P. Adalbert Hamman, alors franciscain inconnu, prêt à m'ouvrir les portes du monastère de l'Arbresle.

— Taire ses sentiments. Les critiques ouvertes et sans lendemain ne sont pas des actes de résistance.

— Faire le plus de choses possibles sans intermédiaire. Ainsi faut-il se donner la peine de prendre soi-même ses billets de chemin de fer, même si l'on doit faire la queue. Il m'arriva de me lever de bon matin pour abréger l'attente.

— Exercer sa mémoire de telle façon que l'on puisse se passer de mémentos. A cette fin, il faut, tous les matins et tous les soirs, se répéter les rendez-vous proches ou lointains. A vrai dire, la mémoire a ses limites, et j'eus recours aux bons offices de Paul-Louis Courier dont les œuvres étaient parues en un volume de la Pléiade. Le libraire avait voulu me le vendre à un prix exorbitant, que je refusai. Au même moment, un client qui, sans doute, n'avait aucune raison d'être discret, menaça le libraire des foudres de la police car ce prix était très supérieur au cours imposé. Effrayé, le libraire changea ses batteries et je profitai de sa volte-face... Moyennant quoi Paul-Louis Courier ne me quitta plus, ni le crayon qui me permettait de déguiser sous forme de notes savantes les indications que ma seule mémoire ne pouvait conserver. A la Libération, un amateur de souvenirs m'emprunta le volume et le garda.

— Se préoccuper d'alibis, avec un carnet où tout est faux, mais où l'on retrouve, sachant que les musées sont vides et fermés, des heures de messe (à condition qu'elles soient exactes) ou de séances de cinéma (en prenant soin de prendre connaissance des films). Dans le fil de cette orientation, prendre le soin de rédiger, même à l'intention de sa femme, des lettres conformistes ou insignifiantes, et mieux encore, ne plus écrire.

— Mener une vie spartiate. Toute mondanité est bavardage et il est des choses qu'on ne peut cacher, ni dans un dîner ni sur l'oreiller.

— Préférer les transports en commun. Bouchinet-Serreulles fit un jour l'achat d'une bicyclette et me recommanda d'en faire autant. Je refusai. Avec raison. Quelques semaines plus tard, on sut que la police recherchait un résistant sur une bicyclette neuve, et mon ami dut vite renoncer à son engin. Pour me fondre dans l'anonymat, je voyageais en troisième classe pour les parcours brefs, en deuxième pour les plus longs. Jamais en première.

— Enfin, spécialiser son action. Voilà qui ne fut pas pratique dans les débuts. Mais voilà qui devint nécessaire au moins pour les exécutants. Pour le petit nombre des responsables, comment faire quand les disparitions créaient des vides ? Comment refuser telle mission après une rafle de la Gestapo ? Les difficultés de communication, la recherche des informations, la surveillance de l'exécution des décisions, créaient autant de soucis que l'angoisse latente.

Une hantise habitait la plupart d'entre nous. Pourrait-on éviter de parler sous la torture ? La pudeur nous retenait d'évoquer longuement cette hypothèse. Cependant, la crainte était là, vivante au fond de nos cœurs. Evoquant peu les sujets personnels ou familiaux, nous ne connaissions pas nos adresses respectives. Un jour, Teitgen et moi avons déjeuné ensemble avec nos épouses : ce fut une rencontre exceptionnelle, dont nous gardons le souvenir d'autant plus précieux qu'il est unique. De façon générale, nous n'avions d'autre lien que la Résistance, fraternité de combat que l'ennemi cherchait à briser. Et alors, qui était assuré de ne pas flancher ? A l'avance, nous étions indulgents, avec un correctif : s'il y avait le moindre doute sur la façon dont un camarade ou un agent de liaison avait été libéré, il fallait éviter tout nouveau rendez-vous avec lui et définitivement l'écarter. Depuis les premiers jours jusqu'à la grave émotion d'Amiens qui commença au début de 1944 par l'arrestation de Roland Farjon de l'*O.C.M.*, quelques affaires firent grand bruit. A la Libération, d'autres surgirent, notamment quand on voulut éclaicir le mystère de l'arrestation de Jean Moulin.

Les misères de la vie résistante engendrèrent la solidarité :

clandestins pourchassés, sans salaire ni logement, familles sans ressources après une arrestation, enfants à l'abandon après la disparition du père ou de la mère, l'entraide fut une loi non écrite mais respectée par tous les réseaux ou mouvements. Avec l'intensité croissante de la répression, plusieurs de ces groupes s'associèrent pour créer une sorte de service social. Certains animateurs du Secours national et de la Croix-Rouge, certains dirigeants d'ordres religieux, furent appelés à l'aide et acceptèrent de grand cœur, malgré l'hostilité de l'environnement et le risque de délation. Plusieurs payèrent cette générosité de leur liberté et même de leur vie. Je me souviens du Frère Jacques, que je connus par mon père. J'ai déjà parlé de Marie-Hélène Lefaucheux qui, à Paris, accueillait toutes les détresses qui lui étaient signalées, et du Père Chaillet : lorsque, au début de l'année 1944, la Résistance organisée s'affirma, ce fut tout naturellement autour de cette femme et de cet homme que la Délégation regroupa l'entraide. Ainsi naquit un Comité des œuvres sociales de la Résistance et se développa un Comité d'aide à la Déportation. Au cours des derniers mois ces Comités eurent même un petit budget permettant de verser des secours d'urgence et de rémunérer modestement des visiteurs.

Après la libération de Paris, le COSOR poursuivit son activité à ciel ouvert car il fallait aider les déportés, leurs familles, les veuves, les orphelins. Je devins alors membre de son conseil d'administration. J'exerçai ces fonctions jusqu'à mon élection au Conseil de la République en 1948. J'y connus la sœur de Georges Bidault, Agnès, qui demeure dans ma mémoire comme la personnification du dévouement aussi illimité qu'affectueux. J'appris également à mieux connaître cet homme fortuné que fut André Vagliano, dont la belle maison de la rue du Général-Appert avait été le havre de bien des résistants. Il appartient à une pléiade de cœurs généreux dont les noms, à peine connus de leur temps, sont désormais tout à fait oubliés : trop discrets, ils n'ont pas voulu que l'on sache l'étendue de l'aide financière qu'ils ont apportée à des foyers détruits par la guerre et la répression. Parmi les œuvres qu'aida le COSOR, il en est une dont je suivis les débuts avec un intérêt passionné : le Centre de formation, créé par Philippe Viannay, pour éduquer les jeunes qui avaient rallié son mouvement Défense de la France. Ces jeunes n'avaient connu pour toute éducation que l'imprimerie clandestine de journaux et de faux papiers. Plusieurs d'entre eux revenaient de déportation. L'effort entrepris en leur faveur était nécessaire. Encore fallait-il y penser. Outre son intelligence du problème et sa générosité à l'égard des hommes,

Philippe y fit preuve des qualités qui lui avaient déjà donné une figure particulière dans la Résistance : une vision claire de l'objectif, un désintéressement allant de pair avec un engagement total. Orienté vers le journalisme et les affaires publiques, le Centre de formation est devenu une institution.

***

On dit que les services secrets alliés se méfiaient des Français, qui avaient la réputation de ne pas savoir tenir leur langue... Je fus de ceux pour qui le secret fut la loi. Trop de drames ont été provoqués par des paroles imprudentes, notamment quand la police allemande, puis la police française, pénétrèrent les réseaux. Avec les années, le danger s'accrut. Il est vrai qu'à vouloir être trop prudent, on n'aurait rien tenté... Mais que de risques inutiles !

Un jour du courant 1943, je rencontre au carrefour Sèvres-Raspail, un ancien camarade de Saumur, Valentin Abeille. Naguère nous avions sympathisé, mais nos relations d'avant-guerre étaient fort espacées. A peine nous sommes-nous serré la main qu'il me dit : « Je viens de Londres. J'ai été parachuté il y a deux jours. » Je m'étonne et lui fais reproche de cet aveu. Il me déclare qu'il m'a ainsi abordé parce qu'il me savait résistant. C'était quand même trop vite parler. Par amitié, nous décidâmes de déjeuner ensemble régulièrement. Une fois, je l'attendis en vain. Sa mission s'était tragiquement terminée. J'ai toujours pensé qu'il faisait trop rapidement confiance.

Un autre exemple, et des plus étranges, me servira de conclusion au rappel de ces jours sombres. Nous sommes le 4 juin 1944. Je reviens de Toulouse et m'arrête quelques heures dans ma belle-famille avant de repartir pour Bordeaux, La Roche-sur-Yon, Nantes, Angers, où la mise en place des futures autorités rend ces voyages nécessaires. Dans la perspective du débarquement attendu, mais dont je ne sais pas la date, je vais vérifier que tout est en ordre dans la région dont je dois assurer le commandement. Un ancien cultivateur, Gascon à l'accent prononcé dont mon beau-père s'était attaché le service, vient comme à l'ordinaire me chercher à la gare en charrette attelée. Je revois avec plaisir la jument Coquette, et je m'assieds à côté de Péreuil, tel était son nom. A peine sortis de la ville, il me dit : « Alors ! c'est pour demain ou après-demain ? » Le temps de comprendre de quoi il parle, et il a déjà enchaîné : « Le message est passé à la radio, il a été répété plusieurs fois. » Figé de stupeur, je lui recommande le silence. Qui, dans cette petite ville de Tonneins, au café ou au marché, était au courant de ces messages radio ? Quel petit chef d'un petit groupe de sabotage avait pu se vanter ? Dans cette France où nous étions désormais nombreux à la fois épuisés et excités par l'attente, animés par l'espérance et ardents à la revanche, tout se sait et se répète. Quel chemin parcouru depuis quatre ans ! Mais il était temps d'en terminer.

***

L'histoire est aussi injuste que la vie. Elle conserve quelques exemples, quelques faits, et elle oublie tant d'hommes et de femmes qui mériteraient d'être inscrits dans un blason de la Résistance. J'ai connu la plupart de la phalange peu nombreuse des dirigeants. Vivants ou morts, j'ai évoqué leur souvenir dans les chapitres précédents ou dans celui-ci. J'ai également connu beaucoup de résistants qui n'étaient pas des dirigeants. Les sans-grade, ou simplement les modestes, furent légion. Nombre d'entre eux furent fusillés ou moururent en déportation. Après la Libération, je me suis lié à des hommes et à des femmes qui avaient, comme moi, survécu, et dont certains avaient connu l'extrême de la souffrance. En mémoire des morts, en hommage à tous, humbles ou illustres, j'évoquerai deux bourgeois, un universitaire, un ouvrier, un paysan, une famille tourangelle, une jeune israélite et deux évêques.

***

Je commencerai par un universitaire et un jeune bourgeois qui connurent le martyre. Pierre Kaan et Pierre Arrighi.

Où figure le nom de Pierre Kaan ? Sur la façade du lycée de Montluçon où il était professeur. « *Biran* » était son principal nom de guerre, qu'il avait choisi en hommage au philosophe qu'il admirait. Il s'appela aussi *Brulard,* sans doute en référence à Stendhal. Il fut un intellectuel dans la Résistance, apportant la sérénité d'une conscience au soutien d'une action extraordinaire de ténacité et de courage. Entre la trentaine et la quarantaine, c'était un petit homme à lunettes, habillé sans élégance et au maintien effacé. Mais dans ses yeux de myope et la finesse de son sourire, la lumière brillait. L'extrême qualité de ses propos attirait la sympathie. Il me raconta qu'en octobre 1940, dès les premiers jours de la rentrée, il avait traité devant ses élèves du *Discours à la nation allemande,* de Fichte. Ce trait nous rapprocha, car c'est le souvenir de ce discours qui avait inspiré mes premières démarches de regroupement d'officiers. Il voulut donner l'exemple et monter en première ligne. Il accepta les missions les plus modestes et on le vit sur des terrains où des avions anglais parachutaient des armes, ou parcourir Paris en métro pour organiser des rencontres entre la Délégation et les dirigeants de mouvements, entre responsables civils et militaires. En janvier 1943, il est obligé de devenir tout à fait clandestin : son visage apparaissait nettement sur un film tourné par la police lors d'une manifestation organisée en gare de Montluçon pour arrêter un train de travailleurs contraints de se rendre en Allemagne et ainsi leur permettre de s'enfuir. Sans éclat ni prétention, son courage n'en était que plus émouvant. L'avant-dernier jour de cette même année 1943, alors qu'il vient de quitter sa femme et ses enfants, il est arrêté à la station de métro Port-Royal à la suite de la trahison d'un agent de liaison.

Quelques jours après son arrestation, il réussit, je ne sais comment, à nous faire parvenir le message suivant : « Si vous êtes arrêtés, amusez les Allemands pendant des heures en leur expliquant l'organisation intérieure de la Résistance et en brodant à l'infini sur les structures. Ils notent tout détail, réel ou imaginaire, avec délectation. » C'est ce qu'il a dû faire, sans rien dire que les Allemands ne sachent déjà. Et ils en savent beaucoup. Déporté, Pierre Kaan connaît plusieurs camps de la mort, dont celui de Buchenwald. Il a encore la force de s'évader du pitoyable convoi que les Allemands, pour garder des otages, ont organisé devant l'avance alliée. Mais il est au bout de ses forces. Lucide jusqu'au dernier instant, il meurt d'épuisement dans un hôpital de Tchécoslovaquie.

Arrêtés peu après lui, ses parents ne sont pas revenus. Du même esprit, de la même flamme, du même courage, son frère André sera le seul que nous reverrons à son retour de déportation.

Pierre Arrighi fut, lui aussi, un héros. Du jour où, après la capitulation allemande, nous parvint la nouvelle de sa mort, je n'ai cessé d'imaginer avec effroi ce que purent être les dernières pensées de ce jeune et beau garçon de vingt-trois ans, condamné à une mort affreuse dans un camp où de prétendus chercheurs se livraient à d'infâmes expériences humaines. « *Tu Marcellus eris* » — à combien de jeunes peut-on appliquer l'illustre apostrophe de Virgile ? « Comme un torrent que la plaine attend pour en faire un grand fleuve et que la glace immobilise au sortir de la montagne. »

L'immortel poème de Rupert Brooke semble avoir été écrit pour lui.

Fils d'un avocat déjà connu du Barreau de Paris, lui-même tout jeune inscrit, Pierre Arrighi se sent attiré vers de grands services d'Etat. Il décide d'interrompre le cours de sa vie universitaire. André Lebon, banquier insolite et courageux, membre actif d'un réseau anglais de renseignements, le présente à Lecompte-Boinet. Celui-ci commence par se méfier de ce jeune homme bien habillé et qui sait s'exprimer. Ce dont le mouvement *Ceux de la Résistance* a besoin, c'est d'officiers ou de sous-officiers capables de mettre au point des opérations ponctuelles dans la banlieue parisienne. Pierre Arrighi revient à la charge. Il a vingt-deux ans mais afin de faire impression, il affirme qu'il en a six de plus et réussit à convaincre « *Mathieu* ». Il s'initie alors au maniement des explosifs. Il veut « sa » Résistance dangereuse, faite d'attentats et de destructions, en attendant le combat face à face quand l'insurrection populaire sera possible. A partir de l'automne 1942, il se consacre à l'action clandestine, organise un réseau, fait aménager des terrains de parachutage, des refuges et des caches d'armes. De Paris à Epernay, d'Epernay à Nancy, plus tard du côté de Caen, il est actif et efficace.

Dans le courant de l'année 1943, Jacques Lecompte-Boinet m'interroge sur son intention de confier à Pierre Arrighi le commandement de toutes les actions militaires de *Ceux de la Résistance*. Il me le fait rencontrer. Je suis séduit par sa prestance, la noblesse de visage et la clarté d'exposé de ce cadet qui donne l'exemple en allant incendier une usine de la région parisienne où l'on travaille pour l'armée allemande.

A la fin de l'été, un déjeuner nous réunit tous trois, avec un quatrième que Pierre Arrighi feint devant moi de ne pas connaître. Ce quatrième se nomme « *Loiseau* », comme Pierre Arrighi se nomme « *Charpentier* ». « *Mathieu* » doit partir pour Londres puis Alger et, pendant son absence, « *Loiseau* » doit le remplacer. Je suis là, en tant que « *Jacquier* » pour garantir la passation des pouvoirs aux yeux des responsables du mouvement et vis-à-vis des autres mouvements comme de la Délégation générale. Quelques jours après, j'apprendrai que « *Loiseau* » est le père de « *Charpentier* », et que j'ai déjeuné avec Paul et Pierre Arrighi.

C'était le moment où, dans l'hypothèse d'un débarquement à l'automne 1943, je me hâte de procéder aux désignations. Je décide de proposer Pierre Arrighi comme Commissaire de la République pour une des régions de l'Est. Cette perspective d'avenir qui lui permet de poursuivre dans le présent ses activités « terroristes » ne lui déplaît pas. Nous prenons rendez-vous. Sur nos gardes, nous sommes l'un et l'autre inquiets. Notre rencontre aura lieu rue Copernic ; chacun marchera sur un trottoir différent et, après quelques pas en sens opposé, nous nous rejoindrons. Nous déambulons avenue Kléber. Il m'interroge sur le rôle et les responsabilités des futurs Commissaires de la République. Je lui réponds de la façon dont je les vois, obéissant à une réalité prévisible plus forte que les textes qui pourraient intervenir. Il me donne son accord avec une gravité dans la voix et le visage dont j'ai gardé le souvenir. Je m'en réjouis. Du sang jeune, une forte vitalité, un grand patriotisme, voilà l'image de la future République, de la France nouvelle.

Peu après, dans un café au coin du boulevard Haussmann et de la rue de Rome, Pierre Arrighi est arrêté. Il a été trahi. Victime lui aussi d'une trahison, son père, Paul Arrighi, est arrêté peu après. Il sera seul à revenir. Plus tard bâtonnier de l'Ordre, président du conseil général de l'Yonne, il deviendra, à la tête du réseau du Souvenir, une figure de proue du patriotisme français. Et la fidélité à Pierre, mort dans de terribles souffrances, scellera notre amitié fraternelle.

***

En 1974, alors qu'il gisait sur le lit où il s'apprêtait à mourir, j'ai remis les insignes de commandeur de la Légion d'honneur à Jacques Lecompte-Boinet. Devant sa femme Francette, ses enfants, ses petits-enfants, quelques amis, j'ai pu dire : « Ton nom appartient à l'histoire de France. » C'est vrai. Personne ne peut parler de la Résistance intérieure sans évoquer cet homme qui fut mon aîné et mon ami de jeunesse et qui, toute sa vie un personnage hors du commun, saisira les circonstances de la guerre pour se hisser au premier rang.

« Martèlement de bottes, écriteaux allemands aux carrefours, la douceur de l'Ile-de-France se change en une terrible oppression. Il sera désormais impossible de goûter quoi que ce soit de doux tant que ces bottes frapperont nos pavés, tant que ces chants si beaux assombriront le jour. » Voilà, en juillet 1940, ce qu'écrit ce « bourgeois de Paris », comme il aimait à se nommer lui-même. Son rêve d'adolescent est l'écriture. Il prolonge ses études puis choisit une activité professionnelle qui, malgré ses quatre et bientôt cinq enfants, lui laisse du temps. Il commence un journal. Mais la défaite exige l'action. Fils d'un officier de cavalerie, volontaire pour l'aviation, mort pour la France en 1914, il a de qui tenir. Et Francette, sa femme, est la dernière fille du général Mangin qui a laissé en héritage à sa famille un jugement sévère sur Pétain. Réformé, Jacques Lecompte-Boinet n'a pas été mobilisé. Va-t-il revenir à son journal ? Non. C'est peu de dire qu'il choisit l'action. Il s'y précipite et, pour s'y consacrer, décide de rester en France.

Après quelques tentatives dispersées par la police allemande, il fonde son propre mouvement : *Ceux de la Résistance,* et recueille quelques affiliés de *Combat* en zone Nord. Dans la banlieue parisienne, puis dans l'est de la France, le groupe ne deviendra jamais nombreux. Mais là où il est implanté, il sera efficace. Rassemblant chaque fois cinq ou six garçons solides, il est l'expression même de ces modestes volontaires qui ne furent jamais récompensés à la mesure de leur dévouement. Lecompte-Boinet fait stocker des armes, dirige des sabotages, ordonne des destructions de machines. Il devient « *Mathieu* ». Jean Moulin le nomme membre du Conseil national de la Résistance où, le cas échéant, je serai un de ses suppléants. En 1943, il est obligé de devenir totalement clandestin et même de cacher sa famille. N'a-t-il pas un poste émetteur dans sa maison de Sèvres ? Quand il me l'avait montré, j'avais été scandalisé de son imprudence et le lui avais dit sans ambages. Il est appelé par le général de Gaulle pour siéger à l'assemblée d'Alger. Mais trop d'arrestations atteignent son mouvement. Il revient et reprend sa place. A la Libération, il aura la charge du secrétariat général du ministère des Travaux publics, puis entrera dans la carrière diplomatique. Il voyagera de Colombie en Finlande et j'aurai la joie de le nommer représentant de la France auprès du Conseil de l'Europe à Strasbourg. Il reprendra la plume, rédigeant pour lui-même un journal dont la publication est impossible car elle exigerait plusieurs volumes. Homme hors série qui, dans la vie ordinaire, gêne par son horreur des convenances et son indiscipline fondamentale, il a, pendant quatre ans, pour sa patrie, suivi une vocation dont le rayonnement fut d'autant plus fort que jamais un calcul personnel n'entra dans son comportement.

*
* *

Léon Bronchard est devenu mon ami après la Libération. Son nom doit demeurer dans la mémoire des Français.

Fils d'un tailleur de pierre, à onze ans il commence au début de ce siècle par travailler comme teneur de moules dans une verrerie. Il gagne trente-cinq sous par jour et il aide sa famille. Engagé, prisonnier, évacué, réengagé, il termine la Grande Guerre avec quatre citations et la médaille militaire. Il devient alors cheminot, ouvrier chauffeur et, à force de travail, sera chef mécanicien. Militant syndical, délégué du personnel, il est inscrit au parti socialiste.

L'occupation de la France lui est intolérable. Comme tous les résistants du début, il fait de tout. De Brive, où l'attache son activité professionnelle, il rayonne : il transporte le courrier entre les deux zones en le cachant dans sa locomotive ; il apprend à quelques camarades à saboter une voie ; il entre en relation avec un petit groupe relié au mouvement *Combat.* Le 30 octobre 1942, un coup d'éclat le signale à l'attention du petit monde de la Résistance et de la police : montant sur la locomotive dont il est mécanicien, il constate que le train est gardé par la police de Vichy. Il s'informe. On lui apprend qu'il est chargé de conduire un convoi d'internés politiques et d'israélites. Tranquillement, posément, il descend de sa machine. Ordres, prières, commandements, supplications, rien n'y fait. Il ne remonte pas. Aussitôt suspendu, il est traduit devant un conseil de discipline. Après avoir écouté cet homme simple exprimer sans éloquence son indignation devant la tâche dégradante qu'on lui demande, le conseil se déclare incompétent.

Mais la Gestapo veille. Il est arrêté en janvier 1943 et bientôt déporté. Il subit plusieurs camps de la mort, plusieurs commandos. A Dora, où il travaille jour et nuit, aux limites de l'épuisement, il reste huit mois sans voir le soleil. Et là, non seulement il supporte les pires misères ou sévices, mais encore sa générosité et son rayonnement sauvent des vies et apaisent des âmes. Edmond Michelet lui remettra solennellement la rosette d'officier de la Légion d'honneur et, plus tard, je ferai de même pour la cravate de commandeur.

***

Qui était Pierre Bouran, ou Bouron ? De son passé, je n'ai jamais su grand-chose, sinon qu'il portait le nom de sa mère qui était une paysanne. En 1940, il avait une vingtaine d'années et travaillait comme chauffeur de camion pour une coopérative. Petit et râblé, il portait les cheveux coupés court et, comme il se doit, un béret basque qui n'était pas de la première fraîcheur. Je fis sa connaissance à Tonneins pour une banale affaire de transport de courrier d'une zone à l'autre, sans lien avec la Résistance. Je le revis quelques mois après mon séjour marocain. Cette fois, mon courrier était de nature très différente. C'était à la fin de l'année 1941 et j'apprends alors qu'il a un contact avec un réseau dont la tête était à Bordeaux. C'est, me semble-t-il, la première fois que j'entendis parler de l'*O.C.M.* A mon sens, il parlait un peu trop, et je le lui dis. Comme je lui dis que, dans la Résistance, il fallait que chacun se spécialisât. Vouloir remplir plusieurs activités, c'était multiplier les risques pour soi autant que pour les autres. Transmettre du courrier, faire passer des évadés, chercher des renseignements, cacher des armes, envisager des sabotages : un homme ne pouvait ni ne devait participer à tout. Même sans uniforme, la discipline était nécessaire. Et chacun devait se l'imposer.

Sa jeunesse et sa fougue n'acceptèrent guère mes conseils. Il aimait l'activité pour elle-même, et même la violence. Sans doute combattait-il pour la France, mais je dois à la vérité de dire que l'esprit d'aventure l'animait avant tout. Il allait à l'action comme d'autres vont à leur travail. Sa fougue, et j'oserai dire sa conscience professionnelle, me plurent, même si je le trouvais un peu bavard. Je n'avais pas besoin d'en savoir tant. Il m'importait qu'il fasse ce que je lui demande ou qu'il me dise ce que je devais savoir. Mais quand il était sur un « gros coup », comme le déboulonnement des traverses de rail ou le sabotage d'un camion, il ne pouvait s'empêcher d'en parler. Et je serai surpris d'apprendre qu'il avait dit à son chef qu'il avait des rapports avec « *Jacquier* ».

Un jour, il sera absent, manquant un rendez-vous fixé à Marmande. Et plus jamais je n'entendrai parler de lui. Quelques mois plus tard, j'apprendrai la fin obscure de l'équipe réunie à Bordeaux par un homme en qui l'*O.C.M.* avait mis sa confiance. Avait-il été emporté avec elle ? Bouran savait qu'il jouait sa vie. Mais savait-il le poids de ces mots : « jouer avec sa vie ? » Et qu'a-t-il pensé à l'heure ultime ?

***

L'histoire gardera-t-elle le nom des Goupille ? Goupille était vétérinaire. Sa femme et ses enfants vivaient dans un canton d'Indre-et-Loire, qu'on appelait La Haye-Descartes, et maintenant Descartes tout court, puisque c'est là que le destin a fait naître le grand philosophe. Le destin avait aussi fait que la ligne de démarcation entre les deux zones qui divisaient la France passât auprès de leur maison familiale. Dès le premier jour, père, mère et enfants en âge de raisonner ont su que leur vocation était d'aider. Aider des Juifs, aider des soldats, aider des Français, aider des étrangers, pilotes anglais, belges ou polonais. Aider tous ceux qui étaient pourchassés...

Pendant des mois et des mois, ce fut leur tâche. Un jour, la Gestapo intervint. Arrêtés, brutalisés, ils furent tous déportés. A leur miraculeux retour, les Goupille, malades, épuisés, mais toujours vibrants, constituaient la famille la plus décorée de France. Ils reprendront leurs activités et leur vie familiale au point où ils étaient en juin 1940...

1983 : Goupille, le chef de famille, vient de mourir. Ses yeux bleus se sont éteints. Rien ne comptait plus en son âme que son travail, sa famille, sinon sa confiance en Dieu et en la France.

*
* *

Du nombre élevé des figures amicales disparues dans la tourmente, ma mémoire et mon cœur évoquent une jeune fille brune, de taille moyenne, aux beaux cheveux et aux grands yeux noirs. Elle était israélite et assistante sociale. Elle exerçait son métier au Secours national de Toulouse et complétait sa tâche quotidienne déjà difficile en soutenant ceux que personne ne soutenait. Pour tous, elle était un refuge, pour certains un relais. Quand eurent lieu à Lyon les premières grandes rafles de Juifs, je pressentis que des mesures identiques allaient sévir ailleurs. Lui donnant une fausse carte avec un faux état civil, je lui conseillai de prendre le large : elle risquait d'être trahie par un « mouton » ou dénoncée comme juive. Elle ne voulut rien entendre. J'aurais dû lui donner un ordre. Je me promis de le faire à mon prochain voyage, mais ne devais plus la revoir.

Un matin, à son domicile, elle avait été arrêtée et eut à peine le temps de s'habiller. Ses collègues assistantes sociales lui firent parvenir une cape, dérisoire cadeau que l'on aperçut sur ses épaules quand, encadrée par deux policiers, elle fut poussée dans un train, en gare de Matabiau. On me raconta plus tard qu'elle fut directement envoyée par ses bourreaux dans une chambre à gaz.

Je suis le seul à me souvenir d'elle, de son visage, de son courage. Qu'importe son nom ? Elle avait vingt-quatre ans et s'appelait Madeleine Lévy.

*
* *

Evêque de Montauban, Mgr Théas était un homme simple, aux idées simples, à la conversation simple, et même sommaire. Fort respectueux du pouvoir établi, il voyait volontiers dans l'action de Vichy une revanche sur l'anticléricalisme qui, à ses yeux, avait gravement perturbé la vie de sa région en remettant trop souvent sa destinée à des hommes sans foi. J'avais fait sa connaissance par un prêtre qui devait devenir son vicaire, et qui était le frère de Joseph Bourdeau, maire de Montauban nommé par Vichy, dont j'ai parlé plus haut parce qu'il était avec sang-froid mon fournisseur attitré de fausses cartes d'identité et d'alimentation. Mgr Théas n'acceptait pas les persécutions. Avec discrétion et fermeté, il couvrit tous les religieux qui aidaient réfugiés et pourchassés. Ainsi de la bastide du Père Peyralade, jésuite dont la bonhomie dissimulait un caractère lucide et ferme. Ainsi du couvent de Grisolles où pendant quelques mois dramatiques vécut ma grand-mère, fille et femme de grand rabbin. Au préfet qui, si mes souvenirs sont exacts, était un ancien député, il osa faire état de son désaccord. Et lorsque les gens de Vichy donnèrent l'ordre d'arrêter « les Juifs », aux objurgations du préfet qui lui demandait le silence, il répondit brièvement : « *Non possumus* ». De sa main, il rédigea un mandement sévère et le fit lire par tous les curés de son diocèse. Fier de son évêque, le maire de Montauban en assura une diffusion supplémentaire. Malgré la consigne de silence respectée par la presse et la radio officielles, son mandement fit, en quelques jours, le tour de la France et parvint jusqu'à Londres. Le nom de Mgr Théas devint célèbre. Je le revis quelques jours plus tard : il était interdit de déplacement et surveillé par la police. Sa fermeté rappelait celle des apôtres.

Vers la même époque, j'allai rendre visite à Mgr Saliège pour la première fois. Avant de devenir prince de l'Eglise, l'archevêque de Toulouse fut un prince de l'esprit et du caractère. Une attaque de paralysie lui avait rendu difficiles la marche comme la parole. Mais de ses yeux bleus une flamme jaillissait. Dès l'armistice, il avait su qu'un homme de foi devait s'opposer à tout ce qui, de loin ou de près, touchait l'idéologie nazie, le racisme et la collaboration avec l'Allemand. Il prêchait la nécessité de la revanche nationale et de son autorité soutenait Mgr Bruno de Solages, directeur de l'Institut catholique de Toulouse, qui avait fait de son établissement un centre de résistance intellectuel et religieux. Les arrestations de Juifs donnèrent l'occasion à Mgr Saliège de faire un éclat. Malgré le préfet et le cabinet du Maréchal, il lança un mandement : « Ô Patrie bien-aimée, il n'est pas possible qu'on fasse de telles choses en ton nom ! » Ces admirables paroles ne furent pas la seule manifestation de son caractère. Il était l'évêque du refus de la défaite. Il avait reçu la visite de la police et savait qu'elle reviendrait. Il en parlait comme Jésus devait parler des Romains prêts à l'arrêter. La Gestapo, en effet, se présenta, mais recula devant cet infirme imprécateur.

***

Peu après la guerre, dans notre zone d'occupation, un sobre monument fut élevé en souvenir des Français morts au cours de leur déportation. Une phrase fut inscrite, extraite du premier Livre des Maccabées : « *Dederunt se periculo et restituerunt adversaris gentis suae ut starent sancta ipsorum et lex.* » (« Ils se sont voués au péril et se sont levés contre les adversaires de leur nation afin que demeurent la loi et les choses qui leur étaient sacrées. »)

Il est des temps où seule l'action est réellement refus.

6.
Prise de pouvoir

Ma dernière mission dans le Sud-Ouest se termine. Je quitte Toulouse. Je m'arrête à Tonneins pour revoir les miens ; j'embrasse femme, enfants, beaux-parents, et le 5 août, j'enfourche ma bicyclette. Comme elle est bien soignée, ma bicyclette ! Elle a été vérifiée, graissée. Deux sacoches récemment achetées pendent de chaque côté de la roue arrière et, devant, au-dessus du pare-boue, l'imperméable plié et retenu par des tendeurs élastiques. Mon bagage est mince : deux chemises, un rasoir, une brosse à dents et objets précieux de l'époque, un petit savon et quelques morceaux de sucre. Pas un papier, mais deux cartes : la carte authentique rayée de tricolore au nom de Michel Debré né à Paris, maître des requêtes au Conseil d'Etat, et la fausse carte, celle de Michel Jacquier, fonctionnaire né à Lifou en Nouvelle-Calédonie. C'est la première fois que je porte les deux cartes ensemble. C'est une imprudence, mais il m'est impossible d'agir différemment.

De Tonneins, je prends la route de Marmande, soucieux d'arriver à Bordeaux avant le couvre-feu. Des mercenaires allemands au visage asiatique patrouillent à la sortie de la ville. Sans tourner la tête, je passe devant l'allée du petit château occupé depuis quelques mois par la Milice et où je sais que des résistants sont encore détenus. La journée est ensoleillée, la campagne silencieuse. Longtemps le cœur tourné vers ceux que je viens de quitter, je ne me permets d'autre pensée que mon objectif. J'entre dans Marmande, passe devant la gare déserte et continue ma route.

En approchant de La Réole, le chauffeur d'une camionnette qui apporte des légumes à Bordeaux, accepte de me prendre avec ma bicyclette. C'est un soulagement. Son moteur à gazogène fonctionne bien. Assis à l'intérieur et tourné vers l'arrière, je vois défiler les paysages familiers le long de la route quasiment déserte.

En fin de journée, j'arrive à Bordeaux. L'heure d'été allemande fait qu'il est encore clair. Mon conducteur ne veut rien accepter : en ce temps-là, l'entraide était devenue une attitude ordinaire. Nous nous quittons en nous souhaitant bonne chance. J'entre dans la gare. Le train d'Angoulême vient de partir et personne ne peut me dire l'heure du prochain. J'enfourche ma bicyclette et vais frapper 119 rue Mazarin, à la porte de Mme Liotard. Depuis quelques jours, tante Madeleine m'attendait chaque soir. Sa discrétion est si grande qu'elle ne me pose aucune question, sinon comme d'ordinaire pour demander des nouvelles de ceux qui sont restés à Bertranet.

Avant neuf heures le lendemain, je suis à la préfecture où je me présente comme un maître des requêtes appelé à Paris par le Conseil d'Etat. Le chef de cabinet du préfet ne paraît pas surpris et me recommande au directeur des Postes. Admirable service public ! Faute de trains, des camionnettes tentent d'assurer le trafic postal entre Bordeaux, Poitiers, Tours et Paris. Ainsi, au début de l'après-midi, ma bicyclette et moi sommes-nous installés à côté des sacs de courrier sans soulever de surprise excessive chez les employés. L'allure est lente mais régulière. Un instant, je crains que la course ne s'arrête à Angoulême. On parle d'escarmouches sanglantes entre maquis et Allemands. Mais nos conducteurs sont attendus à Poitiers. Nous repartons. Pas une âme qui vive sur la route, sinon près de Ruffec, un détachement militaire allemand que nous dépassons sans difficulté. Un peu au-delà, tout près de la route, éclate une pétarade. J'entends le long de la carrosserie des bruits qui me font penser à ceux de gros cailloux soulevés par une voiture qui nous croiserait à vive allure. Ce sont des balles. Sans se préoccuper de savoir qui tire, le postier-chauffeur continue sa route. Vers six heures du soir, nous arrivons devant l'immeuble qui sert de poste à la ville de Poitiers depuis les bombardements. Un inspecteur sort ; les postiers lui montrent la trace des balles et comptent le nombre d'impacts sur la carrosserie.

Je remercie chacun et m'empresse de remonter sur ma bicyclette. Je connais la route par cœur et, sans m'attarder à la vision de la gare démolie, je reprends ma route. De Poitiers, on descend vers la rivière nommée Clain, puis l'on remonte de l'autre côté de la vallée. Aujourd'hui, des travaux routiers ont modifié les lieux et le paysage est méconnaissable. Je suis seul. Pas un voyageur en cette fin de journée où le soleil vers son couchant jette devant moi la longue silhouette des platanes. Pas un travailleur dans les champs où l'ombre des meules s'étend sur les chaumes. La moisson est à peine commencée. Un sentiment m'étreint : celui de l'éclosion d'un monde sur les ruines de l'ancien. Si ces champs sont déserts et à demi abandonnés, c'est que les hommes sont au loin, prisonniers ou chassés par la crainte des derniers soubresauts de l'envahisseur. Si la route est déserte, c'est que l'armée d'occupation s'en est allée vers des batailles qui seront sa défaite. Notre terre trop longtemps souillée va redevenir libre et honnête. Une France neuve va revivre dont bientôt, au grand jour, je serai l'un des bâtisseurs. Depuis quand n'ai-je pas senti une telle joie ? Sur cette route antique qui monte vers la Loire, à coups de jarrets pesant sur les pédales, l'anxiété des années passées se dissout pour laisser place à une espérance aussi belle que la pureté de ce ciel qui m'appartient...

Je roule vite, et moins de deux heures après avoir quitté Poitiers, j'arrive à Mirebeau. Je trouve un petit hôtel où je suis médiocrement accueilli. Des réfugiés sont partout. Sans doute ne paient-ils pas, ou paient-ils mal. Il reste une chambre, à mi-étage. Je la prends. L'heure du dîner est passée. On me recommande de me coucher le plus tôt possible, car le courant est coupé et il n'y a pas de bougie. J'ai une lampe électrique. Devant me lever tôt le lendemain, je m'acquitte aussitôt de ma dette. On commence à me considérer. Je montre mes tickets de pain et l'on veut bien m'accorder, en outre, du fromage et une bonne cruche d'eau fraîche droit sortie de la cave. Ma petite chambre est isolée. J'y monte ma bicyclette pour la protéger des tentations. Entre chien et loup, je fais une courte promenade le long des remparts. J'interroge deux promeneurs, mais l'absence de courant a coupé Mirebeau de tout contact avec le monde. L'obscurité qui descend lentement, l'absence de bruit, l'ignorance des nouvelles donnent à cette soirée douce et chaude une atmosphère d'irréalité aussi surprenante que décevante. La guerre est loin et elle est l'affaire des autres. Je suis choqué d'entendre un de ces promeneurs grommeler que les Anglo-Saxons ne sont pas au bout de leurs peines et que les nouveaux occupants, s'ils réussissent, ne seront pas meilleurs que les anciens. Je rentre, monte à ma chambre et laisse mes volets ouverts pour que l'aube me réveille. Le sommeil me prend assez vite et je n'ai pas le loisir de méditer sur ce scepticisme contre lequel tout mon être se révolte.

A la première lueur du jour, je pars. Le silence enveloppe la ville endormie. De nouveau la terre et le ciel m'appartiennent. Une terre que la lumière naissante commence à colorier, cernée d'horizons bleutés et d'un ciel doré par l'aurore. Tout à coup, au tournant de la route, le soleil m'éblouit. Un soleil de gloire : ce début de matinée demeure un des grands souvenirs de ma vie. Je roule à si vive allure que je dépasse rapidement Loudun sans avoir croisé ni un homme, ni même un animal. En découvrant à un détour de la route les toits du village de Fontevrault, l'abbaye, la centrale, mon émotion est forte. Ma jeunesse est là. Que de fois ai-je visité l'église, les cuisines et le seul cloître ouvert au public ? Au sentiment qui m'anime depuis la veille s'ajoute alors l'émotion du retour : le passé de mon adolescence m'entoure de ses heureux et profonds échos. Jamais je n'ai si bien compris que la joie donne des ailes...

Sur la place de l'abbaye le café ouvre ses portes. On me sert un mauvais breuvage mais un bon morceau de pain. Je suis tout sourire, mais le cafetier, surpris, est inquiet de cette visite insolite. Je l'interroge sur les combats. En quelques mots j'apprends que l'on se bat au nord de Nantes. A-t-il vu des mouvements de troupes ? Cette question est de trop. Un tel sujet ne concerne pas un inconnu. Je reprends ma bicyclette. En débouchant à Montsoreau, je lis les écriteaux indiquant la direction de Candes, Chinon et celle de Saumur. Sur cette route où je me suis si souvent promené, rien ne paraît avoir changé depuis quinze ans. Après Fontevrault, voilà Turquant et Parnay, mes noms de la clandestinité. Maisons, chemins, arbres et buissons, tout est gravé dans mon cœur. Et voilà Targé, où après tant de jours heureux ma mère est morte...

Je me suis fixé un plan. Je m'arrête à Beaulieu chez M. et Mme Croissandeau, des amis qui naguère m'ont souvent accueilli. Je sonne. Mme Croissandeau est si saisie en me voyant qu'elle en oublie mon nom. Il est vrai que je suis maigre, hâlé, poussiéreux, et qu'elle ne m'a pas revu depuis le début de la guerre. Je me nomme et elle m'embrasse en pleurant. Je me borne à dire que je suis pressé de me rendre à Angers, mais que je veux d'abord savoir où sont les Allemands et les Américains. L'absence de courant empêche ici comme ailleurs les nouvelles, mais le téléphone fonctionne. J'appelle le sous-préfet de Saumur, décline ma qualité de maître des requêtes et lui pose les questions auxquelles mes hôtes n'ont su répondre. Il me confirme que les Allemands sont toujours à Angers, et qu'il compte d'ailleurs se rendre en voiture à la préfecture dans la journée ou le lendemain. Je lui fais savoir que je suis également attendu à Angers, ce dont il veut bien ne pas paraître étonné. Il me propose son aide et, à ma demande, accepte de partir dès l'après-midi.

Mme Croissandeau est désolée de m'offrir un « piètre » déjeuner. Elle ne peut se rendre compte de la qualité et du souvenir que me laisseront ses tomates, son jambon et son vin. M. Croissandeau, qui fut officier de cavalerie, est intrigué de me voir circuler à bicyclette, au nom du Conseil d'Etat. Il me pose un début de question, mais n'insiste pas.

Le sous-préfet s'appelle Trémeaud. Je fais sa connaissance dans la cour de la sous-préfecture. Sur le toit de sa petite voiture on ficelle ma bicyclette. Mme Trémeaud nous accompagne. Nous sortons de la ville par la rive sud. Les ponts de Saumur sont en effet détruits. Nous allons jusqu'aux Ponts-de-Cé où, vaille que vaille, on traverse encore le fleuve.

A part quelques voitures allemandes, la circulation est nulle, mais la route est en mauvais état et nous n'allons pas vite. Jusqu'aux faubourgs d'Angers, nous ne croisons aucune unité constituée. Trémeaud pense qu'ici ou là les Allemands ont préparé des pôles de résistance. La prudence ne l'empêche pas de manifester de quel côté il se trouve. Très vite, son épouse fait état d'amitiés communes : Joseph Bourdeau, l'ancien maire de Montauban, le Père Peyralade qui, il y a une quinzaine de jours, m'a encore donné abri dans sa bastide. Nous parlons de la France. Aucune question ne m'est posée.

Nous arrivons au centre d'Angers sans mauvaise rencontre. Je monte chez Gey, le secrétaire général de la préfecture, que j'ai quitté sept semaines auparavant après l'avoir présenté au futur préfet et à quelques représentants du futur Comité de Libération. Gey pense que les effectifs allemands ne sont pas suffisants à Angers pour envisager autre chose qu'un combat d'arrière-garde. Mais comme le préfet Donati, il craint les représailles sur la population civile, du moins sur ce qui en reste, car un grand nombre d'Angevins ont gagné la campagne. Il me montre l'affiche que le préfet a rédigée pour la faire apposer sur les murs de la ville. Le préfet insiste sur l'inutilité des attentats et proclame sa volonté de défendre les habitants. Je ne me souviens plus des termes exacts, mais au détour d'une phrase, on devine que Donati pressent que son autorité va prendre fin.

Gey m'indique que Michel Fourré-Cormeray est à Saint-Jean-de-Linières, chez sa mère. J'enfourche ma bicyclette et par la route que j'ai suivie à pied quelques heures après le débarquement de Normandie, j'arrive à cette charmante demeure. En me voyant, la mère de Michel a une émotion. Elle croit que je viens lui annoncer une mauvaise nouvelle. Non, ce n'est pas cela. Je cherche Michel.

« Il vous attend comme le Messie, me répond-elle, mais depuis hier, il est à Angers, dans la maison que son oncle a mise à sa disposition. » L'oncle, M. Fourré, est là. Il me donne la clé de sa maison et me conseille d'éviter, pour le retour, la route principale car les Allemands y font des contrôles et réquisitionnent souvent les bicyclettes. A son avis, l'avant-garde américaine est encore à deux jours de marche. Sans reprendre mon souffle, mais muni d'un en-cas dont les rillettes constituent le morceau de choix, je reprends le chemin d'Angers par de petites routes. M. Fourré habite un « particulier », comme on dit à Tours. La maison est vide. Je gare ma bicyclette dans le vestibule, trouve une chambre qui ne paraît pas occupée, et m'endors aussitôt. Un peu plus tard, je suis réveillé par un bon rire, celui de Michel qui, un instant ému par cette bicyclette insolite dans cette maison dont il croyait être le seul à avoir la clé, est tout content de découvrir à demi nu sur son lit, l'ami qu'il attend.

Nous faisons le point : Michel Fourré-Cormeray a fait ce qu'il faut avec soin et sérieux. Lors de mon départ, je lui avais laissé sa nomination avec les instructions relatives à la presse, à la justice et aux rapports avec le Comité de Libération. Je lui avais recommandé de prendre tous les contacts utiles en restant à l'écart d'activités clandestines autres que celles justifiées par notre installation à la préfecture, à la mairie et au journal. Tout a été fait.

Le dispositif a deux faiblesses. La première est de taille : aucune troupe sérieuse — pas même une dizaine d'hommes — n'a pu être réunie. Les maquisards qui se trouvent dans le Choletais y sont restés et les bombardements ont vidé Angers de sa jeunesse comme de ses familles. En ce domaine, Fourré-Cormeray n'a vraiment trouvé aucune aide et nos armes n'ont pas trouvé preneurs. Mon propre revolver est dans une cache à Saint-Jean-de-Linières, où j'ai d'ailleurs omis de le reprendre. La seconde faiblesse est l'absence d'imprimeur : pas un de ceux qui ont été approchés n'est assez conscient du prochain changement pour accepter de composer à l'avance nos proclamations ! Voilà qui, sans tarder, doit être corrigé.

Le temps est donc venu pour moi de me dévoiler. Je ne suis plus un « chargé de mission ». Dès le lendemain matin, je serai le commissaire de la République désigné par le général de Gaulle pour m'installer à Angers afin d'y commander les cinq départements de la région.

Après une courte nuit, nous nous séparons quelques heures. Je commence par rédiger l'affiche qui sera signée de mon nom ainsi que celle que devront signer le préfet et le comité de Libération. Je consacre la fin de la matinée à une réunion avec des membres qui forment le comité clandestin de Libération : Albert Blanchoin, ancien député, qui deviendra mon ami, Letétour, fonctionnaire, qui est de *Libération Nord,* Paul Fleury, de la Confédération des travailleurs chrétiens, Royer, de la Confédération générale du travail. Cardin, qui représentait le parti communiste, est absent. Facteur de son état, il pense que son devoir l'oblige d'abord à distribuer le courrier. Tant est grande l'habitude des Français de considérer la continuité du service comme un dû de la nature, qu'au milieu de cette extraordinaire aventure qui s'appelait la « Libération », alors qu'on ne savait si dans cette ville quasiment en état de siège il y aurait ou non bataille et reprise des bombardements, quelques bonnes personnes glissaient encore dans les boîtes des lettres familiales ou commerciales. Elles avaient d'ailleurs raison puisqu'il y avait encore des fonctionnaires ponctuels, fussent-ils communistes, pour collecter leurs missives qui iraient s'entasser dans les postes jusqu'à ce que les responsables trouvent une camionnette de fortune, comme celle dans laquelle j'avais voyagé.

Les membres du comité de Libération m'interrogent sur la façon dont je compte forcer les grilles de la préfecture. Je leur réponds que c'est mon affaire. Certains pensent, et me le diront plus tard, qu'une bonne troupe venant de Londres a été dissimulée par mes soins dans un faubourg. En certaines circonstances, les plus rationalistes croient aux miracles !

Michel et moi allons chez l'imprimeur qui a nom Loiseleur. Il nous demande de repasser le soir quand son compagnon sera parti car il veut composer lui-même les affiches et souhaite que je reste afin de les emporter dès qu'il aura fini. Voilà qui n'est guère réaliste. Je réussis à le convaincre. Il incite son compagnon à partir et à ne pas venir le lendemain. Il ferme les volets de son imprimerie, se met au travail et consent à garder nos affiches en sûreté jusqu'au moment opportun.

Tard dans la nuit, Michel et moi parlons de l'ultime mise au point. Le sous-préfet de Saumur sera maintenu. On changera celui de Cholet. Fourré-Cormeray a son candidat en tête : Coiffard. Je le nommerai effectivement par la suite. L'électricité manque toujours. La radio est silencieuse. Il nous faut attendre.

Le lendemain faillit nous être fatal. Le patron d'un café-restaurant, « Le petit verre d'eau », avait accepté d'accueillir une ultime réunion. Sont présents Albert Blanchoin, Fleury, Letétour, Coiffard. Fourré-Cormeray et un autre camarade dont j'ai oublié le nom. A peine commençons-nous à discuter que survient un bombardement d'artillerie. Une bombe atteint la façade de l'immeuble et fait tomber le plafond sur nos têtes. L'explosion jette à terre plusieurs d'entre nous. La prudence nous impose de descendre à la cave, ce que nous faisons sur-le-champ. Nous y trouvons plusieurs habitants du voisinage, et passons là deux bonnes heures en silence.

La nuit suivante fut bruyante, au moins dans le souvenir des Angevins demeurés en ville : ce fut un festival de balles sifflantes ponctuées par des destructions à l'explosif provoquées par les Allemands. Pour moi, j'en parle par ouï-dire car j'étais jeune et si fatigué, que je dormis, comme j'avais dormi la nuit où tout Paris avait été réveillé par le bombardement sur le quartier de la Chapelle. A la première heure du lendemain, qui est le 10, Michel (qui a moins bien dormi que moi) me dit qu'à son avis les derniers Allemands sont « sur le départ ». Avant l'aube, il a entendu des voitures et, par sa fenêtre, en a aperçu quelques-unes. Leur exceptionnelle vitesse permet de considérer qu'il s'agit d'une arrière-garde évacuant la ville en grande hâte. Je regrette de n'avoir pas vu le spectacle. Nul ne sachant notre adresse, nous ne pouvons être renseignés. Après une courte patrouille, il m'apparaît que le centre de la ville a été abandonné par les Allemands. Comme les Angevins gardent leurs volets clos, je me promène en cette heure matinale sans rencontrer âme qui vive. Encore un spectacle irréel. Une rue, une autre rue... Pas un être humain, pas un visage aux fenêtres. Pour qui ce soleil et ce ciel ? Pour moi seul... « La ville nous appartient », dis-je à Michel en le retrouvant.

Au début de l'après-midi, il y a un nouveau et très bref bombardement. Cette fois, Michel m'apprend que les Américains arrivent par Bouchemaine. En fin d'après-midi, nous décidons d'aller vers la rivière. La ville est déserte et les volets toujours clos. Nous avançons. Tout à coup, l'instinct me dit qu'un changement se produit. Des portes s'ouvrent, des volets claquent, hommes et femmes commencent à sortir. Un passant nous crie : « Ils arrivent ! » ; un autre : « Ils ont passé par la Basse-Chaîne. »

« C'est le moment », dis-je à Michel. Nous remontons vers le centre de la ville. Nous faisons comme convenu. Il s'installe avec notre agent de liaison dans un café face à la préfecture. Je lui demande de ne pas s'inquiéter avant une demi-heure. Si à ce moment-là il n'a pas reçu signe de vie, il doit, faute de mieux, se replier dans la partie libérée de la ville.

Quand le pouvoir s'effondre, tout est facile à qui veut le saisir, à condition de ne pas avoir de concurrent, ou de faire mieux que lui. Mon objectif est clair. Le général américain qui entrera dans Angers doit me trouver dans le bureau du préfet.

Des policiers gardent la préfecture. Je franchis le premier obstacle en montrant ma carte du Conseil d'Etat barrée de tricolore. Le concierge sort de sa loge et, à ma demande, téléphone à Gey. Je connais le chemin et n'attends pas. Entrant dans son bureau, je dis à Gey que je ne suis plus « Michel Debré, maître des requêtes » (dont je le prie provisoirement d'oublier le nom), je suis désormais « *Jacquier,* Commissaire de la République », et que je m'apprête, avec son aide, à prendre le commandement de la région. Gey me répond qu'il avait à peu près deviné ce que je faisais à Angers. Cinq minutes ne sont pas écoulées que je me trouve face à Donati. « Monsieur, lui dis-je, je viens prendre, au nom du gouvernement du général de Gaulle, mes fonctions de Commissaire de la République. Je m'installe donc à votre place. Je vous précise qu'aucune poursuite n'est envisagée à votre égard. Des hommes ont collaboré avec l'ennemi. D'autres ont servi sans collaborer. Vous êtes de ceux-ci. Vos fonctions cessent immédiatement, mais vous êtes libre. »

Donati était mon aîné d'un quart de siècle. Au cours de la Première Guerre mondiale, il avait été gravement blessé, puis il était entré à l'Inspection des Finances. Il avait accepté les fonctions de préfet à un moment où les autorités de Vichy avaient quelque mal à trouver des candidats sérieux. La francisque avait récompensé sa loyauté. Il avait acquis l'estime des notabilités d'Angers et, sauf les rapports imposés par ses fonctions, s'était gardé de toute relation avec l'occupant. Un instant il me regarde puis, faisant des yeux le tour de la pièce et me montrant son bureau, il répond qu'il attendait quelqu'un de ma sorte. Il avait donc mis de l'ordre dans ses affaires et fait place nette. Il me demande si, comme lui, j'aurai l'ensemble de la région d'Angers dans ma compétence. A mon tour je réponds. Un silence suit. Visiblement il est ému, tandis que je me sens calme, plus que je ne l'aurais pensé. Je le surveille, me demandant si, malgré ses propos, il ne va pas appeler la police qui garde la grille et entoure la préfecture. Je suis prêt à la riposte. Mais il se borne à dire qu'il souhaite encore passer la nuit à la préfecture avec sa famille et que demain il rejoindra l'appartement que des amis lui ont prêté en ville. Si j'accepte, il se considérera non plus chez lui mais chez moi, et d'autre part, qu'étant donné la disposition de la préfecture, je pourrai m'installer dans l'appartement réservé aux hôtes de marque. Je réponds que n'ayant aucun bagage, je n'ai guère à « m'installer » mais que, comme dans l'administration nouvelle, le Commissaire de la République doit avoir à ses côtés un préfet de département, je vais, lui, l'installer incessamment. Quant à son maintien pour une nuit dans les appartements de la préfecture, je l'accepte. Il me prévient alors que la moitié du jardin ayant été minée par les Allemands, il convient d'être prudent. « Je n'ose vous inviter à dîner », ajoute-t-il. Mon sourire signifie qu'il a raison. « Nous serrons-nous la main ? » — « J'allais vous le proposer », répondis-je, un peu surpris de l'importance prise par les détails domestiques. Il quitte la pièce.

Je m'assieds derrière le grand bureau, qui devient le mien. Il n'est pas encore huit heures du soir, le 10 août 1944. Je commande la préfecture et suis devenu l'Etat. Je sonne donc l'huissier qui est demeuré à son poste et ne paraît pas surpris outre mesure. Peut-être l'est-il moins que moi. Je lui demande d'appeler Gey qui attend, le cœur battant. Je le confirme dans ses fonctions, en le priant d'aller chercher Fourré-Cormeray. En fait, plus d'une demi-heure s'était écoulée depuis notre séparation, et Michel commençait à s'inquiéter de mon sort. Rassuré, il prend un bureau à l'étage au-dessous du mien, avec Coiffard, promu sur-le-champ chef de cabinet. Je convoque alors le brigadier dont les hommes entourent encore l'hôtel de la préfecture : « C'est moi qui désormais commande au nom du général de Gaulle et de la République. » Il me salue et prend mes ordres qui sont simples : d'abord assurer la sécurité de la préfecture ; ensuite si un officier américain se présente, le prier de monter me rendre visite ; enfin aviser ses hommes de mon nom, qui est Jacquier, et de celui du nouveau préfet.

Notre agent de liaison va chercher les affiches, et je demande qu'elles soient collées dès le lendemain matin, à la première heure, sur les murs de la ville. Gey me dit que ce sera fait et en même temps m'annonce que de différents commissariats on lui rend compte que les premiers soldats américains commencent à pénétrer dans la ville.

La nuit vient lentement.

J'ordonne la libération des résistants enfermés à Pré-Pigeon. Puis, comme si je me défiais de ma mémoire, j'écris tout ce que je dois faire le lendemain, ainsi que tout ce que Michel Fourré-Cormeray, en tant que préfet, doit décider. Je lui lis mon papier et il décide de donner priorité à l'installation d'un nouveau conseil municipal d'Angers, en quoi il a raison. Puis nous gagnons nos chambres respectives. Un visage féminin apparaît au fond du couloir, sans doute une fille du préfet Donati. Une femme de chambre se présente et nous apporte de la viande froide et du vin. Cette nuit-là, nous décidons de ne pas dormir tous les deux en même temps. Il accepte que je dorme le premier. A quatre heures, je me réveille et, à son tour, il s'endort.

Dans mon unique costume, mais avec une chemise propre, je me retrouve avant cinq heures dans mon bureau de Commissaire de la République pour la région d'Angers. J'y suis au nom d'un gouvernement dont la plupart des membres sont encore à Alger, et surtout au nom du général de Gaulle, le chef vers lequel tous se tournent, sans le connaître. La veille, j'étais un militant clandestin pourchassé. Ce matin, sous ce nom d'emprunt inscrit en octobre 1940 sur ma première fausse carte d'identité, je nais à la vie publique.

La brève aventure de la prise du pouvoir à Angers n'est pas terminée. A la fin d'une journée occupée à saisir les fils par lesquels l'autorité peut s'exercer, nous apprenons qu'une division allemande, faisant demi-tour, lance une contre-offensive. Dans la ville déjà parée pour recevoir les Alliés, l'agitation est grande. L'avant-garde américaine se replie. Les drapeaux tricolores qui avaient fleuri les fenêtres sont retirés. Alors qu'elle était devenue le centre d'une animation qui n'avait cessé de grandir tout au long de la journée, la préfecture se vide dès les premiers coups de canon. Michel Fourré-Cormeray et moi-même nous nous retrouvons seuls « comme avant », sinon que Gey et Coiffard sont avec nous. Côte à côte, sans dormir, nous passons la nuit. J'enjoins à la police de reprendre ses armes — de pauvres armes — et de se préparer à en faire usage. Des policiers se relaient dans l'antichambre. De la fenêtre, on voit les lumières de quelques incendies. Venant du sud, un bombardement indique la réalité de l'attaque allemande. Je reçois un rapport pessimiste : le petit état-major américain qui s'était installé dans l'hôtel des Ducs d'Anjou, est parti. Malgré l'émotion dont je perçois les échos, je ne parviens pas à être ému moi-même.

Il ne s'agit effectivement que d'une manœuvre destinée à ralentir l'armée américaine, peut-être à la dissuader de traverser la Loire, ce qui n'était d'ailleurs pas dans ses intentions. A la fin de la matinée du lendemain, le bombardement prend fin. Les Américains font leur rentrée en force et les drapeaux réapparaissent.

Il me faut maintenant me préoccuper du Mans, de Laval, de Nantes et de Tours.

***

Malgré l'interruption des communications, j'apprends assez rapidement qu'au Mans et à Laval, les nouveaux préfets sont à leur poste. Dupérier et Costa avaient chacun reçu de mes mains, l'un l'hiver précédent, l'autre au dernier printemps, le document signé « *Turquant* ». Tous deux ont établi à l'avance leurs contacts et suivi leurs instructions à la lettre. Le premier, fonctionnaire et syndicaliste de la Caisse des dépôts et consignations, avec la solennité qui est dans son caractère, le second, auditeur à la Cour des comptes, avec l'admirable assurance d'un Méridional sûr de son droit, ont forcé la porte de leurs préfectures, renvoyé les titulaires en place et commencé leur travail. Dupérier a superbement ignoré le commandement américain. Costa a lié de cordiales relations avec les commandants des unités de passage qui satisfont à ses désirs. J'obtiens le premier au téléphone quarante-huit heures après mon installation et, entendant sa voix chaleureuse, j'éprouve l'exceptionnelle émotion d'un rêve réalisé. Cinq mois auparavant, à Paris, nous avions, dans un café de la place Victor-Hugo, discuté de ce que nous ferions. A ce fonctionnaire intelligent et travailleur, dont la carrière s'était déroulée à Paris, j'avais expliqué ce que devait être pour moi l'action d'un préfet de la Libération en province. Maintenant il l'était, et j'étais son Commissaire de la République. Tout s'est déroulé comme nous avions ensemble osé l'envisager autour d'une petite table ronde en faux marbre du café Scossa. Lointaine et sereine, sa voix exprime la satisfaction de la mission bien accomplie, et dans l'immédiat il n'a rien à me demander. Costa est plus difficile à joindre, car on se bat encore à l'est du Mans. Quand je l'obtiens, il m'explique sans émotion apparente et sans détails inutiles, comment il est entré en possession de la préfecture. Il a la situation en main et, sous ses ordres, les services publics fonctionnent. Dès que je pourrai ou voudrai venir, il m'attend. Ce que je fais par un bref aller et retour, le 14 août. Tout paraît facile à ce jeune homme clairvoyant, courageux, heureux d'agir avec efficacité. Au Mans, je rencontre le général Martial Vallin et Claude Dauphin ; l'un et l'autre montent vers Paris toujours occupé.

A Nantes et à Tours, les choses sont plus difficiles. Ces deux grandes villes sont à cheval sur la Loire. Les Américains sont entrés dans Nantes, démolie et déserte, mais ils se sont arrêtés sur les bords du fleuve. Tours, également démolie et désertée, est demeurée en dehors de la zone des combats car la course poursuite des Américains les a écartés de la vallée.

J'ai très vite de mauvaises nouvelles de Nantes par Tomasini, devenu mon directeur de cabinet dès sa libération de Pré-Pigeon où les Allemands l'avaient enfermé quelques jours auparavant. J'y avais naguère désigné comme préfet Cornut-Gentille, que m'avait présenté Chaban. A la suite de certaines réflexions, j'avais préféré le mettre à Rennes, en second du sénateur Le Gorgeu, le Commissaire de la République des quatre départements bretons. J'ai alors désigné Ottaviani, secrétaire général de la préfecture, depuis longtemps en relation avec la Résistance par l'intermédiaire de l'*O.C.M.* et qui a l'avantage d'être sur place. Je l'ai longuement vu en juin, peu après le débarquement, et lui ai laissé mes instructions. Mais il a commis l'erreur de mettre dans la confidence le préfet de Vichy et celui-ci, au cours de la dernière semaine précédant la Libération, l'a convaincu de le laisser recevoir lui-même le commandement américain. Après quoi une affiche signée du préfet de Vichy et du colonel américain a été apposée pour appeler la population nantaise — ou ce qui en reste — au calme et à la joie. Aussitôt, c'est la fureur, tant chez les F.F.I., dont le chef s'est retiré à l'hôtel de l'ancienne division militaire, que chez les représentants des mouvements de résistance désignés pour faire partie du Comité de Libération. Tous s'estiment trahis.

Je prends la route pour Nantes avec Tomasini, qui fait mettre des bidons d'essence dans le coffre de la voiture. Nous sommes le 15 août. Plus tard, un officier F.F.I. me racontera qu'aux environs d'Ancenis il avait, les armes à la main, arrêté notre voiture en nous enjoignant de quitter la route qui suit la rive nord de la Loire : elle était sous le feu des Allemands dont les batteries étaient installées sur la rive sud. Evoquant cet incident, cet officier était très fier d'avoir « donné des ordres » au Commissaire de la République. Je n'ai pas gardé ce souvenir, mais l'histoire doit être exacte, car ma mémoire évoque les paysages des routes de l'intérieur qui ne constituent pas le chemin ordinaire d'Angers à Nantes.

Avant d'aller à la préfecture, je m'arrête au monument aux morts de la Première Guerre où j'ai fait organiser une brève cérémonie. De là, je me rends au quartier général F.F.I. où commande « *Félix* », Chombart de Lauwe de son vrai nom, gentilhomme campagnard dont j'ai connu le frère quand nous étions tous deux élèves officiers à Saumur. « *Félix* » sera très critiqué pour son action avant, pendant et après la Libération. Pendant tout le temps où je fus en fonctions, je l'ai trouvé, certes, très absolu en ses jugements, mais net et franc sur le fond. Je garde à sa mémoire un fidèle souvenir. Notre première rencontre officielle n'a pourtant pas été excellente. Il m'explique en effet qu'il n'a rien à voir ni avec le pouvoir civil, ni avec les militaires de carrière, en particulier le colonel de la France libre, arrivé de la veille, qui tente de faire un inventaire. Ce colonel n'est autre que « *Rémy* », que je verrai en fin de journée. Mais sur l'heure, je n'ai pas de temps à perdre et décide de recommencer à Nantes l'aventure d'Angers.

J'arrive à la préfecture. L'huissier de la porte se présente. Il se nomme Achille. Nous devenons et resterons jusqu'à sa mort de bons amis. Sans hésiter, il ouvre les portes du bureau du préfet et de sa forte voix annonce, comme si le nom et le titre que je porte lui étaient familiers depuis toujours : « *Monsieur Jacquier, Commissaire de la République* ». Le préfet se lève et m'invite à m'asseoir, ce que je ne fais pas. Je lui annonce qu'il n'est plus préfet car le gouvernement du général de Gaulle, qui est le gouvernement légitime, a désigné pour tous les départements sans exception, un nouveau titulaire de la fonction. Il doit donc quitter ce bureau où je vais m'installer en attendant le successeur que j'introniserai prochainement. Il sourit : son successeur désigné n'a-t-il pas refusé le poste ? Je lui réponds que l'affaire me regarde. J'ai tous pouvoirs, et c'est à moi de juger. J'ajoute cependant qu'étant donné qu'il n'est point un préfet « collaborateur », il partira libre de l'hôtel de la préfecture. Il me demande de réfléchir et propose de rendre sa réponse dans quelques heures. Je ne lui en accorde qu'une. Accompagné du seul Tomasini, je sors et je pense : « Si le préfet refuse, quel soutien puis-je espérer de ces F.F.I. fort peu soucieux d'aider le pouvoir civil ? »

Tomasini me déclare que ce préfet a connu son père. Je lui demande d'aller lui expliquer où est son intérêt. Quelques minutes plus tard, il revient en m'annonçant que le bureau est libre. Je m'y installe, mais comprends vite que le préfet n'a pas renoncé car il est allé trouver le commandement américain « pour le prévenir du changement ». J'avertis « *Félix* » en le priant de venir partager le frugal repas que pour plus de sûreté je me fais servir dans mon bureau. Je demande à Ottaviani de venir me voir. Il ne peut plus être question de le nommer préfet. Il ne le désire d'ailleurs pas. Déprimé par les derniers bombardements de Nantes, il me fait l'éloge de son ami, le préfet de Vichy.

Sur ces entrefaites, un colonel américain s'annonce. Je ne doute pas de la petite épreuve de force qu'il a préparée. Je le fais entrer.

Il est casqué, en tenue de campagne. Outre un interprète, il est, si mes souvenirs sont exacts, suivi d'au moins deux officiers. Il me parle sur un ton dépourvu d'aménité et son discours est facile à résumer. Il est militaire. Il a des ordres. Il doit s'entendre avec l'autorité en place. Il a trouvé l'avant-veille un préfet légalement nommé. Il s'est entendu avec lui. Il n'a pas à connaître un nouveau personnage, dont il ne sait pas qui il est, d'où il vient, quel gouvernement il représente.

Ma réponse est dite d'un ton si calme et si mesuré qu'à distance j'en suis surpris et m'en réjouis encore. Je lui demande s'il a entendu parler d'un général de Gaulle, s'il sait qu'il y a une Résistance clandestine, s'il mesure ce que représentent aux yeux des Français, les administrateurs, si honnêtes qu'ils fussent, qui les ont commandés au nom d'un gouvernement mis en place et soutenu par les Allemands. Et je conclus, au cas où il n'aurait pas appris tout cela, que je suis prêt à lui en parler plus longtemps mais que son temps doit être précieux et qu'en fin de compte, il doit me croire sans demander davantage d'explications.

Au fur et à mesure que l'interprète traduit, le visage du colonel américain cerné du casque et de la jugulaire qui lui barre les joues rougit et se durcit. Par la fenêtre ouverte, on aperçoit les maisons encore intactes de la place de la préfecture. Un grand silence règne sur la ville éclairée par le chaud soleil d'août. Ce colonel, qui a bien retenu la leçon du préfet, me réplique que je ne suis pas le préfet. En tant que chef militaire il a besoin, pour continuer la bataille, d'une autorité installée à Nantes. En attendant un changement qu'il n'a pas à apprécier, le mieux est de laisser en place le préfet qu'il a trouvé en arrivant. Tout aussi calmement, je lui réponds que j'occupe ce bureau, d'où j'assume l'administration de la ville et du département. Il peut donc considérer que les relations entre lui et moi seront excellentes. A quoi il me fait observer qu'à sa connaissance, je dois sans doute bientôt regagner Angers. Vraiment, notre préfet avait donné tous les détails ! Je me borne à dire qu'il se trompe, qu'il y a à Angers un préfet qui a ma confiance et celle du général de Gaulle, et que j'entends rester à Nantes. Pris de court, il rétorque qu'il ne peut se contenter de ma réponse, puisque je n'ai aucun document officiel à lui montrer et qu'il doit en référer au général commandant le corps d'armée. Je ne réponds pas. Il se lève, je lui adresse en anglais mes politesses de départ sans lui serrer la main. Avec la tranquille assurance que donnent le bon droit et le ton cassant de la jeunesse, je conclus : « Nous sommes en France où je représente le gouvernement légitime, celui du général de Gaulle. »

L'allusion du colonel à mon départ éventuel m'a cependant donné à réfléchir. Séance tenante je rédige l'arrêté suivant que je fais afficher sur la porte de la préfecture. « *M. Jacquier, Commissaire de la République pour la région d'Angers, est chargé des fonctions de préfet de la Loire-Inférieure.* » Signé : « *Jacquier, Commissaire de la République.* » Pour qui aime décider, c'était le bon temps ! Un double est aussitôt porté à « *Félix* » ainsi qu'aux membres des mouvements de Résistance que l'on peut joindre. J'apprends que le colonel américain avait, à la sortie de la préfecture, proféré des mots peu aimables, en ajoutant qu'il reviendrait. J'obtiens de « *Félix* » une garde F.F.I. et, en même temps, renvoie Tomasini expliquer une nouvelle fois au préfet de Vichy que l'avenir est de mon côté.

Je n'entendrai plus parler ni du colonel, ni des Américains, ni du préfet qui quitte la préfecture. Les Américains sont occupés à pourchasser les Allemands et il est bon qu'il en soit ainsi. Reste à trouver un préfet.

Ma bonne mémoire fonctionne. Afin de ne pas porter de papiers sur moi et d'en laisser traîner le moins possible, j'avais appris, pour toute la France, département par département, non seulement les noms des préfets finalement désignés, mais aussi les noms de ceux dont, à des titres divers, les candidatures ont été envisagées. C'est alors que me vient à l'esprit le nom d'Alexandre Vincent.

Parmi les F.F.I. que le « pouvoir militaire » a accepté de mettre à ma disposition, se trouve un ancien étudiant en droit : Palleau. Je l'interroge sur l'avocat Alexandre Vincent dont je ne sais rien, sinon qu'il a figuré sur une liste du *N.A.P.* ou du *super-N.A.P.*, et qu'il m'a été signalé, je m'en souviens avec précision, par le diplomate Sebilleau, que j'ai rencontré cet hiver, actif et zélé, dans le bureau clandestin que tenait Chauvel à Paris. Palleau accueille le nom avec enthousiasme et se propose pour aller le chercher séance tenante. Je lui dis d'attendre.

Je passe la nuit à la préfecture et le lendemain matin, reçois Orion, maire de Nantes, nommé par Vichy qui, courageux et populaire, a quitté sa mairie entouré de l'estime générale. Puis je tiens une séance avec les quelques délégués des mouvements de Résistance et membres du Comité de Libération que l'on a pu joindre. Malgré leurs opinions disparates et, pour l'un d'entre eux au moins, une attitude assez revêche, ma présence aux lieu et place du préfet de Vichy les a mis dans un bon état d'esprit. Je leur apprends que je compte désigner un nouveau préfet, sans doute Alexandre Vincent. Aucune objection n'est faite. Le socialiste Pineau, qui est un des anciens du Comité, aussi bien que Blanchaud, désigné dans la clandestinité comme président du Comité de Libération donnent leur approbation. De père en fils, les Vincent sont des Nantais honorés.

Reste à le trouver. J'apprends en fin de journée qu'à la suite d'un bombardement qui a détruit sa maison, il a cherché un toit pour sa nombreuse famille sur l'autre rive du fleuve. Il se trouve donc du côté allemand. Palleau fait alors merveille. Il part avec un ami et, la nuit tombée, s'en va trouver un passeur. Il lui emprunte sa barque, franchit la Loire qui, à l'entrée de Nantes, est déjà large, rejoint Vincent, et sans trahir le secret que je lui ai imposé, le convainc de se rendre à ma convocation. Je retourne passer la nuit à Angers, où j'ai des décisions à prendre, et reviens à Nantes sans tarder, toujours en évitant les rives de la Loire. Quarante-huit heures après ma première arrivée, je recevrai un homme habillé de vieux vêtements, coiffé d'un béret basque, heureux d'avoir échappé aux balles des Allemands qui, ayant entendu du bruit, ont repéré sa barque. Il s'entend proposer le poste de préfet de la Libération sans manifester plus d'étonnement qu'il ne faut, et accepte. Le lendemain matin je le nomme, mettant fin à mes brèves fonctions de préfet de la Loire-Inférieure.

Entre-temps, j'ai confirmé Constant dans le poste de maire de Nantes, et installé le Comité de Libération. Comme il était peu nombreux, je l'invite à s'élargir et, pensant à la campagne qui n'est pas représentée, je suggère, parmi les noms proposés, celui de Mme de Sesmaisons, dont tout Nantes connaît la courageuse action. Je rends visite à l'évêque, Mgr Villepelet, qui me reçoit dans le logement de fortune où il s'est réfugié depuis les durs coups reçus par sa cathédrale. Ce prêtre honorable est persuadé que le gaullisme est diabolique, comme sont suspects tous ceux qui, athées, marxistes ou juifs, ont rallié le Général. Je suis salué comme le « représentant du gouvernement de fait », et ma jeunesse se permet d'en rire.

Quand je quitte Nantes, la situation reste précaire. Si le nouveau pouvoir civil est désormais installé, il reste que les Allemands continuent de tenir la rive sud de la Loire, et on commence à comprendre qu'ils se replient en bon ordre autour de Saint-Nazaire. Les Américains s'en allant à toute allure vers le nord-est, nous ne disposons d'aucune force. Je ne peux qu'assurer la validité du nouveau pouvoir, veiller au ravitaillement immédiat et demander au préfet, de concert avec « *Félix* », une grande vigilance jusqu'à l'arrivée de renforts qui éviteront que les forces allemandes ne lancent une contre-offensive sur la ville et la préfecture.

C'est donc à moitié rassuré et en me fiant à la bonne fortune de la France libre que je repars pour Angers, en passant par Laval et de nouveau Le Mans. J'y écoute les préfets, rencontre les Comités de Libération et fais le tour des deux villes en faisant visite aux mairies comme aux évêchés. C'est au Mans que j'apprends l'arrivée du général de Gaulle. Je retourne à Laval pour l'accueillir, puis l'accompagnerai jusqu'à Chartres. Je ferai dans le chapitre suivant le récit de ces deux journées, à tous égards exceptionnelles.

A mon retour à Angers, le 24 août, j'apprends que je ne suis pas au bout de mes peines. Lorsque je rentre dans mon bureau, Tomasini est là pour me dire que depuis la veille je suis attendu par une délégation du Comité de Libération qui a fait le difficile voyage de Nantes à Angers pour me demander la tête d'Alexandre Vincent. Pourquoi ? Prisonnier en Allemagne, il a été libéré comme ancien combattant de la Première Guerre mondiale où il s'est engagé en 1917 à l'âge de seize ou dix-sept ans. Mais dans son camp il a fait partie d'un « Comité en faveur du maréchal Pétain ». Ce seul reproche qu'on lui adresse est bien mince, car depuis son retour, en 1942, son attitude a été non seulement exemplaire, mais courageuse. Je fais comprendre à ces délégués, dont certains me sont connus, que la seule ligne de partage doit être la collaboration avec l'ennemi ou la participation effective à une action anti-nationale et antirépublicaine. En réalité, je pense que les membres du comité veulent me « tâter ». Pineau, l'ouvrier socialiste, est un homme du peuple. Grand meneur des grèves de 1936, il est aussi un patriote, un sage et un bon Nantais. Je ne cède pas. Il le comprend, ainsi que la majorité de ses collègues. Et Vincent et Pineau travailleront ensemble, et fort bien. Après deux ans de fonctions, Vincent hésitera même à rester dans la carrière préfectorale. Pour ma part, je lui conseillai plutôt de reprendre sa robe d'avocat, ce qu'il fit et avec raison.

A Tours, l'affaire sera différente. Seul le nord du département est libéré et je ne connais pas le préfet désigné, Robert Vivier, inspecteur d'Académie, qui a reçu sa désignation par l'intermédiaire du mouvement *Libération Nord*. En juin, quand j'avais voulu lui rendre visite, il avait déjà quitté son domicile où la Gestapo avait perquisitionné. Il ne m'a donc pas été possible de le rencontrer. Accompagné d'Archambault, qui devait par la suite diriger *La Nouvelle République*, il a eu l'heureuse idée de rejoindre la partie du département que les Allemands ont abandonnée. Et c'est à Neuillé-Pont-Pierre que, revenant de Chartres, je lui rends visite. Républicain laïque, c'est un homme généreux dont la tâche sera fort difficile dans un département qui, longtemps, fut traversé par la ligne de démarcation. Je l'assure de mon soutien.

A la fin d'août, les Allemands se retirent. Saumur d'abord, Tours ensuite connaissent les joies de la Libération. Je suis le 31 à Saumur. Après avoir traversé la Loire dans une barque, je parle du balcon de la mairie devant un auditoire fort clairsemé car de nombreux habitants ne sont pas encore rentrés. Parmi mes auditeurs, M. Croissandeau, mais comme je ne me présente pas sous mon vrai nom, il a le tact de ne dire à personne qu'il me connaît. Et le 2 septembre, je suis à Tours où, la veille, présidé par Jean Meunier, le Comité de Libération a pris possession de la mairie et accueilli le préfet. Je prononce un nouveau discours au balcon de l'hôtel de ville et, dans les bureaux de la préfecture, nous nous mettons au travail. Je n'ai même pas le temps d'aller jusqu'à la maison de mon père. Je suis d'ailleurs toujours « *Jacquier* » et, sauf Jean Meunier, nul ne me connaît autrement.

J'interroge Vivier sur le sort du préfet de Vichy. Il me répond qu'il est toujours dans une chambre de la préfecture et qu'il ne sait qu'en faire. Il ajoute que les Tourangeaux, qui le connaissent depuis quelques mois seulement, n'ont pas à se plaindre de lui. En conséquence, il me propose de lui rendre sa liberté. Je ne l'entends pas ainsi, car je l'ai connu en 1942 en Corrèze, collaborateur zélé et même dur. Traversant ce département, Edmond Michelet qui y était alors délégué adjoint du Secours National, m'avait sollicité pour tenter de mettre fin à une décision scandaleuse : chargé d'assurer un recensement des Juifs, le préfet s'était aperçu que certains s'abstenaient et parfois avaient fui dans des villages où ils n'étaient pas connus. Au lieu de fermer les yeux, il avait décidé d'arrêter les enfants si les parents ne se déclaraient pas. Plus tard, il devait appliquer la même règle pour les réfractaires au S.T.O., mais cette fois en menaçant les parents. Michelet, avec qui j'entretenais de doubles rapports officiels et clandestins, me suppliait d'agir d'une manière ou de l'autre, c'est-à-dire en usant, soit de ma fonction, soit de la menace. A cette époque où la Libération apparaissait lointaine et aléatoire, ce chantage à l'avenir était peu efficace. J'agis donc à visage découvert, sans autre justification que celle de l'humanité. La réponse du préfet fut inadmissible. Il avait été collaborateur de Georges Mandel et pour le faire oublier, s'était placé au premier rang des zélateurs du Maréchal. Ma fureur n'avait eu alors d'égale que ma honte.

Muté à Tours peu auparavant, le préfet qui a compris que la situation militaire a tout modifié, se présente sous un jour aimable. Jean Meunier, cependant sourcilleux sur ce chapitre, est surpris de la violence de ma réaction, et je comprends que le laisser à Tours, c'est courir le risque d'une libération rapide sinon immédiate dès mon départ. Voilà que je ne peux admettre. A l'inverse, le renvoyer à Tulle, c'est le vouer à la mort sans jugement. Voilà qui n'est pas plus admissible. Je décide donc le transfert de l'ancien préfet à Angers, ce qui sera fait dès le lendemain.

Dans les jours suivants, je reçois des télégrammes comminatoires du Comité de Libération de la Corrèze. Le Commissaire de la République de Limoges, mon ami Boursicot, m'exprime l'émotion des Corréziens. Puis c'est François de Menthon lui-même devenu ministre de la Justice, qui me fera part de la nécessité d'un jugement par la cour de justice de Tulle. Je refuse. Tomasini, qui a servi en Corrèze et y a établi une liaison avec le maquis, me confirme que s'il est renvoyé dans son ancien département, le préfet sera assassiné par un commando dès sa descente du train. Malgré la gravité des accusations, la justice doit être sereine. Je décide donc de tenir bon. Puisqu'il sera acquitté à Tours et assassiné sans procès à Tulle, il sera jugé à Angers. Et j'ai le pouvoir de l'imposer à tous, en ces temps où la France, dépourvue de communications, était commandée par les Commissaires de la République. Après une longue enquête, l'ancien préfet devait être condamné aux travaux forcés à perpétuité. Finalement, il passa vingt ans en prison. Il n'a jamais établi le lien entre l'auteur d'une algarade par lettre et téléphone en 1942 et le Commissaire de la République qui, en 1944, l'a successivement empêché d'être libéré, puis assassiné. Si je fus si ferme pour ce personnage que je n'avais jamais vu et que je ne verrai jamais, si j'ai tenu à ce qu'il fût jugé en connaissance de cause, c'est par souci d'équité, mais aussi parce que je n'ai pas voulu me venger de l'affront qu'il m'avait fait en 1942 et de l'amertume que j'en avais ressentie pour une fonction publique ainsi avilie.

Je quitte Tours sans aller ni à Vouvray ni à Amboise où je risque d'être reconnu. Je suis sans nouvelles des miens que j'ai laissés à Tonneins un mois auparavant. Sans nouvelles de mon père, ni de mon frère, ni de ma sœur, qui sont à Paris. Le dimanche 3 septembre, alors que je suis à Nantes pour régler des problèmes entre la nouvelle administration et les F.F.I. et, à l'intérieur des

F.F.I. entre le colonel « *Félix* » et le colonel Kinley, la radio annonce ma nomination sous mon vrai nom. A Paris, ayant reconstitué son gouvernement, le général de Gaulle a procédé à la nomination officielle de ses représentants en province. Je souhaite que ma femme ait entendu la radio et ainsi compris qu'après un mois de silence, je suis sain et sauf. A Angers, pendant quelques heures, on me croira révoqué et remplacé.

Le 1er octobre, appelé, avec d'autres Commissaires de la République, par le Général et par le nouveau ministre de l'Intérieur, Adrien Tixier, je suis à Paris. Je vais voir mon frère Olivier qui, blessé au poumon sur une barricade, a été hospitalisé à Saint-Antoine. Un coup de téléphone de Pierre Laroque, récemment revenu de Londres, m'apprend que de Toulouse on a cherché à me joindre. A la fin septembre, ma femme a donné le jour à deux garçons. Un grand bonheur privé double en mon cœur la joie du bien public.

7.
Commissaire de la République

Cette région d'Angers, je l'ai choisie. Si je suis trop jeune pour y connaître grand monde, d'Amboise jusqu'à la pointe de Saint-Gildas face à l'Atlantique, la vallée de la Loire m'est familière. De la Champeigne tourangelle au pays de Retz, du vignoble rectiligne de Vouvray aux rives sauvages des étangs de Brière, j'aime la variété de ses paysages. C'est par attachement au souvenir de mes années d'adolescence que j'ai adopté, comme noms de guerre, ceux de villages entre Saumur et Montsoreau. Il me semble que les paysages me reconnaissent et me souhaitent le succès. C'est une force que d'aimer la terre où vivent les âmes que l'on a charge d'administrer.

Cinq départements et plus de deux millions d'habitants : la région d'Angers est sans unité historique ni psychologique. Elle est d'abord agricole ; la variété des cultures n'a d'égale que la diversité des superficies et des modes d'exploitation. Elle comporte aussi une zone portuaire à Nantes-Saint-Nazaire et divers centres industriels, avec leurs caractères propres : ardoisières de Trélazé, manufactures mécaniques à Tours, Saint-Pierre-des-Corps et au Mans, textiles et industries diverses à Cholet. Angers a été choisie comme capitale en raison de sa situation géographique mais, à l'exception peut-être de Laval, cette grande ville n'exerce aucune attraction naturelle sur les chefs-lieux des autres départements, qui ont chacun leur personnalité et leur rayonnement. Une ligne de séparation politique bien connue traverse la Sarthe et le Maine-et-Loire : à l'ouest, une foi active et souvent militante ; à l'est, peu d'influence religieuse. Cependant, laïque ou cléricale, la région est, dans l'ensemble, conservatrice et, réserve faite de la région nantaise, l'état des esprits donne aux tendances radicales ou socialistes un aspect aussi modéré (sauf à l'égard de l'Eglise), que les tendances qui s'avouent comme telles et qui sont puissantes, en Mayenne, en Anjou, et dans la partie rurale de la Loire-Inférieure.

Dans son ensemble, la région n'a été marquée ni par une collaboration prononcée, ni par une résistance résolue. En 1940, la cessation des combats a été acceptée avec soulagement. A quelques exceptions près, les conservateurs d'Anjou, de Mayenne ou de Loire-Inférieure se sont inclinés devant l'inévitable, exactement comme les radicaux ou les socialistes de Tours ou de la Sarthe. Un événement dramatique a cependant créé une rupture : en octobre 1941, par représailles à la suite du meurtre d'un officier allemand, quarante-sept otages ont été fusillés à Nantes et Châteaubriant. Le petit mouvement vers la collaboration est arrêté net. En juin 1942, à l'autre extrémité de la région, l'exécution de sept Tourangeaux a eu le même effet. Certes, il y a ici et là des délateurs et des espions. Il y a aussi, et dans tous les milieux, d'aveugles partisans de l'ordre nouveau qui ne savent plus distinguer le bien du mal. Il y a enfin des profiteurs, grands, moyens, petits. Mais il n'y aura jamais le moindre élan. Le Maréchal demeure respecté, même si la population éprouve une indifférence réservée et maussade à l'égard de son gouvernement. Les sentiments sont d'ailleurs complexes : des châtelains ont leurs fils chez de Gaulle et le portrait de Pétain dans leur salon.

La Résistance a d'abord été le fait d'hommes isolés ou de petits groupes ardents dont les tracts traduisent la volonté d'espérance. Dès le début, notamment dans la région de Nantes, la répression est sévère et la police coopère avec les Allemands. C'est à la fin de 1942, et surtout à partir de 1943, qu'aux premiers et courageux agents de renseignements, dont certains dépendent des services anglais, se sont joints des noyaux structurés grâce à des initiatives locales ou aux délégués parachutés par la France libre. Comme dans la région parisienne, les bombardements qui, en 1943 et 1944, atteindront les grandes villes, révèlent que les habitants imputent leurs malheurs aux Allemands plutôt qu'aux Alliés. Les arrestations et les déportations accentueront ce sentiment où la peur se mêle à la haine pour, progressivement, animer la révolte d'une population dont longtemps l'attitude a été d'autant plus passive que, sauf dans les grandes villes, le ravitaillement a rarement fait défaut.

Dans le courant de 1943, le mouvement *Libération* s'est bien implanté en Touraine et dans la Sarthe. Au début de l'année 1944, l'orientation vers une résistance armée est sensible dans le pays des

Mauges au sud de l'Anjou et dans le pays nantais. C'est alors que commencent les sabotages de voies ferrées et de câbles de communication. Au lendemain du débarquement, une action militaire directe se manifeste. De véritables petites unités F.F.I. et F.T.P. attaquent alors les convois allemands acheminés par la route ou la voie ferrée ; de courts mais sanglants combats s'ensuivent, notamment dans la basse vallée de la Loire. Un véritable combat a lieu à Saffré. Il se termine tragiquement pour le maquis.

De cette situation il résulte que, pour la grande majorité des hommes et des femmes, la Libération apparaît, non comme la naissance d'un nouveau régime, encore moins comme l'aube d'une révolution, mais bien plus comme la fin d'une époque déplorable et l'espoir d'un retour à des temps pacifiques. Une autre conséquence des années d'occupation est l'absence de courants fortement structurés. Si les Comités de Libération sont constitués de personnalités représentatives de tendances politiques, de familles spirituelles ou d'organisations syndicales, aucune n'est capable de mobiliser des foules, à l'exception des syndicats de la région nantaise quand, plus tard, les ouvriers auront rejoint leurs usines bombardées et désertées. L'Eglise et la corporation paysanne sont des forces sociales mais, compromises par leurs liens avec Vichy, il leur faudra attendre pour que leur influence se manifeste. Quant aux partis, à l'orée de la Libération, il n'en est guère question pour la bonne raison qu'ils ne représentent plus rien. Le sentiment dominant est la confiance en de Gaulle, ce général courageux et prophétique, illustre et inconnu, qui résume en sa personne l'antidote de tous les malheurs de la patrie. Comme de Gaulle est attendu ! Et quel respect entoure celui qui parle et agit en son nom !

« Accueillir du même cœur défaite et victoire, ces deux mensonges. » Je me répète le conseil de Kipling. Hier, dans l'angoisse, j'ai voulu garder mon libre arbitre. Aujourd'hui, responsable d'un grand commandement, je veux garder la tête froide. Il me faut d'abord exister. Après quoi, sans priorité car tout marche de pair, sanctionner, revenir à la légalité républicaine, affirmer la légitimité du nouveau régime, mettre une administration en place, participer à l'effort de guerre, veiller à la bonne collecte et à la distribution du ravitaillement, commencer à reconstruire ponts, routes et câbles téléphoniques, aider à la réouverture des usines, rendre hommage aux résistants, prouver notre solidarité aux familles de déportés et prisonniers, informer et orienter l'avenir en préparant tout à la fois la vie normale du lendemain et celle d'une France renouvelée. En bref, je dois répondre à l'espérance générale et dominer les contradictions : le retour de la liberté, mais l'ordre républicain ; l'épuration, mais l'union ; l'affranchissement des contraintes, mais la nécessité du travail dans des conditions encore précaires. Et, au-delà, donner l'exemple de la République neuve.

Mue par la certitude, ma jeunesse ne doute pas du succès.

***

Exister, c'est s'affirmer et d'abord face aux généraux américains. L'armée des Etats-Unis a libéré la région jusqu'à la Loire. Pendant les huit premiers jours, elle tient les axes de circulation et met en place ses communications. Des laissez-passer sont exigés pour sortir des grandes villes ou y entrer. La petite aventure de Nantes m'encourage à ne céder sur rien. Grâce à la police qui fait preuve de zèle, j'ai bientôt en main le bréviaire civil de l'armée américaine, intitulé *Zone Handbook n° 7*. Fort détaillé et bien imprimé, ce document est divisé en trois parties :

1. *People and administration* (Population et administration).
2. *Economic survey* (Panorama économique).
3. *Local administration and administrative personnalities* (Administration et personnalités locales).

Rédigé à l'intention des agents de l'A.M.G.O.T. (qui est l'administration américaine prévue pour prendre en charge la gestion des territoires libérés), ce document rassemble des renseignements d'une étonnante précision, comme la liste des conseillers généraux des cinq départements que je ne possède pas ! Que de travail et d'argent ! Je ne peux m'empêcher de faire une comparaison. J'avais été un artisan médiéval entouré de compagnons et d'apprentis que l'on pouvait compter sur les doigts d'une main, et je prends connaissance d'une œuvre, fragment d'une immense entreprise, menée avec des moyens considérables, mais réduite à néant par mon obscur travail ! Après les premiers jours d'incertitude, je n'ai plus de difficultés avec les généraux américains de Nantes, d'Angers ou du Mans. Ils ne font que passer. En effet, une fois le grand état-major allié assuré de l'impuissance allemande au sud de son dispositif, la région d'Angers, malgré la poche de Saint-Nazaire, est considérée comme une zone arrière. Dans les quatre départements libérés sur les cinq que compte ma région, le pouvoir civil ne rencontrera aucun obstacle à son action.

Après le pouvoir militaire, il faut m'affirmer à l'égard de services qui, pendant quatre ans, ont obéi à Vichy et parfois aux Allemands ; à l'égard des représentants des syndicats ou des partis qui tout naturellement ont usé de leur présence au sein des Comités de Libération pour reprendre de l'influence ; à l'égard de l'Eglise, qui est loin de m'accueillir comme un triomphateur ; enfin à l'égard de l'opinion qui, longtemps silencieuse, voudra avec la liberté retrouvée, manifester ses sentiments et assez vite exprimer des revendications. Je sais qu'une autorité nouvelle doit se faire entendre. On obéit à qui commande. On coopère avec qui s'affirme sans tarder. On respecte celui qui dès le premier jour se tient droit.

Tout est urgence. J'ai besoin d'un collaborateur. Un jeune sous-préfet se présente. Il se nomme René Tomasini et a été emprisonné par les Allemands à la prison d'Angers. Il sera mon directeur de cabinet. Philippe Rivain est un autre jeune sous-préfet qui vient frapper à ma porte : il s'est enfui d'un train qui l'emmenait vers l'Allemagne et qui a été contraint à un arrêt en pleine campagne par le mitraillage d'avions anglais. Je le retiens et il devient un collaborateur de Michel Fourré-Cormeray en qualité de secrétaire général de la préfecture. Gey, qui était le titulaire de ce poste, est depuis longtemps attendu par Bouhey, Commissaire de la République désigné pour Dijon. Après nous avoir aidés à l'heure décisive, il part. J'écarte le secrétaire général de la police, nomme un intérimaire et maintiens Yvan Labry dans ses fonctions de secrétaire général pour les affaires économiques de la région.

Pour suppléer à l'absence de presse, réduite à quelques rares journaux de petit format et, dans les premiers temps, à peine diffusés, j'ai besoin d'un organe officiel d'information. Je décide l'impression d'un bulletin du Commissariat de la République, *Bulletin officiel* destiné à toutes les municipalités de la région. Chaque numéro sera composé de la même façon, en trois parties. Dans la première, un document sur la France libre ou la Résistance, et, pour les avoir naguère déposés à Saint-Jean-de-Linières chez Mme Fourré-Cormeray, je dispose de plusieurs textes. Ainsi le premier numéro qui date du 18 août 1944 commence-t-il par la déclaration politique du général de Gaulle remise en 1942 à Christian Pineau pour les chefs de la Résistance intérieure. Dans la seconde partie, j'insère des textes gouvernementaux : je commence par les ordonnances du 10 janvier 1944 sur la création des Commissariats régionaux de la République, du 29 février sur l'état de siège, du 21 avril sur l'organisation des pouvoirs publics, tous textes reçus depuis le débarquement. D'autres suivront : ordonnances du 16 juin sur le fonctionnement des cours et des tribunaux, du 22 juin sur la mise sous séquestre des entreprises de presse, etc. La troisième partie comprend mes arrêtés, qui sont nombreux :

j'abroge les lois d'exception, celles qui ont créé des juridictions spéciales, ainsi que la Charte du Travail ; pour aider à la reprise économique, je crée deux commissions départementales, l'une pour le Travail et l'Industrie, et l'autre pour l'Agriculture ; je prononce la dissolution de plusieurs administrations : services de la main-d'œuvre en Allemagne, des questions juives, des sociétés secrètes, de l'information et de la propagande. Enfin, le premier numéro annonce la mise en place de la commission que j'ai décidé d'établir dans chaque département. Cette commission, dite de vérification, est chargée d'examiner toutes les décisions d'éloignement, d'assignation à résidence et d'internement prises par les préfets à qui j'ai fait savoir qu'ils ont seuls compétence pour décider. En effet, les Comités de Libération n'ont qu'un pouvoir de proposition. Mais à côté, et ainsi que le Comité général d'études l'avait admis, ils ont le droit de transmettre des dossiers aux tribunaux.

Dès le troisième jour, une affaire me permet de m'imposer comme « régulateur » de la justice. En une heure de temps, une cour martiale improvisée a condamné à mort un supplétif français de la Gestapo dont la cache a été découverte. J'arrête l'exécution et déclare que je dispose du droit de grâce. Je me fais donner les explications indispensables, puis ordonne que le jugement suive son cours. Je fais afficher la nouvelle de l'exécution et désormais on sait que, tant qu'il n'y aura pas d'autorité à Paris, je me réserve le pouvoir d'accepter une sentence ou de la refuser.

J'ai à régler quelques problèmes d'une urgence particulière. D'abord celui de la presse. Faute d'ordonnance, j'applique la recommandation du C.G.E. J'arrête la publication des journaux qui ont paru sous l'Occupation et place leur matériel sous séquestre. Je fais savoir aux préfets qu'ils peuvent donner une autorisation de paraître à des journaux provisoires, en accord avec les comités de Libération et qu'un statut durable sera décidé ultérieurement. Ce sera la fameuse ordonnance d'Alger en date du 26 août. Je n'en aurai le texte qu'en septembre.

Il faut m'affirmer aussi à l'égard des « militaires ».

Ils sont d'origines diverses, c'est le moins que je puisse dire, notamment au cours des premiers jours. A l'époque, dans les conditions qui sont le plus souvent louables, un civil courageux, en prenant un fusil, un brassard et en faisant coudre des galons sur son béret basque, se transforme en guerrier, donc en militaire. Il regroupe aisément quelques jeunes et parfois moins jeunes, pressés d'en découdre avec un occupant maudit, dont la force décline. Le désir de participer à la libération de son village, de la ville voisine, exprime l'ardent désir de revanche d'hommes et de femmes qui ont souffert dans leur fierté. Un trait commun unit ces nouveaux militaires aux anciens qui reviennent, les uns du maquis, les autres de leur domicile : que les civils, et notamment l'autorité civile, ne s'occupent pas de leurs affaires ! Telle n'est pas mon opinion et si je les laisse agir pour des arrangements subalternes, la responsabilité de l'ordre public n'impose aucune limite à mon autorité. Je le dis, sur le ton de camaraderie qu'exigent les circonstances, aussi bien aux officiers F.F.I. qu'aux autres. Le colonel de Chevigné, en mission de Londres pour quelques heures, aussi soucieux qu'il soit de l'indépendance de l'autorité militaire, m'apporte d'autant plus son soutien que les disputes éventuelles entre groupes F.F.I. et la hiérarchie militaire relèvent, en attendant un gouvernement, de mon arbitrage.

Avant la fin du mois d'août, je dois trancher une affaire grave, sans me préoccuper des formes. Fourré-Cormeray m'annonce que le Comité de Libération du Maine-et-Loire se prépare à envoyer le recteur de l'Université catholique devant la Cour de justice. Ce recteur a pris position en faveur des Allemands et par ses propos répétés, est apparu comme un partisan déterminé de la collaboration. L'évêque, Mgr Costes, entend mobiliser ses troupes contre cette décision. La procédure, puis le procès, vont allumer une petite guerre de religion. A l'évêque, je mets le marché en main : l'Eglise écarte sans délai le recteur, l'affaire sera close et l'Université pourra rouvrir ses portes, sinon c'est le procès public. Mgr Costes vint me voir une fois, deux fois, dans la même journée. Il m'oppose les statuts de l'Université ; l'évêque de Rennes est son protecteur et lui seul peut prendre une décision. A défaut, celui de Tours. Or, aucune communication n'est possible, ni avec l'un, ni avec l'autre. Je fais la sourde oreille. Quelques heures plus tard, Mgr Costes me donne satisfaction. Il nomme, à titre provisoire, un nouveau recteur, Mgr Diès, helléniste dont la collection Guillaume Budé a établi la réputation. L'Université catholique peut rouvrir ses portes.

J'ai dit comment les événements m'ont conduit à Nantes dès les premiers jours. Les renseignements confirment le repli des Allemands autour de Saint-Nazaire, depuis Pornic au sud de la Loire, jusqu'à La Roche-Bernard, sur la Vilaine, aux limites du Morbihan. Il faut rassembler les petits groupes armés et les mettre en position autour de la « poche » afin d'éviter toute incursion ennemie. Dans nos préoccupations militaires, la surveillance de la poche de Saint-Nazaire est une priorité.

***

Le 20 août, je quitte Angers pour faire le tour de ma région. De Nantes, je dois aller à Laval, puis au Mans. Et de là, à Neuillé-Pont-Pierre où le préfet de la Libération d'Indre-et-Loire a installé son modeste état-major en attendant que Tours soit débarrassé des Allemands qui y demeurent le temps de protéger leur retraite. Le 21, à Laval, en présence du préfet Dupérier, j'assiste à une longue séance du Comité de Libération présidée par le Dr Mer. Nous discutons des mesures prises, de celles qu'il convient de prendre. Le soir même, je me rends au Mans, chez Costa, où je fais de même. Au milieu de la séance, Tomasini vient m'annoncer qu'un courrier spécial a apporté la nouvelle que : « Le Général, venant de Rennes, sera à Laval le lendemain. »

« Le Général ? » Une fraction de seconde, j'hésite : quel général ? Est-ce le général de Gaulle ? Oui, de Gaulle ! Si proche encore de la vie clandestine, je n'en crois pas mes oreilles... Dans mon esprit, le général de Gaulle est lié à Londres, à Alger, à l'Olympe d'outre-mer dont le temps et l'espace me séparent. Après le bref épisode de Bayeux, il est reparti et, tout à coup, il arrive...

Je retourne aussitôt à Laval...

« Bonjour, monsieur *Jacquier*... » J'ai déjà raconté ma première rencontre.

Me voici le 22 août, face au général de Gaulle, en ces jours admirables. Je suis son représentant à la tête de la région que j'ai choisie. A trente-deux ans, il me semble que ma vie trouve sa récompense, et presque son achèvement.

Présentation des corps constitués, *Te Deum* à la cathédrale, cérémonie au monument aux morts. La liesse populaire éclate, grave et profonde : toute la ville et les villages d'alentour sont là, les femmes présentent leurs enfants tenus à bout de bras, les hommes dans leur meilleur costume se découvrent, des petits drapeaux tricolores sont agités par la main des écoliers : une foule vivante et respectueuse, attirée comme par un aimant. Curiosité intense à l'égard d'un inconnu, gratitude immense envers l'homme de l'honneur affirmé et reconquis, foi dans le symbole de la liberté pour chacun et de la fierté pour la nation.

Dans un salon de la préfecture, un couple en noir : un père et une mère dont le fils, parti à dix-huit ans en 1940, a été tué en

Libye. Peuvent-ils savoir dans quelles conditions il a combattu, il est mort ? Dans le bureau du préfet, je suis bientôt seul avec le Général.

Il m'interroge d'abord sur l'état de la région. Je lui en donne un bref aperçu. Nous parlons de la poche de Saint-Nazaire. Je fais part au Général de mon sentiment qui est en même temps mon espoir : les Allemands ont l'air de s'enfermer, ils se fortifient, mais ne donnent pas l'impression de vouloir faire une offensive sur Nantes. En attendant de résorber la poche, il faut établir d'urgence une solide défense. La conversation devient ensuite politique. Le Général évoque le gouvernement qu'il va constituer. Nous parlons des socialistes, des démocrates-chrétiens et aussi des communistes. En réponse à une question, je parle de certains amis, Lacoste, Teitgen... Le Général m'interroge sur la participation communiste : je comprends bien qu'il ne s'agit pas de demander mon avis sur une affaire déjà résolue, mais d'observer ma réaction. Je lui rappelle les rapports qu'il a dû recevoir lors de la nomination des ministres communistes dans le Comité d'Alger. L'attitude des communistes en 1939 n'est pas oubliée. Il est donc naturel que l'opinion soit divisée. Mais à mon sens ce qui l'emporte, c'est l'union de la Résistance et la nécessité de faire en sorte que la force communiste soit du côté du redressement et non de la contestation. Le Général me demande si je donne là des observations dues à ma courte expérience de Commissaire de la République ou des réflexions issues de mes activités précédentes. Je réponds que dans la région d'Angers, la participation communiste n'est pas, sauf exception, considérée avec faveur. Mais l'Ouest n'est pas représentatif de toute la France. Il faut penser à d'autres régions, à Paris. J'ajoute quelques mots sur l'utilité d'associer étroitement socialistes et démocrates-chrétiens. Une demi-heure s'est écoulée. J'entends quelques mots du Général sur la valeur de mon travail, et nous allons déjeuner.

Dans l'après-midi, j'accompagne le Général au Mans en passant par Sablé. Les paysages de la Sarthe se déroulent sous nos yeux. Champs déserts où les femmes ont travaillé en attendant le retour des prisonniers ; villages brusquement animés par les hommes et les femmes alignés sur les bords de la route — ils ont été alertés une fois encore par la radio de Londres si souvent écoutée en fraude —, foule émue d'où jaillissent des enfants les fleurs à la main, et le maire du village en costume noir et chemise blanche. Nous parlons de la France d'avant 1940, de Churchill, de Roosevelt, d'Eisenhower. Il me parle de mon père. Il m'interroge sur les sentiments de la jeunesse. Puis suivent de longs silences. Le Général monte vers Paris.

Le peuple l'attend-il vraiment ? Les hommes et les femmes de France sont-ils disposés à accueillir de Gaulle ? Il sait qu'il est entré dans l'histoire comme dans notre légende nationale. Il sait aussi que bientôt la légitimité ne sera plus celle donnée par le combat contre l'ennemi, mais celle de la confiance populaire. « La France est gaulliste », lui ai-je dit à la fin de notre conversation du matin à Laval. Et comme un écho, en fin de journée, devant l'enthousiasme qui croît d'heure en heure, il répond, parlant à lui-même plutôt qu'à l'interlocuteur que les circonstances ont placé à côté de lui : « Oui, il n'y a pas de problème. »

Nous arrivons au Mans. Le lent crépuscule d'une journée d'été efface la précision des visages. La voiture se fraye difficilement un passage dans une foule très dense. Par la fenêtre ouverte de la voiture, une femme se penche, jette une brassée de fleurs et crie : « Vive le Maréchal ! » A peine a-t-elle fait un pas en arrière qu'elle est tirée, happée par la foule et je la vois, la main sur la bouche, les yeux hagards, pâle de sa méprise. « Un maréchal ! Un général ! Comment voulez-vous qu'ils s'y retrouvent ? » dit de Gaulle en se tournant vers moi. Ma réponse fuse aussitôt : « Il n'y a cependant aucun problème. »

Une foule immense occupe la place des Jacobins et le Général est acclamé dans une sorte de fièvre patriotique : chacune de ses phrases est applaudie avant qu'il ne l'ait terminée. A-t-on jamais connu une telle montée de joies et d'espérances ? A-t-on jamais observé une communion française plus fervente ? Une sorte d'unanimité exprime la profondeur de la reconnaissance d'une nation qui se sent renaître. La Libération fait éclater les cœurs.

Ce soir-là, à la nuit tombée, alors que la voiture vient de franchir le portail de la préfecture, et que de Gaulle en descend, le général Juin s'approche. Je remarque qu'il tutoie de Gaulle. Il lui confirme la décision d'Eisenhower : c'est bien la division Leclerc qui entrera la première dans Paris. En même temps, il lui transmet un message envoyé par Parodi sur la situation dans la capitale.

Le lendemain matin, alors que se mêlent nouvelles militaires et nouvelles sur la situation à Paris et que diverses personnalités venues de Londres et d'Alger sont là pour partager l'ivresse de l'enthousiasme provincial, la réception des corps constitués a lieu, dans sa forme habituelle. En tête vient Mgr Grente, évêque du Mans, tout de rouge vêtu : « A bientôt à l'Académie, mon Général ; c'est la place des vainqueurs. » Et souriant, Mgr Grente s'éloigne. Et le Général me répond : « Pétain s'en va, de Gaulle arrive, c'est tout ce qu'ils voient ! » Je comprends que le « ils » est au pluriel, et la réplique, me semble-t-il, s'adresse à l'ensemble de l'assistance.

Peu après, le Général a une conversation avec Lucie Aubrac, dont la renommée, dans le monde de la Résistance est, à juste titre, très grande. Elle est membre de l'Assemblée consultative. Elle vient d'Alger. Libéré par un héroïque coup de main que sa femme a elle-même dirigé, son mari, Raymond Aubrac, a récemment pris les fonctions de Commissaire de la République pour la région de Marseille. Lucie Aubrac veut faire part au Général de ses inquiétudes devant le ralliement massif des personnalités qui ont servi Vichy. Pour elle, la Résistance, ses hommes et son programme, risquent d'être sacrifiés à l'opportunisme. Je comprends ses inquiétudes sans partager son enthousiasme pour le programme du Conseil national de la Résistance où l'idéologie érigée en doctrine d'action par la tactique communiste a pris une importance déraisonnable. Le Général répond comme il se devait : nous sommes en guerre. Pour que les Alliés reconnaissent à la France la place qui lui revient dans la victoire, l'effort et l'union sont nécessaires. Il a allumé le flambeau de la Résistance et ce n'est pas lui qui l'éteindra.

Ma compétence territoriale s'arrête à la Sarthe. Le Général me demande cependant de rester à ses côtés. Il tient à être accompagné d'un représentant de la Résistance intérieure qui est en même temps un responsable civil de la Libération. Comme la veille, le voyage est triomphal. Hommes et femmes, par petits groupes le long de la route, plus nombreux aux carrefours et dans les villages assemblés autour de leurs élus : partout des fleurs, des larmes, des applaudissements. Nous faisons halte à Nogent-le-Rotrou, et dans le silence total de la petite foule assemblée, le Général répond aux propos nobles et émouvants du maire en des termes si simples et d'un patriotisme si prenant que des hommes et des femmes pleurent. Je suis moi-même ému jusqu'au fond de mon âme par ce spectacle exceptionnel : sous le ciel et le soleil d'août, le général de Gaulle, au bord d'une petite place provinciale, dominant de sa haute taille les Français et les Françaises du bourg et de la campagne environnante. C'est la France parlant à la France.

A Chartres, je lui présente le préfet de la Libération que j'y ai désigné, Jean Chadel. Il a été, en 1940, le chef de cabinet de Jean Moulin. Je retrouve au détour d'une rue Hubert Roussellier, mon ami fraternel. Avec ses quatre galons, il commande un bataillon de la 2e D.B. La victoire nous réunit. Il me parle d'Etienne Mantoux qu'il a rencontré le matin même et dont, quelques mois plus tard, j'apprendrai la mort sans l'avoir revu.

Je m'interroge : dois-je rester ou retourner à mon poste à Angers ? Je suis tenté. Toutefois, de nombreuses personnalités militaires, d'autres civiles, entourent désormais le Général. Il m'adresse un compliment net et bref, à sa manière. Je rejoins Le Mans dans la nuit, repars le lendemain 24 à l'aube pour Neuillé-Pont-Pierre, y passe une heure de travail avec le nouveau préfet d'Indre-et-Loire et retrouve mon bureau à Angers où m'attend, comme je l'ai dit plus haut, une délégation du Comité de Libération de la Loire-Inférieure.

Je viens de vivre deux jours aux côtés du général de Gaulle. Pour le résistant, le Français encore jeune que j'étais, quel privilège exceptionnel ! Et combien profonde est ma joie intime ! La France va revivre. Une France libre, rajeunie, épurée par l'épreuve... Les générations à venir pourront-elles imaginer les sentiments qui m'envahissent et qu'éprouvèrent des millions de Français ? Après des années terribles, la Libération apparaît comme un miracle. Et j'avais accompagné l'homme de ce miracle. J'étais présent quand il avait reçu l'hommage d'un peuple bouleversé, le salut déférent de ses élus. Je l'avais observé alors qu'il commençait d'assister à son triomphe, alors qu'il atteignait cette première et décisive ambition, la libération de la ville et du peuple de Paris. En pensant à ceux qui sont morts, à ceux dont on est sans nouvelles, je me renforce dans la conviction que l'ère qui commence exigera, tout autant que pendant la guerre, dévouement, courage et désintéressement.

Dans le petit salon de la préfecture, Michel Fourré-Cormeray et moi sommes volontairement seuls pour écouter à la radio le journaliste qui décrit la descente des Champs-Elysées...

***

Le Commissaire de la République est une autorité régionale : je laisse donc à chacun des préfets la responsabilité de son département. Mais je coordonne leur action et surtout, je tente de régler les problèmes les plus graves. Jusqu'au début de septembre, il n'y a pas de gouvernement organisé et les liaisons avec Paris ne seront convenablement rétablies qu'à la mi-octobre. Pour ce qui concerne la valeur des hommes, je suis favorisé. J'ai dit comment j'avais choisi Costa, Dupérier, Fourré-Cormeray, plusieurs mois avant la Libération, comment Vivier avait été le choix de Jean Meunier, comment j'avais fait appel à Vincent. Mise au service d'une même cause, la diversité de leurs caractères donne d'excellents résultats : chacun à sa façon, ils sauront s'identifier à leur fonction. Je me rends souvent sur place, notamment à Nantes et à Tours, où de sérieux problèmes imposent ma présence au cours des premiers mois. Je prends l'habitude de réunir régulièrement les préfets et leurs collaborateurs. La première réunion se tient à Angers le 27 septembre, puis, à partir de novembre, au début de chaque mois et cela jusqu'à mon départ en avril. Je fais tenir et tiens moi-même d'autres réunions, notamment de tous les directeurs du ravitaillement et des ingénieurs des Ponts et Chaussées.

Les Commissaires de la République disposent des plus larges pouvoirs, notamment pour désigner leurs subordonnés. Mon collègue Schuhler, désire-t-il un bon préfet à Poitiers ? Avec mon accord il nomme Trémeaud, que je remplace à Saumur. Plusieurs des choix que je fais consacrent de jeunes hommes qui, par la suite, feront carrière. Je nomme Deliau sous-préfet de Loches et Verger sous-préfet de Château-Gontier après avoir, dans les deux cas, recréé des sous-préfectures supprimées par Poincaré. (A l'opposé, je supprime celle d'Ancenis.) Couziers sera nommé directeur de cabinet du préfet d'Angers. Vingt-cinq ans après, Deliau, Verger et Couziers seront préfets de région ainsi que Pontal, nouveau secrétaire général de la police et bientôt mon ami. Je confirme un sous-préfet mis en place par la Résistance, Liferman à La Flèche. Je procède à des mutations : Dijoud à Châteaubriant, Lanquine à Mamers. Je fais appel à deux jeunes collègues du Conseil d'Etat qui, eux aussi, feront plus tard parler d'eux : Roger Grégoire qui passe quelques semaines à Angers, et Georges Galichon à qui je confie la charge de préparer la libération de la poche de Saint-Nazaire.

J'entends donner l'exemple d'une bonne coopération avec les comités départementaux de la Libération. D'ordinaire, le premier noyau a été formé au cours des mois qui ont précédé la Libération et selon les instructions transmises par Closon. Puis d'autres membres ont été cooptés. Dans les premiers mois de la Libération, ces assemblées se choisissent un président. A Tours, c'est Jean Meunier qui était déjà le président dans la clandestinité ; à Angers, un fonctionnaire socialiste, Letétour, est élu, et non l'ancien député Albert Blanchoin, trop modeste pour accepter ces fonctions. A Laval, c'est un médecin connu, le Dr Mer, qui prend la suite du président clandestin le D^r^ Le Basser qui a été arrêté et déporté. A Nantes, c'est Blanchaud, un syndicaliste de tendance socialiste, et au Mans Ledru, également syndicaliste et membre actif de la C.G.T.

La collaboration des préfets et des comités est satisfaisante. Sans hésiter, chaque préfet participe à des séances qui sont parfois longues. Mais souvent, en raison de leurs attributions propres, en ce qui concerne l'épuration ou la mise en place de nouvelles municipalités, les Comités de Libération siègent hors de la présence des représentants de l'Etat mais, conformément à mes instructions, un collaborateur de l'administration assiste le plus souvent aux séances. Lors de mes visites, je donne priorité au dialogue avec les comités, que j'entends traiter comme des assemblées sérieuses et responsables, même si je tiens à ce que, pour toutes les affaires importantes, la décision finale appartienne aux seuls préfets. Les textes, cependant, leur donnent un pouvoir propre pour ce qui concerne l'envoi devant les cours de justice et la mise en place de nouvelles municipalités.

Il me faut veiller au ravitaillement. Près de quarante ans après les événements, il peut être difficile au lecteur de comprendre à quel point le ravitaillement était devenu une obsession de chaque instant. Pendant l'Occupation, les hommes, femmes et enfants des grandes villes ont été littéralement hantés par la nourriture. Sur les photographies de la Libération, on remarque la maigreur des Français après quatre années de disette. Au cours des derniers mois, l'agglomération parisienne fut même au bord de la famine et la croissance de nombreux enfants en sera atteinte pour toujours. Quelle que soit la bonne volonté des autorités, la Libération ne peut être l'abondance, car si les prélèvements allemands étaient d'une lourdeur insupportable, ils ne constituaient pas la seule cause de pénurie. Il y a les difficultés de transport dues autant aux livraisons de wagons et de locomotives à l'Allemagne qu'aux bombardements qui ont détruit les ponts et les voies. Il y a aussi l'insuffisance de la production agricole car, malgré l'admirable effort des femmes, l'absence des prisonniers se fait sentir, comme se fait sentir l'insuffisance des engrais. Enfin, une alimentation normale de la France exige des importations que la guerre a arrêtées et qui ne peuvent être rétablies du jour au lendemain, tant s'en faut. La responsabilité des Commissaires de la République est d'autant plus engagée à l'égard du ravitaillement que les incidences sociales et politiques des difficultés sont sérieuses. Il y va du prestige du gouvernement et de l'autorité du général de Gaulle qui risque de pâtir de ces difficultés matérielles.

A Angers, je suis parmi les favorisés. Dès le début septembre, je peux écrire au ministre de l'Intérieur que dans ma région le ravitaillement ne pose pas de problème aigu. Cette situation exceptionnelle en France tient non seulement à la richesse agricole du pays, mais aussi à la dispersion des citadins qui, pour chercher un abri, ont fui les grandes villes. Avec leur retour les difficultés de transport aggravées par la rudesse de l'hiver vont peser et les réunions de préfets gardent le témoignage des soucis de la population. Bien que la situation ne fût jamais dramatique, je suis très sensible aux carences alimentaires des enfants et des adolescents, comme au froid des logements, mortel pour les personnes âgées. Le lait et le bois de chauffage sont des soucis immédiats et, à chaque séance, je traite l'une et l'autre affaire quasiment par priorité, ce qui surprend agriculteurs, forestiers et transporteurs. Je pense également à veiller sur la répartition du sucre et de l'huile, deux denrées rares.

Mais il y a le ravitaillement de Paris. Mais il y a le « marché noir ».

Le « ramassage » et la « collecte » pour Paris et sa banlieue sont une exigence de tous les jours. Dans le courant de l'hiver, je préside plusieurs réunions des cinq directeurs départementaux du ravitaillement afin de faire face aux manques dont souffre la capitale. Ces directeurs ont beau ne plus être ceux de Vichy, ils n'ont pas bonne presse. On leur reproche les prélèvements que pendant quatre ans, leurs services ont imposés pour nourrir les Allemands. Le « marché noir » est une plaie dont il est difficile de faire comprendre la nocivité quand tout le monde chante la liberté retrouvée. Des habitudes ont été prises sous l'Occupation, et nombreux sont les agriculteurs qui ont ainsi acquis un revenu parallèle régulier. Faut-il ajouter que pour certains, tuer un cochon en fraude ou passer une douzaine d'œufs à la barbe d'une sentinelle allemande sont des gestes qui ont fait figure de résistance ? Les semaines qui suivent la Libération marquent une forte diminution du « marché noir », mais les mauvaises habitudes reviennent et la surveillance est d'autant plus malaisée que se crée un circuit parallèle, d'une part de matériaux de construction pour faciliter réparations et remises en état et d'autre part de matières premières industrielles telles que le cuir : ainsi des usines peuvent-elles rouvrir et travailler selon un rythme qui eût été impossible à tenir s'il avait fallu attendre les livraisons officielles. Laisser tranquille l'acheteur qui ne fait pas commerce ou les foyers qui cherchent à se chauffer par tous les moyens, mais poursuivre le rabatteur dont c'est le métier et le profit ; la distinction est plus facile à définir qu'à appliquer. Cependant, je tente de l'établir et de m'y tenir.

J'essaie de hâter les débuts de la reconstruction. Les câbles téléphoniques ont été coupés, les voies ferrées et les routes endommagées, près de deux cents ponts ont été détruits, et Nantes, Tours et Angers sont des villes gravement sinistrées. Les services techniques, dont la plupart des directeurs et des agents se sont gardés de toute politique, peuvent rapidement reprendre leurs activités. La difficulté majeure vient de l'ordre de priorité à établir pour la reconstruction et mon impatience se heurte aux certitudes des techniciens. Faute de pouvoir faire appel aux ponts militaires qui sont requis ailleurs, j'aurais voulu ici ou là des passerelles. Les ingénieurs des Ponts et Chaussées souhaitent faire les choses dans l'ordre et préfèrent envisager une remise en état définitive. Je dois accepter des compromis, mais laisse éclater ma joie lorsque, en mars 1945, sera rétabli le premier pont sur la Loire, le pont de Pirmil à Nantes. D'autres suivront, tantôt provisoires, tantôt définitifs. Pour les villes, compte tenu de la rareté des matériaux de construction à répartir, je ne peux que laisser agir au mieux les préfets ou les maires.

Après les premières décisions d'urgence, il faut mettre en place la presse de l'avenir. La disparition des journaux parus sous l'Occupation ne va pas sans protestations. J'applique les ordonnances. Après le court moment où les organes de presse sont publiés sous l'égide des Comités de Libération, il me revient d'établir le régime définitif selon les instructions conçues avant la Libération et bientôt confirmées par le gouvernement. Si le rêve d'une presse « indépendante de l'argent » est un puissant mobile, celui d'une presse « détachée des partis politiques » est plus illusoire. Je trouve une situation de fait à Tours : le Comité de Libération à prédominance socialiste a pris en charge la *Nouvelle République*. Je ne peux qu'inviter ses dirigeants au pluralisme tout en sachant qu'il sera une apparence plus qu'une réalité. Dans le Maine-et-Loire, je confie le nouveau *Courrier de l'Ouest* à quelques hommes d'inspiration catholique qui rapidement se rattachent au groupe fondé par Emilien Amaury, que sa courageuse attitude sous l'Occupation met en avant. Ce même groupe s'entend avec d'autres pour assurer au Mans la rédaction du *Maine Libre*. A Nantes, où arrive le journal *Ouest-France* créé à Rennes, je favorise la naissance d'une *Résistance de l'Ouest* indépendante. Chaque décision est prise après discussion avec les animateurs et en présence des préfets intéressés. J'y ajoute des recommandations écrites et orales sur l'objectivité.

La censure, maintenue en raison des hostilités, me donne des pouvoirs dont je me garde d'user.

Je dois aider l'effort de guerre. Libération et victoire sont volontiers confondues. Or la guerre n'est pas terminée. L'existence de la poche de Saint-Nazaire le rappelle aux Nantais et à tous la radio, chaque jour, apporte les nouvelles des combats qui continuent. L'offensive allemande à Arnhem en septembre, dans les Ardennes en décembre, émeuvent les esprits qui, malgré la Libération, demeurent inquiets. La France doit participer à la fin des opérations militaires. C'est une exigence nationale. C'est la volonté du général de Gaulle. André Diethelm, ministre de la Guerre, vient le rappeler à Angers. Il désigne comme commandant militaire de la région le général Hary que j'ai connu à la fin de 1943, alors qu'il était un colonel en disponibilité qui avait mis son appartement à ma disposition pour plusieurs rendez-vous. Je l'avais présenté à Parodi dont il est devenu le collaborateur. Officier de l'armée traditionnelle qui porte monocle et monte à cheval, il est très attaché à l'autonomie du pouvoir militaire. Il sait pourtant coopérer avec l'autorité civile. Il active le service de recrutement et oriente les jeunes qui le désirent vers la nouvelle armée. Les premières cérémonies militaires ont un caractère un peu dérisoire tant sont ternes et médiocres les tenues des jeunes soldats, et tant le matériel fait défaut. Mais c'est la renaissance. Lorsque la Lorraine et l'Alsace sont libérées, Angers participe à cette grande date par un court mais satisfaisant défilé.

Je dois faciliter la reprise du travail. Les hommes sont prêts. Les semaines et les mois des combats de la Libération ont été des vacances forcées. Chacun a hâte d'un retour à sa tâche. Mais bien des usines sont sinistrées, manquent tout à la fois de matières premières et d'outillage et nombreux sont les ouvriers qui ont perdu leur logement dans les bombardements. Malgré les difficultés, on sent que les années d'épreuve suscitent l'ardeur au travail et un sentiment de solidarité. La revanche à prendre n'est pas seulement d'ordre militaire. Il s'agit de prouver notre capacité de relèvement à la face du monde. Participer à la reconstruction du pays est une aspiration qui anime alors quasiment tous les Français. Je peux m'en rendre compte lors de visites que je fais aux entreprises renaissantes, et notamment dès la première, aux Ardoisières de Trélazé.

Une tâche est délicate : les salaires. Depuis plusieurs années, ils ont été bloqués par le gouvernement. Il m'appartient de décider, et, dès mes premiers arrêtés, j'autorise des augmentations raisonnables. Ce n'est qu'en octobre que le ministre de l'Economie, Pierre Mendès France, pourra nous adresser des instructions.

J'ai le souci de saluer les résistants, la plupart inconnus, d'évoquer les déportés dont on espère le retour, enfin je veux que soient honorés les morts qu'il ne faut pas oublier.

Le combat à ciel ouvert des derniers jours est connu. Des actes courageux méritent d'être récompensés. Mais avant tout, je tiens à mettre en lumière l'action clandestine des années précédentes : renseignements adressés aux services de la France libre ou aux Alliés, caches ou convois d'évadés, notamment d'aviateurs tombés du ciel, sabotages des câbles, passages de la ligne de démarcation pour les Juifs et autres pourchassés. Mon expérience fait que je suis très sensible à ce patriotisme obscur qui, pour risquer la mort et parfois pire, n'a attendu ni le sort des armes ni l'approche de la Libération. Je demande à chaque préfet de rechercher ces résistants dont le dévouement silencieux se satisfait le plus souvent de la seule victoire. La plupart, sans rien attendre pour eux-mêmes, ont simplement repris l'exercice de leur profession. Des hommes tels que le Dr Janvier dans la Mayenne, l'abbé Dom Sortais dans le Choletais, l'abbé Carlotti en Touraine, Victor Chatenay ou le Dr Calonne à Angers, les uns rattachés à un réseau français ou anglais, d'autres sans attache, plusieurs d'entre eux arrêtés et déportés, sont à mes yeux très représentatifs de cette élite de notre peuple qui s'est tout de suite engagée dans la lutte. Ils doivent être honorés. Je constitue ainsi une centaine de dossiers. J'aurais voulu qu'ils reçoivent une marque de la reconnaissance nationale, ce qui ne se fit pas toujours.

Je fais faire le recensement des déportés et rechercher leurs familles afin d'aider ceux qui sont dans la gêne. J'organise des pèlerinages et préside des cérémonies.

Le supplice des otages fusillés le 22 octobre 1941 à Nantes et à Châteaubriant a bouleversé notre province et la France tout entière : vingt et un dans la prison de la grande ville, vingt-sept parmi les internés communistes du camp de la petite ville. Le 28 août, je vais à Châteaubriant avec le préfet de Loire-Inférieure et le sous-préfet, Dijoud. En cette fin d'après-midi d'une journée d'été, la beauté du ciel et de la nature permet mal d'évoquer la tragédie de ces hommes appelés un par un pour le peloton d'exécution. C'est en silence que je rends hommage à ces victimes, en suivant le chemin qu'ils ont parcouru jusqu'à la clairière de la Sablière. Dans un tiroir de la sous-préfecture, laissée là sans doute intentionnellement, je retrouve la copie du télégramme par lequel le secrétaire général du ministère de l'Intérieur donnait les instructions pour le choix des fusillés. Dès le lendemain, je la transmets à François de Menthon, le garde des Sceaux. Quelques semaines plus tard, le 22 octobre, j'accompagne les ministres Tillon et Grenier, tous deux membres du parti communiste, venus avec Marcel Cachin et aussi Maurice Schumann, pour une cérémonie du souvenir. En présence d'une foule nombreuse, nous inaugurons à Nantes l'avenue des Martyrs, et à Châteaubriant, une stèle. Tous les habitants de la commune et du canton sont là, silencieux, émus et accablés. Au fil de mon discours, je récite des vers d'Aragon, extraits de son poème *Témoin des martyrs,* naguère diffusé par la radio anglaise.

En mars, je vais à Saffré, en Loire-Inférieure, où trente maquisards furent exécutés par les Allemands le 28 juin de l'année précédente, en violation des lois de la guerre, et où de nombreux blessés furent achevés par une milice composée de truands et de lâches. Devant l'auditoire restreint mais attentif des habitants du village et des alentours, je dis que la piété à l'égard des morts n'est rien si elle n'est pas éclairée par la volonté d'éviter tout nouveau risque de retour d'une invasion. Ne recommençons pas les erreurs de l'après-guerre 14-18 ! Ne renonçons pas à notre puissance ; un peuple est seul responsable de son destin. Quelques jours plus tard, je me rends à Maillé, village de Touraine à la limite du Poitou. Huit mois plus tôt, le 25 août 1944 — Paris était déjà libéré —, un bataillon allemand a brûlé les maisons et tué les habitants sous prétexte de coups de feu tirés dans le voisinage. L'heure était matinale, mais les hommes étaient déjà dans les champs pour la moisson. Quand, alertés par l'incendie, ils reviennent, c'est pour trouver leurs femmes, leurs enfants, leurs parents et leurs amis égorgés dans les décombres fumants. Sans publicité, au milieu des ruines et devant le petit nombre des rescapés encore bouleversés, je tiens les mêmes propos qu'à Saffré.

*
* *

Je ne suis pas seulement un administrateur, je suis aussi un responsable politique issu de la Résistance et désigné par le général de Gaulle. Je tente de faire partager le souffle d'espoir qui nous a lancés dans l'action. Certes, je fais le procès des artisans de la collaboration. Je n'insiste pas, car l'histoire et l'esprit populaire les ont déjà condamnés. Mais il reste utile de dénoncer les lois scandaleuses, les mesures d'exception, l'arbitraire ainsi que l'esprit de capitulation. Pendant quatre ans tant de Français ont été imprégnés par un discours odieux d'hypocrisie moralisante, que je me sens le devoir de le dénoncer. Avec la même force, je mets en garde contre le retour à l'esprit et aux mœurs de la IIIe République. De façon générale, quand j'évoque la décadence intérieure et l'universelle abdication face à Hitler, mon propos est bien reçu.

Je fais l'éloge de la Résistance. Pour mes auditoires, c'est un monde inconnu. Même ceux qui ont travaillé pour un réseau ignorent tout de la Résistance organisée. J'évoque avec discrétion la déportation, car j'imagine le pire : on ne sait pas encore tout, et les familles elles, ne savent rien.

Je parle du général de Gaulle, de la France non seulement libérée, mais à reconstruire. Je décris l'avenir autour de trois thèmes. Evoquant la liberté, j'affirme qu'il faut en terminer avec les querelles intestines, la guerre scolaire comme la lutte des classes. Evoquant l'effort, je traite de la capacité économique, notamment de la puissance industrielle qui, avec une agriculture modernisée, doit marquer notre renaissance. Et je finis en évoquant, face aux périls qui peuvent renaître, la nécessité de la sécurité : il faut écarter à jamais la menace de l'invasion. Voilà qui résultera moins d'un traité de paix ou d'un nouveau statut de l'Allemagne, que de notre volonté à faire de la France une nation forte, grande, sûre d'elle-même, la première en Europe...

Je parle à Angers, au Mans, à Nantes, Tours, Laval, Saumur, La Flèche, Cholet, tantôt devant les comités de Libération, tantôt devant les corps constitués, tantôt devant des journalistes, tantôt devant des auditoires plus larges. A la manière d'un pédagogue, je répète partout les mêmes idées : il faut que la IVe République soit à l'opposé de la IIIe République, il faut que le gaullisme et la Résistance soient l'âme du renouveau. Ecouté, approuvé, applaudi, je perçois toutefois que mon plaidoyer en faveur d'une force industrielle nationale surprend. Le monde paysan a été bercé pendant quatre ans par le thème du « retour à la terre ». Quand je prends conscience de cette réserve, je prends soin d'expliquer plus longuement cette urgence des temps modernes.

J'essaie de poursuivre cette campagne politique par des écrits. Je fais éditer dans les journaux de la région des « Portraits de résistants » et imprimer des articles que les *Cahiers politiques* ont publiés clandestinement. En tête de chaque numéro du *Bulletin officiel de la région d'Angers,* je publie les discours du général de Gaulle que les Français n'ont jamais lus. J'essaie de communiquer mes convictions, notamment aux fonctionnaires. Enfin, avec prudence mais persévérance, je parle démographie en exposant que la tragédie de la France fut d'être devenue le pays des enfants uniques, confrontés à une Allemagne rajeunie par de multiples familles nombreuses.

***

La grande et brûlante affaire est celle des sanctions : l'épuration, la justice... Pratiquant la division et la haine, la politique des Allemands et de Vichy a affaibli le pays. A l'inverse, la politique de la Libération doit chercher l'unité, éviter de nouveaux réprouvés mis au ban de la communauté nationale. Cependant, il faut châtier. Concilier ces deux exigences impose le refus du bouc émissaire, qui détourne l'attention des vraies exigences collectives, et un effort de justice pour ne sanctionner que les fautes personnelles graves, et étayées sur des preuves. Si, pendant un premier temps, l'explosion d'une opinion trop longtemps contenue impose des mesures de suspension et d'internement, il faudra se hâter d'examiner les cas un par un : d'un côté des châtiments exemplaires pour les traîtres et les délateurs (et il y avait de quoi fournir du travail aux tribunaux), de l'autre une volonté de regarder l'avenir de la France et de le construire avec tous les Français. Cette double attitude qui est celle de la sagesse, exige un pouvoir ferme et sûr de lui, c'est-à-dire pour ce qui me concerne, un examen attentif et libre de toutes les décisions. Mes collaborateurs et moi, nous y consacrons une grande part de notre temps.

Du sommet de l'Etat au délateur de village, la gamme des actes coupables est longue et diverse. Cependant, tout n'est pas crime. Tout même n'est pas collaboration. Il faut éviter les règlements de compte et l'arbitraire de petits chefs improvisés. Il faut arrêter net les exécutions sommaires, qui ont valu des compliments à leurs auteurs du temps de l'Occupation, mais qui ne sont plus tolérables du jour de la Libération.

Epuration, cela veut dire élimination de fonctionnaires, de magistrats, d'élus ; confiscation de profits illicites, provenant de commandes allemandes ou de marchés avec l'occupant ; sanctions à l'égard de ceux qui ont milité pour la collaboration, participé activement à des manifestations, appartenu à des mouvements pro-allemands.

L'instruction, que j'ai rédigée et que Parodi a signée, est datée du 9 mai 1944. En l'écrivant, j'avais pensé aux actions nécessaires cependant que les combats de la Libération suivraient leur cours :

ainsi les Comités de Libération ont-ils reçu le pouvoir d'arrêter et de détenir les personnages dont les fonctions officielles ne laissent aucun doute sur leur hostilité : les dirigeants des partis collaborateurs, les miliciens, les membres de cours martiales. Après ces personnages, viennent tous les individus « dont l'attitude et l'obéissance risquaient de compromettre le succès de nos armées ». Il est précisé qu'il appartient au préfet d'éviter les débordements et d'interdire tout excès. La justice de la République n'est pas celle de Vichy.

Le gouvernement d'Alger a, de son côté, pris des ordonnances le 26 juin 1944, l'une sur les sanctions des faits de collaboration, l'autre sur le délit nouveau de l'indignité nationale. Mais aucun de ces textes n'a pu être transmis aux Commissaires de la République. Je dispose des avant-projets établis par le Comité général d'études que j'ai naguère diffusés.

Il est facile d'écrire le droit. Il est malaisé d'agir selon le droit quand il faut, dans le même temps, imposer son pouvoir et refaire les instruments de ce pouvoir. Nettoyer les forces de police pour les rendre crédibles ; définir les conditions des mesures administratives légères, telle l'assignation à résidence, ou provisoires, tel l'internement ; veiller à la manière dont sont traités les emprisonnés et les internés ; se hâter de mettre en place des organes de jugement : en bref, combiner sévérité immédiate, sanctions modulées et justice sereine ! Cette tâche, à la fois nécessaire et impossible, est l'une des premières responsabilités du Commissaire de la République, la plus grave. Comités de Libération et préfets procèdent à des arrestations : à lui de veiller à la suite.

En attendant la mise en place des cours de justice et des chambres civiques, j'institue des tribunaux militaires pour les affaires qui ne peuvent attendre et j'impose dans chaque département une commission de vérification des internements contrôlée, au niveau régional, par une commission d'appel dont je demande au Premier Président de la Cour d'appel d'Angers, M. Lessard d'assurer la présidence. Avant la fin du mois d'août, je fais savoir que les Comités de Libération n'ont plus qu'un droit de proposition, soit en intentant une poursuite devant cour de justice ou chambre civique, soit en proposant des sanctions administratives à un préfet qui gardera sa liberté d'appréciation. Dans le rapport que j'adresse le 11 septembre à Adrien Tixier, nouveau ministre de l'Intérieur, je signale que si les grands coupables sont partis avec les Allemands, il reste cependant, parmi les personnes arrêtées, des cas graves. Et j'écris à ce sujet :

« Maintenant, il faut juger vite. L'ordonnance qui crée les cours de justice présente deux défauts : elle n'est pas assez précise et la procédure qu'elle institue est inutilement lente. Elle est imprécise : les articles sur les faits punissables et les peines à appliquer exigent, je crois, une circulaire d'interprétation. La procédure est lente : le choix des jurés va exiger des semaines et des mois, à tel point que j'ai pris de moi-même la décision de réviser les règles établies. Le choix des jurés va être fait par les comités départementaux de la Libération, et d'ici huit jours, j'aurai pour la région une liste de deux cents jurés. J'ai également désigné le président et le parquet. Mais je ne puis avancer davantage avant la circulaire d'application.

« En attendant, un tribunal a été constitué. Il se transforme en cour martiale chaque fois que le caractère de l'affaire le permet. Des miliciens ont déjà été condamnés aux travaux forcés à perpétuité ou à temps. Des cas plus graves seront soumis à la cour cette semaine, mais j'insiste sur le caractère insuffisant des textes dont nous disposons. Il faut que des décisions nouvelles permettent d'achever la tâche d'épuration dans les trois mois au plus tard. »

Et je souligne ces derniers mots.

Le bilan de ce tribunal et cour martiale tour à tour, s'établit ainsi : 7 condamnations à mort, 7 aux travaux forcés dont 1 à perpétuité, 1 à la réclusion criminelle, 39 à la prison à temps, 10 acquittements et 12 condamnations à une amende simple.

Cours de justice et chambres civiques furent installées dans le courant du mois de septembre. Il n'était pas possible d'aller plus vite. D'octobre à avril 1945, mois où je quittai la région, elles prononcèrent 45 condamnations à mort (dont la moitié, semble-t-il, par contumace), 15 condamnations aux travaux forcés à perpétuité, 105 à temps, 29 à la réclusion criminelle, 227 condamnations à un temps de prison, 28 à « l'indignité nationale » à titre principal et 50 acquittements. De nombreuses peines accessoires furent prononcées — interdiction de séjour, confiscation des biens, amendes, et surtout indignité nationale : 565.

Voilà pour l'action judiciaire. L'ampleur de la tâche administrative est mesurée par les chiffres suivants qui furent précisés à ma demande, lors de mon départ : les préfets des cinq départements prirent 13 544 arrêtés intéressant les personnes : 37 furent renvoyés devant les tribunaux militaires (24 en Maine-et-Loire ; 13 en Loire-Inférieure) ; 1 688 déférés au parquet des cours de justice (Mayenne : 258 ; Maine-et-Loire : 386 ; Loire-Inférieure : 314 ; Indre-et-Loire : 390 ; Sarthe : 340) ; 640 déférés au parquet des tribunaux de droit commun (Mayenne : 520 ; Maine-et-Loire : 8 ;

Loire-Inférieure : 15 ; Indre-et-Loire : 95 ; Sarthe : 2) ; 366 personnes firent l'objet d'une mesure d'éloignement de leur domicile (Mayenne : 1 ; Maine-et-Loire : 4 ; Loire-Inférieure : 223 ; Indre-et-Loire : 62 ; Sarthe : 76) ; 1 357 personnes furent frappées d'assignation à résidence surveillée (Mayenne : 188 ; Maine-et-Loire : 82 ; Loire-Inférieure : 157 ; Indre-et-Loire : 470 ; Sarthe : 460) ; 9 456 personnes furent internées par arrêté préfectoral (Mayenne : 630 ; Maine-et-Loire : 2 008 ; Loire-Inférieure : 2 144 ; Indre-et-Loire : 2 440 ; Sarthe : 2 234).

Une autre statistique complète la précédente : 6 036 dossiers furent soumis aux commissions départementales de vérification (Mayenne : 505 ; Maine-et-Loire : 798 ; Loire-Inférieure : 862 ; Indre-et-Loire : 1 243 ; Sarthe : 2 628). Ces dossiers touchent exclusivement les personnes dont le sort fut réglé par le préfet, sans intervention de la justice. Si on ajoute à ce chiffre 2 041 personnes remises en liberté rapidement (Mayenne : 167 ; Maine-et-Loire : 465 ; Loire-Inférieure : 259 ; Indre-et-Loire : 660 ; Sarthe : 490), on constate que plus des trois quarts des personnes dont la sanction avait été administrative, donc provisoire, firent l'objet d'une vérification. Si je considère qu'en avril 1945, outre les 2 041 mises en liberté, bien des assignations ou éloignements étaient caducs ou en voie de le devenir, je conclus que tous les arrêtés des préfets avaient fait l'objet d'une vérification ou étaient en voie de l'être.

Je suis intervenu directement à propos de 1 955 affaires, soit par évocation directe, soit par renvoi au préfet. Je mis 18 personnes à la disposition de la justice militaire (Maine-et-Loire : 12 ; Loire-Inférieure 2 ; Indre-et-Loire : 2 ; Sarthe : 2) ; j'en déférai 319 à la cour de justice (Mayenne : 2 ; Maine-et-Loire : 69 ; Loire-Inférieure : 11 ; Indre-et-Loire : 40 ; Sarthe : 197) ; et 4 aux tribunaux de droit commun (Maine-et-Loire) ; je décidai 41 éloignements de leur domicile (Loire-Inférieure : 1 ; Indre-et-Loire : 20 ; Sarthe : 20) et 96 mises en résidence surveillée (Maine-et-Loire : 40 ; Indre-et-Loire : 10 ; Sarthe : 46) ; et j'internai directement 1 477 personnes (Mayenne : 49 ; Maine-et-Loire : 350 ; Loire-Inférieure : 213 ; Indre-et-Loire : 197 ; Sarthe : 668 ; 138 furent remises en liberté à l'occasion de Noël 1944. Les causes de ces décisions administratives, et notamment des internements, étaient nombreuses : appartenance aux mouvements de collaboration, travail volontaire ou fourniture de marchandises aux Allemands, participation aux cérémonies et aux plaisirs des Allemands. La formule « attitude hostile au relèvement de la patrie » renvoyait à des propos répétés favorables à la victoire allemande et à la collaboration, ou hostiles soit aux Alliés soit à la France libre.

A la fin de l'année 1944, alors que tous les dossiers importants et graves sont déposés devant la justice, je mets au point pour l'ensemble des autres affaires, une procédure générale. Après examen par la commission régionale de vérification, toutes les décisions des préfets me sont soumises. Il s'agit principalement des internements, c'est-à-dire soit de leur durée soit de leur transformation en poursuite judiciaire. Pour la période janvier à avril, date de mon départ, j'ai ainsi progressivement à statuer sur l'ensemble des dossiers, et mon successeur Alain Savary fera de même dès la première semaine de sa prise de fonctions.

J'ai pris au hasard cent dossiers parmi ceux qui me furent soumis. Dans treize cas, la commission régionale m'a proposé des peines supérieures à celles prononcées par le préfet : je ne l'acceptai que dans un seul cas ; dans cinquante-trois cas, la commission me suggéra le maintien et, sauf pour quatre que j'augmentai et deux que je diminuai, je la suivis. Dans trente-quatre cas, la commission m'invita à diminuer la durée, mais je n'y consentis que pour vingt et un de ces cas.

Je me préoccupai des conditions matérielles d'internement et d'emprisonnement. Je demandai aux préfets de visiter les camps, ce qu'ils firent tous, et aux commissions de vérification, notamment à la commission régionale, d'aller sur place et d'interroger les internés. Avec Pontal, j'inspecterai deux des six camps de la région.

Une fois le parquet saisi, les affaires judiciaires n'étaient plus de mon ressort. Mais j'ai eu des rapports étroits avec l'excellent premier président de la cour d'appel qui exerça ses fonctions avec la plus grande conscience. Je recevais magistrats et avocats, j'étudiais les dossiers qui m'étaient signalés, et certaines affaires furent graves.

En septembre, je suis saisi d'un rapport sur les exactions d'un maquis aux environs de Loches. Les nouvelles autorités municipales et départementales sont médusées par un soi-disant justicier qui, en toute impunité, agit contre les personnes et les biens. Les observations que je lis me surprennent. Je ne connais pas de maquis dans cette région. Le nom de guerre de son chef n'évoque aucun souvenir en mon esprit. Mes premiers ordres d'arrestation ne sont pas exécutés et le personnage continue à sévir. Je décide une opération de police qui sera tenue secrète et partira d'Angers. Elle réussit et aboutit à l'arrestation du dénommé Le Coz qui sait si bien évoquer ses titres de Résistance que les autorités locales se laissent aller à lui offrir un verre de champagne avant que l'équipe que j'ai envoyée sur place ne l'emmène. Bientôt ses aveux, complétés par une enquête en Normandie, révèlent un ancien employé de la Gestapo. Il a assassiné au nom de la collaboration avant d'assassiner au nom de la Résistance. Je le fais juger à Angers. Il sera fusillé.

Un autre cas fut celui d'un fonctionnaire responsable de la police qui s'était illustré, au début de l'Occupation, par une attitude indigne dans un des départements de la région. Il avait retourné sa veste et seule ma bonne mémoire a, au début de l'année 1944, empêché sa promotion clandestine au poste de préfet pour lequel de sincères résistants l'ont proposé avec insistance. Ses bonnes relations politiques lui permettent cependant d'accéder à un emploi important dans l'administration nouvelle. La réaction du Comité départemental de Libération est très forte et je la comprends. Mais l'homme a des appuis. Adrien Tixier m'en parle. Le Général m'interroge car on a osé lui parler de ce cas. Je peux d'autant moins arrêter la justice que le Comité de Libération a le pouvoir de la saisir et je ne veux pas accepter d'être complice. Une enquête est décidée : envoyé de Paris, un enquêteur multiplie des dépositions de témoins qui ne savent rien, qui ne se souviennent de rien. Sur ces entrefaites, l'un des principaux accusateurs, membre du Comité de Libération, meurt, victime d'un accident de circulation. On parle d'un assassinat qui ne me paraît pas vraisemblable. Cependant l'enquête ne permet pas de conclure. Le silence recouvrit peu à peu cette affaire qui, deux ans plus tard, déboucha sur un non-lieu. L'intéressé ne put cependant jamais accéder à la grande carrière qu'il avait envisagée et je gagnai une réputation d'intransigeance.

J'eus aussi à faire face à des protestations populaires. La mise en liberté, à Cholet, au début de janvier, d'un quidam dont le dossier avait paru mince, provoqua une manifestation monstre et je n'éviterai l'émeute qu'en organisant une réunion publique d'explication. J'ai déjà évoqué cette expérience d'une salle houleuse que je ne pourrai calmer qu'en posant la question : « Qui, dans cette salle, n'a depuis 1939 rien à se reprocher du point de vue patriotique ? » Le silence fut immédiat.

A l'inverse, j'eus à répondre à de multiples plaintes au sujet de sévérités mal comprises.

Un acariâtre a mouchardé un voisin qui écoutait la radio

anglaise : pourquoi le punir sévèrement ? C'est qu'à la suite de cette délation, le voisin a été arrêté et depuis on ne l'a pas revu.

Un négociant aimable a reçu à sa table des Allemands après avoir signé de fructueux contrats. Est-ce vraiment criminel ? Ces mêmes Allemands étaient responsables de l'emprisonnement de plusieurs Français qui furent déportés.

Un avantageux a loué les mérites du parti de Doriot à des jeunes dont plusieurs se sont engagés dans la Légion des volontaires français pour lutter contre le bolchevisme. N'est-ce point une erreur qu'il faut oublier ? Un garçon qu'il a endoctriné, contre sa famille, est mort sur le front de l'Est.

Un notable a dit, écrit et répété qu'il fallait purger la France de tous les gaullistes, communistes et Juifs. Ce ne sont que des mots, semble-t-il. Pourtant ses voisins juifs ont été arrêtés et ont disparu.

Une châtelaine se plaint d'être interrogée et menacée de poursuites. Elle a reçu des officiers allemands à sa table. « C'était pour hâter la libération de mon mari prisonnier », dit-elle. Le même motif est allégué par une servante d'auberge. On ne peut faire deux poids et deux mesures. Et pour passer l'éponge, il ne suffit pas de hisser le drapeau américain à sa fenêtre, le dernier jour.

J'ai passé de longues soirées à lire des dizaines et des dizaines de dossiers. Aucune réunion de préfets ne se passait sans un examen attentif des cas litigieux. Nous avions le souci d'appliquer les mêmes principes dans les cinq départements. Une volonté tenace m'animait et animait les cinq préfets de séparer les cas qui tombaient sous le coup de poursuites judiciaires de ceux qu'un internement à temps sanctionnait suffisamment. Dans les procès, les droits de la défense furent assurés, et rares furent les doléances des avocats.

Ah ! certes, j'ai reçu des lettres émouvantes, d'amis, d'inconnus, d'épouses, de parents… Je me souviens notamment de deux lettres de fils plaidant pour leurs pères : le premier était un négociant qui avait été compromis par l'argent trop vite gagné sous l'Occupation, l'autre était le fils d'un écrivain notable, mais durement rejeté par le voisinage pour sa propagande en faveur de Vichy. L'un et l'autre engagés à vingt ans, après la Libération, dans la 2e D.B., m'assuraient que leurs pères leur avaient toujours appris l'amour de la France. Ces deux garçons tombèrent au champ d'honneur.

Ce n'est certes pas pour tenir compte du grondement populaire qu'il fallait sévir, mais pour sanctionner une attitude incompatible avec le temps de guerre et le martyre que subissaient des Français et des Françaises. Il est vrai que bien des foyers avaient passé la guerre enfermés dans leur coquille et même s'ils écoutaient la radio de Londres, trop d'entre eux étaient restés passifs et comme étrangers aux malheurs qui s'abattaient sur des milliers de leurs compatriotes. Mais quel avenir pouvait-on bâtir pour la France si l'on ne sévissait pas contre ceux qui avaient participé à la collaboration avec un vainqueur impitoyable ? Le retour de la tyrannie à la liberté, de la barbarie à la civilisation, impose une justice qui ne peut pas être la justice ordinaire de la liberté et de la civilisation. Il y a un passage qui n'est pas le passage de la vengeance, mais celui de la salubrité. Je tenais à ce que cette justice du retour à la liberté et à la civilisation respectât la dignité de la personne, même celle d'un infâme voué à la corde. Je n'oubliais pas non plus l'objectif national : tourner la page en agissant promptement afin de ne pas laisser de séquelles.

Cependant, il y en eut, notamment lorsque revinrent les déportés. Et combien étaient morts, emportant avec eux le secret de la trahison qui les avait fait périr !

J'étais dans une région paisible mais qui avait souffert, notamment à Nantes. J'étais préparé à mes fonctions par une bonne connaissance de la vraie Résistance. J'étais secondé par des préfets attentifs, de grande qualité humaine, indifférents à tout souci de carrière. Ces diverses raisons expliquent que l'on y compte moins d'une dizaine de meurtres sauvages. Je fus privilégié. Mais des chiffres fantastiques publiés par la suite m'imposent de donner mon opinion pour toute la France après avoir, à l'époque, esquissé un bilan, de concert avec les autres Commissaires de la République.

Oui, il y eut des excès et des erreurs. Oui, des personnages douteux, qui n'avaient jamais résisté, qui parfois avaient collaboré, se sont scandaleusement présentés comme des justiciers ; oui, des règlements de comptes ont été odieusement couverts par un mensonge patriotique ou par la tactique volontairement sanguinaire de groupes et groupuscules d'inspiration communiste ou anarchiste. Mais que l'histoire considère les misères subies, les humiliations imposées et les rancunes accumulées ! Les Allemands et les collaborateurs ont pendant quatre ans, par la presse et la radio, incité les Français à se dénoncer les uns les autres. La milice créée, organisée, financée par Vichy s'est livrée dans certaines régions à d'abominables exactions. Je le dis comme je le pense, et comme je l'avais prévu : cette réaction était de l'ordre de la fatalité. Je me revois à Paris un soir de novembre 1943, dînant avec deux amis du Conseil d'Etat fidèles et discrets, Jean Toutée et René

Hoffher. L'un et l'autre vivaient en dehors du monde de la collaboration et en dehors du monde de la Résistance. A leur stupeur angoissée je leur avais prédit l'anarchie sanglante dont la France était menacée. Sans communications, sans essence suffisante pour les voitures, sans gendarmes ni policiers (dont certains étaient fortement contestés), le rétablissement de l'ordre et de la justice ne pourrait être immédiat. Il exigerait plusieurs jours, quelques semaines, ailleurs davantage encore... C'est effectivement ce qui se passa. Des violences éclatèrent alors que routes et villes étaient encore tenues par l'ennemi. Dans les régions qu'aucune armée régulière française ou alliée ne libéra, le rétablissement des fils de l'autorité ne pouvait se faire en quelques heures; commissaires de la République et préfets eurent à faire face à une situation que l'histoire aura de plus en plus de difficultés à décrire avec exactitude. S'il fallut un peu partout en France prononcer des réquisitions d'usines, soit à titre de sanction, soit pour faciliter la reprise du travail, il est vrai qu'il y eut des séquestres abusifs mais la remise en ordre ne tarda guère et sauf exception fut achevée en deux ans.

Robert Aron vint m'interroger lorsqu'il rédigea son ouvrage sur la Libération. Je lui dis ce que je viens d'écrire et je me référai aux chiffres dont le Général fait état dans ses *Mémoires.* Tout honnête et scrupuleux qu'il voulut être, et qu'il fut, il ne me paraît pas qu'au fond de son cœur il ait pris l'exacte dimension ni du vide créé par l'effondrement de Vichy, ni de la colère provoquée par les violences de l'occupant semant sa sanglante terreur jusqu'à la dernière minute de sa retraite.

***

Le 1er septembre, les Allemands quittent le sud de la Loire. Ma région est libérée, à l'exception de Saint-Nazaire qui devient avec Royan, Rochefort, La Rochelle et Lorient l'une des « poches » de l'Atlantique. Au début d'août, une forte offensive américaine aurait pu anéantir les projets allemands mais la poursuite du gros de l'ennemi a exigé la marche vers l'est. Tout regret est superflu. Le général Jung a repris en main ses vingt mille hommes et constitué un dispositif de défense avec un armement important au nord et au sud de la Loire. Son autorité s'étend sur une population de cent vingt mille habitants. La limite de cette petite « zone » encore occupée part de Pornic et du pays de Retz, au nord de la Vendée, traverse la Loire à l'est de Paimbœuf, coupe la route nationale à l'est de Savenay et de Saint-Gildas-des-Bois, passe au sud de Redon et suit dans le département du Morbihan le cours de la Vilaine. La grande Brière est au sud de la poche. Une guerre de siège commence.

Face aux Allemands nous disposons de groupes F.F.I. courageux et désordonnés. Leur chef est Chombart de Lauwe, *alias* colonel « *Félix* » dont j'ai parlé plus haut. Il a dirigé un maquis pendant quelques mois. Il est efficace. Il a la confiance du Comité de Libération. Mais il est ombrageux et ses démêlés avec le colonel Kinley, délégué départemental désigné par le commandement national F.F.I., me donnent bien du tracas. Son autorité est contestée : plusieurs groupes ont pris part aux combats de la Libération et, formés de bataillons dont certains sont bien commandés, ils ont gardé le goût de l'autonomie.

Au cours du mois de septembre, j'aide « *Félix* » à rassembler son monde. Les combattants issus du seul département ne sont pas très nombreux et une offensive allemande les aurait rapidement dispersés. Ils reçoivent des renforts de groupes F.F.I. venus des Mauges et du Choletais et des volontaires qui s'enrôlent à Nantes sous le sigle des Francs-Tireurs et Partisans. Par la suite, le commandement militaire fit venir de nouveaux groupes F.F.I. de Vendée et d'Ille-et-Vilaine. Ceux du Morbihan sont retenus dans la poche de Lorient. Certains de ces groupes ont été constitués au lendemain de la Libération. L'entente entre les chefs F.F.I., quand chacun reste attaché à son secteur, est peu à peu assurée.

A la fin de septembre, Chombart de Lauwe dispose d'environ dix mille hommes, qui sont dépourvus de tout ce qu'il faut pour former une armée — sauf de la volonté de se battre qui est au plus haut. Il ne peut que donner à l'ennemi la certitude qu'un coup de main sur Nantes serait cher payé. Depuis les combats de la Libération, où les unités F.F.I. ont subi des pertes, le courage de leurs hommes est connu. Ainsi fut établi un front qui, paraît-il, rappelle celui de la Première Guerre mondiale avec ses avant-postes, ses tranchées, ses pôles de défense. En bref, une mini-guerre de positions. Un réseau de résistance est établi derrière les lignes du commandement allemand, et un médecin de Campbon, près de Saint-Nazaire, le Dr Verliac, connu sous le nom de « *Paulus* », en devient le chef, avec des soldats aguerris et même un bon armement. Il renseigne et organise des sabotages. De sa préfecture, Vincent reste en contact avec lui, ainsi qu'avec le sous-préfet.

Ma tâche, en tant que responsable civil, est d'aider les chefs militaires à assurer la sécurité de la région nantaise et le préfet de

Loire-Inférieure à établir des liaisons pour ravitailler la population enfermée et affamée. Un envoyé de Londres, Alain Wilk, dont je connais le surnom « Tola » car il a naguère épousé une de mes cousines, a été parachuté avant le débarquement comme délégué militaire dans la région. Les difficultés de la situation et certaines querelles de personnes le décident à insister en haut lieu pour appuyer ma demande de remise en ordre accompagnée d'un nouvel armement comme d'un nouvel encadrement. Nous sommes entendus. Chomel, un colonel d'active, qui est à la tête d'unités issues de l'Armée de l'armistice, vient se présenter à moi. En juillet et en août, il a déjà mené avec succès des combats contre les Allemands, notamment dans la région de Poitiers, d'où le nom de son unité : « brigade Charles Martel ». Son arrivée à Nantes et sa prise de commandement permettent d'envisager « l'amalgame » qu'il réussit malgré les réserves des unités F.F.I. à l'égard des militaires de carrière. Je lui en ai gardé une grande estime.

Le 20 octobre, je reçois la visite du général de Larminat, dont je fais alors la connaissance. Il m'apparaît comme un soldat courageux et sûr de lui qui, faute de mieux, se satisfait du commandement des forces de l'Ouest, c'est-à-dire des unités chargées de réduire les quatre « poches » de l'Atlantique. Nous déjeunons ensemble. Je ne partage pas ses vues. A moins qu'il lui soit commandé de libérer le port en vue d'assurer des débarquements alliés, je ne vois pas l'utilité d'un combat où, compte tenu des déséquilibres du nombre et des armes, non seulement nous perdrons beaucoup, mais encore nous risquons de donner aux Allemands l'occasion de lancer des communiqués héroïques. Le colonel Chomel partage mon avis. Il est conscient d'être à la tête d'unités plus riches en sentiments patriotiques qu'en munitions. Larminat croit, ou feint de croire, qu'il lui suffira de demander des moyens pour les obtenir. A partir du moment où il se trouvera en force, il donnera l'assaut. Je doute qu'il puisse avoir satisfaction dans l'immédiat, car nul ne s'intéresse à ces poches perdues où les Allemands sont enfermés. J'estime, et lui dis, qu'à moins de disposer d'une supériorité incontestable en hommes et matériel, mieux vaut attendre le jour de la victoire qui conduira à la capitulation des assiégés. Mon opinion ne s'appuie pas seulement sur la pauvreté de nos moyens, mais aussi sur un sentiment populaire que j'analyse avec une inquiétude dont je ressens encore l'amertume au moment où je l'évoque.

Pour les Français, la Libération c'est la paix. Il appartient donc aux professionnels de la guerre, aux Alliés et à quelques volontaires français, de terminer l'affaire sans demander de sacrifices. A vrai dire, j'étais, et suis encore, persuadé que cette impression décourageante était excessive. De nombreux jeunes s'engagent et les vrais résistants ne sont pas démobilisés. Mais quatre années de prêchi-prêcha vichyssois reçu par un corps social déjà écrasé par la défaite ont fait leur œuvre, à laquelle il faut ajouter le poids du complexe d'infériorité provoqué par l'Occupation.

En cet automne 1944, tout débat est donc inutile. Il faut laisser Chomel, bientôt général, mener à bien sa tâche d'amalgame et de préparation. Il faut l'aider à mieux habiller et nourrir ses hommes qui doivent apprendre à se protéger des tirs d'artillerie et à résister aux « sorties » que le commandement allemand ordonne de temps à autre.

Je passe le premier jour de l'année nouvelle au milieu des soldats de cette petite guerre annexe. Je vois côte à côte les anciens F.F.I. du Choletais avec leur veste en peau de mouton, le Sacré-Cœur sur la poitrine, et les F.T.P., formés d'ouvriers nantais. Un jeune homme, à la tête d'une section, instituteur ou élève instituteur, réconcilie son opinion de gauche avec son engagement militaire en affirmant sa filiation historique ! « Nous sommes les successeurs des soldats de Bouvines et de Valmy. » J'ajoute : « Et des soldats de la Marne et de Verdun. »

C'est alors que je fais appel à Georges Galichon, jeune auditeur au Conseil d'Etat, dont je connais les qualités d'intelligence et de cœur, et le dévouement à toute épreuve. Je le nomme sous-préfet de Saint-Nazaire, avec résidence à Nantes, auprès d'Alexandre Vincent. Dans l'hypothèse d'une longue attente, sa mission est de coordonner les renseignements, d'accueillir les habitants qui réussiraient à sortir de la poche, de manifester en toute occasion le souci que nous avons de la population assiégée ; enfin, de faire en sorte que la Libération se fasse dans les meilleures conditions possibles. Il établit des rapports avec le sous-préfet que Vichy a naguère désigné et qui vit des jours difficiles avec un courage que Vincent et moi apprécions. Nous le lui faisons savoir.

En décembre, Larminat m'apprend qu'il commandera prochainement la réduction des poches, car il va recevoir de l'artillerie, des troupes blindées américaines, ainsi que la 2e D.B. Son projet est annulé par l'offensive du maréchal von Rundstedt. Il sera repris par la suite et Larminat recevra enfin les moyens qu'il estime nécessaires pour réduire Royan, puis Rochefort et La Rochelle. La capitulation allemande du 8 mai arrête les opérations. Après en avoir reçu l'ordre de l'amiral Dönitz, le général Jung se rend. C'est mon successeur, Alain Savary, qui aura la satisfaction de présider à la libération totale de la région.

***

Au début de janvier, le général de Gaulle me fait savoir qu'il passera une journée à Nantes et à Angers. Le dimanche 14, il arrive de bon matin à la gare de Nantes, accompagné de Dautry, ministre de la Construction et de Tanguy-Prigent, ministre de l'Agriculture. L'amiral Thierry d'Argenlieu est également du voyage. Le froid est vif. La neige est tombée, puis un bref dégel l'a transformée en boue, qu'un nouveau gel a glacée. Les Nantais sont venus en foule. Une nouvelle fois, je lis sur les innombrables visages la gratitude et l'émotion. La visite officielle doit tenir en une matinée et son moment le plus solennel est, devant le monument aux morts, la remise de la croix de la Libération à la ville de Nantes. Le nouveau maire, le syndicaliste Constant, tient le coussin, des larmes dans les yeux. Puis le Général s'adresse à la foule dont les applaudissements, malgré la réserve habituelle des Nantais, se prolongent longtemps. Nous faisons en voiture le tour des quartiers sinistrés.

Il y avait eu auparavant un moment d'émotion. Le programme officiel avait tout prévu, de la réception des corps constitués jusqu'au déjeuner, mais nous n'avions pas ménagé un temps pour la messe dominicale. Le Général m'en fait l'observation. En hâte, par Palleau, le collaborateur de Vincent, j'avise l'évêque qui, pour l'heure que je lui propose, trouve une chapelle intacte où nous nous rendons. J'ai déjà évoqué la réception que l'évêque m'avait réservée lors de la libération de Nantes. Je ne l'avais pas revu depuis. Je ne suis donc pas étonné de la surprise que son visage ne peut dissimuler. Imprégné de la propagande de Vichy, le prince de l'Eglise n'en croit pas ses yeux. Croit-il vraiment que les gaullistes n'étaient qu'athées, défroqués, juifs ou communistes ? Je vois de temps en temps son œil interrogateur se poser sur le Général, sur les ministres à ses côtés, sur l'amiral d'Argenlieu, sur le préfet Vincent, sur moi-même…

A l'issue du déjeuner, je lève mon verre en l'honneur du Général. J'évoque le souvenir de Clemenceau qui fut écolier et étudiant à Nantes. Puis nous reprenons le train pour Angers où nous attendent les officiels groupés autour de Fourré-Cormeray, tous très émus. Dans un froid plus vif encore qu'à Nantes, les Angevins massés comme de mémoire d'homme on n'en avait jamais vu, font un triomphe au Général. De la gare à l'hôtel de ville où je lui présente mon épouse, au balcon de l'hôtel de ville d'où il parle et sera follement acclamé, comme de l'hôtel de ville à la préfecture où il se rendra à pied, de joyeux vivats disent en ce jour d'hiver glacial et enneigé la chaleureuse liesse d'Angers.

Le Général reçoit les corps constitués, dialogue avec les membres du Comité de Libération. Je lui présente les personnalités angevines et tourangelles que j'ai priées de venir. Comme je l'ai fait à Nantes, j'ai réservé quelques instants pour les résistants et les familles de déportés. En tête vient Victor Chatenay, le futur maire et sénateur, qui a repris son commerce après avoir travaillé pour un réseau anglais. « Alors, monsieur Chatenay, vous êtes allé à Londres et n'êtes pas venu me voir ? » Ainsi commença le dialogue entre le Général et cet homme exceptionnel dont la fidélité gaulliste ne s'est plus départie.

Alors que la journée s'achève, le général de Gaulle s'installe dans mon bureau. Il reçoit la veuve du général Diego Brosset et ses enfants, puis me demande de rester avec lui un instant. Après une parole amicale, il m'interroge sur ce que je pense. Je réponds qu'il me paraît urgent de sortir du provisoire. La libération de la France s'achève. Il faut éviter la renaissance des querelles politiques inutiles et orienter les Français vers des perspectives qui les fassent se dépasser eux-mêmes. A propos des querelles qui montent à l'horizon, je lui donne deux exemples : les institutions et l'enseignement catholique, si important dans l'ouest de la France. A propos des perspectives, j'évoque brièvement les orientations économiques et financières. A toutes mes observations, il répond par l'exigence de base : il faut attendre que la Victoire permette le retour des captifs, prisonniers et déportés. Alors la nation pourra être valablement consultée et viendra l'heure de la solution aux problèmes. Dois-je insister? Je comprends que le Général ne m'attend pas sur ces sujets. Après un silence, je lui parle de l'action gouvernementale et j'évoque le nom de mes amis qui sont ministres et dont je suis sûr qu'ils doivent fournir un remarquable effort. La réponse du Général est positive. Sans plus. Il me semble qu'il n'a pas trouvé chez les dirigeants de la Résistance intérieure les qualités qu'il attendait. Puis, venant du fond de lui-même, j'entends ces phrases qui sont la conclusion de notre entretien : « Les Français ne savent pas que la renaissance de la France tient du miracle. Ils pensent qu'il y aura toujours un homme qui sauvera la France. Ils croient donc qu'ils peuvent agir à leur fantaisie et se quereller. Ce n'est pas vrai. Il n'y aura pas toujours un miracle pour sortir d'affaire les Français ni la France. »

Ce jour-là, je comprends la tragédie du Général. D'un côté les vertus de la France, de l'autre l'insuffisance des Français. Le Général attend des dirigeants de la Résistance qu'ils se transforment en artisans du redressement, aussi ardents et désintéressés, aussi « gaullistes » en un mot, qu'il les a espérés. Or leurs préoccupations lui paraissent imprégnées de considérations secondaires. Le Général se réfugie donc sur l'essentiel : l'achèvement de la mission qu'il s'est fixée le 18 juin 1940, reconstituer la France et l'asseoir à la table des vainqueurs lors de la capitulation de l'Allemagne et du Japon. Après quoi, il verra. En ces jours où nous attendions un recommencement, le Général sent une fin qui s'approche.

A l'issue du dîner, je salue publiquement le Général une nouvelle fois. Je lui apprends que l'origine de la croix de Lorraine est en Anjou. C'est une croix à deux traverses inégales, conservée en reliquaire dans un couvent dit de la Boissière, non loin de Baugé, qui vient de Jérusalem *via* Constantinople. Elle a servi de modèle à la croix de bronze qui, du sommet de la cathédrale d'Angers, domine la ville et ses alentours. Le roi René ayant conquis la Lorraine y transporta sa croix qui, depuis lors, symbolise cette marche de la patrie. La croix de Lorraine est désormais celle de la France.

***

Les régions et leurs Commissaires de la République formaient les pièces d'un puzzle qui s'appelait la France et son Etat. L'objectif était de refaire le puzzle c'est-à-dire l'unité. J'étais moi-même si soucieux de la retrouver que deux jours après mon installation, je rédigeai un bref rapport sur la situation à l'intention d'Emmanuel d'Astier de la Vigerie, le ministre de l'Intérieur, qui se trouvait encore à Alger ! A vrai dire, ce geste me plaisait ; il avait une valeur symbolique si l'on pensait aux conditions de notre dernière rencontre près d'un an auparavant, dans un café parisien ! Trois semaines plus tard, au mois de septembre, j'adresserai mon second rapport à Parodi qui faisait fonction de gouvernement en attendant qu'il s'en constituât un : des directeurs de ministères siégeant à Paris avaient nommé des fonctionnaires dans ma région sans me consulter et j'avais dû annuler leurs décisions. A la fin de ce même mois de septembre, mon troisième rapport fut adressé à Adrien

Tixier, nouveau ministre de l'Intérieur : c'était un rapport d'information classique où je soulignais l'importance d'une décision politique très attendue sur le maintien ou la suppression des aides aux écoles privées qu'avait décidées le gouvernement de Vichy ; j'évoquais aussi les difficultés que provoquait l'administration parisienne en commandant directement aux chefs de service régionaux ou à leurs subordonnés départementaux, sans aviser ni interroger le Commissaire de la République ; enfin et surtout, j'avertissais le gouvernement du « malaise » que la hausse des prix provoquait dans l'opinion. Je me souviens du plaisir que j'éprouvai à trouver dans mon courrier la première manifestation écrite de la centralisation, c'est-à-dire de l'unité nationale. C'était une circulaire signée René Capitant, qui nous recommandait de veiller à la protection puis à la remise en état des monuments historiques dégradés par faits de guerre !

Des réunions de Commissaires de la République furent instituées pour établir un lien direct entre le gouvernement et ses premiers représentants. Tixier commença, fin septembre, par une réunion des Commissaires du nord de la Loire ; puis ce fut le tour des Commissaires du sud et du sud-est. Après quoi, nous fûmes convoqués tous ensemble. Emile Laffon et Jean Morin étaient les ordonnateurs de ces séances qui, tenues dans la grande salle du ministère de l'Intérieur, créèrent entre tous les participants des liens très solides. Un scénario devint rapidement habituel : le matin, un tour de table en présence du ministre de l'Intérieur ; puis déjeuner au ministère de la Guerre sous la présidence du général de Gaulle ; l'après-midi, audition et dialogues avec des ministres. La renommée de Pierre Mendès France commença ainsi à s'établir dans le milieu que nous formions : lors d'une réunion réservée aux problèmes économiques et financiers, il traça avec clarté les grandes lignes d'une politique globale. C'était ce que nous attendions des ministres et qui parfois nous manquait.

Dans un premier temps, les Commissaires de la République avaient eu un avantage sur les ministres : ils étaient sur le terrain, ils s'efforçaient d'avoir les services en main et, dans l'absence ou la fragilité des communications, ils exerçaient la réalité du pouvoir. Dans le courant de l'année 1945, les choses changèrent : les communications étaient rétablies, les administrations avaient repris corps et des liaisons directes entre services centraux et services extérieurs fonctionnèrent.

La principale difficulté de la transition entre ces deux phases fut le retour des mauvaises habitudes de l'excessive centralisation.

L'unité n'exige pas les multiples instructions directes et secondaires qui partent des bureaux parisiens, souvent à l'insu des ministres. Sur ce point, la contestation entre ministres et Commissaires de la République fut amicale, mais constante. Alors que les Commissaires de la République sentaient que leurs responsabilités politiques, économiques et sociales demeuraient grandes, les ministres n'avaient pas toujours la volonté de faire respecter par leurs services une hiérarchie dont trop de fonctionnaires, ou d'hommes politiques, considéraient qu'elle avait un caractère provisoire...

Je me gardais d'autant plus de tout excès de critique que par la rapidité avec laquelle j'avais pu réorganiser l'administration et commander les services techniques, j'étais un favorisé. J'avais même fait l'expérience de mon autorité en prenant la tête de la campagne pour l'Emprunt de la Libération, et j'avais pu placer la région d'Angers dans le lot de tête des souscripteurs. Je souffrais cependant des attitudes contradictoires des différents ministères et de leurs services. C'est à cette époque que je renouvelle mes idées sur l'utilité d'une formation commune à tous les responsables de l'action administrative en vue d'assurer la cohérence de l'Etat. Je constate sur le terrain les limites de la centralisation. Enfin, je réalise par expérience qu'un chef qui entend être obéi doit toujours se préoccuper, par ses collaborateurs directs, de l'exécution de ses décisions.

Les ministres commencent à se déplacer. En octobre, nous recevons Diethelm à Angers et Tillon à Nantes. En janvier, ce sont Teitgen à Angers et René Mayer à Nantes, Angers et Tours. En janvier également Frenay vient au Mans. Ces hommes, inconnus de l'opinion provinciale, étaient reçus avec curiosité mais aussi avec l'intérêt qui s'attachait à tout ce que faisait le gouvernement du général de Gaulle. Parmi les visites officielles, il en est une qui mérite d'être citée car elle toucha un grand nombre d'Angevins : celle du général Vannier, ambassadeur du Canada. Elle signifiait la fin de la solitude qui avait accompagné l'Occupation.

Je m'octroie quelques heures de détente dans les pays de mon enfance et de mon adolescence, le pays de Vouvray et d'Amboise, et le pays de Saumur. Je rends visite à Mme Abel Ferry, en sa maison de Targé. Je salue le curé de Turquant qui fut un bon résistant. Je me donne un dimanche le loisir d'une promenade dans les vignes de Parnay, je vais à Chinon, à Loches et à Amboise. Je passe une nuit dans la maison de mon père à Vernou-sur-Brenne. Je rends visite à des amis de Nazelles et de Montlouis. Des hommes manquent à l'appel, mais l'atmosphère n'a guère changé. En visite dans le Chinonais, je dirige le cortège officiel vers la maison de la Devinière, à Seuilly. Je n'y retrouve pas le paysan qui l'habitait au temps de ma jeunesse. J'apprends qu'elle est à vendre. Mon cœur balance un instant, mais le temps n'est pas aux projets personnels. Je me tourne vers le préfet : « Voilà un bel achat à faire pour le département. » D'Angers, je lui confirme par écrit ma recommandation. Et c'est ainsi que la maison dont la tradition veut que Rabelais y passa ses premières années, est devenue un musée. La restauration, les murs reblanchis, la cour pavée, les marches de l'escalier redressées, la signalisation et le parc à voitures ne permettent plus l'évocation du jeune Rabelais aussi facilement que du temps où la maison était perdue au bout d'un chemin qui sentait le fumier et où cheval et chèvre traversaient côte à côte la petite cour de ferme. Mais un haut lieu de France est préservé.

Je visite l'abbaye de Fontevrault, qui est une prison pour l'exécution des lourdes peines. Je veux constater les conditions de détention de quelques grands condamnés de la collaboration. Je souhaite aussi revoir cet admirable ensemble tant de fois parcouru. J'aurais voulu proposer la fermeture de la centrale qui, depuis Napoléon, altère gravement la plus grande partie des bâtiments conventuels, mais j'apprends qu'à la veille de la guerre de coûteuses machines textiles ont été installées pour le travail des détenus. Il n'est pas raisonnable d'envisager leur destruction. L'occasion m'en sera donnée seize ans plus tard.

Je m'arrête longuement à Saumur. On m'y parle des jeunes cadets à qui fut commandé d'arrêter la progression allemande et qui se sont battus pour l'honneur. Je revois en ma mémoire le visage de quelques-uns des jeunes que j'ai connus, notamment à Rambouillet, et celui du lieutenant Roimarmier avec qui, alors que nous étions enfants, j'ai joué dans le jardin de la sous-préfecture qu'occupait son père. Je veux marquer que le combat n'est pas oublié et que loin de le considérer comme un combat désespéré d'arrière-garde, il a été un des premiers appels à la résistance. Cependant, elle me paraît d'un autre âge, cette atmosphère de la cavalerie à cheval à laquelle naguère je fus tant attaché. Le décor de l'école n'a pas changé et je lis mon nom parmi les anciens. La longue file des écuries désertes évoque un temps révolu. Les chars, les avions rejettent les chevauchées dans un passé périmé. Le rappel des « Maréchaux de France issus de la Cavalerie » devient même un reproche. Là comme ailleurs, l'intelligence française a failli. Le beau décor qui m'entoure n'est plus que le témoignage d'un conformisme désuet dans lequel se sont complu chefs militaires et chefs politiques, d'où un désastre dont, quoi qu'il arrive, notre histoire nationale restera marquée. Cependant, ces couloirs vides, ces murs froids, racontent une histoire faite de tant de dévouements qu'il faudra vouloir leur réincarnation : une autre armée naîtra ici et d'autres jeunesses, en les renouvelant, maintiendront la quête de la gloire et l'acceptation du sacrifice pour que la France redevienne, par la valeur de ses armes, la mère de la liberté et des lois.

A mesure que recommence l'ordinaire des jours et que de nouveau la guerre apparaît aux habitants de l'Ouest comme une affaire lointaine, à l'exception des familles qui attendent un des leurs — prisonnier, déporté, engagé — je prends mieux conscience de la difficulté qu'il y a à conduire durablement les hommes vers un grand but. Or, ce grand but, c'est ma vie, et la Libération n'est qu'un commencement. Dans un temps où il n'y a pas d'élus, mon langage qui remplit un vide, ne déplaît pas. Mais je constate le fossé qui, malgré les applaudissements, sépare mon propos vibrant d'une certaine passivité d'auditeurs, à l'exception de quelques chefs d'entreprise dont l'ardeur me réjouit. Comment la nouvelle démocratie pourra-t-elle dégager et soutenir des dirigeants capables d'élever durablement les Français au-dessus d'eux-mêmes ?

J'observe des impatiences : les unes sont politiques et annoncent les débats des lendemains, proches des débats de la veille, les autres sont syndicales et tout naturellement prennent appui sur les aspirations d'ouvriers mal logés et insuffisamment nourris, notamment à Nantes où je dois me rendre en hâte, le 29 janvier à l'appel du préfet, assiégé par une manifestation, visiblement organisée et encadrée. Je passe la nuit auprès de lui et de son secrétaire général, Briand, un homme de cœur. Le lendemain matin, les esprits sont calmés. Mais certains bureaux de la préfecture ont été saccagés.

La conclusion de mon expérience est claire : il faut du temps. Politique et national, administratif et provincial, le pouvoir est trop changeant. Face à des agents, ingénieurs ou gestionnaires, chefs de service ou employés de bureau dont la compétence, ou simplement la connaissance des textes, est confortée par la durée, le chef ne peut faire passer son souffle qu'en demeurant un long moment à leur tête. Sans doute l'instabilité permet-elle d'abréger les mauvaises expériences. Mais, à la longue, il est dangereux de réserver cette qualité inappréciable que donne le temps à des subalternes dont le talent est consacré à de petites choses selon une routine qui leur sert de loi.

A l'inverse, je me défends de prendre goût à la vie dans les palais nationaux, même si en quelques jours on acquiert des habitudes fort agréables comme est douce la considération dont on est entouré. Je sentis vite les deux risques de la situation. Le premier est de devenir indifférent aux problèmes des autres, ou même de ne plus en avoir conscience. Le second est de considérer que tout doit être fait pour se maintenir dans ce palais ou pour en trouver un autre. A cet égard, le temps de la Résistance accentuera un trait de mon tempérament qui n'est pas des meilleurs pour réussir : penser aux problèmes plutôt qu'à sa propre image ; garder la distance entre sa personne et les honneurs. Ces deux attitudes ont peut-être une valeur philosophique mais constituent un défaut dans le métier politique.

***

C'est aux alentours du 15 mars que le Général m'appelle auprès de lui. C'est un honneur insigne. Cependant j'éprouve une appréhension. Je viens de vivre en province sept mois de commandement. A Paris, je vais devenir un rouage dans une grande machine. A l'inverse, je sens approcher le jour où les fonctions de Commissaire de la République prendront le tour ordinaire d'un haut fonctionnaire en province. Il est vrai que je suis demandé pour des affaires précises, et à moins de se présenter à la députation, ce n'est plus en province que se poursuivra le combat pour une République neuve. La France redevient elle-même, c'est-à-dire un Etat et les lignes essentielles de l'action sont maintenant méditées et décidées à Paris. Si par la suite je dois me jeter dans le brasier électoral, autant afficher tout de suite la couleur car, je n'en doute pas, c'est autour du général oe Gaulle que se rassembleront les bonnes volontés et les ambitions ardentes.

Je fais le tour des préfectures, rencontre mes collaborateurs. Je suis fêté à Angers par les cinq préfets et les cinq présidents des Comités de Libération.

Dans le silence du dernier jour, je tente un bilan. Sans doute attendait-on pour la reconstruction un rythme encore plus rapide. Sans doute l'impatience des familles de captifs, déportés et prisonniers était-elle de plus en plus vive. Mais le travail a repris partout, le calme règne ainsi que la confiance. La bonne nature française est pour beaucoup dans ce succès. Mon mérite est d'avoir pris les choses au sérieux, de m'être entouré de collaborateurs attentionnés et de ne pas avoir contrarié cette bonne nature.

Je présente le 8 avril 1945 mon successeur, Alain Savary, aux corps constitués, c'est-à-dire pour une part, reconstitués. Puis je me mets au volant d'une voiture d'occasion : sur le coffre, j'ai fait accrocher la bicyclette au cadre bleu ciel avec laquelle je suis arrivé, au début d'août de l'année précédente. Je n'ai pas quitté la ville qu'un agent de la circulation me fait une observation sur ma manière de conduire. Le temps de mon pouvoir est bien fini.

En quittant la terre que j'ai administrée, la maison qui m'est devenue familière, les hommes, les femmes qui m'ont aidé, j'éprouve un sentiment que je devais connaître plusieurs fois par la suite. Désormais, de ce qui a été mon affaire et ma vie plus rien ne me concerne et ne m'appartient. Ainsi meurt le passé. Ainsi apprend-on que seul l'avenir doit compter.

Je refais à l'inverse le chemin de l'été précédent : Saumur, Loudun, Mirebeau, Poitiers, Angoulême, Bordeaux. La Réole. Enfin Tonneins. Quinze jours plus tard, avec ma femme et mes quatre fils, tous les six réunis pour la première fois, je me dirige vers Paris.

8.
Quelques hommes de l'Etat

Différents par l'âge, l'opinion, l'origine familiale ou professionnelles, les Commissaires de la République formèrent cependant un corps homogène qui réussit à tenir « l'Etat à bout de bras ». L'expression est de F. L. Closon. Même si la situation évolua différemment selon les régions, l'affirmation n'est pas excessive. Dans l'Ouest et la région parisienne, le calme revint vite. Il en fut de même plus tard dans l'Est. Ailleurs, notamment dans le Centre, le Sud-Ouest et le Midi, l'ordre public fut plus malaisé à rétablir, essentiellement faute de troupes régulières. Enfin dans le Nord des problèmes politiques propres à cette région minière aggravèrent des difficultés économiques déjà considérables. Mais tous les Commissaires exercèrent leur autorité dans le même esprit et avec l'aide des préfets de la Libération, l'institution assura en province la résurrection de l'Etat républicain.

Je suis à l'origine de la nomination de plusieurs d'entre eux et je suis demeuré l'ami de la plupart. Charles-Louis Foulon, en leur consacrant sa thèse, les a sortis de l'oubli. Cependant une brève évocation que je suis l'un des rares à pouvoir rédiger me paraît utile pour la connaissance de la Libération.

***

Le premier à prendre ses fonctions fut Bourdeau de Fontenay. Il était avocat au barreau de Paris quand Lecompte-Boinet me le présenta : selon lui, il devait « faire un bon préfet ». A l'entendre, à le voir, maigre, passionné, éloquent, avec un goût naturel pour l'autorité et le panache, il me parut plus apte à être Commissaire de la République. Patriote intransigeant et généreux, il avait des attaches en Normandie. Je proposai de l'y nommer. Après le retrait de Coulet, il s'installa dans les ruines de Rouen où sa tâche fut principalement de ravitaillement et de reconstruction dans une région gravement détruite. Son succès justifia sa nomination à la tête de la toute neuve Ecole nationale d'administration. Il la dirigea pendant près de vingt ans et son remarquable avenir lui doit beaucoup. Professeurs et élèves gardent de lui un profond souvenir. Cet avocat devint l'exemple vivant du bon serviteur de l'Etat, passionné et désintéressé.

Nommé pour la région de Rennes, Le Gorgeu était un sénateur inscrit à la Gauche démocratique. L'idée de ce choix venait de Paul Bastid. Mais parce qu'il s'agissait d'un ancien parlementaire elle créa quelques remous dans les mouvements de la Résistance. Consulté, le président Jeanneney m'encouragea à persévérer. Petit, actif, malicieux, il était le seul d'entre nous à avoir des cheveux blancs. Bon connaisseur des départements bretons, il sera un arbitre à qui l'expérience, complétée par une cordialité chaleureuse, conféra une autorité morale aussi appréciée dans sa région que dans le collège des Commissaires où il ne rencontra que sympathies.

Pour Orléans et Poitiers, Emile Laffon désigna deux de ses amis avocats : Mars et Schuhler. A Orléans, Mars, homme simple et bon, discret et respecté, soutint ses préfets et leur fit confiance. Il se montra un arbitre irréprochable dans cette région qui, proche de Paris, retrouva rapidement malgré l'indispensable épuration, sa sérénité. En 1946, il deviendra le premier secrétaire général du Conseil supérieur de la magistrature. Schuhler était d'un autre tempérament. Vif, batailleur, résolu, j'en avais d'abord fait un préfet. Mais les arrestations et les déportations créèrent tant de vides, qu'il devint le Commissaire de la République de la région de Poitiers. Ses difficultés furent nombreuses, en particulier celles nées de la présence d'un dénommé « Soleil », chef de bande qui se livrait à d'inadmissibles exactions. Il sut en venir à bout. Homme de caractère, il se heurta au commandement militaire, mais son sens de l'autorité finit par s'imposer. Il retournera au barreau avec simplicité.

Au centre de la France, deux hommes destinés à devenir de très chers amis, s'appliqueront à dominer une situation profondément troublée. Il s'agit de Boursicot à Limoges et d'Ingrand à Clermont-Ferrand.

C'est Lacoste qui m'avait recommandé Boursicot, en même temps que Dupérier, Mons et Cusin qui furent nommés respectivement préfet de la Mayenne, secrétaire général de la Seine et Commissaire de la République à Bordeaux. Tous étaient fonctionnaires du ministère des Finances. Militants syndicalistes, ils savaient donner priorité aux exigences de l'Etat.

Désigné pour la préfecture de la Charente dont il était originaire, Boursicot sera finalement nommé à Limoges lorsque Laffon, secrétaire général clandestin du ministère de l'Intérieur, dut remplacer Fourcade fusillé par les Allemands. La région était bouleversée par le drame d'Oradour et meurtrie par les multiples sévices dont elle avait été le théâtre. Le préfet de Haute-Vienne était Chaintron, militant communiste notoire, et le chef du maquis local était Guingoin, qui n'oubliait pas non plus ses engagements politiques. Apaiser les vengeances, éviter une mainmise partisane, assurer une épuration sans excès, réorganiser une administration délabrée, bref refuser l'anarchie et rétablir l'Etat, fut le second succès de Boursicot qui s'éleva avec aisance aux responsabilités du commandement. Par la suite, dans tous les grands postes qu'il occupa, que ce soit au ministère de l'Intérieur, à la tête du contre-espionnage ou à la présidence de l'aéroport de Paris, il fit toujours preuve de ces mêmes qualités illustrant son appartenance à la meilleure race des serviteurs du bien public.

Ingrand était médecin. Yeux bleus et visage calme, cet homme posé parlait sans élever la voix. Ses convictions étaient de roc. Il avait dû quitter Paris où il n'était plus en sûreté depuis que la Gestapo l'avait arrêté et qu'il avait réussi à la duper. Dans la région de Clermont-Ferrand si proche de Vichy et de ses actions criminelles, les déchirements politiques étaient profonds. En même temps, les parachutages étaient anciens et les maquis organisés depuis de longs mois, ce qui signifiait qu'ils avaient eu à faire face à tous les problèmes de financement et de ravitaillement. Il fallait pour le retour à la légalité un homme indiscuté. Devenu chef de la Résistance en Auvergne, Ingrand fut cet homme, passant avec la plus grande facilité de l'ombre au soleil, des maquis au bureau de la préfecture de Clermont-Ferrand où il se fit tout de suite respecter. Quand je serai à Matignon, nous nous retrouverons.

Je savais depuis longtemps que la libération du Sud-Ouest et du Midi poserait de graves problèmes d'ordre et de justice. La Milice y avait fait des ravages. Dans les maquis, des réfugiés espagnols étaient mus par un fort ressentiment. Sans oublier qu'en l'absence d'armée régulière le Sud-Ouest ne sera directement touché par aucun débarquement.

Je connaissais Cusin depuis l'avant-guerre. Il appartenait au service des Douanes et sur les directives de Palewski, il avait aidé à faire transiter clandestinement du matériel de guerre destiné aux républicains espagnols. Je lui proposai la région de Bordeaux. Il commença aussitôt à se préparer à ses nouvelles fonctions avec le patriotisme, la conscience et la minutie dont il fit preuve toute sa vie, quel que soit le poste occupé. Orienté de préférence vers l'économie, il s'intéressa avec succès à la reconstruction, aux transports et à la reprise de l'activité en même temps qu'il faisait face avec clairvoyance aux affaires d'ordre public et de ravitaillement. Il appartenait à cette famille de socialistes nationaux qui déplorèrent la rupture entre le général de Gaulle et les dirigeants d'un parti dont il se sentait proche. Quand il quitta Bordeaux pour un poste à Paris, il laissait à Jacques Soustelle une région apaisée. Ce dernier ne resta guère car il devint membre du gouvernement. Maurice Bourgès-Maunoury le remplacera. Il avait été un courageux délégué militaire et, pendant ces mois décisifs, sous-chef d'état-major de l'armée secrète.

Quand, à Angers, j'appris que Bertaux était Commissaire de la République à Toulouse, je fus surpris. A la disparition de Verdier, sa candidature avait été un instant envisagée. Mais Laffon m'avait fait savoir que germaniste, il voulait une activité conforme à ses compétences. J'avais donc un moment pensé à prendre la région. Mais mon affectation à Angers était déjà connue. C'est alors qu'Emile Laffon suggéra le nom de Jean Cassou qui accepta sur-le-champ. J'ai déjà raconté la visite que je lui rendis dans le Sud-Ouest, après le débarquement de Normandie. Il fut gravement blessé lors de la libération de Toulouse. Pierre Bertaux qui avait accepté d'être son collaborateur, fut aussitôt désigné par Laffon pour le remplacer dans cette vallée de la Garonne où la brutalité de la Milice avait suscité de violents désirs de revanche. A côté de maquis authentiques, des groupements rebelles à toute hiérarchie ; à côté de résistants sincères, des cerveaux brûlés : le désordre fut grand et les exécutions sommaires nombreuses. Très respecté pour une action de résistance qui lui avait valu deux années d'emprisonnement, Bertaux connaissait bien le monde clandestin des Pyrénées. Il s'appliqua à rétablir l'ordre. D'esprit indépendant, de caractère tenace et doté d'un bon jugement, cet intellectuel courageux réussit à imposer l'autorité de l'Etat tant et si bien qu'il quitta l'Université pour occuper par la suite d'importants postes de responsabilité.

A Montpellier, le choix de Bounin avait été difficile à faire accepter. Venu du Front national, il était franc, impulsif, et non conformiste. La situation de ce Midi était troublée par une violence née de durs combats antérieurs et d'une non moins dure répression. S'y ajoutait un mélange très particulier de pénurie alimentaire et d'ambitions politiques. Entre l'extrême vichysme et l'extrême résistance, Bounin connut des moments de tragique solitude. Il en sortit avec honneur, car individualiste jusqu'au bout des ongles, il avait aussi la passion du bien de l'Etat. Plus tard, il hésitera entre différentes formes d'activité publique et l'enseignement. La République n'a pas su employer cet homme intelligent et généreux.

Nous avions été avisés qu'arrivé d'Alger, Aubrac prendrait le commissariat de Marseille. L'un des premiers et plus actifs résistants de l'intérieur, il avait été arrêté en même temps que Jean Moulin dans le guet-apens de Caluire, et son sort eût été scellé si sa femme Lucie n'avait assuré sa libération par un coup exceptionnel d'audace. Tous deux avaient alors rejoint Alger. Affamée et détruite, cette belle région de Marseille avait besoin de nourriture, d'ordre et de justice. Certes, la présence de l'armée française et de divisions américaines facilitait le retour à une vie normale. Mais à côté des problèmes aigus du ravitaillement, Aubrac se trouva en présence d'un mélange d'ambitions personnelles et d'exigences du parti communiste qui rendaient l'administration d'autant plus difficile que la presse et les comités de Libération étaient fort influents. S'il s'efforça de maintenir les impératifs de l'Etat, il lui fut cependant reproché d'étendre les séquestres d'entreprises au-delà du nécessaire. Dès le mois de septembre, il demanda à quitter son poste où il fut remplacé par Paul Haag, préfet qui depuis la Libération exerçait ses fonctions à Rouen. Usant de méthodes traditionnelles, ce fonctionnaire exemplaire et patriote s'emploiera à résoudre un par un les multiples problèmes de sa région et, progressivement, y réussit.

Pour la vallée du Rhône, la ville de Lyon et les départements avoisinants, le nom d'Yves Farge me parut s'imposer. Les mouvements de la zone Sud très éprouvés par la répression l'avaient proposé. Je l'agréai en pensant que cet homme hors série convenait à cette région où l'insurrection du Vercors était devenue un symbole. Depuis 1942, nul, dans la Résistance, n'ignorait le courage de Farge. Ne s'était-il pas signalé en se faisant établir des faux papiers au nom de « *Lévy* » ? Après la guerre, il publiera un livre, *Rebelles, soldats et citoyens,* dont le titre le décrit tout entier. Malgré une figure poupine barrée de fortes lunettes, il faisait figure d'ancien, parmi les jeunes que nous étions. Sa fougue romantique était pour moi un sujet d'admiration autant que d'inquiétude. Nous lui fîmes confiance. Quoique ses vues sur le commandement de l'administration aient été plutôt incertaines, il marqua ses fonctions, certes du non-conformisme qui lui était propre, mais aussi du courage et de la générosité d'un homme dont le langage révolutionnaire cachait un grand cœur. Ses amis, dont je fus, l'aimèrent profondément. Plus tard, son expérience ministérielle au Ravitaillement sera une déception : il n'était pas fait pour la vie politique. Longchambon, universitaire devenu préfet de la Libération, lui succéda à Lyon. Politique autant qu'organisateur, il deviendra lui-même ministre du Ravitaillement, puis sénateur.

Je connaissais Jean Bouhey depuis Munich. Mais c'est Mairey, professeur d'histoire, qui le premier évoqua devant moi le nom de l'ancien député de la Côte-d'Or pour la région de Dijon. Je pensai aussitôt que la Résistance s'honorerait en désignant cet homme qui avait été le seul à rompre la discipline du parti socialiste pour voter contre la ratification des accords de Munich. Je lui fixai rendez-vous en me souvenant de ma visite en 1938. Il n'avait pas changé. Homme de bonne carrure à la poignée de main franche, sa modestie égalait sa force de caractère. De toute sa personne, rayonnait une ferveur patriotique dont les racines étaient profondément populaires. A la veille de la libération de Dijon, il fut gravement blessé par un tireur qui croyait viser une voiture allemande. Cet homme de bien, qui par son vote historique était devenu résistant avant l'heure, ne se remettra jamais complètement de sa blessure. Jean Mairey qui devait être son directeur de cabinet prit les leviers de commande et à l'expérience fut confirmé. La région était difficile car, très efficace, la résistance civile avait été décapitée par la Gestapo et le retour à l'ordre n'en fut pas facilité. Connaissant les dossiers aussi bien que les hommes, Mairey soucieux de l'avenir de l'Etat et de la République, assura son commandement avec une efficacité qui lui valut une grande carrière.

Les nominations étaient restées en pointillé dans les régions du Nord et de l'Est car il était difficile d'imaginer qu'elles puissent être libérées avant Paris. Présente par des parachutages et des sabotages, la Résistance militaire constituait un atout important. Aussitôt connu le débarquement, elle s'appliqua à désorganiser les transports allemands en rompant ses lignes de communication et en créant des zones d'insécurité qui obligeront l'ennemi à y laisser des effectifs qui lui auraient été fort utiles ailleurs. Après l'installation à Paris du général de Gaulle et au fur et à mesure de l'avance des Alliés, prendront leurs fonctions : Grégoire, ancien préfet, à Châlons ; Chailley-Bert professeur de la faculté de médecine, à Nancy ; Pène, ingénieur des Ponts et Chaussées, à Laon ; Closon, fonctionnaire des Finances, à Lille ; Charles Blondel, conseiller d'Etat, à Strasbourg. De tous, seul Pène avait été officiellement désigné avant le débarquement.

A Châlons et à Nancy, Grégoire et Chailley-Bert se consacreront aux problèmes civils : à proximité des états-majors et des opérations, les agitations n'étaient guère de saison, et n'auraient pu être tolérées. Tous deux s'imposeront à leurs services, comme à leurs partenaires militaires ou politiques qui estimèrent leur impartialité et respectèrent leur action. Homme savant et discret, Chailley-Bert reprendra sa chaire de professeur tandis que Grégoire deviendra préfet du Rhône.

Pène m'avait été proposé par la Résistance locale et je l'avais accepté en sachant qu'il avait la confiance de tous ceux qui étaient actifs dans cette région de l'Aisne et des Ardennes où l'occupation allemande était lourde. Au premier abord, il était un homme malaisé à juger. Ecoutant plus qu'il ne parlait, il répondait avec prudence et son mince visage souriait avec parcimonie. Cette apparence froide cachait un homme attaché au bien public, et à l'œuvre de rénovation nationale. Technicien, la reconstruction fut son grand souci ; méthodique, il prenait lors de chacune de nos réunions des notes qui pourraient être un témoignage de premier ordre sur les préoccupations de ce temps. Quand il quitta ses fonctions pour un poste de gouverneur en Allemagne occupée, sa région avait repris une vie normale sans soubresauts.

Choisi par Moulin pour être un de ses collaborateurs, Closon était arrivé de Londres au début de l'année 1943. Grand, maigre, le visage anguleux et le regard vif, il avait une fois pour toutes identifié la République à la France, et la France libre à la France éternelle. Une fois choisie la direction qui convenait à la patrie et à la démocratie, il allait de l'avant avec détermination. C'est ainsi qu'il réussit à mettre sur pied et à coordonner l'action des comités de Libération dans une grande partie de la France. Nous avons alors travaillé ensemble, n'ayant plus aucun secret l'un pour l'autre dès qu'il s'agissait de cette part du bien public dont notre jeunesse avait la charge. Après la libération de Paris, le général de Gaulle lui confia le Commissariat de la République de Lille. Poste difficile, en raison non seulement des destructions, mais aussi de l'ardeur du parti communiste à s'assurer une forte influence. C'est sur ses épaules que pesa la responsabilité des Houillères, dont la bonne marche était indispensable à la France. L'état d'esprit y était tel que quiconque avait exercé une responsabilité dans les dernières années pouvait être aussitôt taxé de « collaboration ». Il fallut l'autorité de ce résistant de la première heure que fut Closon pour obtenir un retour à une vie quotidienne et à une production économique normales dans les meilleurs délais possibles. Par la suite, il devait s'illustrer dans d'autres postes administratifs de première importance.

En Alsace, la mission de Commissaire de la République était à la fois glorieuse et périlleuse. Une fois les collaborateurs et leurs séides partis dans les bagages des armées vaincues, le sentiment populaire attendait anxieusement la délivrance. Après plus de quatre ans de tyrannie et de propagande, l'Alsace était en état de choc et les Alsaciens écartelés entre ceux qui avaient rejoint de Gaulle, ceux qui étaient restés sur place, ceux qui avaient volontairement émigré à l'intérieur, ceux qui avaient été expulsés, enfin ceux qui avaient parmi les leurs des enrôlés de force, dont le retour était espéré avec impatience et angoisse. Du retour de l'administration française, l'Alsace attendait à la fois revanche et apaisement. En raison de la guerre et de la contre-offensive allemande qui fit de grands ravages, notamment dans le Haut-Rhin, les pouvoirs des Commissaires et des préfets furent limités. Le nom de Blondel, un collègue du Conseil d'Etat, fut proposé au général de Gaulle, qui l'accepta. Amical et courtois, sans avoir milité dans la Résistance, il avait, depuis l'Armistice, affirmé une fermeté civique d'autant plus forte que sa foi catholique lui avait fait repousser avec horreur les lois racistes de Vichy. Sa nomination me surprit néanmoins car si son cœur généreux et sa volonté d'aider devaient lui assurer le respect des Alsaciens, son génie n'était pas celui de l'administration active. Après son retour de déportation, Emile Bollaert lui succéda. Grand fonctionnaire, son habileté égala sa compétence et la qualité de son administration fit bien augurer de la nouvelle ère française attendue avec autant d'espoir que de ferveur.

Deux hommes bien différents reçurent le titre de « Commissaire de la République en mission ». En ces temps de liaisons malaisées, ils devaient assurer l'unité de vue entre le gouvernement et ses représentants. Le premier fut Geoffroy de Courcel, compagnon du général de Gaulle depuis le 18 juin 1940, et destiné à revenir auprès de lui en 1959 après son élection à la présidence de la République. Au-delà du « gaullisme » dont il fut la fidèle expression, son exceptionnelle carrière diplomatique a illustré une vie vouée au service exclusif de la France. Il termina sa vie publique ambassadeur à Londres où le souvenir qu'il a laissé donne la mesure de son audience personnelle. Le second fut Valabrègue, avocat patriote, à l'intelligence rapide et toujours disponible pour la bonne cause.

Une fois son travail accompli, il reprendra le chemin du Palais qu'il honora de sa conscience.

Je ne peux terminer cette rapide évocation des Commissaires de la République sans mentionner Emile Laffon dont j'ai déjà parlé et Jean Morin, son bras droit.

Depuis qu'il nous prêta son concours personnel et son bureau de la Cour des comptes pour y établir un centre d'activités clandestines, mon amitié pour Jean Morin ne s'est jamais démentie. Elle ne m'aveugle pas quand j'évoque sa loyauté, sa générosité, sa capacité d'organisateur et son aptitude à bien juger des hommes. Qu'il fût au ministère de l'Intérieur ou au cabinet de Georges Bidault, il donna une impulsion exemplaire au service de l'Etat, comme par la suite dans les grandes préfectures ou affaires privées qu'il dirigea. Ses qualités administratives et humaines furent partout appréciées et je ne peux oublier qu'il accepta les fonctions de Délégué du gouvernement en Algérie en un temps où ce poste exigeait un dévouement à l'Etat que je suis l'un des rares à pouvoir mesurer.

Le ministre de l'Intérieur était alors Adrien Tixier, patriote et courageux, surmontant à force de travail et de volonté les séquelles de graves blessures de la Première Guerre mondiale dont après avoir beaucoup souffert, il devait mourir. Sa chance et son mérite furent de trouver et de savoir conserver en Laffon et Morin deux collaborateurs exceptionnels pour animer et unifier l'action des commissaires de la République.

***

Arrivé à ce stade, j'imagine le reproche du lecteur : trop d'éloges font douter de l'objectivité de mon jugement.

La résurrection de l'Etat ne fut pas, tant s'en faut, l'œuvre exclusive des commissaires de la République. C'est la maturité du peuple français et sa reconnaissance à l'égard d'un général de Gaulle attendu depuis de longs mois, qui ont été le cœur du succès. Mais l'œuvre commune d'ordre, de justice, de restauration de l'Etat au lendemain ou au milieu de la bataille mérite d'être citée et considérée comme le bon témoignage de l'effort exceptionnel que fit la Résistance organisée pour assurer, malgré les blessures de l'Occupation, un retour à la légalité républicaine. Je me dois d'autant plus de rappeler le dévouement et la réussite de ces hommes que leur fin a été morose, pour ne pas dire plus.

Après la victoire du printemps 1945, vie privée et vie publique retrouvent un cours normal. Le ravitaillement et la reconstruction sont progressivement repris en charge par les ministères. L'ordre public redevient affaire de gouvernement comme le montre clairement la dissolution des milices ou le retour des prisonniers ou déportés. Les nouvelles données politiques retirent peu à peu aux Commissaires de la République l'urgente obligation de prendre des initiatives en tous domaines.

L'élection des conseils généraux et des députés revitalise le département et scelle leur destin. Première collectivité d'administration publique, le département devient avec la représentation proportionnelle, la circonscription politique qui élit députés et sénateurs. Alors, que se passe-t-il ? D'un côté, des ministres, surveillés par les parlementaires, reprennent le commandement de leurs services ; et de l'autre, des préfets, encouragés par les conseillers généraux, ont hâte de retrouver les anciennes habitudes, c'est-à-dire la tutelle directe du ministre de l'Intérieur. Volontiers traités de « proconsuls » alors que leurs pouvoirs ne font que s'étioler, les Commissaires régionaux suscitent réserve et opposition chez les autorités traditionnelles. Si mes amis observent avec une certaine fierté que dès qu'apparaît une affaire délicate ou un coup dur touchant à l'ordre public, on fait appel à eux, dans la vie quotidienne ils ne sont guère ménagés. Sans la moindre retenue, le monde politique se retrouve unanime pour critiquer le nombre de leurs collaborateurs ou de leurs voitures et la nature de leurs interventions. Avec une surprise qui parfois m'étonne, mes camarades constatent que le succès de leur immense effort pour remettre l'administration républicaine en état de marche aboutit à faire maintenant douter de leur utilité.

L'assaut commence avec Maurice Thorez qui, en mars 1945, déclare « qu'il faut supprimer la région ». Son argumentation repose sur « la lourdeur d'un échelon » qui fait écran entre le département et Paris. La réalité est plus simple : les dirigeants communistes souhaitent la disparition d'hommes qui, inattaquables du point de vue de la Résistance, peuvent exercer leur vigilance sans parti pris ni gage à donner au seul bénéfice de l'Etat. Les formations politiques suivent, les unes en s'alignant, les autres en invoquant des motifs variés. Les anciens de la IIIe République sont attachés au département, tandis que les nostalgiques de Vichy imputent aux Commissaires de la République les mesures d'épuration ou d'internement, alors qu'elles ont sauvé la vie à des milliers de Français simplement en les tenant quelques semaines ou quelques mois à l'écart de colères tantôt justifiées tantôt excessives.

La convocation de l'Assemblée constituante précipite le destin.

Le 28 décembre 1945, à l'occasion de la discussion du budget du ministère de l'Intérieur, le rapporteur de la commission des Finances, Pierre Schneiter, démocrate-chrétien, député de Reims et ancien sous-préfet de la Libération, connu pour son indépendance comme pour son impatience à obtenir ce qu'il souhaite, recueille « *de vifs applaudissements* » en demandant la suppression immédiate des Commissaires régionaux de la République, accusés de n'être qu'une « protubérance » : « Si nous n'avons pas supprimé les Commissariats de la République dans trois mois, s'écrie ce rapporteur enflammé, nous aurons manqué aux engagements que la plupart d'entre nous ont pris envers nos électeurs... »

La suppression des Commissaires de la République est présentée comme un chapitre d'un plan d'assainissement financier mené au nom du libéralisme économique. Diminuer les dépenses ! Quel bel argument ! Mais il en dissimule un autre moins glorieux qui n'est autre que la volonté de mettre fin aux sanctions pour infraction à la législation des prix ! Schneiter va gagner : la suppression de la moitié des crédits de fonctionnement frappe mortellement l'institution. L'anathème politique suit ; Jean Cristofol, député communiste de Marseille, reprend l'argumentation de Thorez. Non content d'accuser les Commissaires régionaux de la République de faire écran et d'entraîner un retard « considérable » dans le règlement de certaines affaires « importantes et urgentes », il conclut, après avoir rappelé l'origine des fonctionnaires régionaux : « Il y a lieu de faire disparaître tout ce qui rappelle l'organisation de Vichy. » Dès lors, l'amalgame est en route : le Commissaire de la République, c'est la région : la région, c'est Vichy, donc les Commissaires de la République sont les héritiers de Vichy.

Aucune voix ne s'élève pour dénoncer l'imposture, défendre l'œuvre réalisée et demander qu'on réfléchisse à l'avenir. Résigné à leur suppression tout en étant embarrassé du parallèle établi avec Vichy, Adrien Tixier souhaite que leur départ aille de pair avec une refonte générale de l'administration intérieure. Il n'aura pas le temps d'aller plus loin. Pierre Schneiter donne l'estocade finale : « La commission des Finances est résolue à supprimer dans un délai de trois mois tous les crédits affectés aux organismes régionaux. » Par la suite, Pierre Schneiter devait regretter la virulence de son propos et un succès si facilement remporté.

Sa manœuvre donnait une déplorable illustration de la méthode du gouvernement d'assemblée où l'exécutif est réduit à néant. Sans délibération du Conseil des ministres, sans accord du chef du gouvernement, l'amendement est voté et les Commissaires régionaux de la République sont chassés par simple suppression d'emploi. A l'histoire je lègue la bonne explication : les Commissaires de la République sont les hommes du général de Gaulle dont les partis ne veulent plus. Les Commissaires de la République sont des hommes de la Résistance que les partis veulent oublier ou s'approprier. Les Commissaires de la République sont les hommes de l'Etat et les partis veulent être l'Etat à eux tout seuls.

Mes amis sont amers. Bounin est leur bon interprète quand il déclare et écrit que les députés ont dissous l'institution des commissaires comme s'il s'agissait d'un vulgaire comité professionnel vichyssois. Si la plupart d'entre eux ont pris conscience sur le terrain de la double rivalité département-région et préfet-commissaire, ils n'ont pu mesurer l'évolution de la situation politique de Paris. Aussi sont-ils stupéfaits d'apprendre au début du mois de janvier 1946 et de la bouche même du Général, son intention de quitter le pouvoir. Ils comprennent qu'à leur échelon le problème est sensiblement le même que celui du Général à la tête de la France : l'alliance des partisans d'un retour au passé avec ceux de la subversion se fait aux dépens des défenseurs de l'Etat.

Au printemps de 1946, la page est définitivement tournée. Les collaborateurs de Maurice Thorez préparent le texte qui deviendra la loi du 22 mars 1946. Elle sera adoptée au terme d'une brève discussion. Ni critiques ni couronnes : les Commissaires régionaux de la République sont morts comme ils sont nés, dans la clandestinité ! Chacun se retrouve devant son destin brillant pour beaucoup, plus effacé pour d'autres. Comme l'écrira Closon, que cette indifférence officielle heurta profondément : « Le seul qui eût pu montrer quelque amitié était à Colombey ! » En réponse, je lui citai la phrase de Machiavel : « Celui qui met en place de nouvelles institutions a pour ennemis tous ceux qui profitaient de l'ordre ancien, et n'a que des défenseurs bien tièdes en ceux qui profitent du nouveau. »

CINQUIÈME PARTIE

Au cœur de l'Etat

Avril 1945. Je suis reçu par le Général le jour de mon arrivée à son cabinet. Au ministère de la Guerre, rue Saint-Dominique, il a repris, au premier étage, le bureau qui fut le sien pendant les quelques jours du mois de juin 1940 où il avait été secrétaire d'Etat.

Notre conversation porte d'abord sur les futures institutions. Elle est la suite du dialogue commencé à Angers trois mois auparavant. Mais cette fois, l'initiative ne vient pas de moi. Visiblement, le Général n'a pas encore achevé sa délibération avec lui-même. De quelque façon qu'on envisage les choses, « donner la parole au peuple », qui est sa ligne de conduite depuis 1941, exige que la capitulation allemande soit un fait accompli. Certes, on en approche. Mais pour que le vote soit celui de la nation tout entière, il faut également que déportés et prisonniers soient revenus d'Allemagne. En quel état seront-ils et que penseront-ils ? Puis vient la seconde question : faut-il une Constituante ? Une nouvelle fois je dépeins les risques d'une Assemblée souveraine qui, encouragée par la concurrence acharnée que se livreront les partis, sera tentée par tous les démons. Pour lui tenir tête, il faudra un gouvernement résolu. La conversation n'a pas de conclusion. « Nous en reparlerons. »

Puis le Général m'interroge : « Pour l'administration, quelles sont vos intentions ? » Pendant le congé que je viens de prendre, j'ai réfléchi. La réponse est donc immédiate : « Le recrutement de la haute fonction civile et la décentralisation municipale et départementale. »

Le Général est surpris. Je ne sais quelle réponse il attendait. Mais, à coup sûr, ce n'était pas celle-là, ni qu'elle fût si précise. J'enchaîne : « Il faut aux ministres une administration de grande valeur, c'est-à-dire un corps de fonctionnaires d'une compétence affirmée, confirmée, notamment pour tout ce qui touche les affaires financières, économiques et sociales. La qualité des gouvernements anglo-saxons vient du sérieux des propositions présentées par leurs collaborateurs. Il faut aussi que les ministres ne soient pas sans cesse accaparés et contraints par mille petites affaires d'intérêt provincial et local. Il en est de même de l'administration parisienne dont la mission est de réfléchir aux orientations d'avenir et aux obligations de la solidarité nationale. Si les nouvelles institutions politiques doivent clairement établir la capacité du gouvernement, il est nécessaire de les étayer par une administration centrale modernisée et d'établir une répartition des tâches qui sépare les affaires locales des problèmes nationaux. Il faut donc augmenter le champ d'action des maires et des préfets — de préfets qui, eux-mêmes, seront de meilleure qualité car la plupart seront issus d'une grande école. »

Cette fois, le Général est intéressé. Il demande : « Par quoi allez-vous commencer ? » — Mon plan est déjà arrêté : « Il faut commencer par une grande Ecole d'administration pour les futurs jeunes fonctionnaires. » — « Pourquoi une Ecole ? » interroge le Général. La réponse est facile : « La République forme ses militaires, officiers et sous-officiers, les ingénieurs de tous ses corps techniques, ses instituteurs et ses professeurs. Mais elle ne forme ni ses administrateurs ni ses financiers, et c'est une grave lacune. »

L'explication plaît au Général qui cependant objecte : « Comment se fait-il qu'aucun gouvernement n'ait jamais pensé à créer une Ecole d'administration ? »

Je rappelle alors l'expérience de 1848, son bref succès et les raisons partisanes qui ont conduit à sa disparition, la création de l'Ecole libre des sciences politiques après la défaite de 1870, ses titres de gloire, mais aussi l'insuffisance des grands concours qui n'ouvrent pas sur l'ensemble des ministères, c'est-à-dire l'essentiel de l'administration, enfin la tentative avortée de Jean Zay qui n'a pas su trancher entre l'impérialisme conservateur des universités et le patriotisme exclusif des anciens de la rue Saint-Guillaume.

« Dans les faits, comment allez-vous vous en tirer ? » demande encore le Général. C'est la question clé. Je décris l'Ecole, telle que je l'ai imaginée au cours de ces derniers jours : un recrutement après des études universitaires, mais avec un complément, un second concours au titre de la promotion interne des fonctionnaires désireux de changer le cours de leur carrière. Et j'en viens à l'urgence : « Si nous ne faisons rien, les grands corps et les administrations vont recommencer leurs concours particuliers, selon les qualités et les défauts de chacun, mais surtout dans leur ignorance réciproque des uns et des autres, c'est-à-dire avec leurs cloisonnements et leurs inégalités préjudiciables à l'intérêt général. De plus, les jeunes qui sortent des facultés sont favorisés alors qu'il faut que les premiers servis soient ceux qui ont combattu dans la France libre ou la Résistance et ceux qui reviennent des camps de prisonniers ou de déportation.

— Mais ils ne sauront rien ! s'inquiète le Général.

— Justement, mon général. L'Ecole les prendra sur leurs titres de guerre, et après des épreuves très simples, les formera. Pour la suite, l'Ecole s'adaptera aux promotions nouvelles.

— Mais pour être fonctionnaire, il faut connaître le droit, l'économie...

— La formation que donnent les facultés de droit a de grandes qualités, que je connais. Mais les compétences nécessaires pour être un bon fonctionnaire s'apprennent vite, surtout pour des jeunes qui ont déjà forgé leur caractère au combat ou dans l'épreuve.

— Mais on ne fait pas une école en fonction des circonstances ! »

Je reprends mon explication sur la finalité et les prolongements de l'Ecole qui doit se situer entre la fin des études universitaires et l'entrée dans les ministères qui sont le cœur de l'Etat. Devant le temps qui s'écoule, je m'interromps en assurant le Général que je lui remettrai une note qui résumera mes intentions. D'une phrase j'évoque l'importance que j'attache aussi à la décentralisation. Mais une seule grande affaire suffit pour cette conversation. Le Général se lève, me demande si les questions matérielles d'installation sont réglées.

« En voie de règlement », lui dis-je, et je le quitte en sortant par le bureau des aides de camp où je retrouve avec joie des visages amis.

Je resterai au cabinet du Général jusqu'à son départ, neuf mois plus tard. J'y apprécierai une nouvelle fois l'intelligence, les qualités de cœur et le désintéressement de Gaston Palewski. J'y approfondirai mon amitié profonde et fidèle avec deux futurs ambassadeurs de France, René Brouillet et Etienne Burin des Rosiers. J'aurai à reparler de l'un et de l'autre. Enfin, j'y fais la connaissance d'un jeune chargé de mission, ami de René Brouillet, le normalien Georges Pompidou, avec lequel je me lie. Sa route croisera la mienne et son intelligence le mènera à un grand destin.

***

Une réforme menée à bien

En 1937, j'avais fait quelque bruit dans le Landerneau administratif et juridique de Paris en publiant dans les *Chroniques Dalloz* un article sur la nécessité d'une Ecole d'administration. Jean Zay, le ministre de l'Education nationale, venait de prendre une initiative qui m'aurait paru méritoire si le néant de la pensée gouvernementale ne m'avait effrayé. A part la volonté de détruire l'Ecole des sciences politiques et la gourmandise de certains professeurs de lettres ou de droit désireux d'accaparer un domaine où leur méconnaissance des réalités me paraissait à la fois éclatante et dangereuse pour l'Etat, l'exposé des motifs du projet de loi était vide. L'ensemble ne pouvait qu'être balayé. C'est ce qui advint. Et pourtant, il y avait fort à faire et je l'écrivis.

Ma prise de position trouvait sa justification dans une situation aussi peu satisfaisante pour les emplois de haut niveau que pour les postes plus ordinaires. Quelques « grands concours » conduisaient aux corps privilégiés du Conseil d'Etat, de l'Inspection des Finances, de la Cour des comptes et de la diplomatie. Il y avait quelque chose d'abusif à exiger un grand effort de jeunes qui, après avoir achevé leur service militaire, consacraient un an, le plus souvent deux ans, à préparer un concours où il n'y aurait qu'un petit nombre de reçus (parfois trois ou quatre). Les concours étaient si spécialisés, les programmes si différents, qu'en cas d'échec il n'était pas possible de se présenter à un autre « grand » concours. Quant aux autres emplois auxquels les candidats refusés pouvaient aspirer comme objectifs de repli, notamment ceux qu'ouvraient les concours des ministères, ils étaient, dans l'ensemble, médiocres, tant par la petite considération sociale qui y était attachée que par les minces chances de promotion qu'ils pouvaient faire espérer, sans oublier l'arbitraire politique trop souvent présent. Candidat, j'avais éprouvé ce sentiment de gâchis. Je le ressentis davantage encore quand je devins « chef d'écurie », comme nombre de jeunes auditeurs reçus au concours du Conseil d'Etat. Ma critique sur cette préparation trop spécialisée et aléatoire se fit alors plus nette, avec son corollaire qui était la critique des cloisonnements entre administrations, cloisonnements justement dus à ce mode de recrutement trop particulier. Enfin, j'avais constaté avec dépit que l'Université se désintéressait de cette grande affaire : les facultés de droit étaient pour le droit public trop doctrinales, et pour l'économie, tout à fait insuffisantes. Quant aux facultés des lettres, elles étaient inaptes aux concours administratifs. Seule brillait l'Ecole libre des sciences politiques à qui l'Etat était redevable de la quasi-totalité de ses meilleurs agents ! La valeur exceptionnelle de son enseignement ne pouvait corriger ni la mauvaise organisation des concours spécialisés, ni l'inégalité des carrières, ni l'abandon même où certaines d'entre elles étaient tombées malgré leur importance pour l'Etat. En outre, l'Ecole souffrait d'une insuffisance : sa difficulté d'accès pour les jeunes qui n'avaient pas de liens avec la bourgeoisie parisienne. Les défauts de notre système de recrutement ne pouvaient être supprimés qu'en fondant un nouveau système. La République l'attendait depuis longtemps.

Me voici à pied d'œuvre, animé pour mon pays d'une grande ambition. Je veux réussir là où d'autres ont échoué, soit pour des raisons politiques, soit par défaut d'analyse et tous, me semble-t-il, par manque de l'ardente ambition qui seule permet de résoudre une telle affaire.

D'après mes lectures (car je n'en ai nulle expérience), l'administration anglo-saxonne m'apparaît comme moins juridique, moins idéologique. Et pour la France, je veux une administration plus réaliste, et à certains égards, plus consciente de son devoir de défendre, bec et ongles, les intérêts français. Le fonctionnaire n'a pas seulement pour mission de rédiger des textes à la demande de son ministre. Il doit avoir conscience des exigences nationales. Avant la guerre, j'avais regretté la médiocrité des connaissances économiques de l'administration. Or l'économie va devenir la réalité première, le domaine d'élection de la compétition mondiale. Sous l'Occupation, j'ai souffert du spectacle d'une administration acceptant de rédiger et d'appliquer des textes inadmissibles. Le retour de la démocratie impose, entre autres ardentes réformes, de refaire l'Etat, élément essentiel de la tâche fondamentale : refaire la France.

En régime d'élections libres, le pouvoir politique est changeant car la légitimité de la démocratie exige en effet son retour régulier devant le corps électoral. Or l'Etat est une permanence. Puisque l'autorité démocratique est soumise à des aléas, il faut qu'en contrepartie et, quelle qu'elle soit, elle trouve à sa disposition une administration capable de la servir dans la seule lumière du bien public. Services civils, techniques, militaires, éducatifs, ont donc une tâche, certes, subordonnée, mais dont ils sont comptables devant l'histoire et la nation. Et plus le fonctionnaire s'élève dans la hiérarchie, plus grande est sa responsabilité. Il faut placer très haut la formation professionnelle et morale de ceux qui seront les animateurs et les dirigeants de l'administration.

Puisque je veux éviter la résurgence des anciens concours et, sauf exception dûment autorisée, interdire tout recrutement direct aux administrations intéressées par la réforme, le compte à rebours est simple à établir : l'Ecole doit ouvrir avant la fin de l'année 1945. C'est donc fin septembre que le Conseil des ministres doit être saisi des textes. Comme il est bon de solliciter sur pareille affaire l'avis de l'Assemblée consultative, dont les travaux s'achèvent au début d'août, l'essentiel doit être acquis un mois auparavant. Nous sommes fin avril : je dispose donc des mois de mai et de juin pour l'architecture générale, puis de ceux de juillet et août pour les détails, tout aussi importants, car il suffit d'un caillou mal placé pour que la meilleure machine soit bonne à jeter au rebut. Au surplus, j'ai pressenti cette leçon de l'histoire que mon expérience politique confirmera amplement : quand une réforme est nécessaire et que les circonstances permettent de la réaliser, il faut la mener tambour battant. Au réformateur de concilier la hâte et la sagesse car les circonstances sont si fugitives et les intérêts négatifs si prompts à s'allier contre le changement, que temporiser c'est déjà renoncer. Je suis d'autant plus ardent à réussir que j'éprouve une certaine nostalgie à l'égard des fonctions actives de Commissaire de la République. Je dois justifier mon choix en contribuant avec éclat à la gloire du premier gouvernement républicain de l'après-guerre.

Je propose à Gaston Palewski de créer une « Mission pour la réforme administrative » dont j'aurai la charge. Voilà qui lui agrée. En même temps, je m'ancre au président Jeanneney, ministre d'Etat que je connais de longue date. Ouvert à tout effort d'intérêt général, il souhaite profondément le succès du Général. Son fils, mon ami Jean-Marcel, est directeur de son cabinet. Tout au long de ces mois, il sera un soutien chaleureux et précieux. J'ai en même temps le souci de me bien entendre avec René Capitant, le ministre de l'Education nationale. J'avais été l'élève de son père. Je l'avais rencontré à Alger en 1941, en un temps où il fallait s'accrocher à l'espoir. Il est un ministre peut-être systématique, mais généreux, entreprenant et profond. Il me donne son accord.

Je m'entoure d'un petit nombre de collaborateurs : Roger

Grégoire, issu du Conseil d'Etat, dont les conseils sont fort avisés et la plume de bonne qualité ; Philippe Rivain et Tomasini, arrivés d'Angers avec moi et chaque jour à la tâche pour écouter les uns et expliquer aux autres ; Jean Trouvé, issu des Finances, connaisseur des textes comme on ne peut l'être que rue de Rivoli, et infatigable interlocuteur des directions de personnel. Cette équipe s'installe au 16 de la rue Saint-Dominique : de l'autre côté du palier siège André Malraux qui nous quittera en novembre pour prendre en charge le ministère de l'Information où mon autre voisin, Raymond Aron, le suivra.

Je crée deux commissions : la première composée de « personnalités qualifiées » dont les suggestions ouvertes et amicales doivent contribuer à préciser mes pensées. Secrétaire général du gouvernement, Louis Joxe accepte de présider sa première séance. Plus professionnelle, la seconde réunit les responsables du personnel des ministères et corps intéressés : elle doit me permettre, en désarmant les préventions, de faire comprendre le sens de ma réforme. Il ne me paraît pas opportun de constituer une commission représentative des syndicats. Mais usant des bonnes relations établies durant l'Occupation, des liens d'amitié nés de la France libre et de la Résistance, je demande aux deux fédérations de fonctionnaires, l'une affiliée à la Confédération générale du travail, l'autre à la Confédération des travailleurs chrétiens, de désigner chacune une délégation permanente afin d'établir des consultations régulières.

Il me faut compléter mes connaissances, mieux apprécier la portée de certaines orientations, répondre aux objections. Je vais à Londres pour interroger cet ancêtre prestigieux qu'est la Commission du « Civil Service ». J'en retire quelques indications pratiques, mais aussi l'impression d'une grande indifférence fondée sur la certitude de bien faire depuis toujours, fort opposée à ma passion réformatrice. Je rends visite à l'illustre professeur Langevin, qui sourit quand je fais allusion à « l'orthodoxie » de son programme de réforme de l'enseignement que je ne souhaite pas altérer. Je suis reçu par André Siegfried et René Cassin. Le premier, tout attaché qu'il est à un autre temps, à une autre République, à une autre société, se veut ouvert aux perspectives de la seconde moitié du siècle. Le second, Cassin, compagnon de la première heure du Général à Londres, est vice-président du Conseil d'Etat. Sensible aux combats politiques de l'entre-deux guerres, il se veut un fidèle du Général pour une œuvre de rénovation administrative : il accepte de ne pas en exclure le Conseil d'Etat dont il se sent tout de suite responsable. Je deviens alors son ami. Une longue conversation avec le gouverneur Delavignette, directeur de l'ancienne Ecole coloniale, devenue l'Ecole de la France d'outre-mer, est féconde : au détour d'un propos, il évoque la maturité des élèves de la promotion 1940, placés en stage dans les préfectures lorsque les événements ont brusquement interrompu leurs études. Je veux moi-même inscrire des stages dans la scolarité des élèves de la nouvelle école, mais doute de leur valeur en fin de scolarité. Cette évocation me donne l'idée d'un stage situé aussitôt après le concours, c'est-à-dire avant l'entrée effective à l'école. Comme il se doit, je plaide mon dossier devant Didier Gregh, le directeur du budget qui, partagé entre notre amitié et la rigueur qu'exigent ses fonctions, me facilitera finalement les choses et m'aidera.

La durée et le succès de ma réforme dépendent de quelques règles qui doivent être affirmées dès le départ.

D'abord, pour la réputation de l'Ecole, toute la haute administration doit être concernée. Si l'auditorat au Conseil d'Etat ou à la Cour des comptes, si les postes de début de l'Inspection des Finances et du Corps diplomatique sont exclus, le relèvement de la qualité de l'ensemble des ministères, qui est le premier objectif de la réforme, sera aussitôt compromis.

Cette orientation de départ en fait naître une seconde. L'exigence de qualité nécessite une profonde modification des structures des administrations centrales où l'abus du mauvais recrutement et l'absence de politique aussi bien en matière de rémunérations que d'avancement, ont créé de néfastes inégalités entre ministères. La valeur de l'ancien corps des rédacteurs est tombée très bas, sauf, bien sûr, au ministère des Finances ! A l'heure où s'élargissent les responsabilités de l'Etat, les ministères seront plus que jamais le cœur de l'action publique. Le succès ou l'échec de la future Ecole réside dans les perspectives de carrières qui seront offertes aux jeunes.

L'Ecole ne doit prendre modèle ni sur l'Ecole polytechnique ni sur l'Ecole normale. Faire dépendre l'entrée à l'Ecole de classes préparatoires situées à l'intérieur des lycées privera les administrations de la diversité des formations et de la liberté d'esprit que donne l'enseignement supérieur. Créer une Ecole préparant à des concours qui lui resteront extérieurs, c'est se condamner à maintenir, ou un jour à rétablir, leur multiplicité, c'est-à-dire leur particularisme excessif et leur hiérarchie nuisible. Pour moi, la nouvelle Ecole doit être une école d'application, ouverte aux diplômés issus de l'Université ou des grandes Ecoles et désireux de faire carrière dans les services civils de l'Etat.

Ce caractère d'école d'application ouvre la perspective que je recherche pour rompre avec l'étroitesse de recrutement, tant social que géographique, et faire appel à des esprits intéressés par la fonction publique mais issus de familles ou de milieux étrangers, par tradition ou situation sociale, à l'administration supérieure. Ce mécanisme de promotion sociale est une raison supplémentaire pour situer l'Ecole au-delà du premier cycle des études supérieures afin qu'elle en soit indépendante et qu'elle constitue avant tout un centre de formation professionnelle.

L'Ecole sera classique et nouvelle. Classique, elle créera entre les élèves l'unité qui naît de la vie en commun comme de l'émulation, ce qui, plus tard, permettra aux anciens élèves dispersés au travers d'administrations différentes, de continuer à se poser les problèmes de l'Etat dans des termes analogues. Nouvelle, l'Ecole s'attachera à la formation humaine de candidats recrutés selon des critères scolaires. Un long stage dès la première année, d'autres dans les années ultérieures, auront pour objet de donner aux élèves une expérience pratique, et de permettre à leurs professeurs de les apprécier d'une manière alors inusitée. S'y ajouteront le sport, la préparation militaire et une instruction civique et morale. Trop de fonctionnaires ont considéré que la mobilisation, la Résistance même, étaient l'affaire des autres. Comme les républicains l'ont toujours rêvé, il me semble qu'un enseignement de l'histoire à la Plutarque et à la Michelet aidera à cette formation dont la conclusion portera sur les grandeurs et servitudes du métier d'Etat, pour le bien de la nation.

Ces règles me permettent de dégager rapidement les traits de la réforme.

Puisque l'Ecole doit être une école d'application, il faut, dans l'enseignement supérieur et aux côtés des facultés de droit, des centres particuliers qui, sans avoir le monopole de la préparation au concours d'entrée, donneront à ces disciplines connexes de l'histoire, de l'économie et de la science sociale, la place qu'elles cherchent vainement depuis cent ans et qu'elles n'ont trouvée qu'au sein de l'Ecole libre des sciences politiques. C'est ainsi que naît l'idée des Instituts d'études politiques où je vois à la fois un profond rajeunissement des facultés de droit et le germe de nouvelles facultés.

Puisque l'Ecole doit préparer à un ensemble de corps et de services, il faut établir, entre les débouchés offerts aux élèves, des carrières comparables. C'est ainsi que je propose la distinction entre deux corps, celui des administrateurs civils et celui des secrétaires d'administration. Seuls les administrateurs civils seront issus de l'Ecole. Cette division, qui me paraît dans la nature des choses, doit s'étendre à l'ensemble des ministères et contribuer à leur redressement. Dans la même perspective est formulée la distinction entre le grade et l'emploi. Le grade appartient au fonctionnaire qui ne peut en être privé qu'après une procédure disciplinaire. L'emploi est une affectation dont le gouvernement est maître. Cette distinction qui a fait le succès des grands corps et des services d'inspection, correspond à la double exigence d'une administration républicaine et moderne : l'indépendance de la carrière et l'autorité du gouvernement.

Enfin, puisque l'Ecole doit élargir l'assise sociale de l'administration, il faut, à côté d'un concours classique ouvert aux étudiants formés par l'Université ou les grandes écoles, tenter une expérience, à l'époque tout à fait neuve, qui est d'écarter la règle selon laquelle la possession d'un diplôme de haut niveau est la condition nécessaire pour se présenter à un concours. Pour la première promotion, j'ai pu facilement décider que les jeunes ayant des titres de guerre seront seuls candidats, et sans autre exigence. Pour la suite, c'est-à-dire le « concours interne », je choisis une règle très simple : exiger cinq ans de fonction publique. En France, où la définition de ce terme est généreuse, tout jeune — homme ou femme — peut, s'il le désire, accéder à un « emploi public ». Dès lors, la révolution de l'enseignement supérieur est consommée. La dualité des concours ne crée nullement deux catégories d'étudiants d'abord, de fonctionnaires ensuite. Au contraire, elle permet d'adapter les épreuves d'entrée d'une même école à des candidats d'âges et d'origines professionnelles et sociales, variés. A l'Ecole, un seul enseignement et un seul classement de sortie réaliseront l'unité.

Avant de bâtir, il me faut régler quelques préalables susceptibles de devenir de vraies embûches.

Le premier, de taille, est constitué par l'existence de l'Ecole libre des sciences politiques. J'ai dit comment les milieux politiques dits « de gauche », la déclaraient « réactionnaire » et comment elle était jalousée par nombre d'universitaires. Il faut dépasser la querelle et regarder la réalité. L'Ecole tire sa force de la carence des facultés de droit et des lettres devant les disciplines nouvelles et de la carence des administrations devant la préparation intellectuelle des futurs fonctionnaires. Pendant l'Occupation, notamment du fait de l'action de son secrétaire général, Roger Seydoux, elle s'est signalée par une attitude dont je lui fus plusieurs fois reconnaissant. Après quelques combats oratoires et en dépit de certaines intrigues, ma proposition finit par l'emporter : grâce à une nationalisation concertée qui respecte l'acquis et peut être considérée comme une consécration, l'Ecole devient l'Institut d'études politiques de l'Université de Paris.

La seconde difficulté naît de l'articulation de ma réforme, en particulier de la création des deux corps distincts avec le statut des fonctionnaires en place où, dans chaque ministère, ils ne forment qu'un seul corps. Pour certains, l'intégration va de droit dans l'un ou l'autre des deux corps. Pour d'autres, au contraire, il est nécessaire d'envisager la création d'un corps intermédiaire à caractère provisoire, mais laissant la chance d'une promotion ultérieure par le moyen d'une formation complémentaire.

Dernière difficulté que je me dois de résoudre : l'ouverture de l'Ecole aux jeunes filles et aux jeunes femmes. Lorsque, dans la grande salle de Matignon, j'annonce mon projet aux directeurs de personnel, secrétaires généraux de ministère et chefs de service des grands corps, un grand silence s'établit. La petite minorité favorable observe la majorité hostile. Les objections arrivent : on admet une femme dans certains postes de la diplomatie ; cependant, est-il rappelé, l'expérience tentée a échoué ; mais dans la préfectorale ! Une femme dans un emploi de rédacteur à l'administration centrale certes, mais au Conseil d'Etat, à la Cour des comptes, à l'Inspection des Finances ! Brièvement, je présente un « exposé des motifs » où la détermination s'allie à la prudence.

A quoi bon ouvrir les universités aux jeunes filles si on leur refuse tout débouché ? Est-il raisonnable, une fois admise la qualité de nombre d'entre elles, de ne leur offrir que des emplois de second ordre ? En quoi le travail des administrations centrales, du Conseil d'Etat, de la Cour des comptes, est-il incompatible avec l'état de jeune fille, de femme mariée, de mère de famille ? Pourquoi certaines inspections, voire certains emplois de responsabilité, ne pourraient-ils pas leur être confiés ? L'Ecole doit donc leur être ouverte. Et, avec l'accès à l'Ecole, l'accès à tout emploi de début inscrit parmi les débouchés du concours de sortie. Ensuite, à chaque ministre, à chaque ministère, d'agir pour le mieux en fonction des caractères du service et du bien public. Assuré que je suis que le temps établira la justesse de mes pronostics, je termine par un propos plus politique qui est un hommage au rôle des femmes dans le combat contre l'occupant.

Mise aux voix, ma proposition aurait certainement été écartée, mais concertation ne signifie pas délibération, encore moins décision. La voie est ouverte. Les mœurs suivront. Pas tout de suite, mais le barrage juridique a été levé.

***

L'analyse de ces obstacles me confirme dans mon idée première d'élargir le débat, tant du côté de l'Université que de celui de la politique des personnels d'Etat. Ainsi, l'enseignement de la science politique et la réorganisation de la fonction publique deviennent-ils les objectifs d'une réforme qui, désormais, dépasse la seule Ecole nationale d'administration.

Nés de la nécessité d'assurer une voie normale à la préparation des étudiants à l'Ecole, les instituts d'études politiques ne peuvent en rester là. Tout l'enseignement supérieur doit être touché par cette ouverture vers des disciplines nouvelles. Issu des facultés de droit, René Capitant est favorable à leur extension plutôt qu'à la création de facultés distinctes. Il se rallie à l'innovation que réalise la création d'instituts qui, dans son idée comme dans la mienne, doivent rajeunir l'enseignement supérieur. Encore faut-il que cet enseignement soit de qualité. Pour cela, leur nombre doit être limité et la nomination des professeurs d'autant plus indiscutée que l'Institut de Paris, grâce à la transformation de l'Ecole des sciences politiques, va briller d'un nouvel éclat. Un second institut est créé à Strasbourg qui n'est pas seulement le symbole de la patrie et de la victoire, mais aussi une ville où, grâce à Carré de Malberg, la faculté de droit a depuis longtemps été orientée vers la science politique. Ni René Capitant ni moi-même ne pouvons l'oublier. Un souci particulier me guide : celui des connaissances économiques. J'ai déjà évoqué l'effort personnel que j'avais dû faire pour comprendre les lois du marché, les exigences de la production et les impératifs financiers d'une nation bien gérée. Je veux remédier à des carences dont j'ai pâti : les fonctionnaires doivent disposer désormais d'une bonne culture économique.

D'une discussion avec Roger Seydoux, naît l'idée de la Fondation nationale des sciences politiques. Seydoux se préoccupe du sort de la très riche bibliothèque de l'Ecole : le rattachement à l'Université, fût-ce par l'intermédiaire du futur Institut, ne va-t-il pas arrêter son développement et nuire à son rayonnement ? Ne faut-il pas envisager une scission et créer une bibliothèque spécialisée ? Cette interrogation agit en mon esprit comme une étincelle : la scission peut donner la réponse à une de mes préoccupations majeures qui est le développement, en France, de la science politique, préoccupation qui dépasse de loin la formation des seuls serviteurs de l'Etat. Loin d'être un artifice, la création de la Fondation nationale des sciences politiques née du souci de donner un statut à une belle bibliothèque, devient un des grands objectifs de la réforme. Comme l'Ecole pour l'administration, comme les Instituts pour l'enseignement supérieur, la Fondation sera le départ d'une grande ambition : mettre la France dans le peloton de tête de la recherche en des disciplines trop longtemps méconnues des sciences humaines — sciences politiques, sociales, économiques et administratives.

Dans le domaine de la fonction publique, mon ambition est également grande. La création dans chaque ministère d'un corps d'administrateurs civils est une rupture avec les règles anciennes, qui ont abouti à tellement détériorer les administrations centrales que les fonctions de directeur sont régulièrement offertes à d'autres qu'aux agents du ministère. J'aurais souhaité créer trois ou quatre grands corps interministériels : affaires générales, affaires financières, affaires économiques et affaires sociales. Mais en m'opposant de front à tous les ministères, je risque de compromettre l'ensemble de la réforme. Je me contente donc d'établir des cadres séparés qui seront régis par une hiérarchie et des règles communes. Les administrateurs civils, membres d'un corps supérieur de gestion, seront issus de l'Ecole, tandis que les seconds, secrétaires d'administration, techniciens des services, seront recrutés par un concours interministériel à deux branches, le premier ouvert aux diplômés, le second aux titulaires de petits emplois ou même à des auxiliaires sans diplôme.

Si étrange que cela puisse paraître, l'Etat, premier employeur par l'importance et la qualité de son personnel, n'a pas de politique globale de la fonction publique. Sous réserve de quelques principes énoncés par le législateur, de la consultation du Conseil d'Etat avant la promulgation des règlements sur les fonctionnaires, de la coordination assurée par le ministère des Finances pour ce qui concerne les traitements et de celle qu'assure le ministère de l'Intérieur pour les trois ou quatre règles communes appliquées alors aux personnels des villes et des départements, chaque responsable de service est le maître du recrutement et du statut de son personnel. J'estime qu'il convient de remédier à cette dispersion en dotant le chef du gouvernement d'un instrument de prévision et de gestion : c'est la direction de la fonction publique, auprès de qui je place un conseil supérieur de l'administration civile, dont l'exemple m'a été donné par la commission anglaise du Service civil.

Au sein de la fonction publique civile, la promotion sociale doit être aussi exemplaire que dans la fonction militaire. Pour reprendre, en l'adaptant aux civils, l'expression du maréchal Gouvion Saint-Cyr qui avait compris la leçon révolutionnaire : « Tout jeune doit avoir, sinon dans sa giberne, du moins dans sa serviette un bâton de maréchal. » C'est pourquoi, à côté des concours internes, je crée, sous la même direction que celle de l'Ecole, un Centre de hautes études administratives auquel j'attache une grande importance. A mes yeux, cette institution doit donner à des fonctionnaires en activité la possibilité d'une mise à jour de leurs connaissances. En même temps, le Centre dote les responsables de l'administration d'un outil capable de leur faire découvrir des qualités intellectuelles ou professionnelles chez ceux à qui la chance de les faire apparaître n'a pas encore souri.

***

Le Président Jeanneney suit avec attention l'évolution des projets. J'eus deux fois l'occasion de m'en entretenir avec le général de Gaulle. Dès le 28 mai, il préside un comité interministériel restreint auquel j'assiste, pour décider des principes dont la valeur législative exige une ordonnance. Georges Bidault et Adrien Tixier parlent de l'Ecole libre des sciences politiques, le premier pour la défendre, le second pour la critiquer. Pierre-Henri Teitgen me soutient. François de Menthon et René Pleven m'approuvent, même si le second émet quelques réserves. Mes propositions sont adoptées et, quelques jours plus tard, le 6 juin, sur le rapport du président Jeanneney, le projet d'ordonnance que j'ai rédigé reçoit l'accord du Conseil des ministres. Cinq semaines se sont écoulées depuis mon installation rue Saint-Dominique ! Je n'ai pas chômé. Les mois de juin et juillet sont occupés par les séances du Conseil d'Etat, de l'Assemblée consultative et, de nouveau, du Conseil d'Etat pour les textes d'application. Si, ici et là, je réponds aux objections administratives ou politiques, je ne rencontre nulle part de réelles difficultés. A l'Assemblée, outre le soutien d'André Philip aussitôt acquis, je reçois celui de Pierre Cot. Je lui avais rendu visite et naquit alors une sympathie que nos dissentiments politiques ultérieurs ne feront jamais disparaître. Le 14 septembre, le président Jeanneney fait une nouvelle fois un exposé du projet devant le Conseil des ministres qui approuve l'ensemble, de sorte que le 9 octobre 1945, le général de Gaulle peut signer deux ordonnances, douze décrets et un arrêté que le *Journal officiel* du lendemain publie, à l'exception du décret portant statut des administrateurs civils, qui paraîtra quelques jours plus tard.

Si le défi du calendrier a été relevé et gagné, la tâche n'est pas pour autant achevée.

Je me fais nommer, par le général de Gaulle, directeur à titre provisoire car je veux préparer moi-même le premier concours. Deux raisons m'y incitent : d'abord assurer aussi vite que possible le recrutement des administrations et des services qui, au retour des premières vacances depuis la Libération, commencent à prendre la mesure de la mutation que je leur impose. Ensuite veiller à ce que les jeunes issus des camps de prisonniers, de la France libre, de la Résistance ou de la déportation ne trébuchent pas sur des pièges imprévus. Dossier par dossier, dans le silence de mon bureau, je note les titres militaires de chacun et arrête la liste des candidats ; j'en reçois quelques-uns. Parmi eux Jacques Duhamel, Yves Guéna, Henry d'Ormesson, Alain Peyrefitte, Simon Nora... Puis je choisis et mets en place le jury.

Je présente au Général des noms pour la direction de l'Ecole. En écoutant ses objections, je constate une nouvelle fois la sévérité mais aussi la justesse de son appréciation sur les hommes. Après discussion, il fait le bon choix : Bourdeau de Fontenay, à qui je demande d'accepter Pierre Racine, à peine revenu de captivité, comme directeur des études et des stages. Au bout d'un an, devant l'ampleur de la tâche, André Bertrand, qui avait la charge du service législatif de Matignon, les rejoindra. Cette première équipe réussira au-delà de toutes les espérances, comme réussiront Roger Grégoire à la direction de la fonction publique, et le professeur Ponteil nommé directeur de l'Institut de Strasbourg. Quant à Paris, l'Institut d'études politiques retrouve tout naturellement la remarquable direction de Roger Seydoux.

Il faut songer à l'installation matérielle de l'Ecole. Une visite facile à André Diethelm, ministre des Armées, une autre, moins facile au général de Lattre de Tassigny, chef d'état-major, aboutissent à un décret affectant à l'Ecole les grandes écuries du château de Versailles. Je vais les visiter — une visite émouvante, car elles sont alors à l'abandon depuis plus de cent ans — mais sans conclusion. Une installation provisoire est donc assurée dans un immeuble de la rue des Saints-Pères dont le jardin communique avec l'ancien « Sciences-Po ». Inutile de préciser que l'Ecole n'alla jamais à Versailles et que le décret ne fut pas appliqué. Vingt-cinq ans plus tard, ministre d'Etat chargé de la Défense nationale, je décentraliserai à Brest le service hydrographique de la Marine, et je pourrai ainsi offrir à l'Ecole un bel immeuble au 11, rue de l'Université.

Enfin, je rédige avec soin une brochure officielle sous forme d'un « Livre jaune » intitulé *Réforme de la fonction publique* et sous-titré : « Enseignement des sciences politiques ; Ecole nationale d'administration ; Réforme des administrations centrales. Pour une politique de la fonction publique. » C'est tout à la fois un exposé détaillé, un examen de conscience et des directives d'avenir. Il est rapidement publié grâce à la diligence de Blanchot, directeur de l'Imprimerie nationale, qui vibre d'enthousiasme pour cette réforme. Ce petit livre austère et modestement présenté est un succès en librairie.

Le 15 décembre, dans le grand amphithéâtre de la rue Saint-Guillaume, je présente au général de Gaulle l'état-major de l'Ecole. Je visite les installations provisoires, je serre quelques mains et me retire à mon tour. L'Ecole ne m'appartient plus. Je me souviens d'une réflexion que Paul Valéry avait faite à mon père, après avoir écouté en Sorbonne une leçon de Gustave Cohen sur *Le Cimetière marin* : « Quand une œuvre est achevée, le créateur n'en est plus le maître... »

Quelques semaines plus tard, retournant avec le chef du gouvernement qui n'est plus le Général de Gaulle, je scruterai ces jeunes visages, tous formés par les épreuves que la nation vient de subir et de dominer. L'éducation qui va leur être dispensée les marquera-t-elle de la manière que je souhaite ? Seront-ils à la hauteur des espérances que je mets dans leur zèle à rénover l'Etat ? Je ne doute guère du succès de leurs carrières personnelles, mais prendront-ils conscience de la responsabilité de l'administration au regard de la nation, c'est-à-dire de la France ?

***

A ceux qui, plus tard, se sont étonnés de l'ampleur d'une réforme réalisée en un temps si rapide, il ne suffit pas de répondre que l'époque était propice aux grands changements et qu'en d'autres domaines, le gouvernement de Gaulle en fit d'analogues. Il est une seconde raison que j'expose non sans une certaine nostalgie. Les mois qui ont suivi la Libération furent des mois exceptionnels où l'exaltation et l'espérance rendirent possible la naissance de grandes choses. L'attente du peuple rencontrait l'ardeur du petit nombre de ceux qui entendaient rénover la patrie par soif de revanche contre la honte. L'Occupation avait brisé la France, désarticulé l'Etat. La revanche n'était pas seulement la défaite de l'ennemi, elle devait aussi être une renaissance. Le salut aux morts comme le souci de nos cadets exigeaient une France neuve dont un Etat net et compétent serait une composante nécessaire. Au cours de ces quelques mois de 1945, je me suis vraiment senti porté par la foi en mon pays, une foi que je devais retrouver en juin 1958 avec alors de plus grands moyens.

L'Ecole nationale d'administration a grandi et bien grandi. Longtemps je n'ai rien voulu dire ni écrire à son sujet et, sauf un bref discours devant René Coty, alors président de la République, à l'occasion du dixième anniversaire de l'Ecole, j'ai gardé le silence pendant le temps d'une génération. Pour un livre de grande qualité écrit par Marie-Christine Kessler à la fin des années 70, j'ai rédigé une longue préface où je rappelle la préhistoire de l'Ecole avant de porter un jugement sur son évolution.

Un premier point est acquis : l'Ecole nationale d'administration a fait preuve de sa capacité. Alors qu'elle approche de son quarantième anniversaire, elle a fourni près de quatre mille bons serviteurs et si la qualité de sa formation a pu varier avec les années, elle s'est dans l'ensemble maintenue à un niveau remarquable. Elle a raffermi le sens du Bien public et créé dans l'administration un esprit de connivence qui facilite le règlement des affaires. Elle s'est attiré une très grande considération à l'étranger : quand je serai ministre de l'Economie et des Finances, j'aurai par exemple le plaisir de recevoir la visite de lord Robin, venu à la tête de la Commission du « Civil Service » pour se renseigner sur l'esprit de la réforme de 1945. Je commençai notre entretien en évoquant ma courte enquête à Londres avant de fonder l'Ecole.

Un second point est pour moi très clair, même s'il n'est pas toujours compris. Bien des critiques adressées à l'Ecole sont en fait des critiques adressées à notre système universitaire, qui se situe en amont de l'Ecole, ou à notre régime administratif, qui se situe en aval. J'ai tenu à rappeler ce fait en 1983, lorsqu'un ministre communiste a demandé et obtenu du Parlement une « troisième voie d'accès » à l'Ecole. Il en est de même du reproche d'une ouverture sociale insuffisante, ou d'une sorte de monopole parisien. Si l'observation a été juste, elle l'est beaucoup moins aujourd'hui, car l'on doit tenir compte des faux Parisiens, c'est-à-dire des provinciaux qui « montent à Paris » pour suivre les cours de l'Institut d'études politiques qu'ils jugent mieux adaptés aux épreuves des concours d'entrée. D'un autre côté, on fait état des inégalités de carrière à la sortie ou du caractère abusif que représenterait le monopole de recrutement. Là encore, si la critique est justifiée, et elle n'est pas facile à prouver, elle s'adresse à notre système de la fonction publique. Il est normal et nécessaire que l'Ecole pourvoie aux emplois du début : quant à l'avancement et au tour extérieur, ils doivent être aménagés aux différents postes de la hiérarchie dans des conditions sachant concilier les droits acquis et l'intérêt général.

Une critique me fait sourire : trop de grands postes de l'Etat, et même hors de l'Etat, seraient occupés par d'anciens élèves ! On oublie simplement que l'E.N.A. a été faite pour cela, c'est-à-dire pour que de grands postes soient occupés par des hommes et des femmes formés à cette fin. On oublie aussi que lorsqu'ils désignent des responsables, les pouvoirs publics doivent chercher les talents partout où ils se trouvent. L'Ecole ne dispose d'aucun monopole pour les emplois élevés de la hiérarchie, mais doit-on se plaindre si l'ambition des jeunes, qui est un puissant moteur, leur fait choisir cette voie qui leur paraît pleine d'avenir ?

Autre grief : il y aurait trop d'anciens élèves de l'E.N.A. dans la vie politique. Cette observation est la conséquence d'une disposition statutaire qui est commune à tous les fonctionnaires, notamment aux enseignants qui en profitent également. Un fonctionnaire élu, non seulement n'est pas obligé de donner sa démission, mais encore garde ses chances de faire carrière : pour les fonctionnaires, l'aléa de la vie politique est donc supprimé, et voilà pourquoi ils sont plus nombreux à courir le risque d'une élection.

Les critiques sur la suffisance ou l'esprit technocratique de ces élèves sont recevables. Les seuls correctifs sont dans une meilleure éducation des comportements et surtout dans le sérieux des pouvoirs publics à qui le dernier mot doit rester. Il ne faut pas imputer aux fonctionnaires l'insuffisance d'autorité ou de commandement des dirigeants politiques.

Reste un défaut dont je ne suis pas sûr que l'Ecole réussisse à corriger ses élèves : c'est celui de l'idéologie, notamment en matière économique et sociale. Notre enseignement n'arrive pas à s'en dégager. J'aurai à y revenir, car s'il est une souffrance de ma longue vie politique, c'est bien celle de l'incapacité française à se hisser au niveau des réalités et des exigences d'une économie plongée dans la compétition mondiale. Oui, vraiment, il y a encore trop de « mirobolants » dans notre Education nationale.

On peut toujours faire mieux. Il me semble cependant qu'à la condition de rester fidèle aux objectifs fixés en 1945, l'Ecole nationale d'administration est nécessaire à l'Etat. Elle est devenue une institution de la nation et la briser, l'affaiblir ou la pervertir serait briser, affaiblir ou pervertir l'Etat.

A constater aujourd'hui la qualité de notre haute fonction publique, comme à observer les promotions d'hommes et de femmes qui, sans le deuxième concours, n'auraient pu poursuivre leur carrière, et pour certains atteindre les sommets, j'éprouve une joie profonde et silencieuse. Et si on peut toujours critiquer, je crois que, tout compte fait, j'ai donné à la République un instrument de qualité et qui le sera d'autant plus que le pouvoir politique restera conscient de son devoir à l'égard de la patrie et de l'Etat !

J'aurai l'occasion de reparler de la troisième voie que nous devons, depuis 1983, à un ministre communiste. Elle pourrait être un complément utile. Elle deviendra un danger si elle sert à « vieillir l'Ecole » — car l'Etat a besoin de l'ardeur des jeunes — et surtout si elle est employée à « politiser » la fonction publique. Un Etat partisan n'est plus un Etat républicain.

***

A une exception près, les créations de 1945 ont tenu leurs promesses.

La Direction de la fonction publique, confiée à Roger Grégoire, est devenue un rouage indispensable de l'administration. Je regrette la disparition du Conseil supérieur de la fonction publique qui fut remplacé, à tort me semble-t-il, par une organisation représentative des syndicats qui auraient pu avoir leur place ailleurs et d'une manière différente, comme j'estime que l'établissement d'une « grille » nationale par son extrême rigidité pèse désormais trop lourd sur l'ensemble de la politique des personnels.

Le cadre des administrateurs civils a connu une fortune diverse. Ses débuts furent difficiles en raison de l'erreur commise par certains ministères ou certains ministres peu avertis de la qualité des jeunes issus de l'Ecole. Les années triomphèrent de ces réserves. Premier ministre, j'aurais voulu créer les trois ou quatre cadres d'administrateurs que j'avais en tête en 1945. Cela ne fut pas possible car une réforme tendant à constituer un corps unique d'administrateurs civils venait à peine d'être achevée et il n'aurait pas été raisonnable de bouleverser, une nouvelle fois, le monde des ministères. Je considère toujours que mes orientations étaient meilleures et mériteraient un jour d'être reprises. L'essentiel est cependant acquis : le corps des administrateurs civils a pris sa place dans l'Etat. Je peux en dire autant du corps des secrétaires d'administration, complété par celui des attachés.

Les Instituts d'études politiques, au premier rang celui de Paris, ont contribué à une orientation nouvelle et brillante de notre enseignement du droit public et des sciences politiques. Par la suite, le renouvellement des facultés de droit et la création de chaires nouvelles ont réduit leur place. Mais ces précurseurs sont demeurés de bons centres pour la préparation aux fonctions publiques ou sociales. Ministre de l'Economie et des Finances, je réformerai la structure de l'enseignement provincial en créant des instituts régionaux de formation administrative dont l'ambition, plus limitée, est néanmoins de grande importance pour la qualité des personnels des collectivités locales.

Le Centre des hautes études administratives, lui, fut un échec. Les premières promotions où chacun avait été choisi sur dossier par un jury indépendant, furent de bonne qualité. J'ai longtemps espéré que des nominations au tour extérieur dans tel ou tel corps de l'Etat viendraient sanctionner cette qualité. Rien ne vint : aucune nomination, ni promotion pour récompenser le travail accompli par les stagiaires ! Ce désintérêt des pouvoirs publics aboutit au découragement des candidats, qui devinrent rares. En 1962, quand je quittai le pouvoir il était dans mes projets de relever le Centre.

S'il est au contraire un succès éclatant, c'est bien celui de la Fondation nationale des sciences politiques telle qu'elle a été successivement animée par Jean Touchard et François Goguel, mon ami de toujours. Je suis d'autant plus à l'aise pour le dire et en éprouver une profonde satisfaction que mon rôle se borna d'abord à inventer le cadre juridique, à définir ses statuts et à affirmer son indépendance, plus tard, premier ministre, à ouvrir les crédits qui allaient animer la recherche pour plusieurs années. La science politique française n'attendait rien d'autre pour s'affirmer. Quelques années ont suffi pour en apporter la preuve.

Marque des temps ? La science politique contemporaine se signale par une excellente description des faits, avec force chiffres, statistiques et sondages. Elle s'oriente vers des recherches concrètes. Son apport à la connaissance des mécanismes de la politique et à l'analyse des résultats électoraux, est considérable. Mais la philosophie politique piétine. Il est vrai qu'il n'est nul besoin d'une Fondation nationale pour faire surgir un nouveau Bodin, un nouveau Montesquieu, un nouveau Tocqueville. Il est plus vrai encore que l'Europe où nous vivons n'est plus celle où une civilisation se croit appelée à dominer le monde avec ses valeurs. La pensée politique se trouve intimidée devant ces grands affrontements extérieurs qui laissent à la force le soin de régler les problèmes des hommes et des sociétés. Une renaissance, c'est-à-dire une capacité de synthèse orientée vers une ouverture sur de nouvelles certitudes, reviendra-t-elle ? Le vieillissement de la France et de l'Europe est là comme ailleurs de mauvais augure. Pour briller, les meilleures écoles ont besoin d'une jeunesse nombreuse et active. Mais cela est évidemment une autre histoire. Telle qu'elle s'est affirmée, la Fondation nationale des sciences politiques a atteint une renommée internationale qui doit être, pour tous les Français, un sujet de fierté.

Une réforme ébauchée

Rajeunir le recrutement de la haute fonction publique et rénover l'enseignement de notre droit public et de l'économie étaient des projets que je portais en moi dès l'avant-guerre. Ils étaient la suite directe de ma réflexion d'étudiant puis de fonctionnaire. Au contraire, donner à la province de nouvelles chances d'animation et de développement en modifiant nos structures municipales et départementales, est une idée issue de mon expérience de commissaire de la République.

J'ai déjà évoqué comment le retour de la République suscitait une interrogation sur les rapports du département et de la région, création de Vichy. Lors de la préparation clandestine de la Libération, j'avais tranché en faveur du maintien provisoire de la région. J'avais réussi à convaincre la Résistance et Alger. Mais depuis le retour du gouvernement à Paris, et l'achèvement de la remise en ordre de nos affaires, personne au gouvernement, ni hors du gouvernement, ne veut clairement ouvrir le dossier.

Plusieurs Commissaires de la République s'en attristent et viennent me le dire. Mes rapports avec le Général attirent les confidences. Ces hommes de valeur, dont la loyauté à l'égard du Général est le caractère commun, se désespèrent de la fin de leur autorité qui coïncide avec une dispersion de l'action administrative et politique, bien souvent au détriment de la bonne image du nouvel Etat. Closon, toujours tendu vers la bonne marche des affaires publiques, est l'interprète de la majorité de ses collègues en souhaitant une réforme régionale qui eût assuré la vie d'un Etat moderne grâce à de grands serviteurs qui seraient quasiment les égaux des ministres.

Je vis avec le même rêve dans le cœur, la même ardeur dans l'esprit. Mais, Parisien, je suis mieux au fait de l'immense coalition qui commence à se former. Bien qu'encore à distance respectueuse, elle circonvient le Général qui, tout orienté vers l'achèvement de l'entreprise commencée le 18 juin 1940, laisse monter la poussée conservatrice des institutions et des mœurs de l'ancienne République illustrée par le retour de ses partis, syndicats et corporations. J'ai déjà évoqué l'union sacrée des députés, conseillers généraux et préfets contre l'institution des Commissaires de la République.

Une première question doit être tranchée : la nouvelle République a-t-elle besoin de régions, fût-ce en modifiant la carte toute de circonstance dessinée par Vichy ? La plupart de mes amis raisonnent en fonction de l'expérience exceptionnelle qu'ils vivent. Je leur explique que dans un Etat démocratique, discuter d'un échelon régional ce n'est pas s'interroger d'abord sur les pouvoirs d'un haut fonctionnaire, mais sur ceux d'une assemblée délibérante. Alors quel cadre et quelle assemblée ?

Depuis longtemps une tendance hostile, tant à l'œuvre révolutionnaire qu'à l'Etat unificateur de la monarchie, prône le retour aux provinces. Malgré mes réserves, j'ouvre le dossier.

L'histoire donne parfois des indications précises. Mais, dans d'autres cas, notre passé est si riche en disputes et changements qu'on ne peut en tirer que des indications fragmentaires et incertaines. D'une part, le refus de la division départementale cache une néfaste nostalgie des particularismes d'antan. D'autre part, des régions dessinées selon les seules données de l'histoire (à supposer qu'on réussisse à les tracer), amènent à de telles inégalités que l'unité de l'administration en serait profondément bouleversée sans utilité pour personne. Où se situe enfin l'avantage de l'Etat dans la résurrection de circonscriptions historiques ? Sous une apparence de sérieux, cette revendication vise à modifier la structure politique de la France en vue d'altérer notre conception de l'unité nationale. L'appel à un passé révolu cache une volonté de rupture d'où surgissent des notions aussi fausses que celle d'une France plurinationale, ou aussi dangereuses que le retour aux ethnies qui engendre le racisme. Lors de la libération de Nantes, une poignée de séparatistes bretons avait diffusé dans cette ville détruite et désertée, un tract ronéotypé appelant Charles de Gaulle à reconstituer un Etat breton en souvenir d'un de ses grands-oncles, Charles de Gaulle, poète qui écrivait en gaélique. La poésie est une chose. La politique en est une autre.

A première vue, l'organisation de régions économiques ne soulève pas autant d'objections. Elle n'en est pas moins contestable. Comme les rappels historiques, les intérêts économiques sont précis ou vagues, utiles ou insuffisants. Au surplus, ils sont presque toujours contradictoires. Dans certains cas, on entend organiser une région en fonction d'une industrie ou d'une production dominante ; dans d'autres cas, on insiste au contraire sur des caractères complémentaires. On ne peut établir une œuvre durable sur de tels éléments qu'au demeurant le temps peut changer. Ailleurs, et c'est déjà plus sérieux, on observe une grande ville disposant autour d'elle d'une influence économique dont on peut tracer le contour. Mais à observer et à étudier la France, on constate vite les difficultés et les incohérences d'une telle méthode : pour quelques régions aisément dessinées, combien d'autres dont le contour peut être discuté à l'infini ! Pour quelques capitales provinciales dont l'autorité est assurée, combien de villes dont l'attirance est limitée !

En fin de compte, une seule hypothèse m'apparaît comme pratique et praticable : le dessin d'un cadre administratif nouveau où toutes les données seraient appréciées, mais que dominerait une vue politique raisonnable et raisonnée. Le tissu de notre vieux pays ne permet pas d'agir autrement. Même cette hypothèse n'affaiblit pas le danger que présentent les deux autres et qui est celui de tout régionalisme. Quand on dessine une carte administrative, on ne trace pas seulement les contours d'une circonscription où vivront des services d'Etat et où siégeront des autorités d'Etat. On crée aussi une collectivité humaine qui acquiert, fût-ce artificiellement, le sens de sa personnalité qu'elle cherche ensuite à accentuer. Les régionalistes passionnés entendent constituer une « personne morale », fondée à la fois sur une superficie importante et une population liée par des caractéristiques et des intérêts communs. L'ensemble n'est plus une circonscription administrative, mais une entité politique : ultras de droite et de gauche se retrouvent dans le même souci de détruire l'Etat. Certains ignorent ce qu'ils préconisent, d'autres savent bien ce qu'ils font soit en faveur d'un monarque, soit en faveur d'un parti. J'estimais alors, et j'ai toujours estimé depuis, que la nation sortirait diminuée de ces particularismes souvent inventés et qui prennent vite l'Etat pour cible. Plus tard, je constaterai que l'idée est reprise par les partisans d'un Etat européen. A leurs yeux, la France, en tant que nation, doit disparaître.

La leçon de l'Assemblée constituante de 1789 est toujours valable : pour concevoir et dessiner une division administrative, il faut consulter l'histoire et l'économie qui sont des éléments indispensables, mais le principe même de cette division, c'est ailleurs qu'on le trouve. La bonne pratique administrative cherche où est l'intérêt de l'unité nationale et de la souveraineté de l'Etat, deux notions complémentaires, car elles sont l'une et l'autre également nécessaires à l'indépendance de la France et à la liberté des Français.

Cette affirmation demande quelques explications : la France est un pays où la richesse est très inégalement répartie. L'origine géographique des impôts et des cotisations sociales le prouve. Or, les Français, eux, sont très égalitaires. Le haro sur la centralisation monarchique et républicaine dissimule une vérité, qui se nomme la solidarité, correction nationale des inégalités de la nature et de l'évolution. J'estimais alors (et je n'ai pas modifié depuis ma manière de voir), que de larges assemblées régionales élues au suffrage universel seraient vite fortement animées, les unes par l'égoïsme, les autres par la revendication, deux attitudes également nuisibles à l'Etat, à la nation et aux citoyens.

Les temps de notre reconstruction exigent, au contraire, une solidarité sans faille. Pour reprendre sa place en Europe et dans le monde, la France se doit de redevenir une puissance. Elle vient de subir un désastre que seul un véritable miracle a permis de dominer. Il lui faut un Etat capable, comme aux meilleurs temps de sa difficile histoire. Dans ces conditions, mettre en place une vingtaine d'assemblées régionales élues au suffrage universel, c'est offrir à la politique un champ d'action qui ravalera l'action des hommes publics vers des débats de politique locale, alors que l'exigence nationale veut au contraire qu'ils s'élèvent au niveau des affaires essentielles dont dépend notre avenir.

Au-delà des temps que nous vivons, et de cet impératif, il faut comprendre la logique de la démocratie dans un pays comme la France qui doit lutter pour assurer sa permanence. Le vieux régime monarchique, où tout le pouvoir était à l'exécutif avait pu vivre avec des régions, sans recourir au suffrage universel. Mais la République ne peut être administrée de la sorte. Le temps des grands intendants libres de leurs décisions est révolu. Seules des circonstances exceptionnelles les ont fait provisoirement renaître. Puisque la région conduit à l'élection de larges assemblées par le suffrage direct, elle est à mes yeux condamnée. Un des mérites de la Révolution a été de libérer l'Etat de la tutelle des parlements provinciaux. Aucun régime ultérieur ne les a reconstitués. Même revus à la moderne, des parlements régionaux sont voués à devenir des féodalités fréquemment abusives et parfois dangereuses. Il y a là un piège qu'il faut éviter. Ecrivant quarante ans après ces premières réflexions, je n'ai pas changé d'avis. Bien au contraire.

Dès lors, est-on condamné à revenir à la situation antérieure ? Non. Quand je relis aujourd'hui les notes ou les articles que j'ai rédigés à cette époque, je n'ai guère de modifications à y apporter.

Trop lourde, la centralisation administrative à Paris pèse de façon excessive sur la vie provinciale. Le respect de l'unité nationale n'en demande pas tant. Le bureaucratisme parisien anémie l'esprit du citoyen dont les temps modernes veulent qu'il se sente concerné par l'élan économique qui, au lendemain de la Libération, m'apparaît déjà comme prioritaire. Sans doute les exigences de la reconstruction imposent de refuser des frais généraux abusifs. Il faut cependant laisser la vie locale dégager une élite responsable du progrès économique et social. A ces considérations générales, j'ajoute une raison politique, à mes yeux fort importante : un cadre nouveau permettra aux nouveaux mouvements politiques de mieux s'implanter, ce qui rétablira l'équilibre avec les anciens partis prêts à refleurir dans leurs moules d'avant-guerre.

Ces diverses raisons convergent et me font penser qu'une révision de la carte administrative est d'autant plus nécessaire que le département est souvent devenu un cadre trop étroit pour l'action administrative. Son dessin a été décidé afin que de tout village on puisse se rendre au chef-lieu en une journée de carriole ! Nous n'en sommes plus là !

Je m'interroge : la région est trop vaste, le département sinon toujours, en tout cas fréquemment inadapté. La région est un risque grave pour l'Etat, le département est, dans de trop nombreux cas, une circonscription inapte à assurer une action économique cohérente. Ne peut-on trouver une solution intermédiaire ? A cette première interrogation s'en ajoute une autre : ne faut-il pas également rajeunir notre organisation municipale, faire la différence entre les villages et les villes, et en particulier établir de nouvelles règles pour la gestion des grandes agglomérations composées d'un magma de villes et de communes imbriquées les unes dans les autres ?

A ces deux questions il m'apparaît qu'on peut répondre par l'affirmative.

***

Dès septembre 1945, je consacre une part de mon temps à un projet de division de la France en départements agrandis. Jean-Marcel Jeanneney prend un si vif intérêt à l'affaire qu'il en parle à un universitaire, le doyen Blanchart, qu'il a connu à Grenoble, et que l'idée d'une nouvelle carte administrative intéresse. Un premier avant-projet m'est ainsi proposé. Pour le mettre au point, j'accueille au sein de la Mission de réforme administrative un nouveau collaborateur, Lucien Junillon, fonctionnaire issu de l'administration des Postes, dont j'ai apprécié l'intelligence et les connaissances. Doyen de la faculté des lettres de Paris et géographe renommé, M. Cholley me donne une consultation dont j'essaie de tirer le meilleur profit. Et une grande carte de la France, avec les limites départementales proposées pour quarante-sept départements au lieu de quatre-vingt-dix, devient l'ornement de mon bureau. Elle est publiée en annexe.

Dans le même mouvement, j'envisage une nouvelle loi municipale.

La grande charte de 1884 qui a été votée pendant le ministère Jules Ferry, est le fruit de l'expérience d'hommes qui ont vécu dans la France rurale du XIXe siècle où les grandes villes étaient l'exception. A condition de mettre à part Paris, Lyon et Marseille, aucun argument ne s'opposait alors à un statut municipal uniforme. Voilà qui a bien changé. Nos structures légales ne correspondent plus à la diversité des temps présents et tout permet de penser que la France moderne sera de moins en moins rurale et de plus en plus urbaine. Il devient même utile à son rayonnement qu'elle puisse compter quelques villes de taille internationale. L'uniformité de notre système municipal me paraît de moins en moins adaptée. Il faut en particulier accorder plus d'aisance financière et de liberté d'action aux responsables des grandes villes, et même à ceux des villes moyennes. J'imagine donc de remplacer notre vieille législation uniforme par trois statuts : communes, villes moyennes, grandes agglomérations.

L'exemple anglais me pousse à établir un lien entre mes projets municipaux et la novation départementale. Le statut des grandes agglomérations ferait d'elles en même temps des villes et des départements, ce qui permettrait à divers problèmes de trouver ainsi leur solution, en particulier celui de la liberté d'action des responsables élus. Et je complète le tout en envisageant des pouvoirs accrus pour les présidents des conseils généraux qui, à l'image des maires, deviendraient les administrateurs des nouvelles collectivités territoriales dotées d'attributions économiques et sociales nouvelles.

Enfin, pour que ces changements profitent réellement à la réanimation de la vie locale, je propose une stricte réglementation du cumul des mandats. Maires de grandes villes et présidents des nouveaux conseils généraux n'auraient pu être députés. Seule la seconde Assemblée chargée de représenter les collectivités locales leur serait ouverte et pour certains maires de grandes villes j'envisage des sénateurs de droit. Ces règles me paraissent aussi importantes pour les élus locaux que pour les élus nationaux : aux premiers, les tâches de gestion municipale et départementale, et aux seconds la connaissance et le contrôle des grandes affaires de l'Etat et de la France.

C'est au mois de décembre 1945, peu après l'ouverture officielle de l'Ecole nationale d'administration, que je demande au Général un entretien pour lui exposer les grandes lignes et le calendrier d'exécution de ma seconde « réforme ».

En cette fin de soirée, le bureau du Général est sombre. Seule une forte lampe sur la table trace une zone de lumière. Je déplie sous ses yeux la carte administrative de la France telle que je la conçois et la commente. En prenant quelques exemples, j'explique les motifs qui m'ont conduit à ce nouveau dessein, les principes qui, à mon sens, doivent régir la division des tâches entre les agents du pouvoir central et les élus, enfin l'intérêt qu'il y aurait à trancher vite.

Le Général suit le début de mon propos avec attention. Il se penche sur la carte et me pose une ou deux brèves questions. Mais dès la fin de mon court exposé, arrive une réflexion désabusée : « Les députés n'accepteront jamais. » Ma réponse est prête : « Les jeunes, les nouveaux, ne sont pas encore solidement implantés. Seuls les vieux partis bénéficient des cadres départementaux. Une rupture avec les divisions électorales du passé, brisant les racines antérieures à la guerre, peut séduire la part du personnel politique qui est tournée vers l'avenir, en particulier les jeunes démocrates-chrétiens et les nouveaux socialistes. » (J'étais optimiste.)

« Ils n'accepteront jamais », me répète le Général.

Je m'élève contre ce jugement. La Constitution est en chantier. Tout est remis en question, y compris le Sénat. Une nouvelle division administrative, accompagnée d'une meilleure répartition des structures et compétences gouvernementales et débouchant sur des circonscriptions électorales qui désorienteraient les parlementaires et partis issus de la IIIe, donnerait des chances à une nouvelle génération d'élus. D'un coup, c'est donner des assises au rajeunissement de la République.

« " Ils " ont déjà pris leurs habitudes. C'est trop tard », m'objecte le Général.

Je persiste : « Ne peut-on alimenter les travaux de la Constituante ? Lui faire approuver une mutation administrative qui accompagnerait la réforme institutionnelle ? Le gouvernement dispose d'une majorité à l'Assemblée. Il appartient aux ministres d'exercer leur influence. »

Le Général me rend la carte sans me répondre et, tandis que je l'enroule, m'exprime ses doutes. Faute de se définir par rapport à la restauration de la puissance française, les partis n'ont d'autre objectif que de faire obstacle à ses desseins en multipliant les difficultés. Après avoir pendant plus de quatre ans dialogué avec la France éternelle, le Général trouve insipide et humiliant le dialogue avec les hommes des partis. Ceux-ci, à vrai dire, ne font aucun effort pour s'élever jusqu'à lui. Derrière un vocabulaire issu de la Résistance, des idées et des mœurs d'avant-guerre reviennent au premier rang. Alors que le sang du peuple bouillonne encore de la honte dont la France doit se laver, les élus se replongent dans les querelles et les combinaisons qui abaissent la nation. Ce visage d'une démocratie que le Général a rétablie, l'attriste pour lui comme pour la France : « Tout cela manque de ragoût. » En ce début d'hiver, je ne fus pas le seul interlocuteur à entendre cette formule.

J'aurais voulu pouvoir le convaincre que la renaissance de l'Etat avait du « ragoût ». En entraînant ministres et parlementaires hors des sentiers battus, une grande œuvre peut encore être menée à bien. Même les communistes sont susceptibles de comprendre le parti qu'ils peuvent tirer d'une réforme qui ne va pas contre leurs intérêts. Il faut profiter du fait que pour le moment, ils sont désireux de rester dans son équipe. Le Général ne me contredit pas. Mais visiblement sa pensée est ailleurs.

Je ne me résigne pas à la fatalité. De retour à mon bureau, je rédige pour mes collaborateurs et moi-même une note détaillée. En raison des circonstances, comme pour des raisons de principe, le recours à une ordonnance ne peut être envisagé. Il faut établir un projet de loi qui, sous forme d'une loi-cadre, sera une sorte de complément constitutionnel. Je me flatte même de réussir à convaincre mes amis du gouvernement, socialistes ou démocrates-chrétiens. Je dois avoir auparavant une longue conversation avec Adrien Tixier, le ministre de l'Intérieur. Il est surpris, intéressé, réservé, mais nullement négatif : il attend.

Le destin ira plus vite : à l'Assemblée, les orientations et le comportement des partis ouvrent une crise majeure.

L'échec constitutionnel

Le 8 mai a vu le triomphe historique et moral du général de Gaulle. La France siège à la table des vainqueurs. Les prisonniers et les rescapés des camps de la mort, les travailleurs, volontaires ou obligés, reviennent. Les raisons qui ont justifié l'expectative constitutionnelle n'existent plus. Il faut donc trancher. A mes yeux, il est déjà bien tard. Certaines difficultés sont réelles et tiennent à la dureté de la vie matérielle comme à l'état d'esprit d'un grand nombre de Français une fois la paix revenue. D'autres, plus artificielles, sont dues aux acteurs du jeu politique — les partis, les syndicats, la presse —, souvent animés d'arrière-pensées dont certaines ne sont guère avouables, au moins dans l'immédiat de la victoire.

Au sein des milieux politiques, le refus de revenir aux institutions de la IIIe République est unanime ou quasiment. On compte sur les doigts de la main ceux qui professent le contraire, tels Jacques Lecompte-Boinet parmi les dirigeants de la Résistance, et Paul Bastid parmi les anciens parlementaires. Cette condamnation générale des lois de 1875 dissimule des analyses politiques divergentes.

Certains, déplorant l'insuffisante de l'exécutif, veulent le renforcer en lui conférant la stabilité. A l'inverse, d'autres critiquant les limites que le Sénat a imposées à l'action d'une majorité de députés, veulent que la souveraineté de la Chambre issue du suffrage universel soit affirmée sans obstacles. Les uns incriminent le jeu des partis, tandis que les seconds considèrent que le mal vient de l'indiscipline des députés ou des ministres à l'égard des instances de commandement des « grands partis ». Le vrai clivage passe entre ceux qui cherchent, au-delà des divisions traditionnelles en France, à élever la mécanique de la démocratie à la hauteur des exigences de l'Etat, et ceux qui, effaçant l'Etat au profit des partis et des syndicats, considèrent ces organisations comme les représentants qualifiés des aspirations des citoyens, habilitées, de ce fait, à se partager le pouvoir.

Pour préserver l'unité apparente du gouvernement et de la Résistance, la tentation est forte de s'en remettre, sous le couvert de la « tradition républicaine » à une Assemblée constituante souveraine. Déjà les états-majors des partis et des syndicats frétillent d'aise à la pensée de ce jeu si français : la recherche de la Constitution parfaite !

Or ce jeu cache une duperie. Certes, on demande au peuple de trancher, mais ce dernier tranche dans l'abstrait, c'est-à-dire dans le rêve. Après quoi, devenus maître du jeu, les élus se collettent avec la réalité de leurs arrière-pensées et gagne le plus fort — qui n'est pas toujours le plus sage. Aux yeux de nombreux politiques, une Assemblée constituante souveraine présente un avantage immédiat : passer d'un régime provisoire fondé sur l'appel du 18 juin à un autre régime tout aussi provisoire mais cette fois issu de l'élection, c'est-à-dire mettre fin à l'autorité du général de Gaulle. Cette attitude est tout à fait transparente chez les communistes. Pourquoi les socialistes et les démocrates-chrétiens tombent-ils dans le piège ? Il y a là, avec un extraordinaire mélange de candeur et d'ignorance, une timidité venue d'un déplorable souci de ne pas paraître moins « républicains » que les communistes passés maîtres dans ce genre de chantage ; enfin, il faut le dire, un désir certain, même dans ces partis, de se libérer de la tutelle du général de Gaulle.

J'ai déjà évoqué le choix que, pendant la Résistance, j'ai présenté au Comité général d'études qui l'a fait sien, en réservant la question de la procédure. A mes yeux, l'affaire est claire : il faut éviter la mise en place d'une Assemblée constituante souveraine. Ma thèse n'a pas été acceptée. Elle n'a pas été non plus expressément rejetée, chacun des membres du Comité étant conscient du danger d'une telle Assemblée à durée illimitée. Cette position catégorique que j'ai prise et que je maintiens me donne une figure particulière parmi les apprentis constituants qui, à l'époque, pullulent. Qui n'a dans sa poche un projet de Constitution ?

Depuis notre conversation à Angers en janvier 1945, le Général sait ce que je pense. Je fais part de mes idées au président

Jeanneney, à mes amis du gouvernement, à Gaston Palewski... Le président Jeanneney a des idées nettes, mais, s'il est très ferme sur l'impossibilité de faire revenir les anciennes Chambres, y compris le Sénat dont il a été le président, il attend que le Général fasse son choix. Mon projet de réformer les lois de 1875 par référendum lui paraît subsidiaire : pour lui, comme pour Capitant, l'essentiel est de savoir ce que l'on veut, et la décision sur la procédure viendra ensuite d'elle-même. En quoi ils ont tous deux raison. Pour la plupart des autres ministres, la question de la procédure retient davantage leur attention. Préoccupés de maintenir l'union des partis au sein du gouvernement, ils voient dans l'élection d'une Assemblée constituante le moyen de donner une activité aux députés, tout en gagnant de longs mois au nom d'un provisoire qui, évitant les positions abruptes, leur agrée.

Le Général ouvre le dossier au lendemain du 8 mai. Il interroge René Cassin qui, à Londres, a été son premier interlocuteur sur le sujet. Il consulte René Capitant qui, à sa demande, lui remet deux ouvrages de droit constitutionnel, le « Duguit » et le « Joseph Barthélémy », ce dernier qui garde sa valeur malgré la fin malheureuse de son auteur.

Son opinion balance encore. Frappé à son tour des inconvénients d'une Assemblée constituante souveraine, il se prend à penser que le retour aux lois à peine modifiées de 1875 peut ne pas être une si mauvaise solution. Il le laisse entendre dans un discours prononcé à Clermont-Ferrand, et, le lendemain, Paul Bastid, partisan de ce choix, promène un visage heureux dans les couloirs de l'Assemblée consultative. Le Général a lancé une idée : sous prétexte que les lois de 1875 ont été celles de la défaite, la réaction est immédiatement hostile. (On oublie évidemmment qu'elles ont été auparavant celles de la victoire de 1918.) Les dirigeants socialistes et communistes, la centrale syndicale C.G.T. alors unie, prennent tous ce prétexte pour se scandaliser du refus d'une Assemblée constituante. Pour étayer leurs propos, ils brandissent l'ordonnance d'Alger du 21 avril 1944 qui a expressément prévu l'élection d'une Assemblée constituante convoquée au plus tard dans le délai d'un an après la libération du territoire.

Le Général décide d'élargir le champ de ses consultations : il reçoit ses ministres, quelques juristes réputés, enfin les Commissaires de la République qu'il considère comme « ses hommes » sur le terrain. Mes camarades sont quasiment unanimes à condamner les lois de 1875. En tant qu'ancien Commissaire, je suis consulté en dernier et le Général m'aborde en ces termes : « Croyez-vous que le retour aux lois de 1875 soit encore possible ? » ce qui est une façon de me laisser entendre que la quasi-totalité des avis recueillis sont négatifs. Conscient de la montée des oppositions qui se cristallisent contre le Général, Gaston Palewski m'a demandé de ne plus exposer ma thèse du référendum immédiat sur une modification des lois de 1875, ou mieux sur un texte rédigé par le gouvernement. Dix mois se sont écoulés depuis la libération de Paris et on ne peut faire l'économie de discussions parlementaires sur la Constitution. Je me contente donc d'insister une nouvelle fois sur la double nécessité qui me tient à cœur : d'une part éviter une Assemblée souveraine à durée illimitée, d'autre part rédiger un texte et bien le défendre devant l'Assemblée afin de l'emporter. Sans vouloir apparaître comme un juriste obsédé par ses idées constitutionnelles, je suis animé par une telle certitude que je m'exprime avec une grande chaleur.

Le 2 juin 1945, à la fin d'une conférence de presse principalement consacrée à la Syrie et au Liban, le Général met le débat sur la place publique. Il évoque les trois hypothèses : soit revenir aux institutions d'hier en faisant élire une Chambre des députés et un Sénat qui, réunis en congrès à Versailles, pourront modifier tout ou partie des lois de 1875 ; soit considérer que ces lois sont mortes et procéder à des élections pour une Assemblée constituante qui fera ce qu'elle voudra ; soit encore « consulter le pays sur les termes qui serviraient de base à sa Constitution et, sur les règles ainsi établies, procéder à des élections ». Le Général ne veut pas dire quel est son sentiment, mais sa préférence va à la troisième solution qui se précise en son esprit. Je peux m'en convaincre quand il demande à René Capitant et à moi-même — démarche peu commune de sa part — de nous mettre d'accord pour rédiger un projet de texte que nous proposerons au président Jeanneney afin de recueillir ses conseils et son approbation, car c'est à lui qu'il reviendra d'en être le rapporteur devant le gouvernement.

C'est alors que du 17 au 25 juin, je rédige les trois notes que mon fils Jean-Louis a publiées à la fin de sa thèse sur « les idées constitutionnelles du Général ». Elles se placent dans l'hypothèse maintenant prévisible d'une Assemblée constituante dont j'essaye de limiter l'effet nocif en l'encadrant de mesures précises : durée limitée dans le temps ; capacité d'élire le chef de gouvernement devant qui les ministres seraient responsables ; compétence législative limitée par la faculté, pour le gouvernement, de prendre des ordonnances. Dans les deux autres notes, je précise ce que je pense de la fonction de chef d'Etat qui, à mon sens, doit être élu par un collège plus large que le Parlement, et dont la confusion avec la fonction de premier ministre ne peut être que temporaire.

Eclairé par son exceptionnelle culture historique, le Général domine aisément le sujet et sa synthèse est magistrale. En fait, son parti est pris : un référendum consacrera la fin des lois de 1875 et confiera le pouvoir constituant à une assemblée dont les pouvoirs seront limités à son œuvre constitutionnelle qui devra être achevée en sept mois au plus. Un soir, après dîner, je vais rejoindre René Capitant au ministère de l'Education nationale où il s'est installé puisqu'il ne dispose d'aucun appartement à Paris. Nous y précisons les dernières modalités du projet d'ordonnance soumis au Conseil des ministres du 8 juillet, en particulier la nature et la forme des questions posées, en laissant de côté la question du mode de scrutin utilisé pour élire la future Assemblée constituante. Le 12 juillet, le Général parle à la radio puis saisit l'Assemblée consultative pour demande d'avis.

La suite appartient à l'histoire. Le Général en a fait un récit dans ses *Mémoires,* dont je dirai volontiers que par son talent, il évoque le meilleur Tacite. Ses conversations avec Léon Blum, Edouard Herriot, Louis Marin, révèlent la largeur du fossé qui sépare les caciques de l'ancienne République de l'élan vers le renouveau auquel aspirait la France libre et résistante. Tous les partis dits de gauche, la Ligue des droits de l'homme et même le Conseil national de la Résistance, dans des conditions qui provoquèrent des critiques justifiées, campent immédiatement sur des positions hostiles au référendum.

Les débats à l'Assemblée consultative, en juillet et début août, sont longs et souvent ennuyeux. Des discours sont prononcés par des parlementaires que je ne connais pas : Marcel Plaisant, Laurent Bonnevay, Labrousse, Cogniot, le R. P. Philippe... ; il y en a d'autres, tel Pierre Cot, que j'estime. Des amis, des camarades montent également à la tribune : Paul Bastid, Robert Salmon, Pascal Copeau, André Hauriou. Les lois de 1875 ont leurs avocats et leurs détracteurs ; c'est le Sénat qui est principalement défendu ou attaqué. Le courant dominant est orienté, comme il se doit, vers une Assemblée constituante souveraine. Je me souviens d'une phrase prononcée par Marcel Plaisant, que j'apprendrai plus tard à estimer. Ce parlementaire courageux, mais qui n'est que parlementaire, après avoir exposé les avantages du retour aux lois qui ont fondé la IIIe République, opine, faute de cette solution, pour une Constituante souveraine et conclut par un sophisme : « Vous redoutez sa plénipotence, c'est possible. Mais en vertu de nos principes elle ne peut souffrir sous aucune forme une limitation quelconque de sa force, puisqu'elle est issue du suffrage universel. » Plaisant exprime là une opinion largement acceptée et qui a fait le malheur de la démocratie française : sous prétexte que le peuple exerce la souveraineté nationale au travers de ses représentants, l'Assemblée qu'il élit dispose à son gré de cette souveraineté. C'est une conclusion abusive. La Grande-Bretagne l'applique, puisque le Parlement de Westminster peut tout faire sauf, dit-on, changer un homme en femme. Mais un complément renverse la signification des choses : grâce au mode de scrutin, le parti majoritaire se confond avec le gouvernement, qui commande. En France, la multiplicité des partis, qui ne sont parfois que des groupes parlementaires, aboutit à l'impuissance gouvernementale. Sous prétexte de fidélité à la tradition républicaine, les partis dont les états-majors entendent exercer le pouvoir ne font rien d'autre qu'exprimer leur méfiance à l'égard de l'exécutif comme du peuple et, davantage encore, à l'égard de l'alliance entre l'exécutif et le peuple : aussi condamnent-ils le référendum, la dissolution ou l'élection de l'exécutif par un autre collège que le Parlement ! A les suivre, n'aurait droit au titre de République que le seul système constitutionnel remettant un pouvoir sans limite à une ou à deux chambres, selon l'importance que l'on veut accorder à une seconde chambre dite de réflexion. Cette thèse largement répandue en 1945 reviendra en 1962 à l'occasion du fameux référendum sur l'élection du président de la Ve République au suffrage universel. Au temps dont je parle, en 1945, les partisans des lois de 1875 et de la Constituante souveraine se retrouvent dans une commune hostilité au référendum dont ils sentent bien que l'aboutissement sera le renforcement d'un exécutif directement issu du peuple aux dépens des pouvoirs de l'Assemblée qui devient une expression parmi d'autres, de la souveraineté nationale. Cette concurrence est jugée inadmissible par les hommes des partis.

Un autre aspect du débat me frappe : le débat sur la procédure pour donner une Constitution à la France — référendum ou Constituante —, est un débat sur la Constitution elle-même. A propos de la critique du « référendum-plébiscite », des orateurs peuvent donner libre cours à leur désir majeur qui est la subordination de l'exécutif à l'autorité parlementaire. Derrière des propos à caractère juridique, les arrière-pensées politiques de réserve à l'égard du général de Gaulle sont claires — notamment chez les communistes, dont Cogniot et Duclos sont les porte-parole, trop heureux d'utiliser les difficultés intérieures et extérieures auxquelles se heurte le gouvernement pour alimenter leurs ambitions. En fait, depuis que le territoire est libéré, la grande ombre du Général gêne leur entreprise et ils ont entraîné dans leur sillage des hommes tels que mon ami Pascal Copeau dont je regrette les paroles sur « la République » qui « s'était relevée toute seule », alors que mieux que personne il sait les efforts et les incertitudes qui ont été celles du combat, et la dette de la République à l'égard du Général.

Le Général intervient plusieurs fois. A un moment choisi par lui, le 29 juillet, il prononce un discours dont la qualité exceptionnelle aurait dû édifier à jamais tous les professeurs de droit — et tous les hommes politiques soucieux du bien de l'Etat. Mélangeant l'humour et l'analyse juridique, il stigmatise ceux qui affectent une inquiétude quant au sort de la République, alors que depuis le désastre de 1940 toute l'action de son gouvernement n'a tendu qu'à la restaurer. Puis, après avoir expliqué les tenants et les aboutissants de chaque procédure, il conclut qu'après tant d'expériences malheureuses le peuple français nourrit à bon droit une sorte de scepticisme. Pour lui rendre la « foi constitutionnelle, faute de laquelle la démocratie serait probablement condamnée », il est bon qu'il soit associé d'une manière directe à la construction nouvelle, non seulement en la ratifiant, « mais encore en prenant en main les truelles de sa fondation ».

L'Assemblée ne veut pas l'entendre. Elle se compte principalement sur un texte présenté et habilement défendu par Vincent Auriol, un ancien de la IIIe République, et Claude Bourdet, un jeune issu de la Résistance, revenu depuis peu de déportation. Le Général ne veut donner aucune instruction de vote. Ce texte est rejeté, comme l'ont été tous les autres, mais de justesse, compte tenu du grand nombre d'abstentions. L'Assemblée n'a donc pas d'avis. Tout juste une préférence en faveur de la responsabilité du gouvernement devant la future Assemblée constituante. Le Général en conclut qu'il convient de préciser une des questions soumises au référendum. Pendant le délai fixé à sept mois pour l'achèvement du travail constitutionnel, le gouvernement sera responsable devant l'Assemblée qui pourra exprimer sa défiance au moyen d'une motion de censure mise au vote un jour franc après avoir été déposée.

Le Général me demande de réviser en ce sens l'avant-projet d'ordonnance discuté le 9 juillet. Lors de cette conversation décisive, je comprends comment le Général a, à sa manière, dominé les tiraillements, tâtonnements et contradictions. Il est allé à ce qu'il considère comme l'essentiel pour le bien public comme pour lui, et qui est le référendum. Ainsi engage-t-il le dialogue direct avec le peuple et dans l'immédiat peut-il limiter l'arbitraire de l'Assemblée en mettant un frein aux ambitions des partis et des syndicats. La République est au peuple et non à ceux qui disent parler en son nom. Pour la suite, après cette première expérience décisive, le Général estime qu'aucune Constitution ne pourra plus écarter la consultation populaire à propos d'affaires graves. Ayant ainsi tranché sur le point qui, à ses yeux, est capital, son choix devient « absolu » — cela veut dire non seulement qu'il s'y engage tout entier, mais que les autres dispositions lui paraissaient secondaires. Le référendum est « la planche de salut », me dit-il.

Je modifie donc l'avant-projet dont le texte est soumis au Conseil des ministres du 6 août. Dans ce nouveau projet de loi, le gouvernement est responsable devant l'Assemblée qui partage avec le gouvernement l'initiative des lois. L'Assemblée vote le budget mais n'a pas l'initiative des dépenses. Enfin, si le projet de Constitution préparé par l'Assemblée est repoussé par le peuple, l'Assemblée sera dissoute et de nouvelles élections seront organisées dans les mêmes conditions. Le général de Gaulle ne veut pas que l'échec d'un premier projet puisse, comme certains l'envisagent, signifier un retour aux lois constitutionnelles de 1875 dont le sort doit être scellé par la réponse à la première question : en effet, le premier « oui » signifie l'acceptation de la Constituante, c'est-à-dire le rejet de la IIIe République, tandis que le second « oui » a valeur de ratification pour l'organisation provisoire des pouvoirs publics telle qu'elle est proposée et pour le retour devant les électeurs en cas de rejet par le peuple des travaux de la Constituante.

J'ai obtenu satisfaction pour la durée et les pouvoirs de la future Assemblée qui sont mesurés. Mais demeurent deux affaires à mon sens capitales pour lesquelles je serai moins heureux : celle du mode de scrutin et celle de la future Constitution.

Le même Conseil des ministres qui adopte le projet définitif sur le référendum décide aussi du mode de scrutin.

Quelques jours auparavant, saisie d'une demande d'avis, l'Assemblée consultative s'est ralliée à une forte majorité au système de la représentation proportionnelle intégrale, c'est-à-dire au système des listes départementales avec quotient uniforme pour toute la France et report des restes sur les listes nationales entre lesquelles le panachage est interdit.

Le choix a été fait au nom de la « justice » : dans une assemblée élue, les différentes tendances de l'opinion doivent être représentées. Chaque famille spirituelle française doit donc disposer, au sein du Parlement, d'un nombre de représentants équivalant à son importance numérique dans le peuple. Telle est l'apparence, car la réalité est différente. Le système de la représentation proportionnelle suppose des listes fabriquées par les états-majors. Dès lors, les électeurs sont tenus de choisir moins entre des hommes qu'entre des groupements qui ont pratiquement désigné leurs représentants : on comprend que les états-majors des partis soient favorables à un système qui fait élire leurs fidèles et donne à la plupart une assurance de stabilité. Enfin, et surtout, ce mode de scrutin qui récompense les minorités est une invite à multiplier les listes, c'est-à-dire les petits partis et les groupes de pression. Reposant sur une coalition dont le sort dépend des états-majors, de leurs combinaisons et disputes réciproques, l'Assemblée n'est pas animée par une majorité cohérente : le pouvoir démocratique est menacé et la République exhibe son impuissance.

Mon hostilité à la représentation proportionnelle est ancienne. Elle remonte à l'avant-guerre. Sans suivre les yeux fermés le professeur américain Hermens qui considère que, vouant la République de Weimar à l'impuissance, la proportionnelle est responsable de l'arrivée d'Hitler au pouvoir, je pense que ce qu'on a appelé la « crise de la démocratie » alentour les années 30, vient de l'incapacité des régimes européens à prendre des décisions et à s'y tenir. Une des causes de cette incapacité vient du mode de scrutin qui enlève le pouvoir au peuple d'abord, à l'exécutif ensuite, pour le transférer aux états-majors qui pensent à l'avenir de leur parti avant celui de leur patrie. Le paradoxe du plaidoyer en faveur de la représentation proportionnelle est que sous prétexte d'éviter le pouvoir prétendument abusif d'une majorité, on glisse à la toute-puissance des groupuscules qui font du chantage en jouant de leur minorité de blocage. Et qu'ai-je observé en 1939 ? des députés silencieux devant la menace de la guerre, mais s'enflammant dès lors qu'ils discutaient des différentes formes de la proportionnelle par lesquelles ils espéraient, grâce à des listes sans panachage, triompher sans difficulté aux élections du printemps 1940 ! Et maintenant, en 1945, alors qu'après quatre ans de malheur national, nous attendions la renaissance, qu'est-ce que je constate ? La réapparition de cette même idée fausse, de cette même erreur politique, de cette même faute morale.

Ma tristesse est d'autant plus profonde que je vois flancher plusieurs de mes amis du Comité général d'études. Sans doute, au gouvernement, évite-t-on de prendre position publiquement. Mais la vieille S.F.I.O., pour se distinguer des communistes, et le jeune M.R.P., pour affermir son audience nationale sans se séparer des socialistes, s'alignent tous deux sur le conformisme ambiant. Le prétexte est d'éviter un clivage droite-gauche qui renverrait les socialistes dans les bras des communistes. Au-delà de cette noble crainte, on distingue une autre pensée moins avouable : ce mode de scrutin est un bon moyen d'instituer la légitimité des partis en face de celle du général de Gaulle. Il faut avoir le courage d'un René Capitant au sein du gouvernement, ou d'un Paul Bastid à l'Assemblée consultative, pour oser refuser la proportionnelle, le premier pour me soutenir dans mon souhait d'un scrutin de liste majoritaire limité à des circonscriptions de quatre ou six députés, et le second pour plaider la cause du scrutin d'arrondissement. Même les syndicats, c'est-à-dire la C.G.T. encore unifiée, donnent leur avis et s'en mêlent au point qu'en juin le Général, rappelant que la discussion sur le mode de scrutin n'est pas de leur compétence, refuse de les recevoir si l'audience doit avoir cette question pour objet.

Malgré mes positions bien connues, au lendemain du débat de l'Assemblée consultative et après une nouvelle et brève conversation, le Général me confie le soin de rédiger le texte d'une loi électorale proportionnelle... Son choix est « motivé » — il me le dit alors et me l'écrira longuement l'année suivante — par la certitude où il est qu'un scrutin majoritaire donnera une large majorité au parti communiste qui saura profiter de l'alliance des socialistes d'une part, et de la dispersion des autres formations d'autre part. En fait, l'absence d'un grand parti « gaulliste » dont j'ai souhaité la création et dont il aurait été le chef, condamne par défaut à la proportionnelle.

Mais sensible à certains arguments et fidèle à la tradition républicaine, le Général ne veut pas sortir du cadre départemental. Sur ces bases, il me demande donc de m'entendre avec René Capitant. Quoique nous soyons l'un et l'autre favorables au scrutin majoritaire, nous rédigeons le texte qui devient l'ordonnance du 17 août 1945. Je demande toutefois au Général, qui l'accepte, de compléter le texte par un exposé des motifs, destiné à être publié, et où sera précisé que, valable pour une Assemblée constituante, à tous égards exceptionnelle, ce mode de scrutin ne l'est plus pour les jours ordinaires :

« Cette décision ne présage pas du caractère que devra revêtir le mode de scrutin en régime constitutionnel normal. Le gouvernement d'un Etat, selon la règle démocratique, s'il exige que toutes les opinions et tous les intérêts puissent s'exprimer et défendre leurs chances par des élections libres, à intervalles réguliers, exige en même temps que le système électoral aboutisse à dégager une majorité. Mais, quels que soient les résultats du référendum, l'Assemblée qui doit être élue aura la tâche exceptionnelle de travailler à établir les institutions futures de la France. Il est donc raisonnable d'admettre que les diverses tendances qui se partagent le corps électoral français soient, au sein de cette Assemblée, représentées d'une manière qui corresponde à leur importance respective. »

De ces discussions auxquelles je suis demeuré pour une grande part extérieur ; de la mise au point des textes à laquelle, au contraire, j'ai collaboré, je garde, en cette fin d'été 1945, une préoccupation d'autant plus forte qu'elle ne me paraît pas partagée. Hommes politiques, journalistes, mes amis aussi bien que les autres, vivent à l'aise dans le présent alors que je m'inquiète de l'avenir qui n'est pas préparé comme je le souhaite. Avec le projet de référendum et d'élections, on a réglé une procédure, rien de plus, et les fondements si nécessaires de la nouvelle République sont encore incertains.

Les arguments que m'a opposés le Général pour ne pas trancher le problème constitutionnel dès la libération de Paris, étaient irréfutables. La guerre n'était pas finie. Il ne fallait pas diviser le pays à ce sujet. En outre pour « rendre la parole au peuple », on devait attendre le retour des deux millions d'exclus. Je demeure cependant persuadé que j'avais eu raison, en proposant une rapide solution du problème constitutionnel. Il est des moments où il ne sert à rien d'avoir raison contre la fatalité des circonstances. Qu'on ne s'étonne pas qu'après une telle expérience, en 1958, animé et soutenu par la volonté du Général, j'aie pris la charge de la Constitution et l'aie bâtie en moins de deux mois : le bien public exigeait de saisir les chances d'une situation favorable et ne pas s'en laisser accroire.

En cet été de 1945, j'éprouve un autre sujet de tristesse. Après la publication des textes au *Journal officiel* du 17 août, au gouvernement et autour du Général on se réjouit volontiers de voir l'affaire heureusement tranchée. Or non seulement l'essentiel reste à conquérir, mais je sens à quel point le Général est atteint par l'attitude des partis, le comportement de l'Assemblée consultative et le combat insuffisant de ses ministres face à ses adversaires, dont il estime, à très juste titre, qu'ils sont aussi les adversaires du gouvernement. Et je le sais clair comme le jour : si le Général renonce, c'en est fini du redressement national et de l'espoir politique de la Résistance.

Malgré mes occupations, ce souci hante mon esprit. Au milieu de tous les échanges de cette époque, je garde le souvenir d'une soirée passée à la terrasse d'un restaurant de Montmartre d'où la vue s'étend sur tout Paris. Nous sommes trois, qui avons décidé de fêter amicalement l'anniversaire de la libération de Paris : Gaston Palewski, Henri Monnet, colonel dans la Résistance, futur membre du Conseil de la République et du Conseil constitutionnel, qui n'eut pas la carrière politique que sa lucidité et sa fidélité auraient justifiée, et moi-même, le benjamin. Répondant à mes questions et s'opposant à Palewski, dont l'optimisme veut que le triomphe politique du Général soit assuré, Henri Monnet nous décrit la trahison prochaine des partis en des termes pathétiques et prophétiques. Analysant la psychologie d'hommes tentés par les premiers rôles grâce à la logique du succès électoral et la force des liens militants, il nous fait pressentir la solitude future du Général en des termes qui répondent si bien à mes appréhensions personnelles que je les ai gardés en ma mémoire. Une fois encore, je mesure l'indifférence de la nature devant les soucis des hommes : sous nos yeux, Paris, ce beau Paris d'été, avec les couleurs changeantes du ciel à l'heure du crépuscule, notre Paris libéré, bruissant de vie d'abord, puis, à mesure que la nuit tombe, s'assoupissant dans la chaleur du soir ! Le contraste est fort entre cette splendeur, la joie encore proche de la victoire et la médiocrité d'hommes qui ont la prétention, et par l'élection, le moyen d'occuper un pouvoir qu'ils ne maintiendront pas à la hauteur des exigences de la patrie.

Que puis-je faire ? Pas grand-chose. Je ne siège pas au gouvernement. J'occupe un poste privilégié, mais sans poids politique. Je ne suis qu'un jeune fonctionnaire dont l'influence est limitée à une tâche déterminée. Je me retrouve impuissant face à l'aimable conformisme qui se situe aux antipodes de l'effort qu'appellent la renaissance de la France et la restauration de son Etat.

Je voudrais que le gouvernement prenne la direction du débat constitutionnel. C'est là que je reçois de plein fouet les orages de la désillusion. Que d'ignorances ou d'indifférences dans ce pays dont l'histoire est lourde d'expériences passionnées et passionnantes, mais dont les résultats politiques ont été pitoyables ! Certes, nous sommes garantis contre des discussions interminables. Mais voilà qui ne suffit pas. Hors de circonstances brèves et exceptionnelles, une assemblée ne sait pas exprimer une responsabilité d'Etat. Sa grandeur est dans l'impulsion qu'elle peut donner ou la critique qui anime ses débats, non dans un commandement illimité qui n'est pas son génie.

Le président Jeanneney comprend ma manière de voir. Les fidèles comme Dautry ou Capitant font totale confiance au Général mais ne rayonnent pas dans les milieux politiques. Ceux des autres ministres avec qui je peux m'entretenir, sont fort absorbés par leur tâche administrative et l'agitation naissante mais gourmande de leurs partis. Ils se confinent dans un silence dont ils ne sortent — d'après ce que me dira Teitgen plus tard — que dans le secret de leurs entretiens particuliers avec le Général. Cette abstention ou cette timidité des membres du gouvernement est certainement une faute. Quand l'avenir de la nation est en cause, nul, et un ministre moins que personne, ne peut rester indifférent.

Quant au Général, tout entier à sa réflexion sur le rôle de la France dans le monde, réglant avec chacun le problème du jour, il poursuit son dialogue avec lui-même, réagissant de plus en plus difficilement, après tant d'heures dramatiques et exaltantes, au retour vers une certaine banalisation des affaires et des hommes.

***

Dès le début de l'automne, le milieu politique s'agite en critiquant le « plébiscite bonapartiste ». Les électeurs sont plus calmes. On le constate lorsqu'un tiers s'abstient d'aller aux urnes pour les élections des conseillers généraux qui, en cas d'échec du référendum, auraient procédé à l'élection d'un Sénat type IIIe République. La grande première qu'est le référendum du 21 octobre 1945, organisé le même jour que l'élection des nouveaux députés, intéresse au contraire beaucoup : 80 % des électeurs et des électrices, avec lesquelles il faut désormais compter — se déplacent pour montrer à quel point ils se sentent concernés par cette question capitale. Malgré les réserves des tenants de la prétendue tradition républicaine, 96 % des votants acceptent le principe de l'Assemblée constituante et 66 % l'organisation provisoire qui doit la régir. Par reconnaissance et fidélité envers de Gaulle, hommes et femmes de France ont largement répondu dans le sens qu'il a souhaité. Et c'est avec une grande satisfaction qu'il prend acte du fait que le mécanisme du référendum a été bien compris et que, grâce au jeu des deux questions, aucune confusion n'altère le résultat.

Cependant, dans la vie quotidienne, l'attention de l'opinion est retenue par les lenteurs fatales de la reconstruction, par une hausse des prix dont l'ampleur aurait pu, et dû, être évitée, sans oublier, ici ou là les flambées d'une épuration que le retour des déportés ne peut que rouvrir. Et comme il était fatal, la fin des angoisses et des contraintes majeures donne libre cours aux mécontentements devant les difficultés d'une vie quotidienne hier supportée en silence, et aujourd'hui, malgré de réels progrès, exploitées à des fins partisanes. La paix et la liberté entraînent des espérances qui deviennent vite des impatiences que le parti communiste capitalise à son profit en se présentant comme le parti patriote par excellence. Avec un quart des suffrages, il devient le « premier parti de France ». Des anciennes formations, les socialistes sont les seuls à franchir l'épreuve en obtenant cinq cent mille voix de moins que les communistes, ce qui les met pratiquement à égalité avec la nouvelle démocratie chrétienne, le Mouvement républicain populaire, qui s'est présenté comme le parti de la fidélité au général de Gaulle.

Dans les jours qui suivent l'inauguration de l'Ecole nationale d'administration, c'est-à-dire entre le 15 décembre et Noël, j'ai une dernière conversation constitutionnelle avec le Général.

Face à l'attitude scandaleuse de la Commission constitutionnelle de l'Assemblée qui refuse d'entrer en rapport avec le Général, sous le double motif qu'il n'est pas un élu du peuple et que l'exécutif n'a pas à se mêler de la tâche de l'Assemblée, je lui propose un plan d'action : faire approuver un projet de Constitution par le gouvernement, saisir la commission de l'Assemblée et mettre en demeure les représentants des partis de suivre ce que leurs ministres auraient accepté. La réponse que je reçois ne m'interdit pas de passer le temps de la trêve des confiseurs à rédiger un texte, mais me fait comprendre à quel point je navigue à contre-courant. Sans disposer d'aucune confidence, je sens venir la crise. Il faut d'ailleurs être aveugle pour ne pas la voir monter. Cette anxiété m'empêche, le lendemain ou le surlendemain, d'apprécier comme il convient le spectacle des enfants du « cabinet » réunis rue Saint-Dominique pour fêter autour d'un goûter le premier Noël de paix. Mon fils aîné et son cadet y découvrent ces fruits nouveaux que sont pour les enfants de la guerre, une banane et une orange. Mme de Gaulle sourit. Le visage du Général reste soucieux.

Que faire ? Je me tourne vers l'écriture. La revue mensuelle *Les Cahiers politiques*, dont le comité de rédaction comprend tous les membres de l'ancien Comité général d'études, et dont Léo Hamon assure maintenant la direction, m'a confié depuis l'été la chronique de politique intérieure. Je la signe de mon ultime nom de guerre : « *Fontevrault* ». Au lendemain des fêtes du Nouvel An, j'achève l'article et lui donne un titre prémonitoire : « Vers une crise constitutionnelle ? » Après avoir évoqué les différents faits du mois — la nationalisation des grandes banques, la grève des fonctionnaires, le rétablissement de la carte de pain, la hausse des prix, la dévaluation —, j'aborde la « crise ministérielle » qu'a failli provoquer l'amendement socialiste sur la réduction forfaitaire des crédits militaires. En cette occasion, j'ai pris conscience avec stupéfaction de la solitude du Général. Aucun ministre socialiste n'a réagi. Et les ministres communistes, tout autant que ceux du Mouvement républicain populaire qui doivent tant à de Gaulle, ont laissé leurs partis s'aligner sur la position du parti socialiste. C'est au cours de ce débat que le Général prononce cette phrase émouvante qui aurait dû émouvoir : « ... Sans doute est-ce la dernière fois que je parle dans cette enceinte. »

On y voit un chantage. Je l'espère moi-même. En fait, comme je l'écris dans cette chronique, ce débat n'est que le prélude d'un autre qui sera « tragique », car il sera le débat entre deux conceptions, « celle d'un gouvernement qui commande, et d'une Assemblée qui contrôle, ou celle d'un gouvernement simple exécutant d'une Assemblée omnipotente ». Et en les condamnant sévèrement, j'évoque les premières orientations de la Commission constitutionnelle qui s'engageait à coup sûr sur la voie du « gouvernement d'Assemblée ».

« Que voyons-nous ? » disais-je. « Une seule Assemblée est prévue. Elle siégera chaque année huit mois au moins. Pendant les quatre autres mois, son autorité sera déléguée à son bureau, ses commissions pourront continuer à exercer leur tâche et un tiers des membres pourra demander sa réunion à titre extraordinaire.

« L'Assemblée élit le chef du gouvernement. Certes, celui-ci choisit ses ministres, mais ceux-ci sont individuellement responsables devant l'Assemblée.

« L'Assemblée exerce le pouvoir législatif sans partage : elle ne peut le déléguer qu'à ses commissions qui statueront sous réserve d'un appel à l'Assemblée. Nul ne peut la dissoudre sauf elle-même lorsqu'elle met, pour la seconde fois, le président du Conseil en minorité. Dans cette hypothèse, il n'y a plus ni gouvernement ni Assemblée ; il est à présumer qu'un conseil composé sans doute du président de l'Assemblée et des présidents de commissions expédiera les affaires courantes.

« On pourrait faire remarquer que la Commission a admis le principe d'un président de la République. Mais ne nous faisons pas d'illusions... Il s'agit d'un personnage élu par l'Assemblée, dont l'indépendance est nulle et dont les attributions sont telles qu'elles l'éloignent plutôt qu'elles ne le rapprochent du pouvoir.

« L'ensemble de ces règles sont typiques des gouvernements d'assemblée. Il n'est de pouvoir que délégué par l'Assemblée, d'autorité que dépendant de l'Assemblée. Mais y a-t-il vraiment pouvoir ? Y a-t-il vraiment autorité ? — Non, la logique du régime d'assemblée est connue depuis longtemps : à peine une délégation a-t-elle été donnée par l'Assemblée qu'elle se défie de l'usage de cette délégation. Ce gouvernement, dont le chef est élu, dont les membres sont individuellement responsables, va-t-on lui donner cette autorité élargie que toutes les nations démocratiques sans exception ont aujourd'hui accordée à leurs dirigeants ? Il n'en est pas question. Ce sont des commissions de l'Assemblée qui contrôlent les ministres et exercent, en fait, des attributions moitié législatives, moitié gouvernementales. La décision de ne pas admettre l'élection des juges est dans la ligne de la doctrine ; la justice, pas plus que l'exécutif, ne doit tirer son pouvoir d'une source indépendante de l'Assemblée. Dans la logique du système, les magistrats ne seront élus que le jour où leur élection dépendra à coup sûr des partis.

« Car ce sont les partis qui forment le mécanisme vivant de ce régime constitutionnel. En discutant avec passion et minutie le problème des partis, la commission de la Constituante, plus logique que jamais, poursuit sans erreur le fil conducteur qui la guide depuis le début des travaux. »

Voilà qui est si vrai que la commission prévoit de faire du scrutin, avec représentation proportionnelle des partis, une disposition constitutionnelle s'imposant pour toutes les élections... Ma conclusion exprime l'angoisse qui me hante et dont je n'arrive pas à comprendre comment je suis quasiment seul à la vivre les yeux ouverts :

« La France n'est plus en mesure de supporter les conséquences dramatiques d'une mauvaise Constitution. Si les projets de la commission étaient acceptés par l'Assemblée, la nation courrait à n'en pas douter aux aventures politiques. L'Assemblée comprendra-t-elle cette vérité et saura-t-elle réduire en poussière le projet qui lui sera présenté ? Le gouvernement voudra-t-il, pourra-t-il intervenir ? La politique intérieure de l'année 1946 commence par ces angoissantes questions. »

Mais à quoi bon écrire si l'écriture n'est pas le prélude à l'action ?

Le Général annonce son départ aux Commissaires de la République. Quelques ministres reçoivent des confidences. Je n'en connais point qui réagisse comme, me semble-t-il, j'aurais réagi à leur place. Le silence des hommes politiques qui entourent le Général me désespère. Il est vrai que, par son ton déterminé, le Général intimide — lui qui eut raison, seul contre tous en 1940 ! L'un des rares à lui dire en quelques mots qu'il a tort de partir sera le président Jeanneney. Le gouvernement n'est plus qu'un « ministère », c'est-à-dire un ensemble médiocrement coordonné, auquel manquent la réflexion et l'unité d'action. L'opinion, ingrate et revendicatrice, sent le flottement, le prestige du Général en est gravement altéré.

J'essaie de me persuader que la décision n'est pas définitive et l'intérêt que le Général porte encore à certaines affaires peut le faire croire. En même temps, je sens que le déroulement du débat constitutionnel devant l'Assemblée prend un tour à ce point antigaulliste qu'un éclat devient fatal. Au lendemain du 1er janvier, je commence la rédaction d'une ultime note. J'y fais un nouvel appel à l'offensive, c'est-à-dire à la rédaction d'un texte, présenté et soutenu par le gouvernement. Je la lis à Palewski, qui répond par un geste de doute, mais va la poser lui-même sur le bureau du Général.

Nous sommes le 19 janvier...

SIXIÈME PARTIE

Le rêve brisé

Seize mois écoulés depuis la libération de Paris ; neuf depuis la capitulation de l'Allemagne et cinq depuis celle du Japon ; trois mois depuis un référendum victorieux et des élections où toutes les formations politiques se sont réclamées de lui ou ont au moins affirmé leur respect : de Gaulle annonce son départ. Il quitte l'hôtel du ministère de la Guerre. Il quitte Paris. C'est la fin du rêve de la Libération. Pour la France, c'est le début d'un nouveau drame et pour moi, de la solitude.

Mieux que d'autres, il me semble, j'avais compris à quel point le régime de Vichy avait été la suite naturelle d'une IIIe République décadente et usée jusqu'à la corde. Plus fortement que d'autres, peut-être, j'avais souhaité une Libération débouchant sur une authentique renaissance politique de la patrie. Plus sensible aussi à la nécessité de la puissance nationale exigée par les temps nouveaux, j'ai alors amèrement souffert quand beaucoup d'autres se bornaient à exprimer des regrets, quand certains se tournaient allégrement vers un avenir dont ils se refusaient à voir les incertitudes et les périls. Aujourd'hui encore, si j'essaie d'analyser les causes de ce départ, mon premier souvenir est celui de mon angoisse devant la montée d'une crise dont il me semble que j'étais l'un des rares à appréhender l'issue.

Le gouvernement du général de Gaulle avait accompli une œuvre considérable. Personne n'avait ménagé sa peine. En quelques mois, l'Etat avait retrouvé son rôle d'ordre et d'équipement publics. Orientant l'avenir, proche ou lointain, des décisions capitales avaient été prises : Commissariat à l'Energie atomique, Electricité de France, Charbonnages de France, Sécurité sociale, Allocations familiales, Plan de modernisation, Ecole nationale d'administration. Certaines réalisations comme la nationalisation de Renault, ou celle des banques de dépôt et des assurances, pouvaient être contestées : elles étaient de l'ordre de la nécessité politique. La reconstruction des régions dévastées avait commencé et la reprise de l'activité se faisait sentir.

La défaite, l'humiliation et la misère avaient réveillé les Français et, avec la Libération, ce réveil était devenu volonté de bâtir les lendemains. Mes collègues, Commissaires de la République, peuvent comme moi-même en porter témoignage : la France se remettait avec ardeur au travail et parmi les signes les plus encourageants, on notait pour l'immédiat une reprise de l'épargne et de l'investissement et, pour les prochaines années, une remontée de la natalité très supérieure à celle impliquée par le seul retour des prisonniers.

Le cœur du peuple demeurait fidèle au Général. Sa venue dans les provinces était toujours un succès et la foule qui se pressait n'était pas mue par la seule curiosité. « Le général de Gaulle », ces quatre mots entrés dans l'histoire, attiraient les acclamations d'hommes et de femmes dont la reconnaissance admirative se manifestait toujours avec la même force et la même foi, que le Général traversât une campagne ensoleillée du Midi ou les villes ouvrières du Nord et de la région parisienne, si éprouvées par la guerre, la faim et le froid de cet hiver 1944-1945.

A dire vrai, on percevait aussi des fissures dont chaque mois les sondages, alors très nouveaux, nous apportaient la trace.

Il y avait d'abord une sorte de déception latente, faite d'éléments variés et souvent contradictoires : la Libération avait été trop douce, ou au contraire trop dure ! Les communistes avaient trop d'influence, ou pas assez ! Le ravitaillement demeurait inégal et le retour de la liberté aggravait l'injustice du marché parallèle. L'hiver était rude et l'approvisionnement du charbon encore malaisé. Les destructions avaient été si nombreuses et graves que le relogement des sinistrés attendrait de longs mois pour ne pas dire plus. Rétablir les ponts, les routes, les chemins de fer, ranimer une industrie ruinée, remettre debout écoles et hôpitaux : cette reconstruction d'une part importante de la France exigeait d'un pays appauvri un effort financier considérable. Et il y avait les difficiles et douloureux problèmes humains posés par le retour des déportés et des prisonniers.

On avait entretenu l'illusion — et il n'était guère possible qu'il en fût autrement —, qu'avec la fin de l'Occupation commencerait une ère nouvelle d'abondance et de fraternité. Certes, les prélèvements allemands avaient été considérables : par trains entiers, produits agricoles et industriels étaient allés ravitailler les Allemands ou soutenir l'activité du Reich. Mais la guerre, qui avait duré pendant près d'un an après le débarquement, était une cause importante de la médiocre alimentation. Même après la fin des opérations militaires, tout ne pouvait être réglé en quelques semaines.

Il y avait la renaissance de ce qu'il est convenu d'appeler la politique. Discussions infinies sur la naissance de nouveaux partis ou le retour des anciens, soumission révérentielle au « programme du C.N.R. » considéré comme l'ultime pensée de la Résistance et le remède universel, ambitions électorales ou rêveries sur les lendemains de la paix, les Français retrouvaient avec la liberté, la joie des mots et des idées. C'était une immense satisfaction, mais aussi un danger, car le plaisir des paroles fait oublier les conditions vraies de la renaissance. Nouveaux ou anciens, les états-majors politiques ou journalistiques ne s'intéressaient à ce que faisaient les bons artisans du redressement que dans la mesure où ils y trouvaient matière à débat, et volontiers à critique.

Le gouvernement lui-même manquait de cohésion et de fermeté. En fonction de ses responsabilités ou de son caractère, chaque ministre se consacrait à sa tâche, souvent importante, mais trop de décisions intéressant la vie quotidienne paraissaient avoir été improvisées. Le ministre du Ravitaillement, pendant un temps Ramadier, était accusé d'impéritie : en vérité le ravitaillement faisait partie d'un tout et n'était pas l'affaire d'un seul.

Enfin, il y eut une erreur économique aux graves conséquences.

Saisi de deux orientations financières, celle de Pleven et celle de Mendès France, le Général préféra celle de son compagnon des premiers jours. Ce fut une grave décision. Pierre Mendès France proposait une rigoureuse politique de rationnement des denrées, accompagnée de deux impératifs, la rigueur budgétaire et l'effort de solidarité. Le plan Pleven, fondé sur un échange de billets assorti d'un classique contrôle des prix, attendait le retour à l'équilibre de l'amélioration spontanée de la production. Répondant au désir de liberté, la discrétion de l'Etat exprimait un désir de libéralisme, évitait les critiques sur le rationnement et les contraintes, mais ouvrait la porte à l'inflation. Mendès ne fit rien pour adoucir des propositions justifiées dans leur principe, mais dont la formulation aurait gagné à être moins abrupte et aussi moins personnalisée. Si je me reporte à la brève confidence que m'en fit peu après le président Jeanneney, ce sentiment fut partagé par beaucoup. L'essentiel était une politique d'équilibre budgétaire.

Mendès refusa tout compromis. Les socialistes qui, par la suite, feront si souvent son éloge ne furent pas unanimes à le soutenir. Et les ministres communistes opinèrent alors contre lui. La décision incombait au Général. Il en porte donc la responsabilité, mais la majorité des membres du gouvernement la partage avec lui. A la fin de l'année, le rétablissement de la carte de pain et la dévaluation contribuèrent à une forte perte de prestige : il y avait eu erreur d'appréciation.

Je mesurai alors la perte qu'avait été pour la France la mort accidentelle d'Aimé Lepercq à l'automne 1944. Il aurait pu faire pencher la balance vers une rigueur dont je demeure persuadé que les Français l'auraient comprise. Je mesurai aussi le handicap du provisoire : l'affaire constitutionnelle n'était pas réglée, et les élections étaient devant nous.

De ces difficultés, une première cause vient du fond de notre histoire : l'absence d'éducation économique de nos dirigeants est un trait de notre tempérament national. Je l'avais constaté avant-guerre. On note le petit nombre de chefs de gouvernement ou de ministres qui, sachant compter, se sont appliqués à respecter, voire à développer, la production des richesses. La plupart cherchent à « dégager des crédits », telle est l'expression consacrée, ou s'essaient à découvrir de nouvelles recettes, sans se préoccuper des grands équilibres nécessaires à la bonne santé du pays. C'est dès l'école primaire qu'il faudrait apprendre aux jeunes Français ces fondements de l'économie et des finances qui s'appellent travail, rentabilité, épargne et investissement. Je compris l'amertume de René Courtin, le seul économiste de la Résistance intérieure, comme celle de Pierre Mendès France, le seul qui nous revint d'Alger. « L'intendance suivra toujours. » J'ignore si le Général a un jour prononcé cette phrase, mais ce que je sais, c'est qu'elle est l'exact reflet de la pensée économique et sociale des Français.

A cette raison, se sont ajoutées deux circonstances politiques : la Résistance a éclaté dès son accès au pouvoir et la rencontre du général de Gaulle avec les formes malheureusement habituelles de la démocratie française a été un échec.

Quand Daniel Mayer, homme courageux et irréprochable sous l'Occupation, écrit que la Résistance a réalisé l'unité de son combat pour retrouver à la Libération le droit à la diversité des opinions et des engagements politiques, il a raison. Mais ainsi formulé, son propos est incomplet car la Résistance était aussi animée par l'ambition, aussi nette que la première, de déboucher sur une République efficace et une France fière, grâce au dépérissement des querelles partisanes ou des idéologies fallacieuses qui avaient affaibli la nation.

Soutenue par l'espérance d'un peuple, la Résistance rêvait d'un gouvernement épuré par l'épreuve ; de dirigeants animés par un élan vers le bien public ; d'une nation solidaire ; d'une société juste ; d'une France puissante. Ce n'est point trahir la pensée de la plupart des résistants — modérés, socialistes ou simples militants —, que d'écrire qu'ils appréhendaient le retour de la démocratie si elle devait revêtir les formes de l'avant-guerre. Même si l'analyse des défauts de la Troisième pouvait varier d'un esprit à l'autre, son refus était aussi profond que l'était l'opposition à Vichy. Alors, comment éviter de retomber dans les errements qui nous avaient fait glisser de la victoire de 1918 à la défaite de 1940 ?

La Libération exigeait discipline et solidarité, pour reconstruire au plus vite et au meilleur compte, pour rebâtir l'Etat, et fonder la politique sociale sur le travail. Sans que nul ne se l'avoue, il y avait dans la Résistance une tendance vers un « despotisme éclairé » qui aurait concilié, dans un effort idéal, le consentement populaire et la liberté de chacun sous l'égide d'une autorité tout à la fois généreuse et efficace. Il s'agissait là d'un rêve, comme l'esprit peut en nourrir au creux de l'épreuve. Des promesses avaient été faites et elles devaient prendre corps au travers des réalités de la démocratie. « Rendre la parole au peuple », avait proclamé le général de Gaulle. « Rendre la parole au peuple », avait affirmé le Conseil national de la Résistance. Face à Vichy et à son arbitraire, face aux dirigeants et aux inspirateurs de la politique américaine, dont l'anti-gaullisme se traduisait par la crainte hypocrite d'une dictature du Général (alors qu'ils avaient reconnu celle de Vichy et soutenu ses héritiers), face aux communistes, à leur influence et à leurs aspirations quant à la prise du pouvoir, face enfin à la diversité des mouvements de résistance, minorités, certes, mais agissantes et respectables, il n'y avait pas d'autre solution que celle qui consistait à « rendre solennellement la parole au peuple ». Imposée par l'honneur et la logique, cette nécessité était une force, mais elle devenait une faiblesse quand elle empêchait de choisir.

L'approche des élections avait en effet comme conséquence d'altérer la volonté de trancher par le désir de plaire, et d'affaiblir la portée de l'appel à l'effort par le retour des intérêts vite reconstitués. Animés par cet état d'esprit, trop de nouveaux dirigeants et trop de nouveaux entourages, au lieu de conforter la légitimité historique acquise par le général de Gaulle en se rassemblant autour d'elle, allaient au contraire consacrer une part de leur ambition à se pourvoir, eux ou leur parti, d'une légitimité électorale opposée à celle du Général.

Enfin, il y avait les communistes, alors au faîte de leur puissance. Depuis juin 1941, ils avaient les armes à la main, pris une part capitale à la lutte. Comme les Juifs, ils avaient servi de boucs émissaires et leurs courageux militants avaient par milliers été fusillés ou déportés. L'absurde manière dont Vichy avait usé pour confondre anticommunisme et patriotisme débouchait sur l'affirmation inverse, tout aussi abusive, que le communisme, c'était le patriotisme, de sorte que pour oser contredire cette assimilation hâtive il fallait de sérieux titres de guerre et de résistance. Bien que leur tactique ait été un constant mélange de loyauté et d'extension de leur influence, on ne pouvait dire que leur objectif fût le succès du général de Gaulle. En se prononçant pour la dissolution des milices, Thorez avait fait acte de sagesse et rendu service au gouvernement. Face à des grèves ou à des menaces de grève, il avait lancé des appels inspirés par le bien public. En même temps, les ministres communistes plaçaient leurs hommes dans les services et établissements dépendant de leur autorité.

Bref, la Libération débouchait sur la dispute. Et le Général l'acceptait d'autant moins que la situation internationale exigeait sa vigilance. L'opposition entre les Etats-Unis et l'Union soviétique apparaissait de plus en plus vive. En Europe de l'Est, et en Allemagne, l'occupation soviétique allait se révéler partout — sauf en Autriche — comme une occupation permanente. La politique américaine était hostile au maintien de notre souveraineté en Afrique, en Asie, et d'abord en Indochine où un redressement militaire et administratif était le préalable indispensable à toute politique d'avenir. Le Général s'était fixé un grand objectif : la participation de la France à la victoire et le rétablissement de son Empire. Il avait réussi au-delà de toute espérance. Maintenant, que faire ? Reprenant un thème évoqué à Alger, le Général avait parlé de la future réconciliation avec l'Allemagne lors d'une visite à l'armée stationnée outre-Rhin. Ces propos avaient aussitôt soulevé de vives protestations, orchestrées par les communistes. Pour l'Empire, le discours de Brazzaville était une orientation, mais tout restait à faire, notamment en Algérie où des engagements avaient été pris et qu'il fallait tenir. Le succès d'une grande politique vis-à-vis de l'étranger comme de l'outre-mer français exigeait une situation intérieure assainie, un gouvernement cohérent, des institutions rénovées, et des formations politiques animées par l'esprit de redressement national. En même temps, la situation imposait à la France de moderniser son armée et sa défense. Si l'essentiel, c'est-à-dire la renaissance, avait été réussi, notre vieux peuple, atteint jusqu'au fond de lui-même par un choc épouvantable, avait encore besoin d'un tuteur pour marcher droit.

Fallait-il alors que, chef historique, le général de Gaulle devînt chef politique ? Je n'ai jamais eu de conversation sur ce sujet avec Pierre Brossolette dont j'appris très vite, car il n'en faisait pas mystère, qu'il lui tenait à cœur. Pour lui, dès la Libération, le général de Gaulle devait constituer un grand parti qui aurait tout à la fois éclipsé, rajeuni et finalement fondu en un seul, les anciens partis républicains. Sans trop rêver, il me semble que l'on pouvait espérer qu'une grande formation gaulliste eût pu laisser d'un côté les communistes et de l'autre tous les nostalgiques, que ce soit de la IIIe République ou de Vichy. Si le général de Gaulle s'était rallié à cette thèse, sinon après la Libération, en tout cas au lendemain du 8 mai, nul doute que soutenu par l'élan populaire, il eût provoqué un grand rassemblement.

Le Général préféra choisir une autre voie. Il hésita ou plutôt, me semble-t-il, fit semblant. Porté par le destin comme par son caractère, au niveau le plus élevé de la politique et de l'histoire, pouvait-il se présenter seulement comme le chef d'une formation, fût-elle appelée à devenir majoritaire ? Au surplus, le succès était-il assuré ? Redevenu chef de parti, Churchill avait connu un échec amer. Certes, les personnalités issues de la Résistance le soutenaient, mais pouvait-il compter sur leur fidélité inconditionnelle ? Il lui semblait observer des fissures dans leur loyalisme. Socialistes et démocrates-chrétiens avaient le souci de ne pas se couper des communistes.

Le drame de la France est là : l'échec de la rencontre entre le général de Gaulle et la démocratie, telle que la pratiquent trop aisément les animateurs de nos partis politiques.

Après avoir pendant quatre ans dialogué avec la France éternelle, le Général se rebelle alors contre les orientations du dialogue souhaité par la représentation politique. Certes, en diverses occasions, il avait su faire preuve d'habileté : lorsque les Américains ont voulu l'exclure en soutenant Darlan, Giraud, ou d'autres encore dont les noms peu à peu sont oubliés, ou lorsque l'exigence de l'unité française l'a conduit à faire siéger dans son gouvernement des ministres de toutes tendances. Mais la guerre était alors la loi suprême. Elle désignait l'objectif unique qui était la participation à la victoire. La ténacité et la rigueur du général de Gaulle ont quelquefois provoqué mais finalement dominé les orages. S'il a pu ainsi tenir le cap, c'est qu'il a toujours été soutenu par le sentiment « d'assumer la France », sentiment au nom duquel il n'a rien concédé, et c'est ainsi qu'il a gagné son combat. Il me le dit clairement un soir de décembre 1945. Maintenant, la France est ressuscitée. Elle s'est exprimée. Elle s'exprime chaque jour. Doit-il, peut-il encore s'imposer ?

Je dois à la vérité d'écrire que le général de Gaulle n'avait pas et n'aura jamais le tempérament d'un chef de gouvernement volontaire et volontariste en tout et pour tout. Il jugeait les ministres plus qu'il ne les commandait. Il s'attachait à quelques problèmes à ses yeux les plus importants, divulguant les solutions choisies à l'heure dont il restait juge, comme un monarque jaloux de son secret. Si l'on ajoute à ces traits de caractère une réserve naturelle en face de nouveaux venus, une sorte de nostalgie du temps où il n'avait à rendre compte à personne de ses actes, et une relative indifférence à l'égard des hommes et des procédés de communication qui s'interposaient entre le grand public et lui-même, peut-être comprendra-t-on mieux l'impression de manque de chaleur dont se plaignirent alors les milieux de la politique et du journalisme.

Plus tard, le Général apprendra les habiletés des relations publiques. Plus tard, il aura une vue volontariste des institutions. Plus tard, il présentera, avec l'association capital-travail et la participation, ce qu'on appelle de nos jours un projet de société. Plus tard, il dominera les impératifs de l'économie et des finances. Plus tard, il fera le choix inverse de 1945 en acceptant de créer le Rassemblement du peuple français. Plus tard, il divisera l'exécutif : d'un côté le chef d'Etat, de l'autre le premier ministre.

Est-ce à dire que le départ de 1946 était inévitable ? En aucune façon. A l'époque, j'ai cru le contraire et continue de le croire aujourd'hui. J'en étais si convaincu que le 23 octobre j'avais, de mon propre chef, déposé entre les mains du Général une note sur un programme d'action limité aux sept mois de l'Assemblée. Outre le projet constitutionnel, inspiré des travaux du Comité général d'études, ce programme comprenait un plan économique en quatre points (outillage public, rénovation industrielle, modernisation agricole, reconstruction et logement), une réforme administrative dont le cœur était la refonte départementale et une réforme de l'organisation judiciaire que je reprendrai en 1958. Enfin, j'ajoutai une courte réflexion sur ce qu'on appellera plus tard la politique des revenus. Tel était l'élan que je souhaitais pour le gouvernement. Mais, s'il y avait des ministres, il n'y avait pas de premier ministre : il n'y avait que des hommes politiques, anciens ou nouveaux, qui laissaient le Général s'éloigner des affaires et du pouvoir. Je l'ai senti, je l'ai déploré.

Au lendemain du référendum et des élections, le taureau pouvait encore être pris par les cornes : il fallait préparer un projet de Constitution et l'imposer aux partis par l'intermédiaire des ministres qui auraient alors été tenus de s'engager à ses côtés. Même après que le drame eut éclaté, un revirement était encore possible. Le Général l'attendait. Il l'espérait.

Bien des ministres, et certains qui étaient mes amis me le disaient pour s'en plaindre : le Général ne les mettait pas au courant de ses intentions ! Le Général était impénétrable ! Du point de vue des rapports humains, les torts étaient probablement partagés. Mais nous vivions un des moments privilégiés de l'histoire d'une nation où un homme incarnait une légitimité historique. L'attitude adoptée aux jours de la défaite, le comportement pendant quatre années de guerre, le succès consacré par la délivrance du pays et le retour des libertés, le cœur d'un peuple reconnaissant, voilà qui donnait au général de Gaulle un droit naturel au gouvernement de la France. C'était l'essentiel. Tout le reste était secondaire ou néfaste. Je ne doute pas que de nombreux politiques souhaitaient sincèrement le succès du Général. Mais à côté de ceux qui ne mesuraient pas le danger de son découragement, il y en avait d'autres, visiblement impatients de rejeter la personne du Général dans l'ombre, l'impuissance, et même, pour quelques-uns, l'oubli. Certains hésitaient, car les hommes sont complexes et cherchent souvent une impossible synthèse entre des tendances contradictoires. Mais il n'y avait pas de milieu entre le soutien désintéressé et la tentation de l'ingratitude. Et il n'est pas vrai que l'ingratitude soit la marque des peuples forts : l'ingratitude est plutôt la déplorable manifestation des ambitions d'hommes ardents à prendre une place dès lors qu'elle ne paraît plus dangereuse. « Se tailler des pourpoints dans son manteau de roi » ! : le vers de Victor Hugo résonnait dans ma tête comme une accusation sans appel.

Derrière la marée abusivement appelée démocratique, il était aisé de découvrir le « refus du grand homme » qui est trop souvent la marque des états-majors politiques. Il arrive que la foule se trompe, mais il est aussi des temps où son instinct est sûr et naturellement la porte du côté de la fierté. Pour ce qui concerne la politique, jamais le peuple français ne s'est senti plus à l'aise qu'en 1945 et 1958, alors qu'il était appelé à soutenir de Gaulle qui parlait à son âme. Aux portes du pouvoir, les corps intermédiaires — au premier rang desquels figurent partis, milieux d'affaires et syndicats — sont moins sensibles à la grandeur, quand ils n'y sont pas hostiles. Leur nature est ainsi faite qu'ils n'aiment pas une direction sur laquelle leur prise est insuffisante ou qui pourrait même se passer d'eux. Il est difficile de généraliser en la matière, car la grandeur peut être illusion nocive si l'orientation est néfaste. Mais en ces temps de Libération, qui ne pouvaient être des temps d'insouciance, ni à l'intérieur, ni à l'extérieur, le pire était la médiocrité qui mène au renoncement national.

Quelle étonnante attitude que celle de ces soi-disant grands personnages de l'avant-guerre, Herriot et Blum en tête qui, sans réfléchir sur les causes internes du désastre militaire, étaient à l'affût de tout ce qui pouvait ramener les institutions, les partis, les mœurs et les hommes d'antan ! Ils n'avaient donc rien appris ! Blum lui-même paraissait avoir oublié les réflexions de sa captivité. Avant-guerre, ma jeunesse les avait jugés avec insolence. Ma jeunesse avait eu raison. Ce fut aussi une étonnante attitude que celle de ces informateurs et publicistes qui, hissés aux responsabilités, s'enfonçaient maintenant dans une critique à tout va, sans prendre le moins du monde conscience de leur devoir à l'égard de la nation. Ce fut enfin une étonnante attitude que celle de tant de mes amis, que j'avais vus si nobles dans la Résistance et qui ne surent pas résister à la paix. Or, c'était à eux de constituer la phalange de fidèles autour du Général. Même si l'histoire retient plus volontiers le nom des serviteurs révoltés que celui des féodaux fidèles, il n'y avait pas à chercher de destin pour la France en dehors de l'homme qui l'avait incarnée et l'incarnerait encore.

En ces derniers mois de 1945, je ne suis pas le seul à avoir éprouvé de grandes appréhensions. Un homme d'âge et d'expérience comme le président Jeanneney me fit part des siennes, qui étaient vives. Parmi mes amis les plus proches, il me semble que les sentiments dominants étaient l'inquiétude, l'incertitude et la déception. Devant le risque d'échec, d'anciens responsables de la Résistance organisée voulurent se réunir, un soir, dans un salon de la préfecture de la Seine occupé par le courageux et désintéressé Jean Mons. Les invitations furent nombreuses. Il y eut des absents dont nos amis ministres. Chacun suivait désormais sa voie.

Il manqua quelqu'un. L'historien aime évoquer l'homme que le destin a placé sur la route et dont l'action a changé le cours des choses. Il est plus difficile d'évoquer l'absence. Pourtant, tel fut le cas. Il a manqué un homme dont la qualité politique eût égalé le désintéressement ; un homme qui eût compris que la République, la vraie, la grande, avait besoin de la légitimité gaullienne ; un homme qui eût influé sur le comportement du Général en même temps qu'il en aurait imposé aux hommes de partis et aux résistants devenus hommes de partis. Moulin était mort sous la torture pour n'avoir pas parlé. Brossolette, épuisé par la souffrance, s'était suicidé pour ne pas parler. Qu'eussent-ils entrepris s'ils avaient été présents l'un et l'autre, l'un ou l'autre ? Ils ne seraient point restés inactifs. Tout différents et opposés qu'ils étaient, il me semble qu'ils n'eussent pas accepté l'effondrement de leurs espoirs, la ruine de la renaissance. La mort embellit-elle ? Je suis sûr qu'il y a du vrai dans ce que j'écris. J'étais d'une génération plus jeune. Je n'avais pas fait partie du groupe des gaullistes de Londres. Je n'étais pas au gouvernement. Que pouvais-je faire ?

***

« Ce départ ne manque pas de grandeur », dit Thorez. Il appartenait au chef du parti communiste de saluer ce départ avec respect. Le mot circula aussitôt dans Paris. Chez certains, l'émotion se traduisit par le silence. Pour beaucoup, un autre soleil se levait : le soleil des partis représentés au Parlement, et c'est vers ce soleil-là qu'en abusant du nom de la République ils se tournaient...

Le lendemain du jour fatal, je déjeunais avec Emile Bollaert qui s'était remis plus rapidement que prévu des séquelles de sa déportation. René Brouillet assistait à ce déjeuner. Il espérait un prochain retour du Général. Il voulait garder l'espoir que ses amis démocrates-chrétiens, les dirigeants du nouveau parti M.R.P., refuseraient de se séparer du Général et d'entrer dans les combinaisons parlementaires. Notre hôte était plus réaliste et ne mâcha pas ses mots. Quand on crée soi-même la vacance du pouvoir et qu'il y a des candidats pour prendre la succession, on est remplacé sans difficulté. Sauf catastrophe créant un nouveau vide, le Général ne serait pas rappelé. Et les nouveaux tenants du pouvoir feraient tout pour éviter ce vide.

Sur un point, j'allais plus loin que Bollaert dans l'analyse de notre tragédie. Je devinais que nous allions revenir au type de République où, sans tenir compte du bien de la patrie, l'effort des politiques se réduit à maintenir coûte que coûte le « régime », quelle que soit son impuissance, car le régime c'est « eux » à leurs yeux, c'est cela qui compte avant tout.

En ce mois de janvier 1946, j'éprouve le sentiment d'un écroulement, d'autant plus vif qu'il n'est guère partagé. J'ai vu venir la tragédie. J'avais noté les insuffisances du gouvernement, et constaté son défaut principal : l'absence d'un premier ministre qui, évitant au Général d'être partout et toujours en première ligne, eût en même temps assuré le commandement et la cohérence de l'action des ministres. La rage au cœur, j'avais observé le retour des mauvaises mœurs politiques : nous repartions sur la pente fatale de la démocratie française, et vers son vice capital, celui d'un Etat commandé au gré des groupes de pression, des intrigues et des ambitions tantôt de privilégiés, tantôt de contestataires. Comme Vichy était né du désastre auquel les dernières années de la IIIe République avaient condamné la France, les premières années de la IVe allaient nous conduire vers de nouveaux drames ! Ma certitude était telle que je l'écrivis avec angoisse et passion. Ce sont ces premiers cris d'alarme qui m'ont donné une réputation de pessimisme, alors que, jusque-là, les années antérieures m'avaient plutôt valu la réputation inverse. Mais est-ce vraiment être pessimiste que de clamer partout que deux plus deux font quatre ?

Ma visite à Marly dans le pavillon où le Général s'était retiré, fut d'une tristesse infinie. Que lui dire, sinon ma fidélité et mon espérance ? Il avait voulu se mettre à l'écart pour mieux reprendre le commandement des événements et la confiance des hommes. Il avait perdu. La brève solitude qu'il avait souhaitée allait se prolonger. Il en sera marqué pour toujours.

Le Général n'était pas homme à regretter ouvertement une décision prise après méditation. Tout en ayant joué avec honnêteté le jeu de la transmission des pouvoirs, les événements ne se déroulaient pas comme il l'avait souhaité. Une formule mirobolante, « le tripartisme », allait dissimuler la démission de l'Etat et, avant même sa naissance, le déclin de la nouvelle République. « Ai-je eu tort ? Ai-je eu raison ? L'Histoire tranchera. » Cette phrase je l'entendis plus tard, après l'échec du R.P.F., lors d'une conversation à Colombey pendant la « traversée du désert ». Alors les affaires de la France s'en allaient à vau-l'eau. La profondeur de la déception et du chagrin qu'elle me révéla m'émut. Ah ! cessez d'être immédiatement utile : sauf exception, vous n'êtes plus applaudi par le grand nombre ni soutenu par aucun responsable.

Ma décision intime était prise. Par souci du bien public, je serai une exception. Je quitterai le service de l'Etat pour la politique, c'est-à-dire pour le retour du Général et, au-delà, qui sait ? pour l'espérance du commandement.

Annexe I
Documents clandestins de la Résistance 1943-1944

ANNEXE I-1

Décret portant nomination de Michel Debré en qualité de commissaire régional de la République, signé de Gaulle, Giraud et Philip, 3 octobre 1943. (Voir p. 242.)

DECRET PORTANT NOMINATION DE COMMISSAIRES REGIONAUX

DE LA REPUBLIQUE

-:-:-:-:-

Le Comité de l'Action en France,

Vu la loi du 28 pluviose an VIII, les tableaux annexes et leurs modifications ultérieures ;

Vu l'ordonnance du 3 Juin 1943 portant institution du Comité Français de la Libération Nationale ;

Vu l'ordonnance du 2 Octobre 1943 portant création du Comité de l'Action en France ;

Vu la décision du 2 Octobre 1943 confiant au Comité d'Action en France le droit de procéder à la nomination des Commissaires Régionaux de la République et des Préfets,

DECRETE :

ARTICLE 1er. - Est nommé Commissaire Régional de la République :

à CHALON M. DEBRE Michel du Conseil d'Etat

ARTICLE 2. - Cette nomination prendra effet, au jour de la libération de tout ou partie de la région qui lui est affectée.

ARTICLE 3. - Le présent décret ne sera pas publié au journal officiel de la République Française.

FAIT A ALGER, le 3 Octobre 1943

ANNEXE I-2

Rapport daté du 7 octobre 1943. La commission au nom de laquelle M. Debré s'exprime n'existait pas en fait et était remplacée par les contacts et conversations dont il est parlé au chapitre « Un grand mouvement de commissaires de la République et de préfets ». (Voir p. 240.)

La commission désignée pour préparer la nomination de nouveaux préfets au jour de la libération du territoire a aussitôt demandé aux différents mouvements de lui présenter leurs propositions. Avant même que leurs réponses lui fussent parvenues, elle a essayé, avec l'assistance de fonctionnaires qualifiés, de procéder à un examen de la situation et de dégager quelques règles essentielles.

Elle a estimé tout d'abord que la tâche administrative exigée des préfets au jour de la Libération, et particulièrement le travail délicat de recomposition des assemblées locales, voulait des nouveaux titulaires des aptitudes à leurs fonctions confirmées par l'expérience. Dans l'impossibilité où elle se trouvait, selon ce premier examen, de découvrir hors de la carrière préfectorale un nombre important de candidats, elle s'est résignée à établir une première liste de préfets choisis à peu près exclusivement parmi les membres actuels de la carrière. Afin d'éviter toutefois l'impression de revenir purement et simplement à une opération préfectorale telle qu'elle pouvait être ordonnée il y a quelques années après des élections générales, elle a pris deux décisions de principe : d'une part éliminer tout préfet régional et le remplacer, au moins à titre provisoire, par un personnage nouveau, le Commissaire de la République, homme politique plus qu'administratif, choisi en conséquence parmi des personnalités de la Résistance, et dont la présence à la tête de chaque région pourrait marquer d'une formule et d'une personne neuves le début du nouveau régime.

Suivant ces principes, et avec l'aide de collaborateurs dont la compétence était certaine, elle a donc établi un premier travail qui a abouti à la présentation d'une liste complète de préfets choisis parmi les préfets éliminés par Vichy pour des raisons politiques ou parmi les sous-préfets et secrétaires généraux dont l'avancement paraissait justifié soit par les mesures prises contre eux, soit par leur attitude.

Le résultat de ce travail a fait reculer d'effroi les membres de la commission. Elle a, en effet, considéré qu'en contre-partie de certains avantages présentés par ce mouvement préfectoral — tels qu'obéissance et savoir faire — les inconvénients étaient, particulièrement graves. A l'heure où le pays attend un renouveau des hommes aussi bien que des institutions, le rappel des serviteurs les plus caractéristiques d'un régime disparu ne pouvait produire une excellente impression. Au surplus, les aptitudes classiques de la fonction préfectorale consistent au premier chef à faire preuve d'habileté pour éviter les obstacles, et d'astuce pour empêcher toute manifestation trop marquée de tendance ou de politique : cependant les premiers préfets de la République auront vis-à-vis des populations libérées un tout autre rôle à remplir.

Dans ces conditions, la commission a jugé qu'elle ne pouvait maintenir sa position première et que, quelles que soient les difficultés de sa tâche, il lui appartenait de faire un effort et de trouver une majorité d'hommes nouveaux, dont les sentiments politiques ne fussent pas douteux, dont la valeur morale ne fût pas mise en doute, et enfin dont l'aptitude aux fonctions préfectorales nouvelles, sans être à coup sûr celles qu'on attend de candidats à ces fonctions au sens traditionnel du mot, fût assurée par leur honnêteté intellectuelle, leur compétence administrative ou leurs qualités de chef.

C'est alors que la commission commençait ce travail que lui parvenaient progressivement les propositions élaborées par les Mouvements de Résistance. Parmi celles-ci, les unes étaient faites avec légèreté, les autres, au contraire, avec soin. Dans l'ensemble, elles présentaient le même caractère. D'une part elles faisaient le plus large appel au personnel préfectoral (anciens préfets, actuels secrétaires généraux ou sous-préfets), d'autre part elles ne craignaient pas de suggérer le maintien, voire même l'avancement, d'un certain nombre de préfets ou sous-préfets actuellement en fonctions et ayant profité de récentes mesures d'avancement. En vérité, il est aisé de comprendre les deux caractéristiques des listes présentées par les Mouvements. En premier lieu, les mouvements ont été impressionnés par la compétence administrative qui leur a paru nécessaire pour occuper un poste de préfet, et, en principe, ils ont hésité à présenter des noms de personnalités dont ils ne fussent pas certains qu'elles soient à même de rivaliser avec les préfets en exercice pour assurer la marche des services d'une préfecture; au surplus, dans bien des départements, le manque d'hommes se fait cruellement sentir. En second lieu, un nombre important de fonctionnaires en place ont, depuis plusieurs mois, tourné leurs regards vers l'avenir; ils ont senti le besoin de prendre dès à présent quelques garanties et se sont ainsi mis en rapport avec la Résistance afin de lui rendre quelques menus services. Les chefs des Mouvements, peu habitués à ce genre de manifestation, en ont, à juste titre, éprouvé une grande gratitude. Mais, en conséquence, les listes présentées par les mouvements étonnent, et parfois même attristent. On y voit des noms de préfets non seulement âgés, mais usés par de trop nombreuses aventures politiques, et d'autres noms que certains mouvements ont, chaque fois, de bonnes raisons de mettre en avant, mais qui surprendraient une opinion publique qui, depuis des mois, les a vus à l'œuvre sous l'autorité du gouvernement de Vichy.

Le rappel succinct des travaux préparatoires de la commission était indispensable pour expliquer les caractéristiques du projet ci-joint. Ces caractéristiques, on peut les définir de la manière suivante :

1° Les candidats présentés sont de quatre origines différentes,

a) Certains appartiennent à la carrière préfectorale : anciens préfets ou sous-préfets, ou titulaires actuels de postes. Leurs titres politiques sont établis soit par les mesures dont ils ont été l'objet, soit par les garanties apportés par les Mouvements.

b) *D'autres ont été choisis parmi les membres des grands Corps de l'Etat, du Parlement, du Syndicalisme, de l'Université. Leurs sentiments ne sont pas douteux : leur capacité a été jugée suffisante et leurs qualités de chefs paraissent, dans la plupart des cas, de nature à compenser, et au-delà, les lacunes administratives qu'ils pourraient avoir.*

c) *D'autres sont des personnalités locales, membres de la Résistance ou chaudement recommandées par elle — soit par leur caractère, soit par leur prestige, soit par leurs capacités — soit par ces diverses qualités à la fois.*

d) *Enfin un certain nombre, surtout d'anciens membres de la carrière préfectorale, actuellement dans l'armée de la Libération et dont la venue en France est considérée comme tout à fait souhaitable.*

2° *Le projet institue au lieu et place des préfets régionaux qui sont supprimés (et dont la disparition entraine celle des préfets délégués), des Commissaires de la République, choisis en dehors du corps préfectoral et dont les attributions d'ordre politique font l'objet d'un projet de texte annexé.*

3° *Le projet ne prévoit aucune nomination aux postes inférieurs à celui de préfet. La commission a estimé qu'elle ne pouvait utilement préparer des nominations à ces postes d'importance secondaire. Il appartiendra, pour les cas les plus graves, aux préfets et aux Commissaires de la République, de procéder aux remplacements urgents. Les comités de libération indiqueront à la fois ceux qui doivent être remplacés et leurs successeurs provisoires ou définitifs.*

Au coup sûr ce projet encourt certaines critiques.

1° *Il n'est pas aisé de préparer un mouvement préfectoral dans la clandestinité. Un grand nombre de candidats proposés ne sont pas connus de la commission autrement que par des données ou des indications provenant de l'extérieur. A ce défaut, la commission a tenté de remédier en multipliant les enquêtes et les renseignements. Elle ne pouvait agir autrement.*

2° *Il ne donne pas toujours satisfaction aux promesses faites par les mouvements locaux à certains membres de la carrière préfectorale — secrétaires généraux — chefs de division — sous-préfets — voire même préfets. La commission a estimé que ces promesses pouvaient recevoir satisfaction dans un avenir relativement proche. Un nombre important de désignations proposées ont un caractère provisoire. Elles ont, en fait, pour objet d'aider le gouvernement à un moment délicat de sa prise de contact avec l'opinion. Après quelques mois et peut-être moins encore, certaines des personnalités seront appelées à d'autres postes et l'organisation de l'adminis-*

tration préfectorale reprendra un caractère plus normal. Alors il sera fait aux récompenses justifiées la place qui leur est due.

3° Les candidats proposés, pour un grand nombre d'entre eux, ne résident pas dans les départements qui leur sont désignés. Cet inconvénient n'a pas paru décisif. Le rôle d'un préfet au cours d'opérations militaires est limité. La marche des services administratifs pendant quelques jours de crise et de pagaïe peut être assurée par les titulaires actuels dont l'obéissance ne sera pas contestable dans la quasi totalité des cas. Si cette obéissance était douteuse ou discutable, le secrétaire général de la préfecture ou une personnalité désignée par le comité départemental de la libération assurerait l'intérim. Seulement il faudra veiller dès maintenant à ce que l'exécution du projet, une fois celui-ci approuvé, soit préparée, notamment en notifiant aux intéressés ainsi qu'aux comités locaux de libération, l'ordre qui leur est donné par le Comité National de la Libération et le Conseil National de la Résistance. Il sera alors possible de réduire les délais de la prise de pouvoir et de la passation des services. De toute manière, il faut considérer que celle-ci ne sera possible qu'au fur et à mesure que l'autorité du gouvernement provisoire s'étendra aux départements.

Les diverses critiques que la commission a longuement examinées ne lui ont pas paru de nature à diminuer sérieusement la valeur d'un mouvement préfectoral qui, amenant à des postes essentiels pour les premières semaines de la Libération, des hommes pour la plupart nouveaux, pour la plupart incontestés, doit attirer à cette première mesure du gouvernement la sympathie provinciale.

ANNEXE I-3

Département du Tarn. Modèle d'une fiche de renseignements transmise par un mouvement de résistance, fin 1943.

D E P A R T E M E N T   D U   T A R N

-:-:-:-:-:-:-:-:-:-:-:-:-:-

Les renseignements et les indications qui nous ont été fournis pour les différents postes à pourvoir émanent de personnalités appartenant aux milieux et aux classes les sociales les plus divers.

Indépendamment des qualités d'administrateur et de la connaissance du département et des hommes, les personnes désignées ont été surtout choisies en tenant compte de leur valeur morale, de leur énergie et de leur intégrité.

Préfecture.-La Préfecture du Tarn est un poste assez ingrat étant donné d'une part que la ville d'Albi se trouve de plus en plus dans l'orbite de Toulouse, la capitale régionale, et, d'autre part, qu'il existe une opposition assez marquée entre la partie plaine du département (grosses exploitations agricoles et villes industrielles) et la partie montagne, exclusivement agricole (élevage, petites exploitations de polyculture). Le pouls du département se tâte à Castres qui est à mi-chemin entre Mazamet et Albi.

Il est donc indispensable que le Préfet du Tarn trouve dans le maire d'Albi non seulement un fonctionnaire municipal compétent mais presque un collaborateur, pour ce poste important.

Pour la Préfecture, le nom de M. Bouzy a été mis en avant et a rallié tous les suffrages des personnes consultées. Monsieur Bouzy, ingénieur du Génie Rural est unanimement estimé. C'est un homme jeune, énergique et méthodique. Les services placés sous sa direction ont été modernisés et peuvent être donnés en modèle. Il connaît bien son département, ses besoins et ses possibilités. Ses fonctions le mettent en contact permanent avec les municipalités et les agriculteurs. Il a, d'autre part, des contacts fréquents avec les industriels. Par sa culture et ses qualités personnelles, il a toutes les qualités requises pour remplir un tel poste.

Monsieur Bouzy a l'âme d'un chef et d'un organisateur, il saura s'imposer.

ANNEXE I-4

La première liste provisoire établie le 8 octobre 1943 en cas d'un débarquement proche. Cette liste fut entièrement refaite. (Voir p. 243.)

8/10/43

P R E F E T S (1)

Seine-et-Oise	CHEVREUX, ancien préfet, bon administrateur
Seine-et-Marne	LEONARD, Maître des Requêtes au Conseil d'Etat - Cabinet Daladier -Ex. directeur gendarmerie.
TOULOUSE	
Hte-Garonne	CASSAGNEAU, ancien préfet (M.U.)
Ariège	LORTOLARY , anc. sous-préfet (M.U.)
Hts-Pyrénées	SEGAUX, anc. sous-préfet et S. Gal (R.)
Bsses-Pyrénées	BAYLOT, secret. féd. postale (M.U. - Lib.)
Lot-et-Garonne	MARTY, Gabriel. Prof. Université Toulouse
Lot	LIONS secret. féd. cont. ind. (Lib.)
Tarn-et-Garonne	COSTA, conseiller référendaire Cour des comptes (OCM)
Tarn	BOUZY, ingénieur génie rural, Albi (enquête)
Gers •	POGGIOLI, chef de division Toulouse (M.U.)
STRASBOURG	
Moselle	BOURRA, prefet actuel de la Moselle) question de
Haut-Rhin	AJARD " " du Haut-rhin) principe ?
Bas-Rhin	FONLUPT, bâtonnier de Colmar (R)
POITIERS	
Vienne	MOULONGUET, ancien préfet
Charente	BOURSICOT, adjt. féd. des fonctionnaires (Lib)
Deux-Sèvres	Pierre BLOCH, député
Vendée	BERTAUX, prof. université de Toulouse (en prison) (R)
Charente Maritime	SCHULER, avocat Paris (O.C.M.)
BELFORT	GIRARDET, receveur des finances.
DIJON	
Côte-d'Or	GRIMAUD, ancien préfet du département, chasse par all.
Yonne	CABOUAT, Pierre, préfet - bon administrateur
Nièvre	THOMASSIN, directeur de Ravitaillement Doubs (R.)
Doubs	DUMONT, secrétaire général (R).

---

(1) Abréviations

M.U. -	recommandé par Mouvements Unis
O.C.M.	" " O.C.M.
Lib.	" " Libération zone Nord
R.	" " autres Mouvements de Résistance, notamment Ceux de la Résistance.
(enquête)	enquête en cours pour vérifier titres du candidat.

2

ANGERS

Maine-et-Loire	AGULHON, ancien préfet
Sarthe	BOUNET, prof. au lycée, adjoint au maire. (O.C.M.)
Mayenne	CHAPSAL, s/'direct. Ecoles des Sciences politiques
Indre-et -Loire	BOISSARY ,avocat Paris (OCM)
Loire-Inférieure	BENEDETTI, préfet actuel Hérault (M.U.-OCM)

BORDEAUX

Gironde	CUSIN, conseiller referendaire C. des Comptes (Lib)
Landes	GIBERTON, ancien secrétaire général (OCM)

LIMOGES

Hte-Vienne	WOLF (Jean) ancien secrétaire général, en prison.(MU
Corrèze	PIMONT, chef du NAP departemental (MU)
Creuse	MONTEL, député du Cantal (R)
Indre	GENEBRIER, préfet cabinet Daladier
Dordogne	GERBER, chef du NAP départemental (MU)

ORLEANS

Loiret	BROUILLET, conseiller reférendaire C. des Comptes
Loir-et-Cher	PICARD, ancien secrétaire général, en prison (Lib)
Cher	CORNUT GENTILE, anc. sous-préfet (OCM)
Eure-et-Loir	CHADEL, ancien secrétaire général (de Max) (LIB)

NANCY

Meurthe-et-Moselle	Dr. BENECH, directeur services d'hygiène (R)
Meuse	de MONSEGON, maître de requêtes au Conseil d'Etat
Vosges	DIDKOWSKI, ancien préfet

MONTPELLIER

Hérault	ERNST, ancien secrétaire général (M.U.)
Lozère	BOURILLON, ancien maire de Mende (M.U.)
Aude	MAX MARTIN, secrétaire général (M.U.)
Aveyron	MEYNADIER, chirurgien à Rodez (M.U.)
Pyr. Orientales	LATCHA, ancien secrétaire général (M.U.)

MARSEILLE

Bouches-du-Rhône	de COPPET, ancien gouverneur général
Gard	Dr SALAN, ancien maire de Nîmes (MU)
Vaucluse	REUTER, professeur Faculté d'Aix
Basses-Alpes	BLANC, fonctionnaire Caisse des Dépôts-syndicaliste
Hautes-Alpes	DORGES, Ingénieur en chef, Pts et Chaussées (Lib) (Lib Isère (OCM)
Alpes Maritimes	CONDOR, ancien préfet du département
Var	SARIE, secrétaire général (M.U.)

- 8 -

LYON

Rhône	BODENANT, ancien préfet de Bordeaux
Saône-et-Loire	LANQUETIN, ancien préfet de la Drôme
Jura	TRIBOULET, ancien secrétaire général (R) (enquête)
Ain	Jean THOMAS, prof. faculté Lettres de Lyon
Hte-Savoie	ORDIONI, anc. secrétaire général (MU)
Savoie	FROLLIEMONDE, secrétaire général (MU)
Isère	GONZALVE, ancien préfet (MU)
Drôme	de SAINT PRIX (MU)
Ardèche	BEZAGU, prefet délégué Hte-Garonne (MU)
Loire	HILD, ancien préfet (MU).

CLERMONT-FERRAND

Puy-de-Dôme	COMBES, ancien dir. adjoint de la Sureté (MU)
Cantal	PALMADE, sous-préfet de St Flour (MU)
Hte-Loire	CHARBONNIER, conseiller génér. avoué (MU)
Allier	NEBOUT, ancien chef cabinet (MU)

LILLE

Nord	VERLOMME, ancien préfet Nord (Lib)
Pas-de-Calais	LUCIUS, maitre de requêtes au Conseil d'Etat

LAON-ST QUENTIN

Aisne	RIBIERE, conseiller de préfect. (Lib)
Somme	POMPEI, ancien sous-préfet. Armée de la Libération
Oise	BOURREL, direct. des contrib. directes (OCM
Ardennes	PASCAL, ancien préfet des Ardennes, chassé par l'All.

CHALONS SUR MARNE

Marne	POUZET, secrétaire général (R.)
Aube	ANCEL, ancien préfet de Maine-et-Loire
Hte-Marne	OTTAVIANI, secrétaire gén. Doubs (R)

RENNES

Ille-et-Villaine	GEISTDÖRFER, député.
Morbihan	PITON, ancien préfet chassé par l'All.
Cot es-du-Nord	FOULQUIE, secrétaire général (OCM-Lib)
Finistère	LECOMTE - Ing. Ponts-et-Chaussées (OCM-Lib)

ROUEN

Seine-Inférieure	HAAG, ancien préfet
Eure	Jean CABOUAT, ancien préfet
Orne	MOUSSINET, ancien sous-préfet (R)
Calvados	DAURES, ancien recteur de Caen (R)
Manche	JACQUIN, fonctionnaire des douanes. Synd.

ANNEXE I-5

Message de *Jacquier* (Michel Debré) à *Corot* (Bouchinet-Serreulles), 17 novembre 1943.

JACQUIER à COROT. 17 Novembre 1943

Il a été décidé qu'à titre provisoire, et sans attendre la ratification d'Alger, les désignations préfectorales seraient :

1°) notifiées progressivement à chaque intéressé,
2°) indiquées à chaque chef régional pour les départements de son ressor

Vous trouverez donc ci-joint :

1°) la liste, pour vos 12 régions, des préfets désignés pour les départements, à l'exception des départements pour lesquels une enquête est encore en cours. Vous voudrez bien les faire tenir à chaque chef de région en leur recommandant, naturellement, de les garder par devers eux et de ne les indiquer à leur chef départemental que personnellement et oralement.

2°) les notâfications des désignations provisoires à ceux des candidats présentés par les Mouvements de Résistance dont les noms ont été finalement retenus et dont je suppose qu'ils peuvent être facilement touchés par les chefs régionaux ou les services départementaux du N.A.P.

En ce qui concerne, au contraire, les candidats qui n'ont pas été proposés par les Mouvements de Résistance, je vais procéder personnellement aux notifications. Quand j'aurai obtenu les acceptations, je mettrai ces candidats en rapport avec vous pour que vous puissiez les renvoyer aux chefs régionaux.

Il est bien entendu que tous les candidats désignés devront soit habiter le chef-lieu de la préfecture dont ils doivent prendre possession, soit, en tout cas, être capables de la rejoindre sans délai. Ceci posera certains problèmes pour quelques fonctionnaires en place et qui sont assez loin de la préfecture qui leur a été affectée. Il a été prévu, le cas échéant, qu'on pourrait demander à ces fonctionnaires de se mettre à la disposition de la Résistance moyennant l'octroi de l'indemnité nécessaire.

P.S. - Je vous serais bien reconnaissant d'indiquer aux chefs régionaux qu'il ne s'agit pas tant de désignation de préfets au sens traditionnel du mot que de désignation de "chargés des fonctions de préfets". Entre les deux dénominations, il existe, dans mon idée, une assez grande différence; la seconde indique le caractère essentiellement provisoire des désignations.

Prière de renvoyer les désignations qui n'auront pas été notifiées, même après de sérieuses recherches.

J'ajoute à la liste les noms désignés pour Landes et Lot-et-Garonne — deux départements zone sud - mais candidats appartenant à l'O.C.M.

ANNEXE I-6

Message de *Jacquier* (Michel Debré) à *Cadillac* (J. Bingen, délégué de la zone Sud), 15 novembre 1943.

JACQUIER à; CADILLAC — **15 novembre 1943**

Il a été décidé qu'à titre provisoire, et sans attendre la ratification d'Alger, les désignations préfectorales seraient :

1°) notifiées progressivement à chaque intéressé,
2°) indiquées à chaque chef régional pour les départements de son ressort.

Vous trouverez donc ci-joint :

1°) - la liste, pour vos 6 régions, des préfets désignés pour les départements. Vous voudrez bien les faire tenir à chaque chef de région en leur recommandant, naturellement, de les garder par devers eux et de ne les indiquer à leur chef départemental que personnellement et oralement.

(si aucun chef, [illegible] provisoire (enquête))

2°) - les notifications des désignations provisoires à ceux des candidats des Mouvements Unis dont les noms ont été finalement retenus et dont je sais ici qu'ils doivent être facilement touchés par vos chefs régionaux ou les services départementaux du NAP.

En ce qui concerne, au contraire, les candidats qui n'ont pas été proposés par les Mouvements Unis, je vais procéder personnellement aux notifications. Quand j'aurai obtenu les acceptations, je mettrai ces candidats en rapport avec vous pour que vous puissiez les renvoyer aux chefs régionaux.

Il est bien entendu que tous les candidats désignés devront soit habiter le chef-lieu de la préfecture dont ils doivent prendre possession, soit, en tout cas, être capables de la rejoindre sans délai. Ceci posera certains problèmes pour quelques fonctionnaires en place et qui sont assez loin de la préfecture qui leur a été affectée. Il a été prévu, le cas échéant, qu'on pourrait demander à ces fonctionnaires de se mettre à la disposition de la Résistance moyennant l'octroi de l'indemnité nécessaire.

P.S.- A la réflexion, je m'aperçois que certains des candidats retenus qui ne se trouvaient pas sur la liste des Mouvements Unis peuvent quand même être aisément touchés par les chefs régionaux. Tel est le cas, notamment, pour le Tarn-et-Garonne, le Tarn, l'Ain, l'Ardèche, les ~~Alpes-Maritimes~~, les Hautes-Pyrénées.

(D'autre part, je vous serais bien reconnaissant d'indiquer aux Chefs régionaux qu'il ne s'agit pas tant de désignation de préfets au sens traditionnel du mot que de désignation de "chargés des fonctions de préfets". Entre les deux dénominations, il existe, dans mon idée, une assez grande différence; la seconde indique le caractère essentiellement provisoire des désignations.

Pour le candidat de l'Ardèche, vérifier l'adresse auprès de Corot. En ce qui concerne le candidat de l'Allier, j'attends la réponse à la demande d'enquête que je vous ai transmise.

Prière d'envoyer les ~~notifications~~ désignations qui n'auront pas été notifiées, mais après de [illegible]

ANNEXE I-7 *a*

Modèle de nomination de préfets signé *Turquant* (Michel Debré), 1943-1944. (Voir p. 251.)

COMITE FRANCAIS DE LA LIBERATION NATIONALE

Délégation Générale en France

Paris, le 13 mai 1944

La Commission, constituée par un décret du Comité de la Libération Nationale, en date du 3 Octobre 1943, vous a désigné pour exercer, à titre provisoire, les fonctions de préfet du département de

Cette désignation prendra effet au jour de la libération dudit département.

ANNEXE I-7 *b*

Modèle de délégation de pouvoir signé *Turquant* (Michel Debré), 1943-1944.

COMITE FRANCAIS DE LA LIBERATION NATIONALE

Délégation Générale en France

-:-:-:-:-:-

Paris, le

M.

La Commission, constituée par un décret du Comité de la Libération Nationale, en date du 3 Octobre 1943, vous délègue par la présente décision le droit, en cas de vacance, de nommer dans les départements composant la région que vous administrez les personnalités chargées d'assurer, à titre provisoire, au jour de la libération, les fonctions de préfet.

ANNEXE I-8

Instruction rédigée par *Turquant* (Michel Debré), et adressée aux préfets de la Libération sous forme d'une circulaire du délégué général du C.F.L.N., 9 mai 1944. (Voir p. 249.)

Instruction en date du 9 mai 1944
adressée aux préfets de la libération
sous forme d'une

Circulaire du Délégué général du C.F.L.N.

La libération du territoire, par l'effort associé des armées alliées et des Forces Françaises de l'Intérieur, imposera à la France, et notamment à la Résistance, des obligations précises. Il ne suffira pas, en effet, après avoir chassé l'ennemi, d'éliminer de la vie publique les représentants du régime de Vichy, de rendre à la liberté les militants incarcérés, de s'assurer de la personne des traîtres et des collaborateurs afin que la justice suive son cours ; il est également indispensable qu'une situation normale soit rapidement rétablie, que les services publics fonctionnent aussi bien que possible, qu'enfin, avec la liberté, règnent à nouveau l'ordre et la sécurité. Ce sont là d'impérieux devoirs que l'administration des territoires libérés ne peut méconnaître sans compromettre le succès de sa mission. Le désordre prolongé, c'est, il ne faut pas l'oublier, la tentation pour les armées alliées de porter atteinte à notre indépendance, la diminution de l'autorité acquise par le C.F.L.N. et même les chances de notre relèvement compromises par les inquiétudes d'une opinion publique soucieuse au même titre que les traîtres soient chatiés mais que la vie reprenne rapidement son cours régulier. Ces raisons expliquent la décision du C.F.L.N. de faire procéder à la désignation, dans chaque région, d'un Commissaire de la République qui, en qualité de représentant du Gouvernement, sera dépositaire de pouvoirs exceptionnels et, dans chaque département, d'une personnalité chargée, à titre provisoire, d'assurer, dès le jour de la Libération, les fonctions de préfet. Si, par accident, le préfet désigné était absent du département, il serait provisoirement remplacé par le président du Comité de Libération, en attendant sa venue ou une nouvelle désignation qui serait faite, soit par le Commissaire de la République, soit par le délégué du C.F.L.N.

Pour prendre ses fonctions le préfet n'a besoin d'aucun ordre. A l'avance, et le plus souvent par l'intermédiaire du représentant départemental du NAP, il aura pris contact avec les forces insurrectionnelles. Sa mission commence du jour où les forces françaises réussissent à s'emparer de la préfecture. A son côté le Comité Départemental de la Libération, organe essentiel pour la préparation de la prise du pouvoir et la conduite de l'insurrection, prend également fonction.

Le succès de l'œuvre de libération exige qu'une étroite entente unisse le représentant du pouvoir central et cette institution formée à l'image de la Résistance et du sentiment populaire. Le préfet devra donc provoquer aussitôt, si la chose ne s'est pas faite spontanément, la réunion plénière du Comité. Les travaux préparés et déjà mis au point par le Comité seront, pour le représentant du pouvoir central, des guides précieux qui orienteront sa pensée et son action. Au surplus, les mesures les plus graves qu'il sera amené à prendre feront au préalable l'objet d'une discussion au sein du Comité.

Dès son installation, le préfet s'emploiera au succès de l'insurrection et de la libération totale de son département. C'est ainsi qu'il devra directement participer, grâce notamment aux moyens que lui donneront ses fonctions, à l'élimination immédiate des représentants locaux de la politique et des organisations de Vichy. En même temps, si la liaison n'a pu être établie avant la prise de la préfecture, le préfet portera son installation à la connaissance des autorités militaires alliées. Il cherchera également à prendre contact avec le Commissaire de la République et avec le représentant du délégué général du C.F.L.N. dans les territoires libérés. Aussi bien à l'égard des chefs militaires alliés qu'à l'égard des représentants qualifiés du gouvernement français, il emploiera utilement le truchement des officiers français chargés d'assurer les liaisons avec le commandement anglo-saxon.

Cependant le préfet ne devra attendre ni la libération totale du département, ni le rétablissement des rapports avec une autorité supérieure, pour prendre en mains l'administration du territoire qui lui est confié. Parmi les premières tâches qui l'attendent, certaines méritent des explications particulières.

La première mission est, à coup sûr, le rétablissement de la sécurité publique. D'elles-mêmes, les forces de la Résistance se seront assurées de la personne des traîtres les plus notables, c'est-à-dire des principaux perturbateurs de l'ordre. Une instruction adressée aux Comités de Libération a déjà indiqué qu'il était indispensable d'arrêter, d'abord, et d'une manière, peut-on dire, automatique, certains individus dont les fonctions officielles ne laissent aucun doute sur le danger qu'ils représentent. Appartiennent notamment à cette catégorie : les dirigeants des partis collaborateurs et leur entourage, les miliciens, les membres des cours martiales. A cette première série d'arrestations sera ajoutée une seconde qui comprend les individus, quelles que soient leurs fonctions publiques ou privées, dont l'attitude et l'obéissance reconnues aux ordres des Allemands ou aux instructions de Vichy risqueraient de compromettre le succès de nos armées. Le préfet devra veiller à l'achèvement de ces mesures de sécurité. En même temps, il devra éviter certains débordements de passion. Les souffrances endurées ne sauraient justifier des excès qui seraient ensuite regrettés. Les personnes arrêtées seront donc mises en sûreté et confiées à la justice de la République, qui n'est pas celle de Vichy.

Des problèmes aussi urgents, mais dans un autre domaine, retiendront au même moment l'attention du préfet : ravitaillement des villes organisations des secours aux réfugiés et aux victimes des récents combats, sauvegarde de la santé publique contre d'éventuelles épidémies. Les mesures à ordonner seront, à coup sûr, fonction des circonstances. De toute façon le préfet, même s'il est isolé et si l'assistance alliée n'est pas aux premiers jours aussi efficace qu'on est en droit de l'espérer, ne sera dépourvu ni de conseils, ni de moyens. Dès à présent les Comités de Libération ont reçu, en matière de ravitaillement, des instructions relatives aux stocks et à la répartition. Des commissions locales de médecins ont déjà étudié le problème sanitaire et prévu les secours d'urgence.

Une troisième série de dispositions à prendre immédiatement présente un caractère politique. Elle comprend principalement la presse, la vie municipale, l'administration.

Tout journal ayant régulièrement paru sous la domination allemande doit cesser de paraître. Tout journaliste ayant régulièrement écrit sous la domination allemande doit cesser d'écrire. Mais, en même temps, l'opinion doit, mieux que par le passé, être tenue au courant des événements. Davantage encore : la diversité des tendances politiques doit être respectée, autant que le permettront les difficultés matérielles. Application de ces idées générales a été faite dans une circulaire spéciale sur la presse qui indique les modalités de suspension des journaux existants, de réquisition de leur matériel, de leurs stocks, de leur personnel, de publication des organes nouveaux, et, le cas échéant, d'une feuille officielle d'information.

Les municipalités nommées par Vichy ou compromises par leur collaboration avec l'ennemi doivent disparaître. Elles doivent être remplacées par de nouvelles municipalités ou par des délégations municipales. Les travaux préparatoires ont été mis au point dans la plupart des départements par les Comités de Libération, conformément aux directives adoptées par le Conseil National de la Résistance : le préfet devra s'y reporter afin de veiller à leur application, sauf à intervenir chaque fois qu'il estimera que l'intérêt public l'exige.

Enfin, le préfet devra, dès les premiers jours, examiner le cas des fonctionnaires ou employés de l'administration dont la conduite aura, pendant l'occupation, laissé à désirer. Sans doute, le fonctionnement des grands services exigera, à l'origine, et sauf dans les services de police où la répression devra être immédiate, une certaine indulgence. Cependant il serait inadmissible de maintenir à leur poste des fonctionnaires indignes. Des dossiers auront été constitués avant même l'installation de la nouvelle administration. Le préfet en prendra connaissance et, selon le cas, décidera lui-même de suspendre, ou renverra à une commission spéciale qu'il constituera lui-même et qu'il chargera d'examiner le cas des fonctionnaires les plus compromis.

La rapidité et la fermeté, en même temps que la sagesse et la justice, seront les meilleurs qualités des nouveaux administrateurs. Pour mener à bien leur tâche, ils disposeront d'abord de toutes les attributions et prérogatives dont étaient investis les préfets de la République. En outre, le Commissaire de la République qui dispose, aux termes de la loi sur l'état de siège promulguée à Alger, de pouvoirs extraordinaires, est autorisé à les déléguer, en tout ou partie, aux préfets des départements compris dans sa circonscription. Enfin, les préfets devront considérer qu'en qualité de représentants du Général de Gaulle et du gouvernement, dans les circonstances difficiles, au milieu d'une population qui a souffert de l'occupation et de l'arbitraire, il leur est reconnu la plus large initiative pour assurer l'administration de leur département. Qu'ils n'oublient jamais quelles espérances sont attachées aux premiers actes des préfets de la Libération !

ANNEXE I-9

Reproduction de l'affiche du 10 août 1944 à Angers. (Voir p. 291.)

PROCLAMATION

aux habitants de la Ville d'Angers et du Département de Maine-et-Loire

Citoyens,

La Ville d'Angers est libérée, et, avec elle, plus de la moitié du partement, plus de la moitié de la région.

La République est rétablie. Sa devise - Liberté, Egalité, Fraternité - est restaurée.

Le régime de Vichy est abattu. Les lois de Vichy sont abrogées. Les collaborateurs seront châtiés.

Au nom du gouvernement provisoire et de son chef, le général de Gaulle, j'assure, à dater d'aujourd'hui, en qualité de Commissaire de la République, l'administration de la région.

M. MICHEL FOURRE-CORMERAY est nommé préfet du département de Maine-et-Loire. Il est assisté par le Comité départemental de libération, qui tiendra aujourd'hui sa première séance publique.

Citoyens,

Elle est arrivée cette heure de délivrance et d'espoir que nous attendons depuis quatre ans, cette heure pour laquelle tant de Français, et des meilleurs, sont morts, tant d'autres arrêtés, torturés, déportés...

Pavoisez en l'honneur des armées alliées et de leur victoire !

Pavoisez en l'honneur de la République et du général de Gaulle !

Vive la France !

Le Commissaire de la République pour la Région d'Angers,

JACQUIER

ANNEXE I-10

Message de *Jacquier* (M. Debré) au lieutenant-colonel Kinley, août 1944.

LE COMMISSAIRE RÉGIONAL
DE LA RÉPUBLIQUE

Angers, le

au Colonel Kinley

Un préfet a été désigné dans la clandestinité pour La Roche-sur-Yon
Il s'agit de M. Moreau, ancien préfet, mutilé de l'autre
guerre. assez âgé [illegible] mais capable de prendre ce poste
Le temps où il a été désigné

Il n'y a personne
et il n'y a pas de contact avec le commissaire de la République
de Poitiers

Vous pouvez, en mon nom, charger le secrétaire général
de l'intérim

Si la chose n'est pas possible, il appartient, en vertu des instructions
antérieures, au Président du Comité de Libération d'assumer
d'une manière intérimaire, les fonctions préfectorales

Telle est ma réponse. J'ajoute que je n'ai personne à détacher.
Prière moi-même
si la situation vous paraissait dramatique,

Je serai à Nantes demain samedi soir. [illegible] et dimanche
matin. Envoyez moi une estafette à la préfecture

Amicalement

Jacquier

Annexe II
Documents administratifs

ANNEXE II-1

Notes envoyées au général de Gaulle au mois de juin 1945 :

a. Présentation générale du problème constitutionnel.

République Française

LIBERTÉ, ÉGALITÉ, FRATERNITÉ

PRÉSIDENCE
DU
GOUVERNEMENT PROVISOIRE
DE LA
RÉPUBLIQUE FRANÇAISE

MISSION PROVISOIRE
DE LA
RÉFORME DE LA FONCTION
PUBLIQUE

PRESENTATION GENERALE DU PROBLEME CONSTITUTIONNEL

I -

- Ne pas considérer isolément les évènements de 1939-1940, mais se rendre compte de ce qu'était devenue notre politique depuis plusieurs années :

- L'édifice de paix que nous avions contribué à bâtir, nous avons aussi contribué à le laisser détruire.- Nous avons ainsi laissé l'Allemagne se réarmer, le fascisme envahir l'Europe.

- A l'intérieur, aucun effort de rajeunissement de nos institutions politiques ; aucun effort d'adaptation de notre vie publique aux nécessités internationales, aucune hardiesse dans nos conceptions économiques ou sociales.

- Il faut éviter que ces défauts réapparaissent.- C'est une tâche d'autant plus nécessaire que notre Pays est à la fois épuisé en hommes et usé dans son patrimoine : épuisé en hommes par suite des pertes sanglantes de deux guerres successives, et patrimoine usé, détruit par deux invasions et une occupation impitoyables.

II -

- Notre politique est claire : depuis l'effondrement provisoire de 1940, il ne peut s'agir que d'une chose : refaire la France.

Il a fallu d'abord la faire participer à la guerre

.../

République Française

LIBERTÉ, ÉGALITÉ, FRATERNITÉ

PRÉSIDENCE
DU
GOUVERNEMENT PROVISOIRE
DE LA
RÉPUBLIQUE FRANÇAISE

MISSION PROVISOIRE
DE LA
RÉFORME DE LA FONCTION
PUBLIQUE

et à la victoire, de telle façon qu'au jour de l'effondrement allemand, elle fut au rang des nations combattantes et victorieuses.

Ceci est fait, bien fait, et sera même complèté car la France sera présente en Extrême Orient au dernier acte de la guerre.

- Mais, avec la paix, commence maintenant la seconde étape du redressement : la France victorieuse n'est pas encore la nation puissante, la nation heureuse qu'elle a le droit d'être et qu'elle doit être.

Pour redevenir cette nation puissante et heureuse, il faut à la France :

<u>D'abord une politique sociale</u> :

- Education
- Logement
- Hygiène - assistance
- Aide à la famille

en un mot :plus de bonheur et de satisfaction à tous, participation des travailleurs aux bienfaits de la civilisation, plus d'égalité devant les charges et les joies de la vie.

<u>Mais il n'est pas de politique sociale sans politique économique.</u>

L'Etat a ses responsabilités :

- Refaire l'équipement national
- Relever les industries fondamentales qui font notre force et notre puissance

.../

- Transformer et développer notre agriculture.

Et, pour réussir l'ensemble de cette tâche, briser les intérêts privés ou particuliers qui s'opposent à l'intérêt général.

Mais, ne pas se faire d'illusions : ce programme de l'Etat ne peut suffire. Il n'est pas de politique économique sans un effort de tous les Français pour <u>travailler et produire</u>.

Aucun remède, aucune réforme ne valent sans l'effort de chacun; en paix comme en guerre, c'est l'effort des citoyens qui fait la mesure du redressement d'un pays et de sa volonté de vaincre.

<u>Il n'est pas de politique sociale ni de politique économique sans une politique tout court.</u>

Il faut que la France et la vie publique aient le sens politique qui convient à un grand pays.

- le sens de l'Etat
- le sens de la communauté française faite de la métropole et des territoires d'outre-mer
- le sens de nos responsabilités internationales.

Voilà ce qui est la base, le fondement de notre politique économique et sociale, en un mot, de notre redressement.

III -

Mais ce programme ne peut se concevoir que si la France a des

.../

République Française

LIBERTÉ. ÉGALITÉ. FRATERNITÉ

PRÉSIDENCE
DU
GOUVERNEMENT PROVISOIRE
DE LA
RÉPUBLIQUE FRANÇAISE

MISSION PROVISOIRE
DE LA
RÉFORME DE LA FONCTION
PUBLIQUE

institutions.- A l'heure actuelle, elle n'en a pas. Il faut qu'elle en retrouve, c'est la condition première d'un retour à la vie normale, une condition même pour que sa voix soit mieux entendue dans le concert des nations.

- Ces institutions, quelles seront-elles ?

Il n'est pas question de revenir à la constitution de 1875. A nos yeux elle a d'abord un vice fondamental :elle nous a conduits au désastre militaire. Mais avant même la guerre de 1939, nous savions qu'elle ne convenait plus : instabilité des gouvernements,- impossibilité d'aboutir dans la moindre réforme,- défaillance de notre Etat. On pouvait voir qu'elle menait à la fois à la perte de notre grandeur et de notre liberté.

- Il faut donc changer.- Mais changer ne veut pas dire imaginer des constructions montées de toutes pièces, selon des conceptions théoriques. Il faut partir de la réalité, de l'expérience, de la tradition républicaine et, en même temps,savoir ce que l'on veut.

On s'aperçoit alors que le choix n'est pas si grand qu'on pouvait le croire.

La Constitution de demain, que devra-t-elle nous apporter?

a)- le retour à la liberté,
b)- le retour à la souveraineté nationale,
c)- le retour à l'autorité de l'Etat et à la responsabilité des gouvernements.
(sur ces trois points, voir note jointe).

IV -

Les grandes lignes de ce programme politique et de cette

.../

République Française

LIBERTÉ, ÉGALITÉ, FRATERNITÉ

PRÉSIDENCE
DU
GOUVERNEMENT PROVISOIRE
DE LA
RÉPUBLIQUE FRANÇAISE

MISSION PROVISOIRE
DE LA
RÉFORME DE LA FONCTION
PUBLIQUE

constitution, le Gouvernement les prépare mais c'est au peuple de décider et à une assemblée élue d'accepter ce régime constitionnel, base de notre politique de redressement.

Au commencement de l'automne, nous aurons donc des élections à une <u>assemblée constituante</u>.

Mais là aussi il faut éviter de prendre une décision uniquement inspirée par des vues théoriques .- Notre histoire constitutionnelle, est longue et nous avons connu des expériences sanglantes qu'il ne nous est pas permis de risquer à nouveau.

Dangers d'une Constituante unique et sans frein : la confusion,- l'impossibilité d'aboutir, le risque de conflits et d'aventures.

Le salut de la France exige qu'à cette Constituante même des règles soient imposées...

a)- <u>quant à sa durée</u> : six mois. Il faut que dans six mois la France retrouve son régime normal et ses institutions définitives.

arguments : Le monde connaîtra deux catégories de pays, ceux qui auront des institutions définitives et ceux qui seront en régime constitutionnel provisoire. C'est ainsi que le monde sera divisé, plus encore qu'entre vainqueurs et vaincus, ou plus, exactement, seuls les vainqueurs seront ceux qui jouiront d'un régime constitutionnel normal.

b)- <u>quant au gouvernement de la France</u> : Une assemblée unique ne peut pas gouverner: c'est une règle certaine et qui l'est davantage encore lorsqu'il n'existe point d'institutions préalables pour ordonner son action. C'est dire que pendant la durée de son pouvoir, la Constituante, devra élire un Chef du Gouvernement qui aura la tâche d'assurer le gouvernement de la France et qui nommera des ministres responsables

.../

République Française

LIBERTÉ, ÉGALITÉ, FRATERNITÉ

PRÉSIDENCE
DU
GOUVERNEMENT PROVISOIRE
DE LA
RÉPUBLIQUE FRANÇAISE

MISSION PROVISOIRE
DE LA
RÉFORME DE LA FONCTION
PUBLIQUE

devant lui, et devant lui seul.

c)- quant à sa compétence : L'Assemblée constituante élaborera la constitution en se fondant sur les projets qui lui seront présentés par le Gouvernement. Elle aura également une tâche législative et sur un certain nombre de projets fondamentaux, elle pourra également discuter et prendre des décisions. Mais le Gouvernement conservera lepouvoir de prendre,en certaines matières, des ordonnances .

Pour assurer l'efficacité de son action, le travail de l'Assemblée sera organisé par l'intermédiaire de deux commissions : une commission de constitution et une commission de législation.

b. Présentation de la Constitution, juin 1945.

République Française

LIBERTÉ, ÉGALITÉ, FRATERNITÉ

PRÉSIDENCE
DU
GOUVERNEMENT PROVISOIRE
DE LA
RÉPUBLIQUE FRANÇAISE

MISSION PROVISOIRE
DE LA
RÉFORME DE LA FONCTION
PUBLIQUE

-. PRESENTATION de la CONSTITUTION .-

La future constitution française doit répondre à trois nécessités.

Elle doit, en premier lieu, assurer le retour aux libertés et même, simplement, à la liberté.-

Elle doit, en second lieu, marquer la victoire de la démocratie, c'est-à-dire donner à la Nation les moyens d'avoir la maitrise de son destin.-

Elle doit, enfin, établir l'autorité de l'Etat et la stabilité du gouvernement, conditions indispensables à la fois de la liberté et de la démocratie.

C'est autour de ces trois idées maitresses que l'on peut grouper l'exposé de la constitution.

1º/- LE RETOUR A LA LIBERTE .-

Il ne peut y avoir de doute sur le premier acte de l'Assemblée Constituante :proclamer une nouvelle déclaration des droits.

Ce sera d'abord une déclaration des droits de l'Homme. La France, comme ses alliés, s'est battue pour son indépendance, et même pour son existence en tant que nation. Mais elle s'est battue aussi pour la liberté de l'homme. Ces grands principes que la Révolution française

.../

République Française

LIBERTÉ. ÉGALITÉ. FRATERNITÉ

PRÉSIDENCE
DU
GOUVERNEMENT PROVISOIRE
DE LA
RÉPUBLIQUE FRANÇAISE

MISSION PROVISOIRE
DE LA
RÉFORME DE LA FONCTION
PUBLIQUE

proclama en 1789, la nouvelle assemblée devra les reprendre pour affirmer avec la même force la liberté individuelle, la liberté de pensée, la liberté d'opinion, le droit pour tous les hommes au libre développement de leur personnalité.

Cette première déclaration n'est pas suffisante aujourd'hui. Notre société a subi et subit encore les profonds bouleversements apportés par l'évolution économique. Elle doit être progressivement, mais sérieusement, transformée. L'Assemblée Constituante aura donc le devoir d'affirmer au même titre que les droits de l'homme à une vue libre, les droits du travailleur à une vie digne. L'affirmation du droit au travail, du droit du travailleur à une participation équitable aux richesses qu'il produit, comme aux bienfaits matériels et intellectuels de la civilisation, telle est la seconde partie de la future déclaration des droits, aussi indispensable que la première.

L'importance attachée aux droits de l'Homme, comme aux droits du travailleur, ne devra pas seulement être consacrée par une déclaration solennelle. Il sera sans doute nécessaire d'aller jusqu'au bout de la pensée et de donner aux libertés fondamentales leur pleine valeur juridique en instituant pour leur sauvegarde une cour suprême.

2°/- LE RETOUR A LA SOUVERAINETE NATIONALE.-

Grand peuple, fier et sûr de son destin, le peuple français doit être appelé librement et régulièrement à juger son gouvernement et à faire connaître sa volonté pour la marche des affaires publiques.

Les hommes et les femmes de France seront donc appelés à élire une Assemblée politique dont le rôle sera de préparer et de voter les lois, de discuter et d'adopter le budget de l'Etat, et, par le vote de la confiance, de donner au Gouvernement l'autorité dont il a besoin pour accomplir sa mission.

.../

République Française

LIBERTÉ, ÉGALITÉ, FRATERNITÉ

PRÉSIDENCE
DU
GOUVERNEMENT PROVISOIRE
DE LA
RÉPUBLIQUE FRANÇAISE

MISSION PROVISOIRE
DE LA
RÉFORME DE LA FONCTION
PUBLIQUE

La constitution future ne devra pas revenir à la formule de 1875 : le système des deux assemblées politiques à pouvoirs égaux a vécu; une seule assemblée devra représenter la souveraineté populaire et en avoir les pouvoirs.

Ce n'est pas dire qu'une seconde assemblée ne soit point utile. Davantage même : elle est indispensable, à la fois pour représenter les intérêts permanents du Pays, qu'ils soient économiques, intellectuels ou moraux, et pour manifester le caractère nouveau de l'Union française qui assemble dans la même vie politique la métropole et les territoires d'outre-mer.

Cette seconde assemblée participera au pouvoir législatif, c'est-à-dire qu'elle délibérera sur les textes de lois et pourra proposer des réformes, mais comme elle ne sera point l'élue du suffrage universel, elle n'aura pas de pouvoir politique c'est-à-dire qu'elle ne fera point échec à la volonté populaire et qu'elle ne sera jamais appelée à accorder sa confiance au Gouvernement.

3º/- LE RETOUR A L'AUTORITE de l'ETAT .-

Notre expérience l'a prouvé : il ne suffit pas d'affirmer les droits de l'homme et du travailleur, il ne suffit pas de donner à la nation, par l'élection d'une assemblée, la maîtrise de son destin, il faut, pour la sauvegarde de cette liberté et de cette souveraineté, un état fort, un gouvernement stable. Le plus grave des défauts de la IIIème République, nous le connaissons : ce fut l'absence d'un gouvernement digne de ce nom, et, pourquoi ne pas le dire? l'absence d'un chef. Toutes les nations unies, qu'il s'agisse des Etats-Unis, de la Grande Bretagne ou de l'U.R.S.S., par un système ou par un autre, ont eu à leur tête, en paix comme en guerre, un personnage qui avait la stabilité, l'autorité et la responsabilité.

.../

Il faut donc, et ce sera le troisième objet de la constitution, que la France ait un Chef d'Etat et un Chef de gouvernement dignes de ce nom.

Le chef d'Etat sera désigné par l'élection.

L'expérience a montré qu'il ne pouvait être élu par le seul Parlement. Une assemblée politique est trop jalouse de son autorité pour accepter les Jules Ferry ou les Clémenceau.

D'autre part, l'expérience de notre pays condamne l'élection directe par le peuple en face d'une assemblée désignée de la même façon.

Il convient donc de prévoir une solution intermédiaire c'est-à-dire un assez large collège électoral qui associe, pour l'élection du chef de l'Etat, l'assemblée politique, la deuxième chambre, enfin des délégués spéciaux élus par les conseils généraux, les conseils municipaux, les territoires d'outre-mer.

Ce Chef d'Etat, ce nouveau Président de la République à l'élection duquel la Nation et l'Empire participeront directement, nesera pas le Président de la République que nous avons connu.- Son mandat sera plus long, ses attributions et ses responsabilités plus précises. Il sera vraiment chargé de représenter et de sauvegarder les intérêts permanents de la France dans le monde et la grandeur de sa politique.

Mais il ne sera pas seul l'exécutif. Il désignera un Premier Ministre qui, avec d'autres, formera et assurera le gouvernement. Ce Gouvernement devra avoir la confiance de l'Assemblée politique. Cette confiance est nécessaire, mais

.../

elle ne doit pas être mise en cause à chaque instant. La France a trop souffert de cette confiance donnée et retirée à toute occasion pour ne pas chercher d'abord la fin de ce régime. C'est dire que dans la nouvelle constitution, le vote de confiance donnera au gouvernement son autorité pour une durée déterminée qui sera, au moins, d'une année. S'il arrive que sur un évènement grave un conflit oppose l'assemblée et le chef de l'Etat, celui-ci aura le choix : ou, modifier le gouvernement, ou prononcer la dissolution de l'assemblée. En ce cas, et pour éviter les excès du pouvoir personnel la deuxième chambre aura mission provisoire de veiller, pendant les quelques semaines nécessaires avant les élections, au maintien des libertés publiques. Ainsi, librement, la Nation statuera en dernier ressort.

c. Note sur la confusion Chef d'Etat-Chef de gouvernement, juin 1945.

République Française

LIBERTÉ, ÉGALITÉ, FRATERNITÉ

PRÉSIDENCE
DU
GOUVERNEMENT PROVISOIRE
DE LA
RÉPUBLIQUE FRANÇAISE

MISSION PROVISOIRE
DE LA
RÉFORME DE LA FONCTION
PUBLIQUE

NOTE sur la CONFUSION CHEF d'ETAT - CHEF du GOUVERNEMENT

La confusion entre les fonctions de Chef d'Etat et de Chef du Gouvernement se comprend dans un régime purement présidentiel, c'est-à-dire :

- où le Président tient ses pouvoirs du peuple (avec un mandat relativement bref),

- où les attributions du Parlement sont strictement limitées.

- où le Gouvernement n'a pas à demander la confiance du Parlement.

En l'absence de ces trois conditions qui sont effectivement assez difficiles à réaliser en France, comme contraires à sa tradition politique, la confusion des fonctions de Chef d'Etat et de Chef du Gouvernement ne peut sans doute pas être considérée comme une solution constitutionnelle définitive.

La constitution envisagée demeure dans la ligne du régime parlementaire. Les importantes réformes proposées (plus grande indépendance du Chef de l'Etat et plus grande autorité) maintiennent cependant le mécanisme essentiel du régime parlementaire, à savoir : le vote de confiance. Il parait nécessaire d'envisager, en conséquence, un Chef de

.../

République Française

LIBERTÉ. ÉGALITÉ. FRATERNITÉ

PRÉSIDENCE
DU
GOUVERNEMENT PROVISOIRE
DE LA
RÉPUBLIQUE FRANÇAISE

MISSION PROVISOIRE
DE LA
RÉFORME DE LA FONCTION
PUBLIQUE

- 2 -

l'Etat stable, avec mandat de longue durée et, subsidiairement, un Chef du Gouvernement, premier Ministre, dont le mandat serait, en principe, celui du Parlement.

Faut-il envisager cette dualité dès maintenant? La réponse à cette question tout, en dépendant en partie des circonstances, est d'abord d'ordre personnel. De toutes façons, il parait nécessaire d'envisager une constitution conçue en termes suffisamment prudents pour que la chose puisse se faire à l'avenir.

ANNEXE II-2

Projet de loi relatif à l'organisation des pouvoirs publics, 5 août 1945.

République Française

LIBERTÉ, ÉGALITÉ, FRATERNITÉ

PRÉSIDENCE
DU
GOUVERNEMENT PROVISOIRE
DE LA
RÉPUBLIQUE FRANÇAISE

MISSION PROVISOIRE
DE LA
RÉFORME DE LA FONCTION
PUBLIQUE

5 AOUT I945

PROJET de LOI relative à l'organisation des pouvoirs publics .-

Art. Ier .- L'Assemblée constituante, aussitôt réunie, élit au scrutin public et à la majorité absolue de ses membres le Président du Gouvernement provisoire de la République.

Celui-ci constitue son Gouvernement et le soumet à l'approbation de l'Assemblée en même temps que le programme du Gouvernement.

Le Gouvernement est responsable devant l'Assemblée. Mais le rejet d'un texte ou d'un credit n'entraine pas sa démission. Celle-ci n'est obligatoire qu'à la suite du vote distinct d'une motion de censure intervenant deux jours après son dépôt sur le bureau de l'Assemblée à la majorité absolue des membres de l'Assemblée.

Art. 2 .- L'Assemblée établit la Constitution nouvelle.

Art. 3 .- L'Assemblée a ~~seule~~ le pouvoir législatif. Elle a l'initiative des lois concurremment avec le Gouvernement.

Sauf en cas d'urgence acceptée par le Gouvernement la loi, pour être définitive, doit être approuvée à la suite de deux lectures séparées, à au moins huit jours d'intervalle

.../

République Française

LIBERTÉ, ÉGALITÉ, FRATERNITÉ

PRÉSIDENCE
DU
GOUVERNEMENT PROVISOIRE
DE LA
RÉPUBLIQUE FRANÇAISE

MISSION PROVISOIRE
DE LA
RÉFORME DE LA FONCTION
PUBLIQUE

Ce délai est porté à un mois si le Gouvernement le demande . Si, dans ce cas, à la suite de la seconde délibération, le premier vote est confirmé à la majorité absolue des membres de l'Assemblée, la loi est promulguée sans délai.

Art. 4 .- L'Assemblée vote le budget, mais elle ne peut prendre l'initiative ~~d'une dépense nouvelle~~. de dépenses. *(en marge : les dépenses)*

Art. 5 .- Les pouvoirs de l'Assemblée expireront le jour de la mise en application de la nouvelle Constitution, et au plus tard sept mois après la première réunion de l'Assemblée.

Art. 6 .- La Constitution adoptée par l'Assemblée sera soumise à l'approbation de la nation, par voie de référendum, dans le mois qui suivra son adoption par l'Assemblée.

Art. 7 .- L'Assemblée sera dissoute, soit si elle n'a pas achevé la constitution à l'expiration du délai prévu à l'article 5 ci-dessus, soit si la nation rejette le projet de constitution. Il sera alors procédé sans délai à l'élection d'une nouvelle Assemblée nationale constituante, qui établira un nouveau projet de constitution, dans les mêmes formes et délais que la première assemblée et jouira des mêmes pouvoirs.

Art. 7. [illegible]

Article 7 corrigé de la plume du général de Gaulle (ci-dessus) : « Au cas où la nation rejetterait le projet établi par l'assemblée ou encore qu'elle n'en aurait établi aucun dans les délais fixés à l'article 5, il serait procédé sans délai et dans le même mois à l'élection d'une nouvelle assemblée constituante jouissant des mêmes pouvoirs. »

ANNEXE II-3

Décret de nomination provisoire de Michel Debré comme directeur de l'Ecole nationale d'administration, 19 octobre 1945.

LE GENERAL DE GAULLE

En attendant la nomination du Directeur et du Conseil d'Administration de l'Ecole Nationale d'Administration, Monsieur DEBRE ,Commissaire Régional de la République hors cadre, exercera les attributions conférées à ces deux autorités par l'ordonnance et les décrets du 9 Octobre 1945.

Paris, le 19 Octobre 1945

ANNEXE II-4

Projet de carte de la France divisée en 47 départements. (Voir p. 388.)

Annexe III
Lettres manuscrites du général de Gaulle (1946)

Annexe III-1
Lettre du général de Gaulle, 5 mars 1946.

Réponse du Général à une lettre écrite au lendemain de son départ en janvier. Michel Debré lui avait rendu visite mais le Général tint à répondre personnellement à toutes les lettres qui lui avaient été adressées à cette occasion.

LE GÉNÉRAL DE GAULLE Marly, le 5/3/46.

Mon cher ami,

« J'ai vraiment beaucoup tardé à vous dire combien j'ai été touché par la lettre que vous m'avez écrite au moment de mon départ.

Il m'a paru essentiel de tirer de la boue ce qui ne doit pas y être et qui est, pour le pays, tout au moins dans son Histoire, une sorte de trésor national. Ma personne ne compte que dans la mesure où elle y est incorporée.

Je serais heureux de vous voir à l'occasion, et vous prie de croire à mon meilleur souvenir et à mes sentiments bien cordialement et fidèlement dévoués. »

Ch. de GAULLE

LE GÉNÉRAL DE GAULLE Marly, 5/3/56.

Mon cher ami,

J'ai vraiment beaucoup tardé à vous dire combien j'ai été touché par la lettre que vous m'avez écrite au moment de mon départ.

Il m'a paru essentiel de tirer de la boue ce qui ne doit pas y être et qui est, pour le pays, tout au moins dans son Histoire,

une sorte de trésor national. Ma personne ne compte que dans la mesure où elle y est incorporée.

Je serai heureux de vous voir à l'occasion et vous prie de croire à mon meilleur souvenir et à mes sentiments bien cordialement et fidèlement dévoués.

C. de Gaulle.

ANNEXE III-2
Lettre du général de Gaulle, 24 novembre 1946.

Le Général a quitté Marly pour Colombey. Il répond à des vœux d'anniversaire. Entre-temps, avaient eu lieu les élections à la première Assemblée Nationale de la IVe République. Candidat en Indre-et-Loire, Michel Debré n'a pas été élu.

LE GÉNÉRAL DE GAULLE 24 novembre 1946.

« Très touché de vos vœux, mon cher ami, je prends l'occasion de mes remerciements pour vous dire qu'étant donné le cours des événements, je m'affecte peu de ne pas vous voir élu. Venez me voir au début de décembre. Croyez à mes sentiments bien amicalement dévoués. »

Ch. de GAULLE

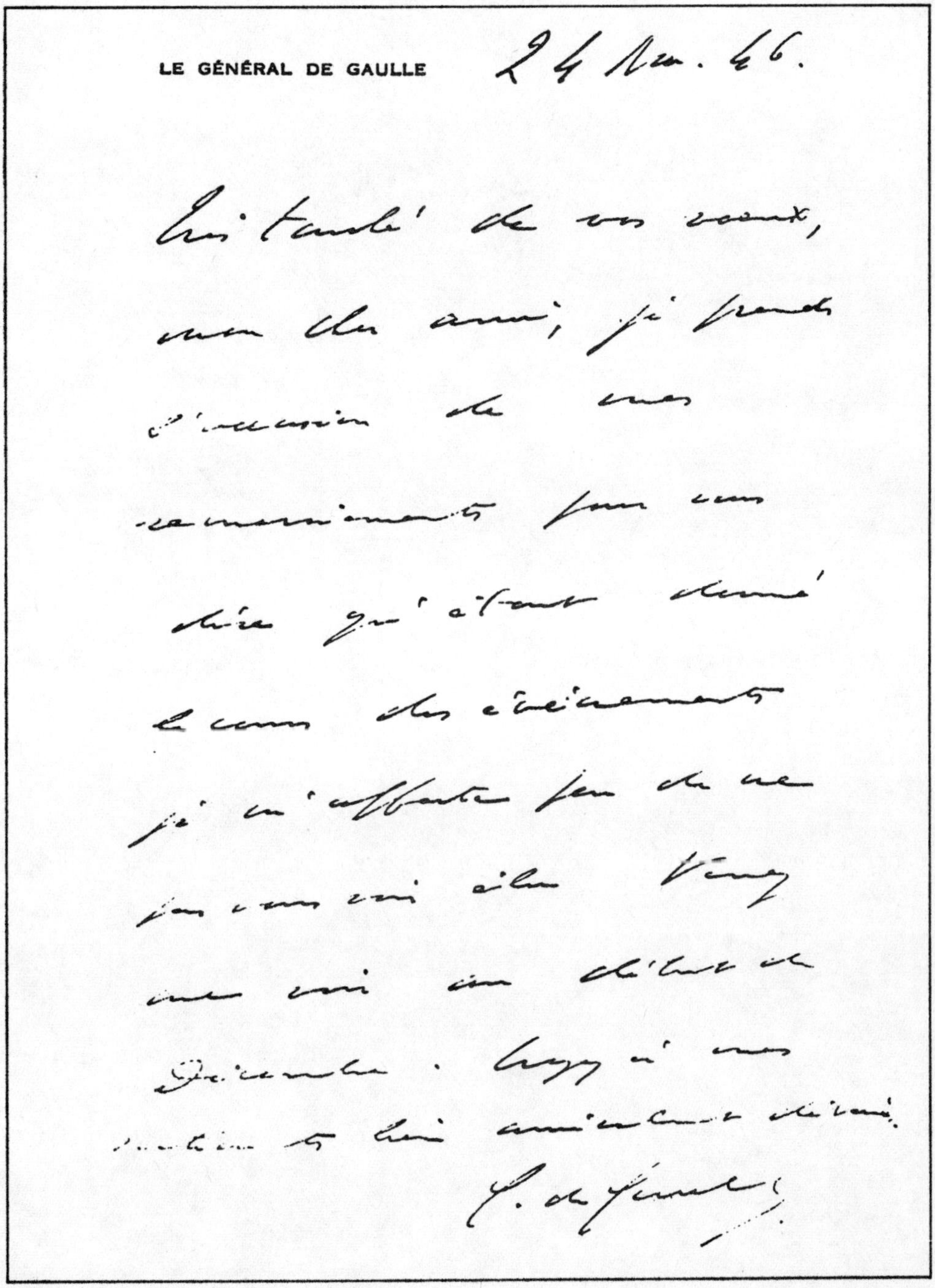

LE GÉNÉRAL DE GAULLE 24 Nov. 46.

Très touché de vos vœux, mon cher ami, je prends l'occasion de vos remerciements pour vous dire qu'étant donné le cours des événements je m'attends peu de ne pas vous voir élu [illegible] une voix au début de Décembre. Croyez à mes sentiments bien amicalement dévoués.

C. de Gaulle

INDEX DES PRINCIPAUX NOMS

Table

PREMIÈRE PARTIE

DEUXIÈME PARTIE

TROISIÈME PARTIE

QUATRIÈME PARTIE

CINQUIÈME PARTIE

SIXIÈME PARTIE

INDEX

ANNEXES

La composition de ce livre
a été effectuée par Bussière à Saint-Amand,
l'impression et le brochage ont été effectués
sur presse CAMERON
dans les ateliers de la S.E.P.C. à Saint-Amand-Montrond (Cher)
pour les Éditions Albin Michel

AM

Achevé d'imprimer en novembre 1984
N° d'édition 8644. N° d'impression 2073.
Dépôt légal : novembre 1984

Imprimé en France